LESS USUAL VEGETABLES

LESS USUAL VEGETABLES
VEGETABLES
How to grow and cook them

BRIAN FURNER

Illustrations by Alan Gunston

MACDONALD AND JANE'S · LONDON

First published in Great Britain in 1975 by
Macdonald and Jane's
(Macdonald & Co. (Publishers) Ltd),
Paulton House,
8 Shepherdess Walk,
London, N1

ISBN 0 356 08204 0

Printed and bound in Great Britain by
REDWOOD BURN LIMITED
Trowbridge & Esher

CONTENTS

INTRODUCTION

Summer just would not be summer for me if I could not go into my garden or on to my allotment and harvest córn on the cob, tasty courgettes and other vegetables so rarely seen in other gardens. This book has been written to encourage other gardeners to share my enjoyment.

Relatively few of these vegetables are difficult to grow. If you wish to see some of them in a vegetable garden, pay a visit to the Wisley (Surrey) Garden of the Royal Horticultural Society.

All vegetables, whether those more usually grown by gardeners or those included in this book, need an open sunny site and a well-drained, fertile soil. Having an open sunny site may be difficult in small town gardens, and may mean the removal of one or more ornamental trees which cast shade on the site where a kitchen garden is to be made. A hedge may not cast shade but its root system may well rob the nearby soil of its fertility. Where the spot for vegetables is bounded by a hedge which it is desirable to retain, the gardener must be prepared to provide even more than usual amounts of plant food to the soil. He must also pay even more attention to watering his plants in dry summer weather. This point about watering applies, too, where vegetables are grown near walls. A wall may cast no shade and give excellent protection from strong, cold winds but walls suck moisture from the soil.

Sandy soils are known as 'light' in gardener's jargon. They drain freely. Clay soils, known as 'heavy soils', often drain badly. The drainage of clay soils is improved by opening them up. This means that bulky

materials like partially rotted manure and garden com-
post should be incorporated into the ground during
winter digging. Frost also improves clay soils. So, after
winter digging leave the surface of the soil rough. The
frost will freeze the soil. During de-freezing the soil
particles will expand and after drying these break
down. The crumb-like structure left by frost action
allows rain to enter the soil more freely. Lime (ground
chalk) can also help in breaking down clay. After
winter digging, spread lime on to the soil surface and at
the rate of ½lb. to the square yard. Over-liming can be
dangerous to the soil so use lime only once or twice
when you are aiming at improving the structure of a
clay soil.

Although all vegetables will grow in soils of low
fertility the crops of most of them will be very disap-
pointing. Building up and maintaining soil fertility can
be an expensive business if you buy stable manure and
fertilizers. It can, however, be done on the cheap – by
making lots of garden compost and using it generously.
In the making of garden compost you need all the
wastes you can get your hands on. These wastes must,
of course, be suitable. They must have had life and not
be objectionable in the garden. Garden weeds, lawn
mowings and what remains of vegetable and flower
plants at the end of their lives are suitable ingredients
for a compost heap. So are household wastes such as
potato peelings and orange peel from the kitchen,
vacuum cleaner dust and (soaked and torn up) waste
paper. Objectionable wastes are prickly rose and
blackberry prunings and anything which may encour-
age vermin. I am thinking of cooked food particularly.

The heap needs to be protected from heavy rain, hot
sun and drying winds. It must also be sited on the
ground – not on bricks or concrete. One, but preferably

two compost bins sited in an out of the way part of the garden can provide these requirements. The bins need three fixed sides and a front, moveable side. They should also be at least 4 ft. square. If you construct your bins with timber leave ½ in. to 1 in. gaps between the wooden planks when rigging up the sides. The gaps will permit free entry of air – needed during the first stages of decomposition. If you use bricks, leave small gaps between them here and there. Sheets of asbestos and tinplate may also be used but when adding wastes to bins constructed of these materials ensure that the wastes are not over-wet. If they are, they are likely to putrefy, rather than to ferment or decompose and lead to good garden compost.

Have a stack of wastes to hand before making the first layer in the bin. Loosen the soil first with a garden fork digging to a depth of a few inches. Spread the wastes over the dug soil and to a height of about 1 ft. If the wastes are on the dry side, water the layer – but don't over-wet it. Sprinkle a little animal manure (horse, cow, pig, chicken, pigeon, rabbit, guinea pig etc.) over the layer and then a little top soil from the garden. If the layer is very loose, firm it gently with your boot. Sprinkle a little lime (ground chalk) and start adding the next layer in the bin. Go on building the heap in this sandwich-like manner. How many layers you will have will depend on the height of the bin. Average heights of compost bins are 3–4 ft. When the bin is quite full add a few shovels-full of soil on to the top layer so that the heap is weighed down. The cover you will use will depend on what you have to hand – a sheet of tinplate, an old door, a sheet of tarpaulin or thick polythene.

The time it takes for the wastes to break down and be ready for use depends on two factors: the sort of wastes used and air temperature. Assuming that you used a good mixture of soft and sappy wastes you may expect your compost to be ready for use within from 4–6 weeks in summer but an autumn-made heap will take longer – up to 5 months. Heaps containing large proportions of woody stems like brussels sprouts stumps also take longer to decompose. It pays to bash any woody material of this sort with a hammer and to break it up into small pieces, using a chopper or a spade. This leads to quicker decomposition.

Always use garden compost generously. A barrow load to the square yard is a good rate of application. Only if you are improving the drainage of the garden soil need you dig garden compost into it. The easy way of applying compost is to spread it on top of the soil before planting members of the cabbage family. You may also spread compost thickly over ground where potatoes have been planted – and dig the finest crop of potatoes you have ever seen. Garden compost may be sifted and used in pots and seed trays. It will, however, contain many weed seeds. For this reason gardeners prefer to buy and use special seed and potting composts guaranteed to be free from such seeds.

Garden compost, even if spread only as a mulch on the surface, is mixed with the soil during annual digging. The mixing into the soil improves the structure of all types of soil. Garden compost also improves the water-holding capacity of light soils. In the compost are all of the plant foods and essential trace elements needed for the good growth of garden plants. Plants growing in soil fed with garden compost are noticeably strong and healthy.

Dealing with weeds is a problem all gardeners have to face. The problem is at its worst when a derelict garden is about to be converted into one in which healthful, home-grown food will be grown. Chemical weed killers have no place in a kitchen garden and a bonfire should be a rarity. The jungle-like weeds of a neglected garden contain within themselves much of the soil fertility. Locked up in them are plant foods and trace elements. To burn the weeds would be to lose most of this valuable nourishment. If the ground is carpeted with a thick stand of grass, nettles and other weeds it is far better to slice off the top inch or so of weedy growth and roots, stack it and leave it to rot down. A year later the interior of the stack will resemble a good potting compost and may be spread on to the surface of the garden. Follow up the removal of the top inch or so of weeds and roots by digging. During the digging remove every piece of weed root you come across. Burn the roots. There may be enough goodness in the soil for some vegetable crops but possibly insufficient nourishment for greedy feeders like potatoes, runner beans and marrows. Lettuce, summer cabbage and radish would be worth sowing. If you have a large pile of ready-to-use garden compost at hand you may be far more adventurous. Plant potatoes and spread compost over the bed. Spread more compost over another part of the dug soil and plant onion sets, leeks and all sorts of brassicas (members of the cabbage family). Sweet corn, cucumbers, marrows and squash are other plants you can set out in the compost-mulched soil.

The neglected garden you are about to tackle may not be covered with a thick mat of grass and weeds. Perhaps all you have to do is to dig the ground and rid it of every weed and weed root. All annual weeds and their roots may be used in compost making. The top growth of perennials like nettles may be put on the heap but it may be better if you burn the roots. Only in very large compost heaps are roots of perennial weeds killed by the heat engendered during fermentation of the wastes. After the initial digging it will be your job to build up and maintain the fertility of the soil. The more garden compost you make and use, the sooner will you see by the fine quality of your vegetables that you have succeeded. Your successes will encourage you to grow a wider choice of vegetables – which is what this book is all about.

A wider choice of vegetables from the garden or allotment increases the choice of vegetables on the family's menu, and without increasing the housewife's food bills. Consider, too, the difference in freshness and quality of home-grown vegetables with that of vegetables which have spent up to a week in getting to market and a day or two in getting to your local shops. Many vegetables deteriorate rapidly after they have been harvested and there is a loss of quality. If you home-freeze you will know how important it is to prepare, blanch and freeze vegetables within minutes of harvesting. Only the gardener who grows his own can do that.

Pests and diseases are not the order of the day in the production of good, fresh, home-grown vegetables. Where aphides, slugs and a few other unwelcome visitors can be a nuisance I have suggested simple preventive measures to combat them. It is the unhappy, slow-growing, weak plant which is so likely to fall victim to pests and plant disorder. Our vegetables not only need plenty of good food, they also need adequate water in dry summer weather. Soils with a high clay content retain moisture far better than do light soils. True, the sponge-like quality of garden compost does increase the water-holding capacity of light soils but vegetables growing in such soils will still benefit from being watered in dry summer weather. It is easy to see at a glance when a light soil is drying rapidly and when water should be applied to plants. It is not so easy to know when plants growing in heavier soils need water. This is something the gardener has to learn from experience. When water is applied to growing crops it must be given in quantity. Unfortunately, once one starts applying water the job has to be continued almost daily until rain falls unless mulching is practised. A mulch is a soil cover spread over wet soil and around the growing vegetables. Lawn mowings, peat, sawdust, wood shavings are mulching materials often advised. So is straw, and I consider this to be far the best. Not only does straw protect the soil from the drying effects of hot sun and strong winds, it is also so loose. This means that when it is considered necessary to apply water again, the water can be poured easily through the straw. Keeping vegetables supplied with sufficient water ensures their continued good growth and can prevent pest troubles.

Several of the vegetables discussed in this book are 'half-hardy'. In their homelands they are used to higher temperatures and longer summers than we have in Britain. To get these vegetables to crop in our gardens we may grow them in a greenhouse. Alternatively, we can give some of them an early start at temperatures higher than those outdoors by sowing with protection – greenhouse, garden frame or cloches. When summer weather starts and when there is no longer danger from a spring frost at night, the plants no longer need protection. A good example of this sort of vegetable is the tomato. But to move young tomato plants from the warmer, sheltered protection of a greenhouse or a garden frame without acclimatizing them to the harsher conditions of the world outside would 'shock'

them. This would lead to weakness and to poor crop-
ping. To prevent this from happening gardeners har-
den off plants of half-hardies. If the plants are in pots or
boxes in the greenhouse put them outdoors a few days
before you intend planting them in the garden. Take
them back into the greenhouse at night. On the night
before you are going to plant them, leave the pots or
boxes in the garden. If, however, you are going to set
out greenhouse-grown plants in frames or beneath
cloches do not harden off at all. If you have raised
half-hardies in a cold frame, take the light off the frame
a few days before you will be moving the plants to their
growing positions in the garden. Replace the frame
light each evening but leave it off on the night before the
actual planting day. To harden off young plants pro-
tected by cloches, remove the cloches for a few days but
replace them at night. Leave them off altogether on the
night before you intend moving the plants.

The cultivation of all vegetables involves the preven-
tion of weed growth and its destruction should it occur.
The gardener's fingers, an onion hoe or a hand fork are
the best tools to use to stir the soil or to remove tiny
weeds from around small plants. The Dutch hoe is a
good tool for dealing with weed seedlings around and
between rows of growing plants. But the hoe can be a
dangerous tool. If used deeply a hoe cuts into the roots
of garden vegetables. In dry weather in summer, the
less often the soil is hoed the better. Hoeing loosens the
soil surface and encourages a loss of soil moisture.

Tidiness in the garden is important. Weeds pulled up
and left on the ground provide hiding places for slugs.
Always collect weeds and add them to the compost
heap.

I am indebted to colleague, Susan Hodgart, who has
kindly suggested many of the recipes.

By growing and eating some of the vegetables dealt with in this book I hope that you will discover that the growing of vegetables is an exciting and rewarding hobby.

So – good gardening – and enjoy it!

Brian Furner
February 1975

ARTICHOKE
Chinese

This vegetable is of Chinese and Japanese origin and has an alternative name *Crosnes* (pronounced 'Crone'). It is also sometimes referred to as the Japanese artichoke. The plants attain a height of about 1 ft., the leaves resemble those of dead nettle, and flowers seldom occur. It is the tubers which are the edible portion. These are produced in long strings on the roots and resemble cricket bails and measure from one to three inches in length and no more than a half inch across. Good garden soil is necessary for best results. Plant the tubers in spring at one foot apart. If you grow more than a single row allow eighteen inches between the rows.

The easiest way of planting is to make four-inch-deep holes with a cabbage dibber, drop a tuber in each hole and scatter soil into the hole to fill it. Water well and often in dry summer weather. No other cultivation is necessary apart from removing any weeds by hand. Do not use tools like a hand fork or hoe near the plants. If you do you will almost certainly sever roots and reduce your crop. A straw mulch laid around the plants in July can help greatly in the conservation of soil moisture but be wary of straw mulches if these invariably attract slugs to your garden. This is a hardy vegetable so leave the roots in the ground until you wish to dig any for use between November and February. The foliage is killed by frost. When digging the last root, select a few tubers for planting immediately, and in a different spot in the garden, for more Chinese artichokes in the following winter.

Tubers are seldom offered by seedsmen and nurserymen. A source of supply could be a greengrocer offering continental vegetables as a speciality. Tubers on sale are likely to be light brown in colour instead of their original pearly white. This is because of exposure to light. Prevent your own garden-grown Chinese artichokes from browning by cooking them almost immediately after digging them.

This vegetable is not really an artichoke at all, and probably obtained its name because the small tubers have the uneven shape of the larger Jerusalem artichoke. The flavour is said by some to resemble that of the globe artichoke; by others to resemble cauliflower.

Preparation
Scrub and rinse the tubers very thoroughly so that all soil is removed. Do not try to peel them. Boil them in minimum salted water until tender (about 20 mins.), or blanch in boiling salted water before sautéing in butter or oil. The parboiled tubers could also be coated in egg and breadcrumbs before sautéing.

Serving suggestions
Use as a vegetable (whole or puréed); as a garnish with roast beef; in soup (see *Jerusalem artichokes*); with melted butter; or with white or cheese sauce.

Globe

This is the true artichoke, a handsome thistle-like plant from 4–7 ft. high which, if desired, may be grown in the flower garden. A sunny position is needed for this south European vegetable which also does best in well-drained, rather sandy soil which has been enriched with organic matter such as decayed manure or garden compost.

There are two ways of propagating globe artichokes – by seed or by root offsets. Plants raised from seed are cheaper but they usually produce the loose sort of buds which are eaten raw in North Africa. If you are not aiming at having the tight buds the cook prefers, then by all means start off with seeds. Sow them fairly thinly outdoors in late April. When the plants are several inches high, transplant them to 6 ins. apart in a single row. In the May of the following year, move the plants to their growing positions and at 3 ft. apart. If you have a heated greenhouse you can make an early start by sowing the seeds in a seed tray during March. Move the seedlings to small pots, one seedling per pot, and transfer to the open garden when conditions seem reasonably warm during May.

But most gardeners want tight buds. They therefore choose a named variety like *Vert de Laon*. Order plants for spring delivery and plant firmly at 3 ft. apart. Keep the plants free from weeds and be prepared to apply water when the summer weather is very dry. Discourage bud formation in the first summer by pinching off any buds which form. Doing this leads to stronger plants for better bud production in the future. In November, when tidying up the garden, cut down the stems to soil level. If you live in a particularly cold part of the country, spread straw, autumn leaves, bracken or hay over the ground where the plants are so that the crowns are well protected from extra cold weather. Take away this mulch in April, hoe the soil lightly and spread well-rotted manure or garden compost so that the greedy plants have adequate food to hand throughout the summer.

It is often said that globe artichoke plants should be renewed every three years. This does not mean that you have to buy new plants. Simply take sucker plants from off the crowns after you have dug up the entire root system. In milder parts, do this in late October; in colder parts in April or, if you do the job in November, plant the suckers in pots and over-winter them in an unheated greenhouse or cold frame and plant outdoors in April. But this renewal every third year is not always necessary and if your plants appear to be thriving, then I suggest you leave them alone until you decide that renewal is necessary.

The flowering stems often produce a central bud and smaller buds on side shoots. These smaller buds should be cut off to encourage larger, top buds. If the unwanted buds are harvested when small they may be steamed whole and eaten whole. Serve them with melted butter. It is these small buds which are preserved in oil and are sold in bottles by specialist grocers.

Cut the large plump buds when they are still tight. As with many vegetables, it is a matter of practice knowing for sure when artichoke buds are in prime condition for use. Immature buds lack flavour; old buds are on the tough side. There can also be such a difference in quality between freshly harvested artichokes which reach the kitchen in a matter of minutes and those which have been imported and have spent a week or more in travelling to Britain for market distribution and eventual sale.

Preparation

Small insects often lodge between the bud scales, so the artichokes should be soaked in salt water for at least half an hour and drained well. Cut off the stalk, and the point of each leaf; rub the cut surfaces with lemon to prevent them blackening. Chokes – the hairy and inedible centre of the bud – can be removed before or after cooking. For the former, spread the top leaves apart and pull inside leaves out to reveal the choke. Remove this with a teaspoon but be careful not to touch any of the 'fond' or heart – the nicest part of the whole vegetable. If you cook the artichoke with the choke still in, when you have removed all the leaves, just detach the choke before eating the fond. Boil whole artichokes for 40–45 mins. in boiling salted water; without chokes, for 15–20 mins. They are ready for eating when a leaf comes away easily. Drain well. Steam (the best method as the artichokes have such a delicate flavour) whole for 50–55 mins; without chokes, for 20–25 mins.

Serving suggestions

To eat hot, serve with melted butter or hollandaise sauce. Pull out one leaf at a time and dip the edible base into the chosen sauce; scrape flesh off with teeth and discard the remainder of the leaf. When all leaves are removed, eat the fond with knife and fork (discarding the hairy choke if you haven't already done so). To eat cold, serve similarly, but with mayonnaise, vinaigrette or tartare sauce.

Jerusalem

It is said that there is a similarity in flavour between cooked tubers of this vegetable and the cooked buds of the true (globe) artichoke, and this is why this North American plant became known as an artichoke. In the United States the Jerusalem artichoke is also known as the American artichoke. There are two differing tales as how the epithet 'Jerusalem' came into vogue. French explorers in Canada came across the vegetable which appears to have been part of the diet of the North American Indian. Botanically the plant is related to the sunflower, as the tall plants have sunflower-like leaves, but there are no flowers at all. For reasons which are not known this new food plant was named 'girasole del Canada' (Canadian sunflower) in Italy, and British gardeners rapidly corrupted this foreign name to the easier-to-pronounce 'Jerusalem'.

The other tale deals with Ter Neusen, a Dutch village, where the plants were said to be grown after importation from America. Tubers were being offered for sale in London a few years later, and André Simon suggests they were known as artichokes 'Van Ter Neusen' which was transmuted by the cockney street hawkers to 'Jerusalem' artichokes.

There are red and white skinned forms. Because this vegetable is not as popular as it once was, few nursery-men offer tubers. Tubers are sometimes met with in what are so often referred to as 'high-class' green-grocers.

This is certainly a very easy vegetable to grow and the plants need no special soil type. On the other hand, how the plants crop depends on the fertility rating of your soil. Three pounds per root is usually given as the average weight obtained from each plant; I sometimes dig a root giving five pounds of tubers after I have knocked off almost all the adhering soil.

Plant tubers at any time between January and early April, but not of course, if the ground is like mud or frozen. Make planting holes with a trowel or with a cabbage dibber and at 12 ins. apart. Bear in mind that the plant will grow tall – from 7–10 ft. Some writers recommend the tall plants as wind breaks; others say the plants need topping when about 5 ft. high and add that taller plants get blown over by strong winds. I leave my plants to grow to any height they wish on my allotment which is situated in a veritable wind tunnel.

Jerusalem artichokes do not keep well in store like maincrop potatoes so, when tidying up the garden before winter sets in, simply prune back the dying foliage to leave it a foot or so high and dig a root as and when tubers are wanted for use between November and late February. During March dig up any roots still in the ground and search diligently for every tuber so that none is left to produce a plant in the coming summer. Choose a few large tubers and replant them somewhere else in the garden for your supplies next winter.

The flavour of Jerusalem artichokes deteriorates after they have been harvested. Your own freshly-dug tubers should therefore taste far better than any which have made a trip to market and from thence to the greengrocer.

Preparation
Scrub and rinse the tubers very thoroughly. Do not try to peel them. Steam or boil in just enough water to cover them for 25–30 mins. (longer if they are large tubers or you are steaming). Save the water for artichoke soup as it forms a jelly when cold and contains the best flavour of the vegetable. When the tubers are tender, rub off the skins and serve. The parboiled tubers could also be coated in a light batter and deep-fried.

Serving suggestions
Use as a vegetable (whole or puréed, roasted or baked); in soup or soufflés; or with white or cheese sauce.

JERUSALEM ARTICHOKE SOUP
Keep the cooking water as above in *Preparation*. Rub the skins off the tubers and put the flesh plus the water into a liquidizer. Blend until smooth, and if too thick or too little add some chicken stock. Season to taste and serve hot with croutons or cold with a whorl of single cream in each individual soup bowl.

BAKED JERUSALEM ARTICHOKE
Simmer a large chopped onion in a little water until quite soft, then strain and sieve. Have ready steamed or boiled artichokes with skins removed (about a pound). Strain and then mash them. Mix with the onion purée and spread the mixture in layers in a lightly greased pie dish. Cover each layer with grated cheese. Top the dish with breadcrumbs and a few pats of butter. Cook in a

very hot oven until the breadcrumb crust is golden brown and serve piping hot.

A NOTE FOR DIABETICS

References in some books stating that the Jerusalem artichoke contains insulin are wrong. The tubers contain inulin, a tasteless, white polysaccharide. However, if you are diabetic the following piece extracted with permission from *The Encyclopedia of Organic Gardening* (Rodale Books Inc.) may be of interest. I may add that when I first came upon this claim many years ago I at once contacted the British Ministry of Health. The reply I received in no way substantiated the claim and before embarking on eating Jerusalem artichokes I suggest you consult your own doctor.

The artichoke is 100 per cent *starchless*. It stores its carbohydrates in the form of inulin rather than starch, and its sugar as levulose the way most healthful fruits and honey do. It has practically no caloric value. Because of these facts, medical authorities strongly recommend it as a substitute for other carbohydrates on the diabetic's menu, and in the diet of all who should or must restrict their starch and calorie intake. On the nutritional side, in addition to its non-starch feature, the Jerusalem artichoke offers a good source of some minerals and vitamins (particularly potassium and thiamine).

AUBERGINE

This is the French name of the vegetable and is pronounced *o-ber-jeen*. Fortunately, if you find foreign names a nuisance, there is the English name, *egg plant*. It is very possible that the first aubergines seen in Britain were the white skinned sort. I have not seen them but I can understand that they must look like goose eggs. Nowadays it is the purple-skinned aubergine which is preferred. If you grow your own you will observe how much the purple fruits do resemble colourful eggs. The most egg-like aubergine I have grown is the American variety *Burpee Hybrid*. Imported aubergines more closely resemble large forms of the variety *Long Purple*. These are quite unlike eggs and the housewife buying them under the name of egg plant must often wonder how a vegetable with this shape and colour could have such a name. Our ancestors in the garden did not know that egg plants were edible. They thought them excellent decoratives along with the tomato and the scarlet runner bean. Now that we know that all three vegetables make good eating, too, there is no reason at all why they should not once again have a place in our colourful front gardens. After all, with so little space for food crops in the modern, tiny garden, it's good to know that some vegetables could enhance our front garden flower borders.

But the aubergine plant needs higher summer temperatures than most of the vegetables we grow. In general, a warm greenhouse is the right place for aubergines. But if you live in the south and have egg plants ready to be set out in the garden in June by all means set out a few in as warm a spot as you can find – and then pray for a really hot summer. The Royal Horticultural Society's *Dictionary of Gardening* says: 'It cannot be depended upon to mature its fruit in the open in England although it may occasionally do so in hot seasons under a south wall.'

But, to be on the safe side, for a crop of aubergines grow them in your greenhouse. Nurserymen do not sell plants and, so that the plants have a long growing season an early sowing in heat is to be preferred. You may sow in seed trays or in small flower pots. You need a temperature of from 60–65°F (16–19°C) for good germination. If you raise the seedlings in a tray, transfer them to 3-inch or 3½-inch pots when they are still tiny. Thin pot-raised seedlings to leave a strong seedling in each pot, and when they are about 6 ins. tall, pinch out the growing point of each. This action will encourage branching of the plants. If you start off in February you will have plants for moving to their growing positions in May. Ensure that the greenhouse temperature does not fall to below 50°F (10°C). An economical way of growing aubergines, as far as greenhouse space is concerned, is to transfer the plants to 6-inch or 7-inch pots in May. You may have a special potting mixture which you like; I use a mixture of two parts garden top soil and one part of well-decayed garden compost. The best place for the pots is on the greenhouse staging but if your greenhouse has glass right down to the ground, you may space the pots at 2 ft. apart in a border – providing there are no tall plants like tomatoes to cast shade over them.

Aubergines are sometimes said to be just the crop for unheated garden frames and cloches. This is true but only if a frame or cloches can provide 2 ft. of headroom. Of course, if the summer is a hot one and you have chanced your arm by setting out plants in late May or early June in rather low frames or cloches, you can take off the frame lights and the cloches.

For good-sized aubergines it is the practice to restrict the plants so that they produce only four fruits. This may mean that you will have to pinch off a few excess flowers. Never permit the plants to suffer from a water shortage and watering pot plants regularly is vital in hot weather. Pot plants will also benefit from liquid feeds. Stop all feeds as soon as the fruits are of full size. If you go on feeding from then on, the fruits may split.

Some gardeners claim that aubergine plants are very susceptible to infestation by red spider mites. This is a trouble I have not experienced, but the preventive is to spray the plants with clean water during the morning and the afternoon on bright, sunny days in July and August and to spray occasionally with liquid derris.

Your aubergines will be ready for cutting from the plants and for use when they are well-coloured and have a polished appearance.

Preparation
Wipe, trim both ends, and cut into slices, cubes or

halves. Sprinkle cut surfaces with salt and leave for about half an hour before drying and using (this 'degorging' removes excess moisture and tenderizes the flesh). The prepared slices can be coated in seasoned flour or left plain, and fried in oil or butter. The halved aubergine can be stuffed with a savoury mixture and baked in the oven.

Serving suggestions
Fried; sautéed; casseroled; stuffed; baked; in moussaka; in ratatouille. See also *Okra*.

STUFFED AUBERGINE
Cut the aubergine in half lengthways. Scoop out the flesh leaving a three-quarter-inch thick shell. Chop the flesh. Fry a medium onion and a crushed or chopped clove of garlic in olive oil and when transparent, add 4 ounces of cooked minced meat and a finely chopped rasher of bacon. Mix the fried ingredients with the chopped aubergine flesh and a little chopped parsley. Fill the aubergine shell with this mixture, cover the top with breadcrumbs, and bake in a moderate oven for 20–30 mins. Serve with a green salad.

BEANS
Blue Climbing French

The colour of the pods of these beans is not blue but purple or deep mauve and the leaves have a mauve tinge. The flowers are purplish-mauve and the handsome plants may well be grown in the flower garden.

During boiling the colour of the pods changes to bright green. *Blue Queen* and *Violet Podded Stringless* are two good varieties to choose. You may find *Violet Podded Stringless* in some seed catalogues under its better known, but non-traditional names of *Blue Coco* and *Bunyard's Blue Coco*. Do not order seeds of *Blue Lake*. True, this is a fine climbing bean but the pods and leaves are green and the flowers are white.

If you have grown scarlet runner beans then sow seed and provide the same conditions for the plants of Climbing French. If you have not grown scarlet runners then turn to the section covering White Runner Beans (p.31) but bear in mind that where with white runners you are aiming at a good crop of dried seeds for winter use, with Climbing French beans you are aiming for lots of tasty, tender young pods. Although climbing French beans will take to metal, plastic or nylon netting, the plants may be trained on tall, strong brushwood if you have a local source of supply. With runner plants it is necessary to pinch out the growing points of the plants when they reach the top of the supports, but plants of climbing French beans tend to be self-stopping. All French beans (whether climbers or bush sorts) have a reputation for not dropping their flowers as runner plants often do. This means that every flower on French bean plants should set and lead to a pod. Of course, given the very strong winds we occasionally experience in July and August, even flowers on climbing French beans can be blown off the plants.

Harvest the pods when you can see from their size that they have attained their full length (about 6 ins.). If the pods look rather fat, do not worry. There is not likely to be any of that objectionable 'string' which is such a nuisance with rather podgy, somewhat ancient runner beans.

Claims have been made that were they better known, Blue Climbing beans would supersede runner beans in our gardens. I doubt this. From my experiences with these beans I do not estimate the cropping to be as good as from well-tended runner plants, and the total cropping period of French beans should not be expected to be as long as that of runner beans.

On the other hand, Britain is the only spot in the world where runner beans are thought so much of. Our fellow gardeners in Europe grow French beans. But why French? Apparently these beans were known as Russian beans way back in the reign of Elizabeth I although the original home of this vegetable was more likely tropical America. 'Russian' was changed to 'French' because imports of the dried bean seeds (*haricots secs*) came from France. Kidney Bean was and is an alternative name originally applied because of the rather fanciful resemblance of the seeds to kidneys.

Blue Bush

For something very different in dwarf French beans there are varieties with dark mauve foliage and mauve/violet pods. Best-known variety is *Royalty*. The pods are stringless and they turn to a rich green colour during boiling as do pods of blue climbing French beans. It is claimed that *Royalty* is hardier in cool, wet summers than some other varieties.

If you have not yet grown dwarf French beans here are two ways of doing so. Wait until early May before making a nine-inch-wide, flat-bottomed seed drill with a draw hoe. If your soil is light and sandy sow seeds in a double, staggered row at 8 ins. apart and at almost 2 ins. deep (1 in. deep if the soil is on the heavy side). Sprinkle a few extra seeds at the end of the row in case you need a few seedlings to transplant elsewhere in the row to fill up any 'gaps'. If you are sowing more French beans, leave 2½ ft. between each seed drill. Hoe between the rows to keep down weeds and pull out any you see growing among the bean plants. Keep the plants well watered in dry summer weather. Pods form quickly after the violet flowers begin to die. To prevent the plants toppling soil-wards under the weight of crop, push some twiggy brushwood on either side of the row. If you have no brushwood, push a few short bamboo canes alongside the plants and link the canes with string. Pick the pods regularly when you can see for yourself that they have attained their full size and before the seeds inside the pods start to plump up. With dwarf French beans, regular harvestings lead to better cropping. For succession, you can sow dwarf beans at any time between early May and mid to late June. In some seasons a mid-July sowing rewards the gardener with tender young beans in late September and in October.

Alternatively sow two seeds in Jiffy pots or clay pots filled with the compost of your choice and in your greenhouse during mid April. No artificial heat is needed. Seeds may also be sown in pots in a cold frame or beneath cloches. Pinch out the second and weaker seedling in each pot and keep the compost in the pots moist. Have the ground dug to receive the plants in late May or early June. Because the plants would be 'shocked' if transferred directly from greenhouse, frame or cloches to the open garden, they must be hardened off. If the pot plants are in your greenhouse move them outdoors a few days before you intend setting them out in the garden. Take them back into the greenhouse at night. But on the night before you intend planting them, leave them outdoors all night – unless there is a frost warning. If the pot plants are in a cold frame or under cloches, hardening off is easier. Simply leave the frame light off or remove the cloches for a few days, replacing the light or the frame at night but *not* on the night before you plant out.

Plant out in a double, staggered row so that each plant is 8 ins. from its neighbour. You will not, of course, forget to remove plants from clay pots – but do remember to tear off mulch, card or polythene pots and all *dry* portions of peat pots.

Yellow Bush

Kidney beans with yellow pods have the advantage that you see the pods so easily among the pale green leaves when you are picking them. This means that there is less likelihood of your missing pods – and finding them a week or so later when they are far too tough for cooking. Pods left to toughen up on the plants also lead to the plants refusing to continue setting more tender pods, so it is important with dwarf beans that you harvest at least twice each week and that you pick every full-sized pod. Sow and cultivate yellow-podded dwarf French beans in the same way as green or blue-podded sorts. *Cherokee Wax* and *Mont d'Or Golden Butter* are popular yellow-pods.

Ornamental Climbing French

Best-known among these is the *Speckled Cranberry*. I used to grow this bean in the sixties but I know of no supplier now. If you are able to get some seeds, sow and cultivate as green or blue climbing French beans. You may, of course, pick and cook the pods but I think you will be tempted to grow the plants where you and passers-by may watch the pods as they turn to carmine or have carmine stripes.

Preparation
Cook blue or yellow (and ornamental climbers, too, if you like) French beans in exactly the same way as their green-podded counterparts. Wash, top and tail, and leave whole or cut into 1½–2 ins. lengths. Boil for 5–10 mins. in salted water and then refresh with cold water. Drain and then re-heat with butter. Steam for 10–15 mins.

Serving suggestions
Dress with garlic, herb or anchovy butters.

Pea Bean

The name suggests that this is a cross between a pea
and bean, but it is not. It is a climbing French bean
with seeds which are almost round in shape and there-
fore resemble peas somewhat. The seeds are bi-
coloured, white and maroon. The pea bean used to be
offered as *Bicolour du Pape*. Under the Plant Varieties &
Seeds Act it is now called *Coco-Bicolour*. Grow as ordi-
nary climbing French beans and harvest the pods for
use at the 'green' stage when the seeds in them are just
swelling. Alternatively, allow all of the pods to ripen
and gather in the autumn for use as dry haricots.

Preparation
Top and tail fresh pods and cook as with *French* varieties
above. The haricots need to be soaked in cold water for
at least 12 hours before boiling or adding to soup or
stew. Simmer in their own water until tender, about
20–30 mins., and you can add a bouquet garni to the
pan.

Serving suggestions
As a vegetable, tossed in butter; puréed; or cold in a vinaigrette sauce. See also cookery notes for *White Runner Beans*, and *Navy Beans*.

Dwarf Haricots

Brown Dutch and *Comtesse de Chambord* are the two varieties usually recommended as good haricots suitable in the British climate. The seeds of *Brown Dutch* are brown and those of *Comtesse de Chambord* white. Sow and grow as ordinary dwarf French beans but do not pick any pods at the 'green' stage; leave them on the plants to dry off completely. In cooler parts of the country and in all parts during a cool, wet, late summer, pull up the plants in September and hang in bunches in a sunny spot in the garden. When the pods are brown and brittle, shell them into trays and leave to dry even more indoors. When the seeds are absolutely dry, store in a dry place. I store my haricots in the food cupboard and in jam jars without tops. Use as and when you wish during the winter. Because the total crop per plant is not high quite a long row of plants is necessary to lead to a few pounds of haricots.

White Runners

Visitors to my allotment look so astonished when they see fine crops of long, green runner beans – and all thick and swollen and appearing quite inedible. But I do not grow white runners like *White Achievement* and *White Emergo* for eating when the pods are young and tender; I grow them for their meaty, white seeds which taste far better than the 'Butter Beans' on sale in supermarkets.

Like all runner beans, the white-seeded sort needs a fairly fertile soil and one which drains freely. If your garden soil has a high clay content and does not drain well you will have to do all you can to improve the soil conditions (see introductory chapter) before you can grow runner beans satisfactorily. Runner plants also need a sunny position. There are two ways of training the plants. By far the best way is to let them climb on tall supports. These may be traditional bean poles or wire or plastic garden mesh. Bean netting is equally good. Agriframes of East Grinstead, Sussex, market a special bean pack – netting and metal supports. The second method is to grow the variety, *Hammonds Dwarf White*. More about this later on.

Wait until early May if you are a south of England gardener and until late May in the north, before sowing seeds at no more than 2 ins. deep and at 9 ins. apart alongside the supports. Keep the plants supplied with plenty of water in dry weather during July and August. watch out for bean aphis (black fly) and spray with insecticide if necessary. Use herbal insecticides like derris and pyrethrum. Always spray, too, in the evening so that bees are not harmed. Expect to see lots of bees (mostly bumble bees) busy pollinating your runner flowers during the day. Nip off the tops of the plants when they reach the top of the supports.

The other way of growing white runners is to choose the self-stopping variety, *Hammonds Dwarf White*. Make a flat-bottomed 9 ins. wide seed drill with a draw hoe. The drill can be 2 ins. deep in a light, sandy soil and about 1 in. deep if the soil is on the heavy side. Sow a double row of seeds at 9 ins. apart – staggered, not opposite each other like a row of soldiers. If you are sowing more than one double row, leave 3 ft. between them. Hoe now and then to keep down weeds and apply water when necessary in hot weather. Use twiggy brushwood or a few lengths of string to prevent the plants from toppling over under the weight of the crop – in the manner suggested for Blue Bush beans.

Whether you are growing your white runners on tall supports or as dwarf plants, leave the entire crop to dry off. Harvest the pods in September or early October and when they are brown and brittle. Shell the pods and spread out the seeds in trays indoors. Store only when the seeds are bone dry.

Preparation

Although 12 hours is the accepted time for soaking haricots in cold water, these large beans are a bit happier being soaked for longer. After rinsing soaked haricots, bring them to the boil in plenty of cold water and simmer until beans are tender (about 20–30 mins.). If added to stews or soups they must simmer for at least the same length of time.

Serving suggestions
Use as a vegetable, plain or tossed in butter; in soups; or garnish with crisply fried or grilled pieces of bacon. Serve cold in salads of all sorts – with meat, other vegetables, rice, fish etc.

BEAN SALAD
For the dressing combine ½ teaspoon grated onion, ½ tablespoon white wine vinegar, 2 tablespoons olive oil, 1 teaspoon anchovy essence, 2 tablespoons double cream, and some chopped parsley. Mix with 2–3 ozs. of cooked and cold haricots, and put in a serving dish with halved anchovies arranged over the top.

Flageolets

Although the seeds of all French dwarf beans may be shelled from the pods when they are at the 'green' or unripe stage, French seedsmen make a point of offering some varieties as of special use for their fresh seeds (flageolets). At one time *flageolet Roi des verts* was available in Britain. According to the French seed house of Vilmorin-Andrieux, *Comtesse de Chambord* may be grown for flageolets as well as for dry haricots. Sow and cultivate as for ordinary dwarf French beans. Harvest plump pods in summer and remove seeds from them.

Preparation
Prepare, cook and serve as peas but omit sprigs of mint.

Navy Bean

This is also known as the Michigan Bean and is being introduced to gardeners this year by Thompson & Morgan of Ipswich. This is the 'baked bean' generally canned with tomato sauce. Trials of navy beans in Britain were not all that successful until the variety *Purley King* (sometimes called *Seafarer*) was grown here. About 2,000 acres were planted in 1974 and if the pods were harvested at the stage when I received samples, then even though the 1974 season was about the worst I can remember for crops which have to be dried, I conclude that *Purley King* could save Britain a great deal of money by growing what we are now importing at around £200 per ton! Sow and grow navy beans as ordinary dwarf French beans. Harvest pods for use at the 'green' stage or leave them to ripen for a supply of dry haricots.

Preparation
Prepare and serve as for Pea Beans.

BAKED BEANS
This recipe could also be prepared with pea beans.

Wash a pound of beans several times, and soak over-
night in 1 pint of water. Then cook the beans in their
soaking liquor until the skin breaks when a bean is
touched. Drain. In an earthenware casserole dish with
a lid place layers of beans, thin slices of onion, salt and
pepper, and soft brown sugar (about an ounce). Repeat
the layers until all ingredients are used. Mix together
½ cup vinegar, ¼ cup of black treacle and two cups of
water, pour over beans and cover. Cook in a very low
oven for 5–6 hours. Look at the beans occasionally, and
if they seem dry, add more water. Soak ½ lb. belly pork
in cold water for about 1 hour, then blanch for 10 mins.
Remove the skin, cut into chunks, and add to the
casserole an hour or so before the beans will be ready.
Serve when the meat is very tender.

Soya Bean

Here again trials with soya beans proved pretty unsuc-
cessful in Britain until Thompson & Morgan offered
seeds of *Fiskeby V* to gardeners in 1974. I have grown
several American and Japanese soyas but only *Fiskeby*

(of Scandinavian origin) gave me the sort of crop I had always hoped to see. Here is how to grow soyas if you live in southern England. Wait until late May or early June before making 9 ins. wide, 1½ ins. deep seed drills. If the soil is dry, flood the drills with water and sow seeds at 3 ins. apart and in a double, staggered row after the water has drained away. Fill in the drill with soil, using the feet to scuffle it over the seeds and then rake level. If you are sowing more than one row, leave 2½ ft. between the rows. Soya plants grow to almost 2ft. high. To prevent their toppling over, support the plants with brushwood or string as suggested with Blue Bush beans. Keep down weeds and give water if the summer is a hot, dry one. You may not even notice the tiny flowers but you will quickly spot the pods which form rapidly and from just above ground level right up to the top of the plants. Pick pods at the 'green' stage in August or September. Late in September or early in October pull up all of the plants if you have left pods on them to ripen off. Complete the ripening process as outlined for Dwarf Haricots. It would be worth while, I think, trying *Fiskeby* in other parts of Britain, but the plants may need an extra early start. This could be provided by sowing seeds in pots in the greenhouse (see p. 26) during April or by sowing seeds with cloche protection. If you adopt the cloche method, sow seeds in drills as explained earlier in this paragraph and, after sowing set your cloches in position and keep them over the young plants for as long as you can – which means until the plants have outgrown the cloches. Pre-warming soil where cloches are to be used is often recommended. In theory, the cloches are put in position a week or so before you get down to sowing. I find that pre-warming, although excellent in theory is not so good in practice because the ground under the cloches can get dreadfully dry and, after seed drills have been made, they have to be well and truly soaked with cold water – which, of course, lowers the soil temperature again.

The soya bean is very possibly the most important food crop known to man and although Chinese farmers and gardeners have grown this bean for about 5,000 years, the United States of America now claims to have overtaken Chinese production and American farmers are being urged to grow even more. Much more about the many uses of soya beans as a meat substitute and for oils, flour, milk and many other edible and industrial products will be heard about in the near future. If you wish to know more about soyas you will find plenty to interest you in *About Soya Beans* by G.J.Binding, a soft-back published by Thorsons Publishers Limited.

Preparation and serving suggestions
Many recipes are provided in the leaflet which Thompson & Morgan supplies with each order for *Fiskeby* seeds. Here are a few of them.
In the pods: Wash pods thoroughly to free them of grit or dirt that may lodge in the fuzzy surface. Boil in minimum water until tender and can be slipped out by pressing the pods between thumb and finger. When served in the pods the beans are dipped in melted butter or any other preferred seasonings, and eaten in the fingers.
Shelled: For each pint of shelled green beans use one cup of boiling, salted water. Cover the pan and cook for about ten mins. after it comes back to the boil. Avoid over-cooking for the beans should not be mealy, but should have a pleasant firm texture, magnificent flavour, and still be a bright green colour. Season with freshly milled black pepper and toss in butter.

The cooked green beans also make a good starter or light lunch when mixed with tomato or white sauce, put in scallop shells (or any shallow oven-proof dish), and covered with buttered breadcrumbs. Bake in a moderate oven until the beans are heated through and the crumbs brown. They are also very good served cold in vegetable salads, or in any other way that green peas or other green beans are used.

Cooking dry beans: The dried beans should be soaked at least three hours, or overnight, in three cups of water to each cup of beans. Drain and cook in the same amount of salted water for about 30 mins. or until tender. They increase in size two and a half to three times while soaking and cooking. Toss with butter, or serve in a white sauce.

BAKED SOYA BEAN CROQUETTES
Soak about a pound of beans overnight, rinse and cook in plenty of water until tender. Grind them to a pulp and set aside. Mix together 2 tablespoons minced onion, salt to taste, and a small tin of tomato purée, and bring to the boil. Melt 2 tablespoons fat in a pan, stir in 5 tablespoons plain flour, and then add the boiling tomato purée. Cook until thick. When cool, add to the bean pulp and mix in about 3 sticks of celery, cut into very fine dice. Shape the mixture into croquettes, roll in crushed cornflakes, then beaten egg, then the cornflakes again. Place on a greased sheet and bake in a moderately hot oven for twenty minutes. This amount makes eight croquettes.

BEET
Seakale Beet

This beet has the alternative names of *Silver Beet* and *Swiss Chard*, and is not grown for a swollen root but for the foliage. Really good fertile soil is needed if the plants are to attain a height of almost 2 ft. and make large, fleshy leaves. Ground which was dressed heavily with garden compost for the previous season's potato or winter cabbage supplies is ideal for seakale beet. Sow in April or May and sprinkle the seed in 1 in. deep seed drills. Space the rows at 15 ins. apart. Do not sow thickly; the seedlings have to be thinned out to leave strong ones at 12 ins. apart. Hoe to keep down weeds and water generously in dry periods. To harvest, pull leaves off at the base of the plants. Take just a few leaves from each plant at any one time. There should be leaves for gathering right through August, September and October. The plants produce more leaves in the following spring. Pick and use them before the plants run to seed. Make another sowing for further supplies. In cold areas it pays to cover the row with cloches in autumn so that the plants are not killed by hard frost. There is a red form known as *Ruby Chard* or *Rhubarb Chard*. This is also edible. Because it is such a handsome plant *Ruby Chard* could be grown in the flower garden.

Preparation

The green part of the leaves may be cooked as ordinary spinach. Wash several times in cold water to remove any adhering dirt. Don't dry the leaves, but place them in a pan as they are with no extra water. Sprinkle the leaves with a little salt, cover and cook gently, shaking occasionally, for about 10 mins.

The succulent white midribs (red, if you grow *Ruby Chard*) are considered a good substitute for cooked seakale. Trim the midribs, wash them under cold running water and tie in bundles like asparagus. Boil for about 25 mins. in salted water (steam for 30 mins.).

Serving suggestions

Green leaves: As spinach, as a vegetable (whole leaves or puréed), or reheated with cream and seasoning.
Midribs: In white or cheese sauces, or cold with vinaigrette.

BROCCOLI
Calabrese

This has alternative names – Italian Sprouting and Green Sprouting. It is a green form of sprouting broccoli for gathering in summer and autumn. This is the sort of broccoli to grow for home-freezing. The name 'calabrese' suggests that it originated or was once widely grown in Calabria – the 'toe' of the Italian peninsula. For earliest supplies choose *Express Corona* or *Green Comet*; for later autumn supplies, *Autumn Spear* and *Late Corona*. Sow seeds of early and late varieties at the same time – mid April. This is when I sow seeds of many other brassicas (members of the cabbage family) and I prepare a special seed bed for them. A sunny site is chosen for the bed which measures about 6 by 4 ft. I fork the soil to a depth of about 8 ins. and take out any weeds and weed roots. I then firm gently by treading all over the bed and I rake it level. To have first class seedlings I spread a layer (about 1 in. thick) of sifted garden compost or Levington potting compost on the soil. I firm this and rake level again. 1 in. deep seed drills are then made at 8 ins. apart. These are filled with water and I sow the seeds fairly thickly when the water has drained away. I cover the seeds with the compost removed by the hoe when making the drills and I firm once more – either with my boot or the palm of my hand. Germination is rapid and I keep the seedlings well-watered if the weather is dry. Any weeds are removed by hand or by using an onion hoe. By early June I have plenty of plants for moving to their growing positions. I choose only straight-stemmed, large seedlings for planting with a dibber and in ground covered with a mulch of garden compost. Planting distances are 2 ft. between rows and 2 ft. between plants in the rows. I hoe occasionally to prevent weeds and I water the plants well in long periods of dry weather.

Preparation
The central head resembles a green cauliflower. Cut it from the plants and steam or boil as cauliflower. The beheaded plants then make thick, succulent side shoots. Pick these as and when required in the kitchen. Wash thoroughly and scrape stalks. Remove any coarse outer leaves. Divide thick and thin stalks into two bundles to allow uniform cooking time. Cook in minimum salted water until stalks are tender (about 15 mins.). Steam for 20–25 mins.

Serving suggestions
Best tossed in butter or in a white sauce, as the flavour is so delicate; but can be deep fried in oil coated in a thin batter; sautéed quickly in olive oil with a halved clove of garlic; sprinkled with grated parmesan; or cold with mayonnaise.

Nine Star Perennial

This has the alternative names, *Bouquet* and *Hen and Chickens*. The gardening term 'perennial' means that a plant has a life of at least three seasons. This form of broccoli just fits in with the term as it can live for that length of time, and should produce a small cauliflower central head surrounded by up to nine much smaller heads. Sow seeds in April along with seeds of other summer, autumn and winter brassicas. Set out plants where they are to grow in June allowing plenty of space – almost a square yard – for each plant. In late March or April of the following year, cut the cauliflower-like head and the smaller heads, mulch with strawy manure or garden compost and the plants should go on to produce similar crops in the spring of the following two years. I have grown this interesting vegetable twice and on each occasion, after the first crop had been gathered, the plants died. Perhaps if I try for the third time I may be luckier!

Preparation
Cook as cauliflower. If left whole, rather than separated into smaller heads, make a cross cut in the base of the stalk and wash well. Boil in minimum salted water for 12–15 mins. or until tender (depending on the size of the head). Steam for 15–25 mins.

Serving suggestions
As with *Calabrese*.

BRUSSELS SPROUTS
Red Brussels

Although red sprouts have been around for a number of years the only plants I have ever come across are those I grow. Not only can I recommend red sprouts as something rather unusual for your garden, but to me the cooked sprouts have that special flavour associated with red cabbage. 'Nutty' seems to be an appropriate description, but I must leave you to decide that for yourself after you have grown and sampled your own. Seeds of the continental variety *Rubine* are on offer in Britain. Plants are on the dwarf side and the sprouts do not form in the compact manner expected of new hybrid green sorts. If you already grow Brussels you will not wish me to tell you how to sow seeds, raise plants and cultivate, but for readers who are only now starting to grow vegetables here is a précis of my method with sprouts. Seeds are sown in a special seed bed along with seeds of summer, autumn and winter cabbages and in early to mid April. The seed drills are no more than an inch in depth and spaced at 8 ins. apart. During June I have fine, sturdy young plants for setting out on the plot earmarked for all winter greens. Before planting I spread a thick mulch of garden compost over the whole area. My planting tool is a cabbage dibber and Brussels plants are usually set out at 30 ins. apart. But *Rubine* plants need less space and 24 ins. between plants in the rows and between the rows, too, are sufficient distances. Apart from weeding, Brussels plants need no special cultivation. If cabbage caterpillars try to make a nuisance of themselves I hunt for them occasionally in August and September. It is rare, though, for these caterpillars to make the sort of mess on Brussels that they can do on cabbages. In my opinion, no Brussels sprouts are worth eating until after they have been frosted so I do not start picking them until November. Sprouts form on the main stem of the plant and harvesting always starts at the base of the stem to leave those higher up to grow larger. The top and loose part of Brussels sprouts plants is not cut for use as 'greens' until all of the sprouts have been gathered.

Noisettes

I always thought that for 'noisettes' – those tiny, expensive sprouts sometimes seen in specialist green-grocers – special Brussels sprouts varieties were grown. In 1965 I had to think again. I was inspecting vegetables on trial at the Royal Horticultural Society's Wisley Garden and came across large blocks of Brussels sprouts plants for noisette production. Apparently ordinary varieties were being grown but the plants had been set out more closely than is usually advised. The close planting, I was told, leads to the formation of the small noisettes favoured by the Quick Freeze industry. I have not tried this but I feel the subject worth mentioning, and you may wish to try this way of growing 'noisettes' for home-freezing.

Preparation
Wash and trim off any damaged outer leaves. Make a cross cut in the stem base. Boil for about 10 mins. in minimum salted water in a tightly closed pan. Steam for about 15 mins.

Serving suggestions
Tossed with butter, soured cream and seasoning; in
soups; puréed.

BRUSSELS SPROUTS AND CHESTNUTS
Make a sauce with 1 oz. butter, 1 tablespoon flour, and
½ cup of chicken stock. Season it to taste and cook until
thickened. Place 1 lb. cooked sprouts in a dish and mix
with 1 cup of chestnuts (which have been cooked,
peeled and sliced). Put the hot sauce over and serve.

BURNET
Salad Burnet

It has the alternative name 'Lesser Burnet'. The botan-
ical name gives a clue to the ancient use of Burnet as a
medicinal herb. 'Sanguis' is Latin for blood and 'sor-
beo' means 'I soak up'. 'Minor', of course, just means
'lesser'. The herb was used to treat both internal and
external bleeding, but the name Salad Burnet also
indicates its use as a salading. You may buy seeds or
help yourself to them if you can recognize the plant
which grows wild on chalky soils in Britain. A soil
which suits cabbages and their kin suits Burnet but like
most herbs this one, too, needs no rich compost mulch
in which to grow. Sow seeds fairly thickly in a ½ in.
deep seed drill in late summer or in spring. Dig up all of
the seedlings when they are still small and select as
many as you wish to grow for planting out at 1 ft. apart.
Prevent the plants from flowering by cutting back the
18–24 ins. tall flower stems. Always pick leaves for use

when they are young; older leaves are tough. Propagation of established plants is effected by digging up the clumps in spring or autumn and dividing them into smaller sections.

Serving suggestions
Wash the leaves well and add them to salads. The flavour slightly resembles cucumber. It can also be used to flavour vinegars (enough white wine vinegar to cover leaves, and stand for 5-6 hours before straining) and in sauces.

CABBAGE
Chinese

This looks quite unlike ordinary cabbages and could be confused with cos lettuces which it resembles in shape

and in colour. Seeds of *Pe-tsai* and *Mi-Chihii* are offered·
by seedsmen but I am hoping that newer, possibly
more reliable varieties will be available shortly follow-
ing the 1974 trials carried out by the Royal Horticul-
tural Society. This is not an easy vegetable to grow in
our climate. If you sow too early, the plants tend to
'bolt'. They will do this, too, if the summer is very hot or
if you forget to supply the roots with ample water in dry
weather. Wait until June before sowing the seeds in
1 in. deep furrows and where the plants are to grow.
Allow 2 ft. between rows and thin the seedlings when
they are quite tiny so that each seedling you are leaving
to grow on is 15 ins. or so from its neighbour in the row.
Use the Dutch hoe now and then to prevent annual
weeds from making a take-over bid for the whole bed if
July is a wet month, watch out for slugs and cabbage
caterpillars in August and, if you are lucky, cut your
Chinese cabbages in September and October. They are
not frost-hardy.

Preparation
Remove the outer leaves and wash well. Shred the inner
leaves and boil in minimum salted water for 5-10 mins.

Serving suggestions
The Chinese cabbage may be cooked as above, like
ordinary cabbage, but is best served raw in salads (with
vinaigrette or a lemon and dill dressing). It can also be
used in soup and, obviously, is the cabbage to use in
preparing Chinese dishes.

CHINESE CABBAGE SOUP
Heat some oil in a large pan and quickly fry ¼ lb. of
raw, lean chopped pork. Add a small head of Chinese
cabbage, finely sliced, and fry for a minute longer. Add

1½ pints of hot water and some salt and bring to the boil. Cover and simmer for 10 mins. Add ½ teaspoon of sugar, 1 tablespoon of soya sauce, and some freshly ground black pepper. Simmer for 15 mins. more.

Portugal

I know of no source of seed of this rather odd member of the cabbage family which has the alternative name, *Couve Tronchuda*. Very fertile ground is needed for this quick grower and in 1968 I had an excellent crop. Sow seeds along with other cabbages in the special brassica seed bed in early to mid-April and move the seedlings to where the plants are to grow just as soon as they are large enough to be handled. Set out the plants, using a cabbage dibber, at 3ft. apart. Hoe occasionally to keep down weeds and give water generously in dry summers. If your soil is not as fertile as it ought to be for Portugal cabbage, apply liquid manure feeds in July. Liquid manure is made by soaking a sack of animal dung (horse, cow, pig, rabbit) in a tub of water. Do not apply the liquor neat; water it down to the colour of weak tea.

Preparation
This vegetable is grown for its thick leaf midribs. The green part of the leaves is rather coarse. Cook and serve midribs like seakale (see p. 120).

Red

Generally considered (and quite wrongly) as suitable only for pickling – it is one of the classic accompaniments for braised game or pork. Seed may be sown in late July or early August and the plants over wintered in a garden frame. I grow the variety *Niggerhead* and I do not sow until mid April. It is then, too, that I sow all other summer, autumn and winter greens in a carefully prepared seed bed. Like all members of the cabbage tribe, red cabbages need fertile, well-drained soil. They also need sufficient room for good growth. I plant mine at 20 ins. apart in the rows and I leave 2 ft. between rows. Cultivation is very easy. Just hoe now and then to prevent weeds and pick off any cabbage caterpillars browsing on the cabbages in late summer/early autumn. Only if you are growing dozens and dozens of cabbages should you need to resort to pesticides to prevent caterpillar damage. If you buy and use any pesticide, choose one which is not poisonous to man. After all, you will be eating the cabbages! They will be ready for use in September or October.

Serving suggestions
Prepare basically as *Chinese cabbage*. Boil as ordinary cabbage, in chunks, for 10–15 mins. (steam for 20 mins.). Or, shred fairly finely and put in a pan with just enough salted water to cover. Peel and core an apple and slice it over the cabbage. Add a knob of butter or margarine and bring to the boil slowly. Simmer for half an hour or so with the lid tightly on the pan, stirring occasionally to prevent sticking. Drain and add a little vinegar (marvellous with pork or pork sausages).

PICKLED RED CABBAGE
Remove the outer leaves and centre stalk of a nice, large, brightly coloured cabbage. Shred it finely and layer it with salt in a large bowl (to remove excess water which would dilute the vinegar). Leave this for 24

hours, then drain and rinse the cabbage very thoroughly. Pack the shreds loosely into jars to within an inch of the top and cover with vinegar with added spices to taste (some peppercorns, allspice, cinnamon etc). Seal the jars very tightly, and leave for at least a week, preferably a month, and use within 3 months.

Winter Storing

This less usually grown cabbage is of particular value to gardeners living in parts where winters are so damp and cold that even the hardiest of more generally grown cabbages just rot. Seeds of *Langendijk 3* are offered by seedsmen and under such names as *Holland Winter* and *Winter White*. Sow in the special brassica seed bed during mid April. If you already make a good seed bed, then carry on in your own way. Here is what I do. I choose a spot in the garden where beans, peas or potatoes were grown the previous summer and I fork over the site to a depth of about 6 ins. While doing this I search for and remove any weeds and weed roots. Then I rake level, removing any large stones. I then walk all over the bed so that it is firmed. The rake is used again and without treading on the bed again I use an onion hoe to make 1 in. deep seed drills spaced at 8 ins. apart. If the soil is on the dry side I fill the drills with water. I wait for the water to drain away before I start sprinkling the seeds quite generously in the drills. After sowing, I fill in the drills with soil (using my hands). Each row is then labelled and a final firming given by gently treading along each row. By early June I have plenty of sturdy young plants for setting out where they are to grow. I space my winter storing cabbages at 20 ins. apart with rows 2 ft. apart. Unlike so many cabbages which make a great deal of spreading, unwanted outer leaves, these cabbages are very compact and look rather like green footballs on top of 8 ins. high stems. An occasional hoeing prevents weeds from being a nuisance and any caterpillars seen on the plants in August and September need to be picked off. In milder parts of the country the cabbages may be left where they are and cut as and when wanted in winter. In a dry winter the cabbages will remain in good condition until some time in February; if the winter is a wet one, rotting starts in early January. In colder areas and in all parts of the country if it seems that the winter is going to be very severe, all of the plants should be dug up in late November or early December. Any dying leaves should be stripped from the stems before the cabbages are hung upside down in an airy shed, garage, outhouse or cellar. The cabbages will remain in good condition for several weeks. They will remain in equally good condition if the cabbages are harvested with from 6–9 ins. of stem attached. Pull off the few, 'tatty' outer leaves. Then spread out the cabbages in a cool place. I spread mine out on the slatted bench of my unheated greenhouse.

Preparation
When preparing cabbages for cooking I normally like to cut them in large, chunky sections, but I don't advise this procedure with storing cabbages. They are tough and must be shredded before cooking.

Serving suggestions
Tossed with butter and/or seasonings; as sauerkraut.

CAPSICUM
Sweet Peppers

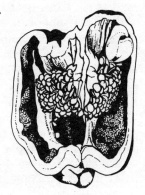

There are two sorts of capsicum (apart from those grown solely as ornamentals) – sweet peppers and chilis.

Some claim that the word capsicum is derived from the Greek '*kapto*' (to bite) because of the 'hot' flavour of chilis; others say the word comes from the Latin '*capsa*' (a case) because sweet peppers are hollow cases containing very little pulp and only a few seeds (in fact, the sweet pepper was and is occasionally still referred to as the Bell Pepper).

To have sweet peppers in colder parts you need a heated greenhouse in which seeds may be sown in early April and I think it would be best to be prepared to continue housing the plants in the greenhouse all summer. Fortunately, sweet peppers take to being grown in large pots just as ducks take to water. In warmer areas, seeds germinate quite well if sown in an unheated greenhouse, in a garden frame or under a cloche during late April/early May. The warmer the spring weather, the earlier you can sow and thus give the plants an early start. My own method is as follows. I like the variety *Canapé* which is offered by several seedsmen. I sow two or three seeds in 3½ ins. peat (Jiffies) pots filled with Levington Potting Compost in late April or early May in the greenhouse or the cold frame. I reduce the seedlings to leave one only in each pot. By late May the young plants are at the stage when they need potting on into 9 ins. diameter clay pots. I use ordinary top soil from my garden in these pots and when planting I tear off any dry parts of the small peat pots but without disturbing the plant roots. The large pots are left in the greenhouse until my tomato plants have grown tall and have started to cast shade over them. I then move the pot capsicum plants out into the garden. I grow no more than four plants. Two pots are sunk slightly into the ground and quite close to each other. I do the same with the other two pots but about a yard away. I then take four Low Barn Expandite cloches. Two are stood on end around each set of two pots. I prevent the cloches from being blown down by supporting them with strong bamboo canes. Even in a cold sort of summer I pick three peppers from each plant. If the summer turns out to be really warm the green peppers will turn red in September if not picked for use earlier.

Harvest green peppers when they are of full size, a rich green and glossy. Any which turn red are equally edible, of course. There is an even hardier variety than *Canapé*, called *Outdoor*. It really can be grown outdoors as I saw from my own 1962 crop. I raised plants in a cold frame and moved the plants outdoors at 15 ins. apart in early June. But the peppers, although excellent for salad and other use, are too small for stuffing. *Outdoor* is very much worth trying if you consider that unless you have a heated greenhouse sweet pepper growing is a bit too chancy. Perhaps you live in

Glasgow and have an unheated greenhouse? Why not try *Outdoor* pepper in it this summer?

Preparation
Wash and cut in half lengthways. Remove the stalk, all the seeds, and the white membrane, and slice or dice as required. If the skin is to be removed, hold the pepper on a fork over a flame until the skin blisters when it can be removed easily. If the pepper is to be stuffed, cut around the stalk and scoop out the membrane and seeds.

Serving suggestions
Nicest raw in salads, both red and green varieties; or as a garnish. Can be baked with a savoury or vegetable filling, and served hot with a cheese or tomato sauce, or cold with French dressing. Peppers are also an ingredient of ratatouille.

STUFFED PEPPER
For two people, use two peppers and prepare them as above for stuffing. Dip them in boiling water for 5 mins. and drain. Fry a finely chopped small onion and ¼ lb. of mince until lightly browned. Season to taste, mix with 1 oz. cooked rice, and moisten with a little water. Fill the peppers with the mixture and arrange in an oven dish. Pour over a tomato sauce made with 2 oz. tomato purée and double that amount of water. Bake the peppers in a medium oven until tender (about 35–40 minutes), basting occasionally.

Chili Peppers

Sow and grow chili peppers in the same way as sweet peppers. Good varieties are *Cayenne* and *Chili*. However, unless given greenhouse protection right through until autumn, there is little likelihood of the chilis turning red unless the summer is a hot one.

Serving suggestions

To make your own cayenne pepper, put the small red peppers in a wire basket and leave in a moderately warm oven for 12 hours and with oven door slightly open to prevent extra high temperatures within. Weigh the dry pods. Take one quarter their weight of kitchen (rock) salt and dry it in the oven. Grind the peppers finely and mix with the warm, dry salt. Bottle and seal well. If you wish to include chili peppers in mixed pickle you may use them when they are still green.

CARDOON

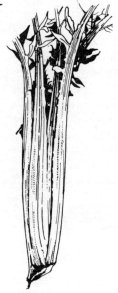

This is a very close relative of the globe artichoke and some botanists think that because the globe artichoke – unlike the cardoon which is a south European herb – is not found growing wild, that the artichoke has developed from the cardoon. The plants look almost identical, and both bear huge, attractive, purple thistle-like flowers. You may give cardoon plants an early start by sowing under glass in April and in Jiffy pots for plants to move outdoors at 2 ft. apart in June. Seeds may also be sown outdoors in late April and where the plants are to grow. This is a hungry, thirsty vegetable so the soil must be rich and you must be prepared to water well and often in dry weather. Look out too for bean aphides on the undersides of the grey leaves and spray if necessary with a suitable insecticide. The plants need blanching – just as maincrop celery does – but the operation is carried out in one. In October, remove any dying leaves. Then gather all the other leaves together and tie them at the tops with raffia. Then earth up; that is to say pile up earth all round the plants. You will have blanched foliage within two months. Instead of earthing up my cardoons, I tied the leaves together not only at the top but also lower down. I then wound black polythene sheeting around the plants and secured this well but not too tightly. An alternative way of blanching cardoons is to grow the plants in trenches (as maincrop celery) and to fill in the trenches in October. The trouble with blanching either celery or cardoons with soil is that in a wet autumn (and particularly if your garden soil is 'heavy') slugs can make a mess of what you are trying to blanch. I am told that cardoons may be blanched in drain pipes. This, too, is worth trying.

Preparation

Although the blanched outer leaves look delectable, they are unfortunately not, being far too bitter. Use only the inner stems and the heart of the plants. Wash well to remove any soil and then cut the leaves (with stems, of course) into four inch lengths and blanch in boiling salted water to which a tablespoon of vinegar or lemon juice has been added so that the cardoon does not discolour. Drain. Prepare the heart of the plants similarly. Simmer in stock for two hours or until tender.

Cardoons may also be cooked in any manner suggested for celery. The roots may be boiled whole and served cold with a salad dressing.

Serving suggestions

Serve with melted butter; with white, cheese or parsley sauces; or cooked and cold in salads.

CELERIAC

Also referred to as Turnip-rooted Celery, this vegetable is grown for its large, turnip-like root. Because the plants need a long growing season it is advisable, where possible, to sow seeds in trays or pots in a heated greenhouse in mid-March. 65°F (18°C) is needed for good, even germination. If you sow broadcast in a seed tray, pot the seedlings (one per pot) when they are still small. I sow celeriac during the latter half of April in my unheated greenhouse but I think that an early sowing in heat could lead to my having larger roots. On the other hand, perhaps my light, sandy soil does not really suit this marsh plant. Harden off the plants in May or early June and set them at 12 ins. apart with rows 15 ins. apart. The ground must be first class for this greedy feeder. I spread a mulch of garden compost over the sunny site where my celeriac is to grow. Do not plant deeply. Throughout its growth the swelling 'bulb' must sit on the soil and not get half buried if you hoe around the plants. So, after any weeding, draw soil away from the swelling 'bulbs' and tear off any side shoots which sometimes appear near the base of the plants. Liquid manure feeds may be applied each week during August. Ensure that your plants are never short of water. Although celeriac may be left in the garden in milder parts until some time in November at least, I consider it better to dig up this vegetable during October and store in moist sand in a cool, dry shed or similar spot. Before storing trim back the roots and remove all of the leaves except for the small tuft right at the top. Apparently, if this tuft is removed, the stored 'bulbs' waste energy in producing more leaves. Celeriac is a good substitute for celery right through the winter.

Preparation

Scrub root in cold water, peel, and then cut into slices, dice or strips, or grate. Boil slices or pieces in salted water with some vinegar or lemon added, until tender (about 25–30 mins.). Steam for 35 mins. Or stew slowly in vegetable or meat stock until tender (for up to 1½ hours, depending on size of cut celeriac). Matchstick strips can be sautéed in butter for 30 mins. Grate raw into salads.

Serving suggestions

As a vegetable like turnip; in a purée; in white sauces; in stews or soups for a light celery flavour; or grated raw in salads.

CELERY
American Green

Several seedsmen offer seeds of this type of celery which is fairly new to Britain and not very well known. This is the easiest celery to grow because you have nothing to do as regards cultivation apart from keeping the plants well-watered, weeding when necessary and applying liquid manure feeds if you wish. As with ordinary celery, maggots of the Celery Fly (Celery Leaf Miner) may be seen burrowing inside the leaves but my American Green plants have never suffered badly and when I spot the maggots I simply crush them between finger and thumb. But first you need plants and although I get away with things quite well by sowing seeds in my unheated greenhouse during late April, the general advice is to sow in a warm greenhouse in March. This is good advice, too, because I am sure that in the occasional cool, wet summer my American Green celery heads would be as large as they are in warmer summers had I, too, started off by sowing under glass in March and at a temperature of between 60–65°F (16–18 °C). Sow fairly thinly in seed trays using the compost of your choice or, as I do, in 3½ ins. Jiffies. After all, seedlings in trays usually have to be moved on into other trays or to pots so that the young plants have more space. The replanting checks the quick growth of the seedlings and, at planting out time, seedlings in seed trays get another check when they are again disturbed. Seedlings in peat Jiffies get no disturbance at all. You plant the whole pot after tearing off any dry portions. Keep the seedlings well-watered and harden them off before planting them in the garden during early June. Here again you are dealing with a greedy, ever-thirsty plant so the soil must be highly fertile and you must be prepared to water often in dry spells. Set the plants at 9 ins. apart and do not plant deeply. When you are weeding the bed in July and August look for any side growths at the bases of the celery plants. Tear off these growths. You can start cutting the heads (the complete plants) for use in early September or leave them to grow larger later that month and in October. Bear in mind that *American Green* is not frost hardy and it does not store well so ensure that all of the crop is harvested and eaten before really cold winter weather sets in. It is the heart of the plant which is the tasty part for your salads. The coarser, outer leaves and stems may be used to flavour soups, stocks and casseroles.

Preparation
Trim away the root end and remove any damaged
outer stalks. Separate and wash the stalks. To boil, cut
in 2½ ins. lengths and cook covered for 15–20 mins.
(steaming for 20–30 mins.) in minimum salted water.
To braise, cut in 3–4 ins. lengths, or use the whole
heads, and blanch for 5 mins. (see below).

Serving suggestions
As a vegetable, tossed in butter; in cheese or parsley
sauces; in casseroles with meat or other vegetables; for
flavouring soups, stocks and sauces; or raw in salads.

BRAISED CELERY
Wash and trim 2 or 3 large heads of celery. Split them in
two lengthways, and blanch them for a few mins. in
boiling salted water. Drain well. Cut a large carrot and
a large onion into dice and sauté them gently in 1 oz.
butter. Put in the celery (cut across the stalks if too
long) and add ½ pint of meat stock. Add seasonings,
cover, and braise in oven until tender (about 1–1½
hours). Baste occasionally and add more stock if neces-
sary.

Self-blanching

Here again sowing in a greenhouse as for *American Green
Celery* is advised. *Golden Self Blanching* is the variety I
have grown. Because this sort of celery is not quite as
self-blanching as the name suggests, it is the practice to
grow it in garden frames. There must be plenty of
available food in the soil so that the plants can make
their very necessary, rapid growth. This means that the
soil in the frame must be well-enriched with well rotted

manure or garden compost before the plants are set out in it at 9 ins. apart during early June. Do not plant deeply. Flood the bed with water after planting and keep the frame light closed for a few days. Then, prop up the light by about 2 ins. during the day but close it at night. Remove the light altogether in mid- or late June. Keep the plants very moist and remove weeds. Many gardeners say it helps in the blanching of this celery if clean, dry straw is spread to a depth of 9 ins. among the plants in mid July. If you try this, be prepared to loosen the straw should it become consolidated by heavy rain. Straw also encourages slugs and you may have to sprinkle slug bait beneath the straw. Examine the foliage occasionally. Where leaves show brown or black-ish markings look for small maggots inside the leaves. Crush them with your fingers to kill the maggots. Remove any side growths at the bases of the plants. This celery is ready for use in August and September. It is not frost-hardy.

Preparation
As *American green celery*.

CELTUCE

Botanically this vegetable is a form of ordinary garden lettuce but celtuce is not grown for its leaves but for its thick central stem. Somebody with a rather vivid imagination must have likened the flavour of celtuce to that of a lettuce with a celery flavour. That is not my opinion. I found the peeled, sliced stems far too bitter to eat raw. If you have not yet sampled this vegetable I suggest you sow just a few seeds to have, say, a half dozen plants. If you like the resultant celtuce, by all means grow more next year; if you dislike the stuff then you will not have wasted your time and valuable garden space. Sow seeds in April in exactly the same way as you sow lettuce, thin the seedlings to 12 ins. apart, hoe occasionally and apply water if there is a spell of dry weather. The plants attain a height of from 2 to 2½ ft. As far as I am aware, only Thompson & Morgan of Ipswich offer seed in Britain; Atlee Burpee offer seeds in the USA. Cut celtuce stems for use in July and August.

Preparation
Remove the leaves which can be cooked as a substitute, but a poor one, for spinach. Peel the thick stem and cut it into sections about 3 ins. long. Slice these lengthways into slivers for eating raw in salads or for cooking as celery.

CHICORY

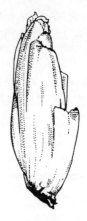

It is important to start off with seeds of the right kind of chicory. This is *Witloof* (Flemish for 'White Leaf'). Wait until June before sowing the seeds in 1 in.-deep seed drills spaced 1 ft. apart. Do not sow too thickly; you have to pull out seedlings to 9 ins. apart when they are 2 ins. or so high. Hoe to keep down weeds and, if you wish, you may spread a one-inch-thick mulch of peat around the plants and between rows in August. Chicory is a handsome plant with large green leaves. These begin to look less attractive by November when you may start blanching. Gardening writers suggest various means of doing this job but the method I recommend is the only one I have tried – and it worked. Dig up all of the parsnip-like roots in November. Discard any roots which are thin or 'forked'. Stand the first-class roots in a trench, packing soil around them. If you have some straw to hand it pays to spread it fairly lightly over the foliage so that you can get at the roots easily even after a fall of snow. Take a few roots for blanching when you wish. The best place for this work is in a greenhouse. I see no reason why what I do in the greenhouse may not be attempted in a garden frame. However, I am presuming you have a greenhouse. Rake a part of the greenhouse border level and then make holes quite closely together, using a cabbage dibber. Fill the holes with water and leave to drain away. In the meantime, reduce the chicory roots by an inch or two and cut back the foliage to leave no more than one inch of it. Plant the trimmed roots in the wet holes and cover the bed with an inch thick layer of *dry* straw. Weigh the straw down by shovelling an inch or so of *dry* soil on to it. Expect chicons (blanched chicory) to form within about a month in a heated greenhouse and at least two months in one which is unheated. You will have to inspect the bed occasionally to check if any chicons are ready for cutting. When they are, take away the soil and straw and cut the chicons off at soil level using a sharp knife. If you have no greenhouse and no cold frame you may have blanched chicory by planting several roots in a large clay pot. Set a similar pot over the top and cover the drainage hole to exclude light. How quickly chicons will form depends on the temperature. Slow chicon production leads to better quality chicons and I housed my pots in a cellar and at a temperature of about 55^0F (13^0C). The pot chicons may be rather loose as mine were but they will taste as good as the tight chicons obtained from roots planted in a greenhouse border. The pot method may be adopted for boxes and if you have space to spare in the garden shed or the garage, you may imitate the greenhouse border method but planting in boxes. Pots and boxes are liable to dry out so you may have to apply water if you discover that the soil in which the roots were planted has become dry. I am sometimes asked how to produce chicons in the garden. This is something I have not done but I understand that all one has to do is to cut back the foliage of the plants to leave one inch of it. Do this in October or November and when the soil is dry. Now draw up soil to a height of about 7 ins. over the row – as if you are earthing up a row of potatoes – using a draw hoe. Firm the ridge with your boots or with a spade so that winter rains do not wash it away. When the chicons have formed you will see their 'noses' pushing out of the ridge of soil. This may be in January, February or March, depending on the sort of winter.

Preparation

Home-grown chicons are excellent in winter salads. Always use chicory almost immediately after cutting as it toughens if left around in the light for several hours, and tends to lose its fine white colour. Trim away outside damaged or wilted leaves, and wash very thoroughly. The chicons can be separated into spears or sliced into thick pieces if to be eaten raw in salad. Keep the chicon whole if it is to be boiled or braised, and blanch it first.

Serving suggestions

Braise as celery (see p. 63); serve boiled chicons in white, cheese or tomato sauces; or raw in salads.

CHOPSUY GREENS

This is known, too, as *Shungiku* or *Chinese Shungiku*, and is an edible chrysanthemum. Sow in spring and in late summer and fairly thinly in 1 in.-deep seed drills. Allow 12 ins. between rows. You may also sow during the height of summer but choose a shady spot. Too much sun heat can lead the plants to 'bolt'. Remove any plants which do this. Cut whole plants for use when they are about 6 ins. high.

Preparation
The leaves may be prepared and cooked as spinach or added to other cooked dishes as a flavouring.

CORN SALAD

This is also known as *Lamb's Lettuce*. It is a British weed but the cultivated form originates from continental Europe and has more succulent leaves. Although sowings may be made at almost any time of the year it is more usual to sow in August and September for leaves for use in late winter and spring salads. Sow in 1 in.-deep seed drills spaced at 6 or 8 ins. apart. The seed drills should be watered if the ground is dry. Wait until the water has drained away before sowing fairly thinly. If your soil is as rich as my own, do all you can to prevent chickweed from choking your Corn Salad seedlings. Thin the small plants to 6 ins. apart.

Preparation
Corn Salad is a low-growing, straggly plant from which you may pinch off foliage here and there when you want to use it in a salad, or you may prefer to pull up one or two plants and cut the young foliage from them, using scissors. Its low habit of growth leads to its being

'gritty' so after cutting off the roots, like lettuce, wash it really well to remove all dirt.

Serving suggestions
In salads with beetroot, celery and chicory for instance; can be cooked like spinach.

COURGETTE

The French word means 'small gourd' and British and French gardeners use the term to describe small, very immature marrows produced on bush type plants of vegetable marrow. The American gardener does not know this word so he and American gardening writers talk and write about 'small summer squash like *Zucchini* (rather a mouthful!). Why 'Zucchini'? This was about the first summer squash of the Italian marrow group to have been cultivated almost solely for courgettes production and *Zucchini* is still popular for this. I grow

Zucchini each summer for my own courgettes. This variety is offered by most seedsmen these days. *Caserta* and *Cocozelle* are also very suited to courgette production. The new *Golden Courgette* offered here by Thompson & Morgan is known in the United States as *Burpee Golden Zucchini*. Instead of the dark green skin of ordinary Zucchini courgettes, this variety has a bright gold skin. Sow and grow courgette plants just as you sow and grow bush-type squash (see p. 126). Always cut courgettes when they are about 3 ins. long. For a regular summer supply for a family of four you need four plants.

Preparation
Wash, top and tail and peel if necessary. Cook either whole, sliced in ½ in. lengths, or halved with the centres scooped out to take a savoury filling. Boil for 10–15 mins. in minimum salted water (steam whole for 15–20 mins; sliced for about 10 mins.). Sauté slices in butter or bacon fat until golden brown and tender.

Serving suggestions
As a vegetable accompanying meat (either boiled or sautéed); in a savoury parmesan cheese omelette after sautéing; tossed in butter and sprinkled with parsley; stuffed and baked (either cold or hot) and in ratatouille.

STUFFED COURGETTES
Cut 6 medium sized and prepared courgettes in half lengthways and scoop out some of the flesh carefully. Chop the flesh. Plunge the courgette halves into boiling salted water and simmer for 5 mins. Soak 2 thick slices of bread (about 2 oz. in all) in water, and chop 2 small onions finely. Dip ½ lb. tomatoes in boiling water and

remove the skins. Fry the onions and chopped courgette flesh in some oil until tender, then remove from heat. Crush one clove of garlic (optional if you hate it, but really makes the dish), and add it to the pan with the chopped tomatoes. Squeeze the water from the bread and add the bread to the pan. Mix well, season to taste, and then spoon the mixture into the courgette halves on a baking dish. Drip some oil onto the stuffed courgettes, cover the dish with foil, and bake in a medium oven for 15 mins. Remove the foil and bake for a further 10 mins. or until tender and the stuffing is browned.

CRESS
American Cress

This variety is also known as Land Cress, and is a European weed sometimes found naturalized in waste places in Britain. Sowings may be made in spring, but like Corn Salad, this salading is more desirable when lettuce is not around in the garden. So it is more usual to sow at intervals from mid-August to late September. The plants like some shade and a north-facing border is an ideal spot. The soil must also hold water well and if you have a spot in your garden where the ground always seems to stay moist, this is a good place for American Cress. Sow in a 1 in. deep seed drill. If the soil is dry, flood the seed drill before sowing fairly thinly. Thin the seedlings to from 6 to 8 ins. apart and hoe to control weeds. For winter supplies cover the row with cloches in late October or dig up the plants and replant them in a cold frame. The flavour is likened to that of water cress and the leaves and young shoots are used as a water cress substitute.

CUCUMBER
Crystal Apple

Also known as the Lemon Cucumber and as Apple Shaped. The cucumbers look like very large lemons but the skin colour is not such a vivid yellow. This unusual cucumber has the reputation of having none of the 'burp' qualities associated with the more usually grown green-skinned cukes. I find that Apple Cucumber plants just cannot withstand crippling mosaic disease, but if you do try growing this cucumber, I hope your plants don't suffer this nasty trouble. Sow and grow as ordinary hardy outdoor 'ridge' cucumbers.

Trellis

In the fifties, gardeners keen on growing hardy cucumbers on a trellis or a wire fence knew only one variety, called *Japanese Climbing*. I grew it and thought it a rather poor cropper and with short, rather ugly cukes. In 1960 Nippon Norin Seed Company of Tokyo kindly sent me seeds of several newer Japanese cucumbers. My crop was fantastic and I have grown this sort of cucumber every season since. But unknown to me other folk were also taking an interest in similar but different Japanese cucumber varieties and at the present time you can take your pick from *Kaga, Kariha, Kyoto, Chinese Long Green, Ochiai Long Day* and *Baton Vert*. If you try growing the plants as ridge kinds on the ground and with pruning, you are unlikely to get the good crops I expect and get. I also suspect that the plants are suited only to south of England summers and that in other parts of Britain they ought to be grown in a greenhouse. In fact, greenhouse heating costs could possibly be cut drastically if these hardier than usual cucumbers were grown.

I wait until the last week of April or the first week of May before I sow seeds in 3½ ins. peat pots filled with Levington Potting Compost. The pots are housed in the unheated greenhouse or in a cold frame. I water often, and in late May or early June the plants are ready for hardening off and for planting in the garden. The trellis should be from 4–6 ft. high and may be made with what ever you have around – garden mesh (metal or plastic), garden netting, a wire mesh garden fence or a few stout poles linked together with soft wire. Set out the plants at about 12 ins. apart and alongside your trellis. Do not plant deeply and ensure that the soil is highly fertile. I spread an inch-thick layer of garden compost over the bed just before I am about to plant out. My soil is usually dry at the time so I fill the planting holes with water and plant when the water has soaked away. I remove all dry pieces of the peat pots before lowering the pot plants into the planting holes. I weed now and then when necessary and I also ensure that the plants have plenty of water at the roots. As the plants grow I tie in the main stems loosely to the trellis. When the 4 or 6 ft. mark has been reached, I nip off the plants at these heights. Bees and other friendly insects pollinate the female flowers and there are cucumbers for salads from late July to early October. Average lengths of the cucumbers are from 12 to 14 ins. but you may expect some to be longer. Chinese Long Green cukes can be 24 ins. long. I have never heard of anybody having suffered from the 'burps' after eating and enjoying tasty, garden-grown trellis cukes!

Preparation
Cucumbers are most familiarly used raw, but may be cooked. Cut in pieces and boil in salted water for about 15 mins. (steam for 15–20 mins). They may be braised, and baked – either dotted with butter or stuffed, as aubergine or courgettes.

Serving suggestions
Raw, sliced or diced in green or mixed salads; or in yoghurt or sour cream. Cooked as a vegetable; in white or cheese sauces; or in soup.

DANDELION

To come across this garden horror in a work on less usually grown vegetables may appear odd but the plant grown mainly for its blanched foliage is a selected type. There may be other seed stockists in Britain but J.W.Boyce of Ely comes to mind. Atlee Burpee offer seeds in the USA. Sow seeds at about ½ in. deep in April or May. You will need no more than a 6 ft. row. You may prefer to sow in clumps at a foot or so apart. If you have six plants per clump you may set large flower pots or plastic bowls over them when you get down to blanching in late autumn. Each plant needs 9 sq. ins. of surface space so thin tiny seedlings whether in rows or clumps. Even though you have thumbs unnoted for the greenness, you will have no difficulty in growing this unusual vegetable. If you intend blanching clumps under pots or pails outdoors, trim off any green leaves before setting the inverted pots or pails over the clumps. Make sure that all light is excluded and expect to have blanched shoots in spring. Because dandelions are perennials, after picking shoots for use you may then let the plants grow on to make their usual annual growth. I suggest, though, that you nip off the flower buds unless you want flowers for wine. Your neighbours will not be happy at seeing thousands of dandelion seeds parachuting from your garden into theirs! Another way of having blanched dandelion shoots is to dig up all of the plants in November, storing them in a trench in the garden as suggested for blanched chicory. You can then take batches for forcing in a greenhouse, a cold frame or in pots and boxes in exactly the same manner as if you are aiming at the production of chicory chicons. But these forced dandelion roots will be weak and I would not advise replanting them in the garden.

Preparation

Use blanched shoots in salads, and they are particularly good in winter and spring. Young leaves may be cooked as spinach. It is advisable to boil them in two lots of water to rid them of their bitter taste. Dandelions are also used in a tea, and in wines.

Serving suggestions

Raw, in salads, with watercress and finely chopped spring onions, and an olive oil, lemon juice, sugar, salt and paprika dressing; or with crisply fried pieces of bacon on a bed of raw dandelion leaves with a vinegar and bacon fat dressing (this is known as 'pissenlit du lard', and reveals in the name one of the more medicinal qualities of the plant!); or as a purée, like spinach, with poached eggs.

ENDIVE

There are two kinds – the better-known 'curled', and the Batavian endive. *Green Curled* (also known as *Moss Curled* and *Exquisite Curled*) is a good 'curled' variety, and *Batavian Green* (also known as *Winter Lettuce Leaved*)

is the only Batavian variety I can trace in British seed
catalogues. Because endive is usually grown as a substi-
tute for lettuce and when that salading is absent from
the garden in late autumn/early winter, seed is not
sown until mid June. Earlier sowings can also lead to
'bolted' plants. Sow and tend as lettuce. That is to say
sow in 1 in. deep seed drills, thin seedlings to 12 ins.
apart, keep weed-free and give water in dry spells. Yes,
it is all as easy as that. If you are growing the curled sort
you will have handsome, dark green lettuce-like plants
in September but with foliage which is far too bitter to
eat in the manner of that salading. Batavian Green is
not quite as handsome but equally bitter. It is now that
one's problems can start. You will have to decide for
yourself whether you will be satisfied with partially-
blanched endive, fully-blanched endive or straight
unblanched endive. Endive on sale is partially
blanched. To do this yourself, tie each plant with raffia
or string just as if you are tying cos lettuces to assist
them to heart up well. But don't ever tie up endive if the
foliage is wet or even damp after a heavy dew. Endive is
so susceptible to damp and the foliage rots rapidly. For
fully-blanched endive, you also must start off with per-
fectly dry foliage. Dig up one or two plants and replant
them elsewhere at about 2 ft. apart. Tie the foliage
together and set an inverted flower pot or pail over each
re-planted endive. Make sure that no light reaches the
plants and inspect three weeks later. By then you
should have creamy-white endive of superb flavour. I
have also tried blanching endive in pots indoors. I
planted one endive plant in each clay pot, tied the
foliage together and inverted pots of similar size over
those in which endive was planted. Blanching time is
about two weeks at a temperature of 50–55 °F
(10–13 °C). Fully-blanched endive should be eaten

within as short a time as possible so that it does not have time to yellow and get tough. Partially-blanched endive wilts within a few hours of gathering. Doubtless it will keep without wilting for a few days if (like lettuce) it is put in a cool place in a lidded container. Partially-blanched endive should also retain its freshness for a day or two if put in a polythene bag in the vegetable box of the fridge.

Preparation
Discard any damaged outer leaves and wash very thoroughly. Separate leaves for salad and leave plant whole if to be braised.

Serving suggestions
Raw in salads, shredded finely, or braised with white or cream sauce.

BRAISED ENDIVE
Blanch plants for about 6 mins. in boiling water. Run them under cold water to refresh and drain thoroughly. Lay plants in a casserole dish on top of a chopped rasher of bacon, and a large chopped onion and carrot, all of which have been sautéed. Add ½ in. stock and bake covered in a low to medium oven for 40–45 mins.

FENNEL
Florence Fennel

Known, too, as *Finocchio*, this is a dwarf form of the
common British weed fennel, which, incidentally, is
itself a garden herb and a handsome plant with its tall
stems and finely cut green or bronze foliage. The foliage
of the dwarf form is less aromatic and whereas the tall
kind is grown solely for its foliage, the dwarf form is
grown for its stems which are bulbous in appearance.
In my Kentish garden I have no problem at all with
Florence Fennel and I sow in April, May or June. If the
soil is dry, fill seed drills, 1 in. deep and 1 ft. apart, with
water before sowing fairly thinly. Hoe to keep weeds at
bay and thin seedlings to 9 ins. apart and then just wait
for the stem bases to swell. This is a popular Italian
vegetable and increasingly in demand here, so you
ought to be able to sample some before you decide on
growing them yourself.

Preparation
Trim off the top stems and slice off the base. Scrub well.
Steam in halves or quarters for about 50 mins. Braise as

for celery, for about an hour, cut in quarters. It should never be boiled.

Serving suggestions
Serve steamed with seasonings and melted butter; thickly sliced and sautéed in lots of butter; braised; or raw, sliced thinly in salads or as a garnish; in sauces for its strong aniseed flavour.

GARDEN ROCKET

There are several edible plants to which our forefathers gave the name 'Rocket'. The plant dealt with here is known botanically as *Eruca sativa*. I have not grown it but I include it to demonstrate that over and above the food plants we already grow in Britain there are others we could grow if we wished. The Paris seedsmen Vilmorin-Andrieux offer seeds under the name 'Roquette'. In this seedsmen's catalogue mention is made that the young leaves are eaten in salads and that the flavour is quite strong. In *Rare Vegetables* (Faber and Faber, 1960), John Organ describes the flavour as 'rather spicy, meaty'. Apart from its use as a salading, Garden Rocket is a medicinal herb. Nicholas Culpeper (1616–1645) wrote in his *Herbal* that it alleviates asthma, cough and lung troubles. Seeds may be sown at any time between spring and August. Sow fairly thinly in a ½ in. deep seed drill and do not bother to thin the seedlings. Pick leaves from young plants a few weeks later and before they run to seed – as they tend to do in warm summer weather. You may, if you wish, allow a few plants to flower and set seed which you can then use in the following season. The plants are not frost-hardy.

Preparation
Wash well and shake dry. Eat in salads.

GARLIC

This is a strongly-flavoured member of the onion family loathed by many British holidaymakers when they first come across garlic-flavoured dishes in southern Europe but becoming appreciated in Britain these days because (so those who like it say) it really does something for the dish. Garlic also has a five thousand year long reputation for its aid to general good health.

Plant garlic cloves – sections pulled from the bulbs – at 1 in. deep and at 6 ins. apart in the row during March and in the sunniest position you can find for this vegetable in your garden. Keep down weeds, water in very dry weather during June and July and dig the crop late that month or in August and when the foliage turns yellow. Hang in small bunches in full sun to dry your garlic well. Then take indoors and store somewhere dry (never in a steamy kitchen). Put a few bulbs aside for splitting into cloves and for planting in the following March.

Preparation
Remove as many cloves from the bulb as required, and skin them. Crush or slice before using, or use whole in a casserole if a very slight flavour is required (but remember to remove it before serving!).

Serving suggestions
For flavouring salads, simply rub the salad bowl with a cut clove of garlic; rub steak with crushed clove before

grilling; fry sliced garlic in oil to give the oil its flavour before removing it and frying any other ingredient; nick the flesh of lamb or mutton before roasting and insert tiny slivers of garlic; use in butter for garlic butter; use garlic butter on foil-wrapped French loaf for garlic bread.

GHERKIN

There are two sorts – small and prickly, and the larger, less prickly kind. Both are grown in exactly the same way and as ordinary 'ridge' type hardy cucumbers. *Vert de Massy* is offered by Vilmorin-Andrieux of Paris and after having grown it I can confirm that this seedsman is correct in describing the variety as quick to mature and very productive. My *Vert de Massy* gherkins were 2 ins. long. For larger gherkins (5 to 6 ins.), *Venlo*, or *Venlo Pickling,* is a good variety. Suttons Seeds, Reading, offer seeds of this pickling type Dutch cucumber. *Burpee Hybrid* (offered by several British seedsmen) is also an ideal cucumber for use as a large gherkin. If you are an American gardener you may do the same or try *Burpee Pickler*. This is listed in Burpee's seed catalogue. If you want to give your gherkins an early start – and I think this advisable because we do get some freaky summers – sow seeds in peat pots filled with the compost you like and in the greenhouse, cold frame or beneath a cloche. Do this in late April or early May. In cold parts of the country the greenhouse or frame should be heated slightly to ensure that the seeds germinate and do not rot. The growing of any sort of cucumber outdoors is a very chancy business in cooler parts of Britain but the hazards can be reduced. I am thinking of the protection afforded by a garden frame or by cloches. So if you think that growing your own gherkins nigh impossible where you live, why not try a few plants with frame or cloche protection this summer?

In warmer areas the late April or early May sown seeds lead to sturdy plants by early June. Don't forget to harden off the plants before you get down to setting them out in the garden. The soil must be fertile and it must drain well. If it doesn't, I recommend that you grow your gherkins on a raised bed. This can be a yard wide and 6 to 8 ins. high. You can retain the raised bed in position by using lengths of timber or asbestos held in position by hammering several stout, short stakes into the ground. Set out the plants at 18 ins. apart. Keep well watered if the weather is dry and when the plants have made seven *true* leaves, pinch out the growing point of each plant to encourage side shoots to form. *True* leaves are typical cucumber leaves and unlike the two, oval seed leaves. You may, if you wish, apply liquid manure feeds from mid-July onwards. Pull out weeds by hand and water when necessary. Cut your gherkins when they are of full size and a good green colour. The more often you pick, the greater the total crop. You may, if you garden in southern England, sow seeds where plants are to grow. Do this in mid- to late May. To assist germination and to protect the tender seedlings set inverted jam or preserving jars over the spots where you sowed seeds at from ½ in. to 1 in. deep.

Take the jars away when the young plants need more room and when you are sure there will not be a night frost. Further cultivation is as already described.

Preparation
Wash well. Use for garnishes and savouries; in salads; add chopped to a white sauce with paprika; pickled.

GOOD KING HENRY

Other names are *Mercury*, *All-good* and *Lincolnshire asparagus*. According to some, this is a native weed; to others it is an immigrant which one may come across in rich soils and in farmyards. Seeds of this perennial are offered by Dorwest Herb Growers of Bridport. Sow in April and in very shallow seed drills spaced at 1 ft. apart. Thin the seedlings so that plants left to grow on are at 9 ins. apart. Use the hoe occasionally to keep down other (but unwanted) native plants. Good King Henry reaches a height of about 1 ft. If you wish to have

Lincolnshire Asparagus, cut back the dead foliage in autumn and spread well-rotted garden compost or autumn leaves over the rows and to a depth of 5 ins. Failing these mulches, try straw. In the following spring search for and cut the young shoots in the mulch but do not take all the shoots from any one plant as this would weaken the plants. You can cut shoots more generously in future years when your Good King Henry is really established. Cut shoots at below soil level – just as if you are cutting asparagus shoots. During the summer you may pick leaves as a substitute for spinach. Take only one or two leaves at any one time from each plant. This is one of the few vegetables which can do well even though there may be some shade as is so common in town gardens, but for best results the soil must be rich. A soil which has had regular dressings of garden compost suits Good King Henry fine.

Preparation
Wash the green leaves and cook as spinach. Cook the washed young blanched shoots in spring as asparagus. Serve both with melted butter or cream sauces.

HORSERADISH

Because this wild plant is so common on waste land throughout Britain we are apt to consider that our forefathers just found it to hand and adopted it as a suitable sauce for eating with the roast beef of old England. But horseradish is of east European origin and is a welcome immigrant. Plants grow to a height of 2 ft., there are white flowers and the long, thick, fleshy roots are not easily dug if plants are growing in the wild. Nor, for that matter, is the digging of cultivated horseradish in late autumn a simple task. I dig a trench around each plant, using a spade. I follow up by loosening soil nearer the plants, using a garden fork. I then push the spade deep into the ground and near the roots, thrust the spade upwards and up with it should come my horseradish roots. Usually some break and I have to dig down to get as many pieces of root out as possible. The trouble with this useful perennial is that it can become a garden weed and I advise it only for the larger garden and allotment. The ideal way to grow horse-radish would be on a large mound which could be demolished in October or November and the roots simply picked out of the soil. But the construction of the mound would take some time and one would also have to keep the mound moist in dry summer weather. But first of all you have to have roots for planting. Pieces of root should be 2–3 ins. long (longer if you can get them), and with or without crowns (tufts of young foliage). Dorwest Herb Growers can help you if you have any difficulty in obtaining roots. Plant roots in March and at 2 ft. apart in rich soil and quite out in the open. Drop the pieces of root into holes made with a cabbage dibber. If the root pieces have 'crowns', plant so that these are just at or just below ground level. Press soil up and around the planted roots, just as you do when setting out cabbage plants with the same dibber. If you have really long pieces of roots, you will find that a crowbar makes a better planting tool than a cabbage dibber. The planting of thickish, long roots (each with a crown) leads to a crop for digging in the first autumn after planting. Horseradish plants from small pieces of root should be left to grow on for at least another year. The cook will not be pleased if you dig and offer her pencil-like horseradish for grating! Apart from hoeing to keep down weeds, horseradish needs no other culti-vation. When digging your horseradish in the autumn, search diligently for each and every tiny piece of root. Small pieces of root should be burnt unless your com-post heap is belching out steam showing that its interior heat can cope with horseradish roots should you make a crowbar hole and drop them in. Select 8-12 ins., straight roots (each with a crown) and replant them elsewhere in the garden for next autumn's supply. You may store your horseradish for use in moist sand, peat or soil in a shed, garage or unheated greenhouse. Take a root as and when roast beef is on the menu!

Preparation
Scrub well, then peel and grate finely.

Serving suggestions
In sauce, in salads, but also very good grated into meat sandwiches.

HORSERADISH SAUCE
Combine 3 tablespoons grated horseradish and ¼ pint soured cream. Season to taste with salt, black pepper, and a pinch of dry mustard. Serve with roast beef (but also with some other meats and fish, depending on taste).

HORSERADISH AND APPLE SALAD
Finely grate 4 oz. horseradish and mix with 1 oz. sugar and 4 tablespoons white vinegar. Peel and slice 8 oz. apples, then sprinkle them with a dessertspoonful olive oil and freshly milled black pepper. Mix together the horseradish and apples and serve with roast beef.

KOHLRABI

Alternative names *Knol-Kohl* and *Turnip Cabbage* are mentioned in some books but I have never heard them used by fellow gardeners who grow and like this less usual vegetable. Like the turnip, kohlrabi is closely allied to cabbages and the soil must not, therefore, be on the acid side. Knowing if your soil needs dressing with lime to counteract acidity may be discovered by a soil test. A Murphy Analoam Soil Tester is a help but an unnecessary gadget if you see from the size of your healthy cabbages that your soil conditions suit them well. So, if you already grow fine cabbages, you can grow fine kohlrabi. But do not aim at football-sized kohlrabi! Large kohlrabi is tough and inedible. This is a quick-growing vegetable and ready for use within two months of sowing and when the swollen stems are about the size of a tennis ball. Earliest White (Vienna) has a light green skin; Earliest Purple (Vienna) has a purple skin. Whether, as is sometimes claimed, the green sorts have the best flavour, is something only your own palate can decide. I noted, though, that when I was living in Germany our local market gardener grew only green-skinned kohlrabi and that my cook thought highly of them. She also cooked the leaves as a substitute for spinach. I have never known a British kohlrabi fancier do this and I haven't myself. It is usual for writers to mention that kohlrabi stands up to summer drought far better than do turnips but to deny water to kohlrabi in dry summer weather must, I feel sure, retard growth and lead to toughness of the vegetable. That is why I keep my kohlrabi amply supplied with water in dry spells. I have yet to come across anybody who has grown and sampled kohlrabi and has not liked it. The flavour is often likened to that of the turnip but I consider kohlrabi to have a special 'nutty' flavour all of its own. Sow seeds at any time between early April to late June. You may sow in a seed bed for 2 ins. high plants to be moved to where they are to grow at about 9 ins. apart in the row or sow seeds fairly thinly in 1 in. deep seed drills spaced a foot apart. Early thinning of the seedlings is very necessary so thin them as soon as possible so that you leave plants from 6 to 9 ins. apart. At 6 ins. apart, the kohlrabi will be smaller but there will be more of them to the row. Keep down weeds by hoeing now and then. Do not expect any pests or diseases apart from the nasty fungal Club Root disease if your soil harbours this trouble. June-sown kohlrabi may be left for pulling right through the winter or you may lift the crop in October, shorten the roots and cut back the foliage to leave just an inch of it and store the 'bulbs' in moist sand, peat or soil. I have not eaten stored or frosted kohlrabi so I cannot say if this vegetable tastes as good after this sort of treatment as does freshly-pulled kohlrabi in summer and early autumn. Kohlrabi may be stored in the freezer, too. Choose only young, tender specimens for blanching, cooling and freezing. Very small kohlrabi may be frozen whole; dice larger ones.

Preparation
Cut off the leaves around the bulb and trim off the roots. Scrub thoroughly in cold water and then peel. Small bulbs can be cooked whole, the larger should be sliced or diced. Boil for 30 mins. to 1 hour, depending on size, in salted water. Drain well. To braise, parboil first in salted water for 5 mins, then put in pan with a little chopped bacon, onion, and stock to cover, before braising gently for 1 hour or until tender. The tops of kohlrabi, as I note above, can be cooked as spinach.

Serving suggestions
Tossed in melted butter; mashed with butter, milk and parsley like turnip; puréed; baked with cheese; or in a white sauce. Raw kohlrabi can be grated into salads like celeriac.

MUSTARD
Chinese

Often referred to as *Pac-Choy*, seeds are offered by Dobies of Llangollen. Although seed may be sown as soon as the garden soil warms up in spring, it is more usual to wait until mid- to late June. Plants from earlier sowings tend to bolt as will those from a June sowing if the summer is a very hot one or if you fail to water regularly and copiously in dry spells. Sow in 1 in. deep drills spaced 1 ft. apart. Thin the tiny seedlings to almost a foot apart in the rows. Keep down weeds. Gather leaves in the manner of spinach or pull up complete plants for use. Do not expect any pests or diseases.

Preparation
The flavour of the leaves is quite mild. They may be used as a salading, cooked as spinach and used in Chinese dishes according to recipes. It may also be used in soup like Chinese Cabbage.

OKRA

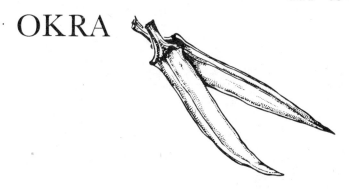

'Gumbo' or 'Lady's Fingers' are alternative names for this edible hibiscus. Although okra may be grown out-doors in most parts of the United States, a heated greenhouse seems to be needed for its cultivation in Britain. I raised fine seedlings in my unheated greenhouse in spring but then they died on me because temperatures just were not high enough to suit them. If you can devote greenhouse space for okra and, of course, have no objection to the cost of keeping the house at a minimum temperature of around 75°–80°F (24°–27°C), by all means try growing this tropical. Sow in peat pots during March or April and set plants out in the greenhouse border and at 15 ins. apart. Alter-natively, pot the seedlings on into 10 or 12 ins. pots – one plant per pot. Keep the compost in the posts reasonably moist. The plants will reach a height of from 2 to 3 ft. The flowers are yellow with crimson centres. Pick the pods regularly and when they are one to four inches long. The length of pod will depend on the variety you are growing. The pods must be soft with seeds only half-grown and ought to be used immediately after harvesting. Suttons of Reading offer seeds of the variety *Long Green*.

Preparation

Wash thoroughly, but do not remove stems. Boil for 7–15 mins. in salted water, or alternatively parboil for 5 mins. and then finish the cooking in butter. Braise after a 5 mins. parboiling for further 30–45 mins. Coat in beaten egg and flour and fry.

Serving suggestions

Toss in melted butter; in cream, tomato or curry sauces; in curries; in soups and stews; pickled in salads.

OKRA AND AUBERGINE

For two, place 6 okra pods, one small diced aubergine, 1 sliced onion and two skinned and sieved tomatoes into a large pan and sauté in 1 oz. butter. Season, add parsley, stir, and simmer until cooked. Serve hot as a separate vegetable course or in an open pie case.

ONION
Tree Onion

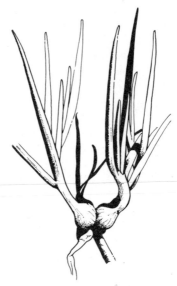

This is also known as the Egyptian Onion and Egyptian Tree Onion although its country of origin is Canada. I have had this unusual onion in my garden for many years but not because I value it highly. I have it because it is a real oddity which needs no effort on my part to bear its crop and the plants delight my visitors. After all, seeing onions on stalks 4 to 5 ft. high really does take some beating! The onions form in clusters and at varying heights. Although small, tree onions are strong so must be used sparingly. Start off with bulbs or with 'offsets'. Neither is easy to come by but I see that Dorwest Herb Growers list this onion. Plant offsets or bulbs at 15 ins. apart and at any time of the year. The soil must be rich. Do not expect plants to reach more than 2 ft. in the first summer (although they can). To prevent the topheavy stems from toppling, support them with a few lengths of string tied to bamboo canes pushed into the soil around the plants. Pick onions as and when wanted. This is the only onion you can harvest when the ground is frozen solid or blanketed with a foot of snow!

Preparation
Use (but sparingly) as ordinary onions in cooking or slice raw in salads. They are also very good pickled.

Welsh Onion

The word 'Welsh' (Old English *waelisc*) simply means 'foreign'. The term 'Welsh Onion' is properly used when referring to the onion species named *Allium fis-tulosum* by Linnaeus in 1753. Dobies of Llangollen offer seeds and describe this onion as follows in their seed catalogue: 'A perennial type, forming thickened, and fleshy leaf bases instead of bulbs. Useful for pulling as Spring Onions and resistant to white-rot disease. Sow from February to May where the plants are to grow and mature.'

Although this onion is a perennial it is more usually grown either as an annual or as a biennial. The plants flower in their second year and then look very much like ordinary maincrop onion plants. Propagation may be from seed or from division of the plants. During the eighteenth century this onion was popularly grown for sale as spring onions but by 1809 this popularity had ceased as is demonstrated from this entry in *Curtis's Botanical Magazine* (London 1809).

The only, as yet ascertained, native sources of this vegetable (known in our gardens from the days of Parkinson) are Siberia and certain deserts of both Asiatic and European Russia. But whence it has obtained the name of Welsh Onion we can form no conjecture. By the Russians it is called 'Rock Onion' or 'Stoneleek' and is a very favourite article of food with them. In this country it seldom finds a place among our culinary vegetables; but is sometimes given to young poultry mixed with their other foood. The bulb is small in proportion to the rest of the plant; the smell and taste very powerful.

The terms *Onion Leek* and *Japanese Bunching Onion* are apparently synonyms for the Welsh Onion.

But the name 'Welsh Onion' is nowadays also applied to the *Ever-ready Onion* (*Allium Cepa perutile*), a form of the common onion. I have grown Ever-ready Onions for more than 15 years and have never yet seen a plant produce a flowering stem. Because of the lack of flowers and seeds, this onion is propagated vegetatively, by bulbs split from the clumps. Plant them at 1 ft. apart in a straight row. If you set out bulbs in spring, there will be clumps to dig in a year's time. Any ordinary garden soil suits this onion and it is one of the few vegetables which may be grown successfully in tubs or large pots on a town balcony or on a paved back-yard. Apart from an occasional hoeing to keep down weeds, no other cultivation is necessary. When digging clumps for use, detach a few bulbs and replant them at once on a fresh site in the garden for a similar good crop in the following year. This onion is exceptionally hardy and although it is grown mainly for a supply of salad onions in spring, the green foliage is available for use in soups right through the winter.

Preparation
The true *Welsh Onion* is usually grown solely for use as a salading. The *Ever-ready Onion* may be used similarly but comes in handy, too, as a substitute for maincrop onions in cooked dishes. Peel off the brown skin of the *Ever-ready Onion* before using it in the kitchen. The green leaves of this onion may be chopped finely as a substitute for chives or as an onion flavouring in salads or cooked dishes.

PARSLEY
Hamburgh Parsley

This is also known as *Turnip-rooted Parsley*. Although the foliage may be used as garnishing and flavouring as ordinary parsley (or boiled like spinach), this vegetable is grown for its parsnip-like roots. Sow seeds in April and in 1 in. deep seed drills spaced at 1 ft. apart. Sow fairly thinly. Thin the seedlings in late May or early June to leave strong ones at about 9 ins. apart. Hoe occasionally to keep down weeds. If your soil is light I suggest that you keep the plants well-watered in dry weather in high summer. There is a tendency for all root crops (beet, carrots, parsnips etc.) to split when rain follows a period of summer drought. The clay content of heavier soils usually remains quite moist and root crops growing in such soils seldom split. The roots will be ready for digging in October. You may leave them in the ground and dig a few as and when wanted during the winter. Should you wish to clear the ground so that you may start winter digging, you may dig up all of the roots in November and store them in boxes of moist sand, peat or soil in an outhouse, shed or garage. Cut back the foliage before storing. The flavour of the raw, grated roots is said by some to suggest a combination of celery and parsley. I did not sample mine raw. When cooked, I found them to taste like parsnip.

Preparation
Scrub well and peel, and then cook as celeriac.

Serving suggestions
As celeriac, or like parsnips. Can be grated raw into salads, but the grated pieces brown very quickly.

PEA
Asparagus Pea

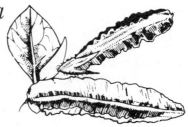

Sometimes referred to in gardening books as *Winged Pea*. It is not a true pea and is of southern European origin. I have not experienced any trouble at all with this vegetable but in colder parts of the country I suggest that seeds should be sown under cloches and the cloches kept in position for as long as possible. That is to say until the straggly plants outgrow them. Plants could also be raised in Jiffy pots in a warm greenhouse. The plants could be set out under cloches or without protection if the weather is fairly warm. I sow in the open garden during early May and in 1 to 2 ins. seed drills with the seeds in a double staggered row and with the seeds at about 8 ins. apart. Choose a sunny spot in the garden for this vegetable. The soil should be good but not over-rich. When they are a foot or so high, the plants will start toppling. You can prevent this by pushing twiggy brushwood on either side of the row or by fixing a length of string to short bamboo canes pushed here and there alongside the plants. Hoe to keep down weeds and apply water in dry weather in June and July. The brick-red, pea-like flowers are quickly followed by the light green, oblong pods. These must be gathered when young and tender and no more than 1 in. or so long. Longer pods are 'stringy'. So go over the plants regularly picking all pods of usable size.

Preparation
Simmer or steam the pods whole in minimum salted
water for 10 mins. only. Serve with melted butter and
freshly ground black pepper. (I am told that the ripe,
dry seeds may be ground and used as a coffee substi-
tute. This may be worth noting and trying should there
be a world shortage of real coffee!)

Purple Podded

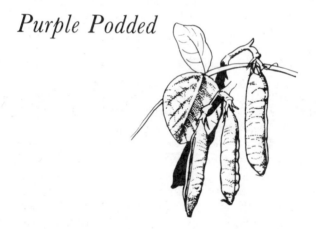

Having pea plants with purple pods instead of the usual
green colour is an added attraction in the kitchen gar-
den. The peas within the pods are green and they are of
excellent flavour. You can buy seeds from Suttons of
Reading. April is the right time for sowing and a good
place for peas is where autumn and winter greens were
grown in the previous season. If the soil has not been
dug recently, loosen it by forking it over to a depth of a

few inches before raking the site level. Gardeners have their own ways of sowing peas. My way is to use a garden line so that my rows are straight and to make a 2 ins. deep, 9 ins. wide furrow with a draw hoe. If your soil is 'heavy', I suggest that the furrow should be only 1 in. in depth. The seeds are then sprinkled fairly evenly over the bottom of the furrow so that each seed is about 2 or 3 ins. from its neighbour. The soil is then raked back to cover the seeds and to fill the furrow. To prevent birds from pecking at the pea seedlings I 'cotton' my pea rows. To do this I push short bamboo canes here and there on either side of the row and I link the bamboos with several strands of black cotton. The cotton is wound round the canes at the side and across the top to form a sort of 'cage'. As the plants grow they grasp the cotton.

But purple-podded pea plants grow to a height of 5 ft. and when the plants are almost 1 ft. high they need taller supports. I use 6 ft. bamboo canes set at 2 ft. apart on either side of the row. Lengths of string are then wound from cane to cane, starting at 1 ft. above the ground and then at 9 ins. spacings. I hoe around the rows occasionally to prevent weeds. When the pea plants are small I pull out any weed seedlings growing among them. When the plants are growing well I apply plenty of water in dry weather so that their steady, good growth continues. Always pick garden peas (whether green-podded or purple-podded) before the pods are drum-tight and when they are at their tastiest best.

Preparation
Cook and use as ordinary garden peas. Shell, and boil gently for 10–15 mins. in minimum salted water with a sprig of mint and 1 teaspoon sugar. Steam for about 20 mins.

Serving suggestions
Tossed with butter and chopped mint (chopped walnut adds an interesting taste and texture).

Chick Pea

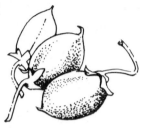

Sometimes referred to as the *Egyptian Pea*, this pea is the *garbanzo* of Spain and the *pois chiche* of France. Seeds are not on sale by British seedsmen but are quite easy to come by in the specialist grocers supplying continental specialities. Frankly unless one is simply just keen to try out this pea, the return can be very small because our cool summer weather does not suit this south European vegetable. Of course, better results would be obtained from plants raised and cultivated in a greenhouse but only the very keen specialist would wish to allocate greenhouse space and pay for the heat required for a crop of chick peas. When I grew them, I sowed the seeds in groups of three with 10 ins. between the groups in the row. I waited until early June before sowing and by mid-August I had foot-high plants with foliage and flowers resembling Common Vetch. Each pod contained one seed only. I had no difficulty in shelling the pods and it was not until a few years later that I was told that one should wear gloves when shelling chick peas because the hairy pods exude irritating oxalic acid. When the crop was picked in September the pods were dry as were the peas. I could have left the peas to dry out completely spread out in a warm room. Instead, I cooked them as peas and did not enjoy them at all. If you go in for chick peas I do recommend that you sample a dish of them first.

Preparation

Prepare and cook chick peas in much the same way as other pulses (dried peas, beans, lentils etc). Soak peas in plenty of cold water (3 times their volume) overnight to which a little salt has been added. When swollen, wash and drain well, then bring to boil in enough water to cover completely and simmer until tender over a low heat (between 1 and 2 hours).

Serving suggestions

To serve hot, use puréed with butter and seasonings; in soups or stews; or mashed together with fried onions and a beaten egg and shaped into patties to serve with boiled or baked ham or grilled bacon. To serve cold, toss in garlic-flavoured French dressing, or as a Greek speciality, houmus.

HOUMUS

Soak ½ lb. of chick peas overnight in lots of cold water, with a little chopped parsley added. Pour off the soaking water and bring the peas to the boil in enough fresh cold water to cover. Simmer over a very low heat until tender. Drain, but retain some of this water. Mash the chick peas along with some of the cooking water, with a potato masher, in a liquidizer, or 'Mouli' sieve. Add to the mashed peas at least 2 tablespoons olive oil, 2 tablespoons lemon juice and 2 crushed cloves of garlic. Season with salt and freshly milled black pepper.

The texture of houmus and the amount of seasonings, depend on the individual taste; if the houmus is too dry, add more cooking water or stock, or oil. Serve as a starter with Greek bread or melba toast, garnished with wedges of lemon and tomato.

Mangetout

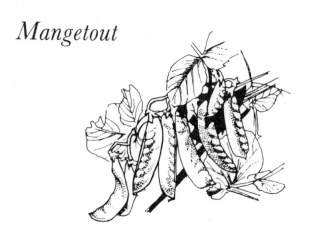

Also known as *Sugar Peas*, the French name *Mangetout* simply means 'Eat-all' – which in fact is what you do, the pods being cooked whole. Grow as ordinary garden peas. *Carouby de Maussane* from Suttons of Reading, is excellent but be prepared with tall supports for the 5ft. high plants. Unwins of Wisbech list *Sugar Dwarf Sweet-green* which is worth trying because plants are only 1½ ft. high. All the Mangetouts I have seen or grown had ordinary white pea flowers. Atlee Burpee of Philadelphia say that their *Dwarf Gray Sugar* is red-flowered. Some writers say that birds can be a great nuisance to these peas and that plants should be netted, but my local birds don't find Mangetouts attractive. Harvest regularly and when pods are fully-grown but flat (before the peas within them start to swell).

Preparation
Use as soon as possible after picking, otherwise they can get tough. Wash, top and tail the pods (as with dwarf beans) and simmer gently in minimum salted water with a sprig of mint and 1 teaspoon sugar for about 15 mins. A little lemon juice helps preserve the colour. Steam for about 25 mins.

Serving suggestions
Toss in butter, with some chopped mint, parsley, or crispy bacon pieces.

Petits Pois

The French name *Petit Pois* means 'Little Peas' and is the equivalent to our expression 'Garden Peas', but garden writers and seedsmen limit the meaning of *Petits Pois* to small-seeded French garden pea varieties. *Gul livert* is the French pea best known to British gardeners. This is what Suttons of Reading have to say about it in their seed catalogue: 'The true small-seeded French pea. Should be cooked with cocktail onions, sometimes with lettuce and small carrots. Height 3 ft. carrying a heavy crop of small pods. Sow from March to June.'

Sowing and cultivation are as for other garden peas. Don't forget, though, that even *Gullivert* peas will not taste their sweetest best if you leave the pods to get drum tight. Go over the plants regularly and pick pods with the peas inside of full size but not about to get old and tasteless.

Preparation
As with *Purple-podded peas*.

PEANUT

Other names are *Monkey Nut, Ground Nut, Earth Nut*. Although peanuts are so popular few have any notion of what the plants look like. You can see what they are like yourself if you sow seeds of the variety *Spanish* (seeds are offered by Atlee Burpee). I sowed one nut (do not take seeds out of the shells) in each 3½ ins. Jiffy. The peat pots were placed in the cold frame in late April and I had plants to move to their growing quarters in early June. By that time the cold frame was vacant so the peanut plants were set out in it and at 1 ft. apart. The frame light was never taken off but opened a little in really hot weather so that the plants should not get scorched by the sun. I kept the plants supplied with lots of water. When they were about 1 ft. high, the plants bore pea-like, small yellow flowers. After flowering, the shoots, on which flowers were produced, lengthened and pushed into the loose soil around the plants. I dug the plants in late October, picked off and dried the nuts indoors. Peanut growing is worth while just for the fun of it and of particular value, I think, in schools so that children learn that Mother Earth is the real supplier, and not firms which advertise and packet the product. Cropping would be better, I think, in a slightly heated greenhouse. Peanut growing could also be tried out in large pots indoors or in a greenhouse.

Preparation
To roast at home, have the oven at a low temperature, and roast the nuts in their shells for 30–45 mins (or 20–30 mins. if shelled), turning frequently to prevent scorching.

POPCORN

Sow and cultivate as *Sweet Corn* (see p. 130) but leave cobs to ripen fully. Harvest cobs in late September or early October and when sheaths are creamy-white and papery in texture with the grains hard and dry, too. Seeds are not always available in Britain, but Atlee Burpee offer several varieties.

Preparation

Tear back or tear off the sheaths and hang the cobs in an airy, warm, dry place. When the grains are very hard strip them from the cobs. Store in a dry cupboard. I keep my dry popcorn seeds in paper bags.

Serving suggestions

Never pop more corn than you need at any one time. For a trial run, use a small saucepan and bring 1 oz. margarine or butter slowly to sizzling point. Then throw in a small handful of corn. Cover, and keep the heat low. After a minute or so, lift the saucepan from the heat, and shake the contents gently. Return pan to the low heat. Within the next minute the grains will burst, pop and hit the lid (any grains which haven't popped within three minutes never will!). Take the saucepan from the stove and pour the popped corn into a dish. Sprinkle a little salt or sugar over the hot corn and enjoy it – children love it!

PURSLANE

Because there are several purslanes, the one covered here is known botanically as *Portulaca oleracea*. It is a herb sometimes used as a vegetable, and herbals may give synonyms like *Garden Purslane* and *Pigweed*. Sow seeds in spring in light, well-drained soil and with a sunny aspect. Sow at a depth of ½ in. and in rows 1 ft. apart. Thin seedlings to leave plants at 9 ins. apart in the rows. Hoe often to prevent weed growth. There are two forms – *Green Purslane* and *Golden Purslane*. The *Green* form is the hardier and Unwins of Histon offer seeds.

Preparation
Wash carefully and shake dry. Young leaves and shoots may be included in salads and vegetable soups. More mature foliage may be cooked as spinach. This herb is used with sorrel to make Soup Bonne Femme.

RADISH
Autumn and Winter

It surprises me to note from the faces of my visitors in autumn that monster radishes continue to be quite unusual as far as most people are concerned. Varieties are limited to *Black Spanish Long*, *Black Spanish Round* and *China Rose* in Britain. *All Season* used to be offered here and may be again; American gardeners can obtain seed of this fine Japanese radish from Atlee Burpee. Sow in late June in ½ in. deep seed drills spaced at 1 ft. apart. Water seed drills before sowing if the soil is dry.

Thin seedlings when small to from 6 to 9 ins. apart, hoe occasionally and water well in dry spells in August. Pull (or dig) roots for use in September and October. Harvest those you haven't eaten, cut back the foliage to within an inch of the radishes and store in a pit of moist sand outdoors or in boxes of sand or peat under cover.

Preparation
Cut off the foliage and any straggly pieces of root. Wash in cold water and peel if required. To cook, boil whole or in large chunks in minimum salted water for about 10 mins. The leaves can sometimes be cooked as spinach.

Serving suggestions
Raw as an appetizer, sliced or grated in salads, or as a garnish for savoury dishes. Cooked, in a well-seasoned parsley or cream sauce.

SALSIFY

This is sometimes referred to in gardening books as the *Vegetable Oyster* because of its reputed oyster flavour (if it exists, my taste buds cannot detect it). Sow seeds in April and in ½ in. to 1 in. deep drills spaced 1 ft. apart. Do not sow too thickly. When the seedlings are about 2 ins. high, thin them to about 4 ins. apart. A month later remove every other seedling so that those left to grow have around 8 ins. of space in the row. When growing salsify or another root crop do not choose a spot in the garden to which manure or compost was added recently. Good places for salsify and other root vegetables are where potatoes or cabbages were grown in the previous season. The ground will have been well-supplied with manure or garden compost for these greedy feeders and there will be sufficient nourishment left in the soil for the root vegetables. If root crops are grown in ground in which there may be 'pockets' of rich manure or incompletely decomposed garden compost, the roots may be 'forked'. That is to say, instead of having fine, straight roots, the gardener finds on digging them that the plants have several rather thin roots instead. Keep down weeds. If your soil is light and sandy I suggest that you keep your salsify plants well-watered in very dry summer weather. Keeping the roots moist will prevent them from splitting later when rain falls after the drought. Start to dig roots for use in November and continue lifting them as and when they are wanted in the kitchen until March. Use salsify as soon as possible after it has been dug. The roots do not store well. Any roots still in the ground in spring will start to run to seed. These tender young shoots may be gathered for cooking. In gardener's jargon they are called 'chards'. Cut them when they are about 6 ins. tall. Blanched chards may be obtained by cutting back old, dying foliage to 1 in. above soil level in December. Then draw up soil over the plants to a height of 6 ins. – as if you were earthing up potatoes. During March, search for and cut the blanched chards. Blanched chards may be used (cooked or raw) as a substitute for chicory chicons or seakale.

Preparation

Scrub the roots well in cold water, and cut off the top and root ends. Do not peel. Boil in salted water with a little lemon juice or vinegar added, until tender (about 40–45 mins.). Drain well and rub off the skins. Steam for 50–60 mins. Green chards may be cooked as asparagus; blanched chards may be eaten raw in salads or cooked as seakale.

Serving suggestions
As a boiled vegetable (whole, sliced, or creamed); in white and cream sauces; accompanying veal; and in fritters.

SCORZONERA

Black Salsify is an alternative name. Sowing and general cultivation are as for salsify but to have the straight, long, black-skinned roots seen on sale in the few shops which offer less usual vegetables, is not easy unless your soil has been well-worked to a depth of about 18 ins. and is free from large stones. Also, take special care when digging your scorzonera that you do not stab the roots with your fork or spade. Injured roots bleed. They also lose their flavour. Roots still in the ground will produce 'chards' in spring.

Preparation
As salsify, but slice before cooking.

SEAKALE

The only thing which makes this vegetable 'unusual' is its absence from our gardens nowadays. Seakale is a native plant of our sea coast, and was at one time very plentiful in south Devon. The botanical name is *Crambe maritima*. *Crambe* is Greek for cabbage and *maritima* Latin for sea-coast. Propagation is from thongs (pieces of root) or from seed. This vegetable needs a sunny site and good soil. If you can dig in some seaweed where the plants are to grow, so much the better.

Planting 'thongs': Each plant will need at least 2 sq. ft. of room. Bear this in mind when buying and planting thongs or seeds. A cabbage dibber is a useful tool for planting thongs. Plant so that the top of each 'thong' is about ½ in. below the surface of the surrounding soil. In May, mulch the entire bed with well-rotted strawy manure or with garden compost. The plants grow to a height of 18 ins. Stop any flowering by pinching off the flower buds. This will direct the energy of the plants into making stronger roots. Keep down weeds and give water in dry summer weather. Allow the foliage to die down naturally in autumn and tidy up the bed. Then spread autumn leaves, straw – even sifted soil – a few inches thick over the bed. Stand inverted large pots, pails or boxes over the spots where the plants are. All light must be excluded. Prevent plastic pots, pails and wooden boxes from being blown away during gales by weighing them down with housebricks. By mid March or early April there will be blanched shoots for cutting. When cutting the shoots make sure that your sharp knife goes down well so that you cut shoots which resemble small celery heads. If you do not cut deeply, your blanched seakale will be a lot of bits and pieces. In late April take away the containers used for blanching and allow the plants to grow on naturally. This perennial has the habit of the rhubarb plant in that the centre of a clump rots and several crowns form alongside. This means that although you started off with one plant you eventually have a cluster of several. If you consider that the whole bed needs renewing after a few years, dig up all of the plants in November. Take care that every piece of root is removed when doing this. If even small pieces are left they pop up like weeds in the following spring. Choose a fresh, sunny site and replant smaller plants.

Sowing Seed: Sow seeds fairly thinly in a 1 in. deep seed drill during March or April. Thin the seedlings to 6 ins. apart and, except for any necessary weeding, leave them alone until the following March. Dig up the roots then and replant them where you wish them to grow and at least at 2 ft. apart. In the autumn spread garden compost thickly over the bed. Wait another year before preparing the bed for supplies of blanched seakale.

Preparation
Trim back the base of the shoots, and wash thoroughly under running water to rid the white foliage of any grit. Tie in small bundles and boil for 25–30 mins. in salted water to which a little lemon juice or vinegar has been added. Steam for 30–40 mins. Drain well. Forced seakale may be eaten raw as a salading.

Serving suggestions
As a vegetable accompanying meat; with melted butter or white, cheese and cream sauces; as a separate starter, hot as above or cold with French dressing. Chopped finely after cooking as croquettes with minced steak, onion and garlic; or in a savoury pancake filling. Or after parboiling, as a casserole with cheese sauce over until golden brown.

SORREL
French Sorrel

This is a broad-leaved garden form of the weed sorrel more commonly met with in fields than in our gardens. The botanical name is *Rumex acetosa* which shows sorrel to be first cousin of a very common garden weed, *Rumex obtusifolius*, which you and I know as 'dock' or 'broad-leaved dock'. If you have any difficulty in obtaining seeds (of sorrel – not of dock!), Dorwest Herb Growers assure me that the seeds they sell are 'the genuine French variety'. The French gardener, though, can take his pick from such sorts as *large de Bellville, de Chambourcy, monstreuse lente à monter* and *Oseille Épinard*. Although the leaves may be cooked as a vegetable or used in salads sorrel is met with more in herb gardens than in the kitchen garden. Sow seeds in a ¼ in. deep drill during April or May. The site should be sunny and the soil quite fertile. Thin seedlings to leave them at 8 ins. apart or move them to your collection of herb plants spacing them at the same distance apart. Leaves are ready for gathering 7 to 8 weeks after seed sowing. Keep weed-free and apply water in dry weather. In the second and third seasons prevent plants from flowering by pinching off any flower heads you notice. After the third season start off from a fresh sowing of seeds. When picking sorrel take a few leaves from each plant – just as you do when harvesting spinach. When I first met this herb in 1962 I wrote in my diary – 'Bright green leaves 7½ ins. long and like spinach'.

Preparation
Pick and wash in cold running water to remove all grit. Shake, then chop up finely. Put in pan with no extra water and cook gently for about 15 mins., then add seasonings and butter.

Serving suggestions
Tossed with butter and seasoning; as a purée to accompany eggs, rich fish and meats; add to or cook with spinach for added flavour; in soups. Raw, add sparingly to salads, or fresh young leaves in cheese sandwiches.

SPINACH
New Zealand Spinach

Although Sir Joseph Banks came across this plant in New Zealand in 1770, a New Zealand gardener tells me that, in his opinion, it is not a native but an immigrant which arrived as seed on oceanic currents either from Japan or South America. The bright green, arrow-shaped leaves resemble those of true spinach but the habit of the plant is quite different. Where true spinach is an upright plant needing very little garden space, plants of New Zealand Spinach trail over the ground, each plant covering almost a square yard of soil surface. New Zealand Spinach is preferred to true spinach by some who cannot stomach either the bitterness of true spinach or who do not eat it at all because of the indigestible calcium oxalate content after cooking. Another point in favour of New Zealand Spinach is that the plants tolerate hotter, drier growing conditions than does ordinary spinach. Because the plants like lime, this pseudo-spinach grows well in soils where cabbages thrive. It pays to give this half-hardy an early start by sowing seeds in 3½ ins. pots in a greenhouse or garden frame during April for plants to set out at 2 ft. apart and with rows a yard apart during early June. In mild parts of the country seeds may be sown in the open garden during the last fortnight of May. To save wasting seeds, sow two or three seeds where the plants are to grow. Thin the seedlings when they are quite small to leave one only at each 'station'. Use the hoe as frequently as may be necessary to keep down weeds when the New Zealand Spinach plants are small. When they are large, use your fingers and a hand fork to deal with weeds near and beneath the trailing plants. Expect to pick young shoots and tender leaves by about mid July and to continue pickings on and off until autumn. Leading shoots which are extra-long may be pinched out at their tips. Do not expect any pests or diseases but there is one snag. The seed coat is hard and this tends to lead to very slow germination. To hasten germination you may soak the seeds for 3 or 4 hours in warm water or for 24 hours in cold water and immediately before you intend to sow them.

Preparation

Choose young leaves and stems, and discard older coarser foliage. Wash the leaves several times in cold water to remove all grit. Do not dry leaves, but place with a little salt in a pan with no extra water. Either simmer gently for about 10 mins. shaking occasionally or add 2 oz. butter to each pound of raw leaves, with seasonings, and stir until tender.

Serving suggestions

Cooked in butter as above; as a vegetable accompanying meat; plain cooked spinach reheated with cream and seasonings; as a purée; or in soups or soufflés. Spinach is also used in Italian cookery to colour and flavour pasta.

CREAM OF SPINACH SOUP

Cook 1 lb. spinach plainly as above until tender, and then sieve or liquidize. Retain the cooking water (what there is). Melt 2 oz. butter in a pan, add a small chopped onion, and cook until soft. Stir in 4 oz. flour and salt and pepper and cook for a minute. Remove pan from heat and slowly add 1¼ pints of milk, stirring well to blend smoothly. Place over low heat and cook until smooth and thick, stirring constantly. Add the sieved spinach and cooking liquid and reheat thoroughly. Add cream if wished, and sprinkle each individual soup bowl with chopped parsley, watercress or chives.

SQUASH

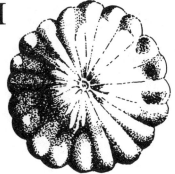

This is an American gardening term covering edible gourds but excluding pumpkins. There are two groups – summer squash and winter squash. Some squashes may be grown both for summer and for winter use. The word 'squash' does, as I well know, lead to many gardeners thinking that this vegetable must be something rather special and therefore difficult to grow. When I meet gardeners who think that way I point out that most of us already grow squashes in our gardens – although we call them vegetable marrows. An American gardener would recognize a foot-long Zucchini marrow as an American summer squash. Our yellow or white Custard marrows are the Patty Pan squashes of the American garden. So, squash plants are grown in exactly the same way as marrows. If you have not grown them before here is what to do.

If you live in southern England you may sow seeds of *summer* squash in late May and at a depth of 1 in. and where the plants are to grow. If you are going to grow *winter* squash, give the plants an early start. An early start is also desirable for summer squash, too, in all other parts of the country. My own way of raising squash plants is to sow seeds in 3½ ins. Jiffies filled with Levington Potting Compost. I sow two seeds per pot in my unheated greenhouse or in a garden frame in early May. I keep the pots moist but not over-wet. I pinch off the weaker of each of the two seedlings a few days after germination. The plants are hardened off before I set them out in the garden during early to mid June. I choose a sunny position and spread garden compost over the dug soil. Squashes (like ordinary vegetable marrows) come as bush or trailing sorts. I plant bush kinds in twos. Each two plants are set at about 8 ins. apart and the next two almost a yard away. Trailing sorts will, if left to their own devices, ramble all over the ground and take up a lot of precious garden space. The plants take up almost no garden space at all if trained upwards on garden mesh or bean netting. The supports for the mesh or netting must be strong and 6 ft. high after they have been fixed in the ground.

General cultivation: Use a hand fork, an onion hoe or your fingers to keep down weeds, and water often and generously in dry weather. Bush plants need no other attention; trailing sorts do if they are being grown on supports. Tie the main stem of each plant quite loosely to the supports occasionally during July. There is no need to tie in the side shoots. When the plants reach the top of the supports, nip off the growing point at the top of the plants. Harvest summer squash when they are of full size but still young and tender. Your thumbnail should pierce the skin easily. This is a cut and come again vegetable; the more regularly you cut summer squashes, the more quickly the plants get down to producing more. Do not harvest winter squashes until autumn when the two or three on each plant will have ripened well and have a hard skin. Store winter squashes in an airy, frost-proof but cool place.

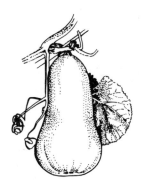

Summer Squash – Bush sorts
Argentine, Baby Crookneck, Caserta, Cocozelle, Custard White,
Custard Yellow, Gold Nugget, Zucchini.

Summer Squash – Trailers
Little Gem, Sweet Dumpling, Vegetable Spaghetti.

Winter Squash – Bush sorts
Gold Nugget.

Winter Squash – Trailers
Buttercup, Butternut, Golden Delicious, Hubbards Golden,
Hubbards Green, Little Gem, Sweet Dumpling, Vegetable
Spaghetti.

Preparation
For baking, do not remove the rind. Cut in half, remove
seeds, brush interior with melted butter and bake in a
low oven until tender (about 45–50 mins.). Season with
salt, pepper and more butter. For steaming, remove the

rind and cut the flesh into 4-inch squares or into quarters depending on the size of the squash. Steam for 30–45 mins. and season as above. Summer squash should be boiled in slices in very little salted water until tender (about 10–15 mins.). Drain and season as above.

All summer squashes may be cooked as ordinary vegetable marrow. Smaller sorts like the *Argentine* and *Gold Nugget* are excellent for stuffing and serving individually. *Sweet Dumpling* may not only be stuffed with minced meat, rice or vegetables (as *Aubergine*), but could also be cooked as a sweet when stuffed with raisins, apple, dates or other fruits. A recipe for the *Vegetable Spaghetti* appears in Thompson & Morgan's seed catalogue and I quote: 'Gather the fruit when ripe and boil for 20–30 mins. Cut in half and you will find that the inside comes away just like spaghetti. Season with salt, pepper, butter, tomato sauce or mayonnaise, or serve chilled with salads etc.' This recipe calls for ripe squash but one of my neighbours has experimented with immature and mature *Vegetable Spaghettis* and relishes the resultant 'spaghetti' as a hot and cold dish. I grow this squash every season but cook and eat it as ordinary vegetable marrow. I find it delicious. Naturally, if you leave squashes to ripen on plants of the *Vegetable Spaghetti* you must not expect to have more than about two as the total crop. If you harvest these squashes regularly from late July to some time in September, your total crop will be far heavier.

Serving suggestions
Boiled and steamed as above; baked with savoury or sweet fillings; sautéed; or baked in pies.

A friend in Doylestown, Pennsylvania, has recently sent me the following American recipes for winter squash. She writes, 'Boiled winter squash is my favourite recipe and I prefer to use *Butternut*.'

BOILED WINTER SQUASH
Wash or scrub the squash. Cut in half lengthways and remove seeds and the stringy pulp. Peel the halves and cut into 1 in. cubes. Put into a saucepan and add just enough boiling water so that one third depth of the cubes is covered. Bring back to the boil and simmer gently until tender (about 15–20 mins.). Strain in a colander. Mash and add a little butter or margarine, salt and pepper. A little sugar may be added, too.

BAKED WINTER SQUASH
Wash, cut, remove seeds and pulp, and peel as for boiled squash. Then cut in individual slices for serving and put in a shallow casserole dish and sprinkle with salt, pepper and sugar to taste. Melt a little butter, margarine (or oil) and brush it on the sections. Bake in a moderate oven until tender (45–60 mins).

SWEET CORN

Often referred to as *Corn on the Cob* or simply as *Corn*. It is a form of maize with grains, which when immature are remarkably sweet. The sugars rapidly change to starches – which is why the best corn you can eat and enjoy comes straight, freshly-picked from plants in your own garden. Maize was found in cultivation by Europeans when they invaded central America in the fifteenth century. The cereal reached Spain before the year 1500. Maize has no wild ancestor and is found only in cultivation. Until World War Two, sweet corn was unknown to most of us in the United Kingdom. Possibly American servicemen grew it in Britain or got local nurserymen to grow it for GI consumption, and it wasn't until the late 1940s that seed was being offered by British seedsmen. I did not grow corn until 1959, and since then, for me summer would not be summer without my delicious, garden-grown corn cobs. There are still very many gardeners who think corn just so unusual (however good it may be) that it must be a really difficult garden subject. This just isn't true. If you live in the south of England, you may if you wish, just push seeds in dug soil during mid May and in a reasonable sort of summer, harvest fine cobs in late August or in September. A good variety for this outdoor sowing is *First of All* (from Suttons). This is the variety I would suggest worth growing in colder parts of Britain, but raising seedlings in a greenhouse for plants to set out in the garden in mid June. Cobs of *First of All* are on the small side. *Kelvedon Glory*, *North Star* and *Honeydew* have larger and equally fine-flavoured cobs. For *Early Extra Sweet*, Atlee Burpee and Thompson & Morgan claim that the grains stay sweet over a long period. In fact, according to Thompson & Morgan, the grains are four times as sweet as other varieties if stored for 48 hours after cobs have been gathered. Atlee Burpee tell their customers to isolate plants of *Early Extra Sweet* from plants of other corn varieties to ensure maximum sweetness. Apparently loss of sweetness can occur if cobs are fertilized by male pollen from different corn plants. All corn varieties I have grown have yellow to gold grains. In the United States, seedsmen list white-seeded sorts, too.

Here is how I get my own good crops of corn. I wait until the last two weeks of April or the first week of May before sowing two or three seeds in 3½ ins. peat pots filled with sifted garden compost or Levington Potting Compost. I house the pots in the unheated greenhouse or in a cold frame and I keep the pots just moist. Germination is speedy and when the seedlings are a couple of inches high, I pinch off weaker seedlings to leave a strong one in each pot. Do not pull out unwanted seedlings. If you do, you are likely to disturb the roots of the young plants you are leaving to grow on in the pots – and corn plants just hate any disturbance to their root system. I harden off (see p. 8) the plants in late May and plant out in early June. Corn is a greedy, thirsty subject. To provide lots of good food for my plants I spread an inch-thick layer of garden compost all over the dug bed. I also water once each day in hot, dry weather. When straw was a cheap commodity, I used to mulch my corn plants in July. That saved work – by preventing weeds – and the mulch conserved soil moisture.

Now in corn growing it's so important that the ripe male pollen on the 'tassels' at the top of the plants blows down on to the sticky silks hanging from the embryo cobs. In a field of corn there is no problem. But we are not growing hundreds of plants. To imitate field conditions, we gardeners grow our corn plants in blocks and not in single rows spaced apart. A block may be several short rows with plants at about 1 ft. apart. In my own garden, finding room for everything is a problem in June and I dot small blocks of corn plants in any odd, sunny spot. My small blocks consist of six or eight plants spaced at 9 ins. apart. Unless the soil is really wet I fill the planting holes (made with a trowel) with water and I plant when the water has drained away, tearing off any dry pieces from peat pots. A few weed seedlings are dug out with a hand fork but no other cultivation is necessary. After fertilization by ripe male pollen, the yellowy silks gradually change to brown. Later on they are brown/black and they shrivel. At this stage, at some time during August, I check on the maturity of a cob. I tear back the top of the green sheath and press my thumbnail into a grain. If a watery fluid runs out, the cob is too immature and I replace the sheath and check again a week later. If the grain exudes a creamy liquor, the cob is twisted off the plant and taken to the kitchen. Never leave cobs to get old on the plants. If you do, the grains will contain starchy, pretty tasteless paste! Each plant bears one cob only.

Preparation

Cook corn cobs immediately after harvesting. Cut off stalk, tear off all parts of the sheath, and remove all 'silks'. Boil the whole cob in water for about 10–15 mins, adding some salt half-way through (never add salt, though, if you intend using the cooking water for making corn wine). Steam for 15–20 mins.

Serving suggestions

Serve simply with lots of melted butter and salt and pepper seasonings to taste. Home-grown corn cobs are excellent as a bonfire treat. After removing sheath and silks, wrap each cob singly in kitchen foil and place in hot bonfire ashes. Leave for 10 mins. Use the garden rake (not your fingers) to take cobs out of the embers. Serve with plenty of butter and seasonings as above – and watch the children's faces!

SWEET POTATO

This is not related at all to our usually-grown potatoes. American gardeners differentiate between the two sorts by calling our garden potatoes 'Irish Potatoes'. The botanical name of the sweet potato is *Ipomoeae Batatas*. It is a member of the plant family *Convolvulacea* to which belongs, too, that garden horror, Lesser Bindweed, *Convolvulus arvensis*. The sweet potato is also related to the *Ipomoeas* or *Morning Glories*, those handsome summer climbers. Sweet potatoes are propagated from rooted shoots produced on mature tubers. Standing a sweet potato in some water and waiting for shoots to appear is sometimes suggested. But sweet potatoes imported into Britain are usually immature. Instead of making sprouts, they rot. To grow sweet potatoes I imported young shoots from the United States. If you do this, the package must be accompanied by a health certificate; you will have to check up with the Ministry of Agriculture. When the shoots arrived I placed them in a jam jar half-full with water. Roots were made rapidly. This tropical really needs a heated greenhouse with plants growing on a foot-high ridge in the border and with the plants at 18 ins. apart. There must also be room for the plants to spread out. Training the plants upward would be worth trying. I grew my plants in a range of unheated garden frames. The plants grew remarkably well but, because our summer temperatures are far too low, my largest tuber was small when compared with imported tubers.

Preparation

Scrub well and peel if necessary. To boil, cook in jackets in salted water, covered, for about 25 mins. (if too large, cut in chunks). If peeled, cook uncovered for 15 mins. Bake unpeeled in a low oven until tender. Cut in slices and fry.

Serving suggestions

As a vegetable like ordinary potatoes (boiled, mashed with butter and milk, roasted or baked); as croquettes or patties; in sweet puddings.

SWEET POTATO AND APPLE BAKE

Place alternate layers of sliced, cooked, sweet potatoes and sliced raw apples in a greased baking dish. Sprinkle apple layers with sugar, a little salt and dots of butter. Add just enough water (and no more) to cover the bottom of the dish. Bake covered in a moderate oven for 30–40 mins. or until the apples are tender.

For a savoury dish, chopped ham or other cooked meat may be substituted for the apples. Omit the sugar, though, and bake the whole until heated through (about 20–30 mins).

TOMATOES

Just as the British public has been conditioned to accept medium-sized (and so often lacking real tomato flavour) tomatoes, so the British gardener somehow thinks these are the tomatoes he must grow, too. True, home-grown tomatoes are real, tangy-tasting, firm fruits which most children (and gardeners) pick and eat just like apples. But why are gardeners not keen on trying large, meaty tomatoes? These are the tomatoes British holidaymakers enjoy so much in France, Spain and Italy, and the tomatoes the American gardener goes in for. *Big Boy*, an Atlee Burpee hybrid, is listed by several British seedsmen, and this is the handsomest giant sort of tomato I have grown. With no special feeding you can get tomatoes weighing from ½ lb. to ¾ lb. each, with a few weighing 1lb. each (Burpees say some can even weigh 2 lbs.!). The flavour of *Big Boy* is excellent and tomatoes weighing ½ lb. or so each are just right for slicing whether for salad use, for frying or for casseroles, soups etc. Because the tomatoes are so big, there are fewer of them on the plants. *Spring Giant* is another big tomato. The tomatoes are rather ridged and not as handsome as *Big Boy* but there are plenty of them. They weigh between ¼ lb. and ½ lb. each. *Spring Giant* is not a tall growing plant and may either be allowed to grow as it wishes and with no pinching out of side shoots or be trained as a three-stem, 2 ft. high plant. Pinch out all side shoots on the three stems just as you pinch them from the more usually-trained, taller tomato plants with their single stems. *Supersonic* and *Marmande* tomatoes look rather similar and weigh from 4 to 6 oz. apiece. They are somewhat 'ridged' and not handsome but they are flavoursome and meaty. Although large-fruiting tomatoes are not early ripeners, they may be grown outdoors in the south of England. In other parts, try *Supersonic* or *Big Boy* in a greenhouse.

Yellow tomatoes – best picked and eaten sun-warm and straight off the plants – have an extra-sweet taste all of their own. Giant among the yellows is *Golden Boy*. Dobies say in their seed catalogue that *Golden Boy* is not a heavy cropper and is not suitable for outdoor culture. I disagree. I grew this fine tomato outdoors and had a fine crop. If you want handsome, equally fine flavoured yellow tomatoes, try early ripening, good croppers like *Tangella* and *Yellow Perfection*. *Tigerella* is another tomato you may care to grow. The red tomatoes have golden stripes! White tomatoes are very sweet but when I grew them I found they lacked juice. As far as I know, no British seedsman now offers seeds of white tomatoes. If you like the different flavour of plum-shaped, tinned tomatoes why not grow your own and have them fresh? Seeds of the Italian Plum tomato, San Marzano, are offered by J.E.Boyce of Soham, Ely. Ornamental tomatoes are small and resemble red and yellow 'currants', 'pears' and 'plums'. A good place for the plants is the flower garden. Your visitors will be delighted if you add small red and yellow ornamental tomatoes to your salads and hors d'oeuvres.

Although you may grow tomatoes in your greenhouse or in the garden each summer perhaps you always start off with plants you buy from local nurserymen or shops. Tomato plants on sale are invariably more ordinary varieties. To have some less usuals, you have to raise your own plants. If you have not done this before here is the standard way of doing so.

You need a clean wood or plastic seed tray. Fill the tray to within half an inch of the top with a suitable compost like Levington Seed Compost or John Innes Seed Compost. Firm the compost lightly and sow the tomato seeds at from 1 in. to 1½ ins. apart. Cover the seeds with about ½ in. layer of compost and firm again. Water thoroughly and cover the tray with a sheet of glass. Lay a sheet of brown paper over the glass. Turn the glass once daily to rid it of excess moisture. For good germination of the seeds day temperatures of between 65–70°F.(18–21°C) and falling to 60°F (16°C) are necessary. If you are going to grow your tomato plants in a heated greenhouse you may sow as early as late February. Heating costs are reduced if the sowing is made in March and, after germination, minimum temperatures of 60°F (16°C) by day and 56°F (13°C) are aimed at. When the seedlings have formed their first one or two true leaves (these are typical tomato plant leaves and are quite different from the first two (seed) leaves) it is time to dig up all the seedlings and to replant them in 3½ ins. pots. John Innes Potting or Levington Potting may be used in the pots. Always hold tomato seedlings by one of the two *seed* leaves. Plant just one seedling in each pot. Give water regularly so that the compost in the posts does not dry out and as the plants grow space the pots apart so that the plants receive lots of light. When the plants are about 7 ins. high you can set them out in the greenhouse borders. If you spread an inch thick mulch of garden compost over the borders there will be no need to buy and use shop fertilizers for feeding the plants. Set the plants at 18 ins.

apart. Push a stout, tall bamboo cane in the soil along-side each plant. Tie the plants to the canes occasionally. Pinch out the tiny side shoots which form in the leaf axils of the plants and, when the plants have attained their full height, stop them by pinching out the central growing point at the top of each plant. Always give tomato plants plenty of ventilation.

If you are going to grow some tomato plants in the garden wait until early April before sowing seeds in your greenhouse. If you sow earlier you are likely to find that your tomato plants will be ready to go out in the garden in May – and a May night frost would kill them. On the other hand, if you have cloches free, you can set tomato plants beneath them during the last fortnight of May.

Remember to harden off tomato plants well before moving them from the greenhouse to the garden. Standard (that is to say tall growing) plants need 15 ins. of space between them in the row. Allow 30 ins. between rows. *Spring Giant* needs a bit more room.

Preparation
Remove stalk and wash if necessary. To skin, dip in boiling water for a few seconds when the skin will slip off easily. Or hold the tomato on a fork over an open gas flame, and remove the charred skin. To grill, cut tomatoes in half, top with butter and seasoning, and grill under a moderate heat for 5–10 mins. To bake, see below.

Serving suggestions
Cooked, as a first course or accompaniment to meat or other vegetable dishes; in stews, casseroles, sauces, soups, soufflés, pickles, chutneys – the tomato is full of infinite variety. Raw, as a salad vegetable, sliced or

quartered, in sandwiches, as garnish, filled with cream cheese and chives.

TOMATO SAUCE

Remove the skin of ¾ lb. tomatoes with boiling water as above, and chop the flesh up roughly. Heat a table-spoon of olive oil in a heavy frying pan and fry a small chopped onion and one crushed clove of garlic in it until soft (about 5 mins.). Add the chopped tomatoes, a dessertspoonful chopped basil (or a teaspoon dried) and ½ wine glass red wine. Season with salt and freshly milled black pepper, stir and simmer for about 25 mins. Sieve or blend in a liquidizer, reheat gently, and serve.

STUFFED TOMATO

The stuffings for aubergine or courgettes could be used (in smaller proportions of course). But the following is particularly nice in tomatoes, to be served hot or cold as a starter, or as a hot accompaniment to roast meats.

Wipe the tomatoes (6 small or 2 or 3 large) and cut the stem end with a serrated knife. Scoop out the innards very carefully with a pointed spoon and turn the tomatoes upside down to drain. Fry a small finely chopped onion, 2 oz. peeled, finely chopped mush-rooms and 2 oz. finely chopped cooked ham (or bacon) in 1 oz. butter for 2–3 mins. Add some chopped parsley, some salt and freshly milled black pepper. Stir in about 1 tablespoon fresh white breadcrumbs to bind the stuffing. Spoon the stuffing into the open tomatoes, replace the lids, and secure with a cocktail stick. Arrange in a greased baking dish and cover tightly with foil. Bake in a medium to hot oven for 15–20 mins. or until the tomatoes are just tender (but still retaining their shape).

WATERMELON

You need a heated greenhouse or a heated garden frame for this vegetable. Sow seeds in 3½ ins. pots filled with John Innes, Levington or the compost of your choice. Maintain a temperature of as near 70°F (21°C) as you can so that germination is quick. If you sow in late March you will have plants to set out in the greenhouse border about three weeks later. To save space, set the plants at 2 ft. apart alongside a trellis. This can be simply a few stout bamboo canes linked together with several strands of wire. Watermelon plants need high temperatures so do not worry when the thermometer soars high during sunny weather. At night, prevent the temperature from falling below 60°F (16°C). Tie the plants loosely to the supports occasionally and give plenty of water. Apart from pinching out the growing shoot at the top of plants when they reach the top of the trellis, do not carry out any other pruning. In hot weather open the greenhouse light slightly so that ventilation is improved. The plants bear male and female flowers. Ripe pollen from the males has to reach the females, and to ensure that this happens, hand-pollinate. Use a dry, child's paint brush to transfer pollen from the male flowers to the females (you will recognize the latter as they have tiny melons behind them). Do this in the morning and when the sun is shining.

Even though your plants may be growing in very fertile soil your melons will be larger if you apply liquid feeds when they are swelling. You may make your own by soaking a small bag of cow, horse, rabbit or pig manure in a tub of water. Dilute the liquor in water so that when you use it the colour is that of weak tea. Apply at the rate of ½ gallon per plant twice weekly. Stop all watering and feeding when the melons stop swelling. Prevent them from falling off the plants as they ripen by tying each fruit in a string net bag. Watermelons are ready for cutting when the tendrils on the fruit-bearing shoots are dry and dark brown in colour.

If you try watermelons in a heated frame, just let the plants ramble over the ground. Each plant needs almost a square yard of surface area. Do not prune at all. Hand-pollinate to ensure that female flowers are fertilized. Raise the tiny, swelling melons from off the soil and on to pieces of slate or tile so that slugs do not nibble the skins. I have grown watermelons in unheated frames. Fruits set well but only in a very warm summer do they swell satisfactorily. Even then they are not as sugary sweet as they should be. It is to be hoped that hardier watermelon varieties will be developed to permit us to grow this vegetable without the heating costs so necessary at present to keep a greenhouse or a frame at high temperatures.

Preparation
Wipe and slice. Do not attempt to remove the seeds!

Serving suggestions
Sliced and chilled, with a wedge of lemon, as starter or
pudding; seasoned with salt and ginger as a starter; or
with sugar and nutmeg as a pudding; cut with a shaped
cutter into balls and served with icecream.

APPENDIX 1
Botanical Names

ARTICHOKE	Chinese	*Stachys affinis*
	Globe	*Cynara scolymus*
	Jerusalem	*Helianthus tuberosus*
AUBERGINE		*Solanum melongena*
BEAN	French	*Phaseolus vulgaris*
	Navy	*Phaseolus vulgaris*
	Runner	*Phaseolus coccineus*
	Soya	*Glycine soja*
BEET	Seakale Beet	*Beta vulgaris* cv.Cicla
BROCCOLI	Calabrese	*Brassica oleracea* Botrytis
	Nine Star Perennial	*Brassica oleracea* Botrytis
BRUSSELS SPROUTS		*Brassica oleracea* Bullata Gemmifera
BURNET	Salad Burnet	*Sanguisorba minor*
CABBAGE	Chinese	*Brassica cernua*
	Portugal	*Brassica oleracea* Costata
	Red	*Brassica oleracea* Capitata
	Winter storing	*Brassica oleracea* Capitata
CAPSICUM	Chili Pepper	*Capsicum annuum*
	Sweet Pepper	*Capsicum annuum* Grossum
CARDOON		*Cynara cardunculus*
CELERIAC		*Apium graveolens* cv. Rapaceum
CELERY	American Green, Self-blanching	*Apium graveolens*
CELTUCE		*Lactuca sativa* Angusta

CHICORY		*Cichorium intybus*
CHOPSUY GREENS		*Chrysanthemum carinatum*
CORN SALAD		*Valeriana olitoria*
COURGETTE		*Cucurbita pepo* Ovifera
CRESS	American Cress	*Barbarea praecox*
CUCUMBER		*Cucumis sativus*
DANDELION		*Taraxacum officinale*
ENDIVE		*Cichorium endivia*
FENNEL	Florence Fennel	*Foeniculum vulgare* Dulce
GARDEN ROCKET		*Eruca sativa*
GARLIC		*Allium sativum*
GHERKIN		*Cucumis sativa* and *C.anguria*
GOOD KING HENRY		*Chenopodium bonus-henricus*
HORSERADISH		*Armoracia rusticana*
KOHLRABI		*Brassica oleracea* Gongyloides
MUSTARD	Chinese	*Brassica juncea*
OKRA		*Hibiscus esculentus*
ONION	Tree Onion Welsh Onion	*Allium cepa* 'Aggregatum' *Allium fistulosum* and *Allium cepa* 'Perutile'

PARSLEY	Hamburgh Parsley	*Petroselinum crispum fusiformis*
PEA	Asparagus Pea	*Tetragonobulus purpureus*
	Petits Pois,	
	Purple-podded	*Pisum sativum*
	Mangetout	*Pisum sativum* Saccharatum
	Chick Pea	*Cicer arietinum*
PEANUT		*Arachis hypogaea*
POPCORN		*Zea mays* Everta
PURSLANE		*Portulaca oleracea*
RADISH		*Raphanus sativus*
SALSIFY		*Tragopogon porrifolius*
SCORZONERA		*Scorzonera hispanica*
SEAKALE		*Crambe maritima*
SPINACH	New Zealand	*Tetragonia expansa*
SORREL	French Sorrel	*Rumex acetosa*
SQUASH		*Cucurbita pepo* Ovifera and *Cucurbita maxima*
SWEET CORN		*Zea mays* Rugosa
SWEET POTATO		*Ipomoea batatas*
TOMATO		*Lycopersicum esculentum*
WATERMELON		*Citrullus vulgaris*

Popular Italian Names

ARTICHOKE	Globe	Carciofa
	Jerusalem	Topinambur
AUBERGINE		Melanzana
BEAN	French	Fagiolino,
		Fagiolo di Spagna
	Soya	Fagiolo soia
BEET	Seakale Beet	Bietola spinaci
BROCCOLI	Calabrese	Coccolo italica
BRUSSELS SPROUTS		Cavolo a germogli
CABBAGE	Chinese	Cavolo cinese
CAPSICUM	Chili and Sweet Pepper	Peperone
CARDOON		Cardone
CELERIAC		Sedano tuberoso
CELERY		Sedano
CHICORY		Cicoria
CORN SALAD		Raperonzolo, Dolcetta
COURGETTE		Zucchette
CRESS	American Cress	Erba di Santa Barbara
CUCUMBER		Cetriolo
DANDELION		Dente di leone, Soffione
ENDIVE		Indivia

FENNEL	Florence Fennel	Finocchio
GARDEN ROCKET		Ruchetta
GARLIC		Aglio
GHERKIN		Cetriolo, Cetriolo angurua
GOOD KING HENRY		Bono Enrico
HORSERADISH		Ramolaccio
KOHLRABI		Cavolo rapa
MUSTARD	Chinese	Senape cinese
OKRA		Ibisco
ONION	Tree Onion Welsh onion	Albero cipolla Cipolleta da inverno
PARSLEY	Hamburgh Parsley	Prezzemolo radica
PEA	Asparagus Pea Petits Pois Mangetout Chick Pea	Loto pisello Piselli dolci Cece
PEANUT		Arachide
POPCORN		Popcorn
PURSLANE		Portulaca, Porcellana
RADISH	Winter Radish	Ravanello da inverno

SALSIFY		Sassifraga
SCORZONERA		Scorzonera
SEAKALE		Crambe maritima
SPINACH	New Zealand	Spinaci di Nuova Zelanda
SORREL	French Sorrel	Acetosa
SQUASH		Zucca
SWEET CORN		Granturco sucroso
SWEET POTATO		Patata dolce
TOMATO		Pomodoro
WATERMELON		Cocomero

Popular French Names

ARTICHOKE	Chinese	Perles du Japon, Crosnes du Japon
	Globe	Artichaut
	Jerusalem	Topinambour
AUBERGINE		Aubergine
BEAN	French	Haricots
	Soya	Soja
BEET	Seakale Beet	Poirée
BROCCOLI	Calabrese	Chou frisé Calabrèse
BRUSSELS SPROUTS		Choux de Bruxelles

BURNET	Salad Burnet	Pimprenelle
CABBAGE	Chinese	Pe-tsaï, Chou de Chine
	Portugal	Chou de Portugal
	Red	Choux rouges
CAPSICUM	Chili Pepper	Piment fort du Chili
	Sweet Pepper	Piments doux, Poivrons
CARDOON		Cardons
CELERIAC		Céleri-rave, Céleri navet
CELERY	American Green	Céleri vert
	Self-blanching	Céleri doré
CHICORY		Chicorée de Bruxelles
CHOPSUY GREENS		Chopsuy vert
CORN SALAD		Mâche, Salade des blés
COURGETTE		Courgette
CRESS	American Cress	Cresson de Jardin
CUCUMBER		Concombre
DANDELION		Pissenlit, Dent-de-lion
ENDIVE		Chicorée frisée, Chicorée scaroles
FENNEL	Florence Fennel	Fenouil de Florence
GARDEN ROCKET		Roquette
GARLIC		Ail

GHERKIN		Cornichons
GOOD KING HENRY		Epinard sauvage
HORSERADISH		Raifort, Raifort sauvage
KOHLRABI		Chou-rave
OKRA		Gombo
PARSLEY	Hamburgh Parsley	Persil à grosse racine
PEA	Asparagus Pea	Asperge pois, Lotier cultivé
	Petits Pois	Petits Pois
	Mangetout	Pois Mangetout
	Chick Pea	Pois chiche
PEANUT		Arachide
POPCORN		Popcorn
PURSLANE		Pourpier
RADISH	Autumn and Winter	Radis d'hiver
SALSIFY		Salsifis
SCORZONERA		Scorsonères, Salsifis noir
SORREL	French Sorrel	Oseilles
SPINACH	New Zealand	Tétragone, Épinard de la Nouvelle-Zélande
SQUASH		Courges
SWEET CORN		Maïs

TOMATO		Tomates, Pommes d'amour
WATERMELON		Pastèques, Melon d'eau

Popular German Names

ARTICHOKE	Chinese Globe Jerusalem	Wasserminze Echte Artischocke, Artischocke, Gartendistel Erdartischocke, Topinambur
AUBERGINE		Aubergine, Eierfrucht
BEAN	French Runner Soya	Buschbohne, Stangenbohne Stangenbohne Sojasüssbohne
BROCCOLI	Calabrese	Italienischer Gartenkohl, Calabrese
BRUSSELS SPROUTS		Rosenkohl, Sprossenkohl, Brüsseler Kohl
CABBAGE	Chinese Portugal Red Winter Storing	Chinakohl Gerippter Gartenkohl Rotkohl Weisskohl
CAPSICUM	Chili and Sweet Pepper	Schotenfeffer
CARDOON		Spanischer Kardon, Cardy
CELERIAC		Knollensellerie
CELERY		Sellerie, Schnittsellerie

CHICORY		Zichorie
CHOPSUY GREENS		Chopsuey Greens
CORN SALAD		Feldsalat, Ackersalat
COURGETTE		Gemüsekürbis
CRESS	American Cress	Amerikanische Winterkresse
CUCUMBER		Gurke
DANDELION		Löwenzahn
ENDIVE		Endivie
FENNEL	Florence Fennel	Fenchel
GARLIC		Knoblauch
GHERKIN		Gurke, Essiggurke
GOOD KING HENRY		Allgut, Heinrichgänsefuss
HORSERADISH		Meerrettich
KOHLRABI		Kohlrabi
MUSTARD	Chinese	Chinesischer Senf
OKRA		Okra
ONION	Tree Onion Welsh	Sprossender Lauch Schnittzwiebel
PEA	Asparagus Pea Petits Pois Mangetout Chick Pea	Flügel-Erbse Erbsen Zuckererbse Kicher-Erbse

PEANUT		Erdnuss
POPCORN		Popkorn
PURSLANE		Portulak
RADISH	Winter	Winter-Rettich
SALSIFY		Haferwurz, Bocksbart
SCORZONERA		Scorzoner, Schorzonere, Schwarzwurzel
SEAKALE		Strandkohl, Meerkohl
SPINACH		Neuseeländer Spinat, Neuseeländischer Spinat
SORREL	French Sorrel	Sauerampfer
SQUASH		Kürbis
SWEET CORN		Zuckermais
SWEET POTATO		Süsse Kartoffel
TOMATO		Tomate
WATERMELON		Wassermelone

Popular Spanish Names

ARTICHOKE	Chinese	Alcachofa tuberosa
	Globe	Alcachofa
	Jerusalem	Tupinambo
AUBERGINE		Berenjena

BEAN	French	Judía verde
	Runner	Judía verde trepadora
	Soya	Soja
BEET	Seakale Beet	Betarraga espinaca
BROCCOLI	Calabrese	Bróculi, Brécol
BRUSSELS SPROUTS		Col de Bruselas
BURNET	Salad Burnet	Pimpinela menor
CABBAGE	Chinese	Col de China
	Red	Repollo morado
CAPSICUM	Chili Pepper	Chile
	Sweet Pepper	Pimiento, Aji
CARDOON		Cardo
CELERIAC		Apio nabo
CELERY		Apio
CHICORY		Achicoria
CORN SALAD		Lechuga de campo, Hierba de los canónigos
CRESS	American Cress	Mastuerzo americano
CUCUMBER		Pepino
DANDELION		Diente de león
ENDIVE		Escarola
FENNEL	Florence Fennel	Hinojo
GARDEN ROCKET		Ruqueta, Raqueta, Jaramago

GARLIC		Ajo
GHERKIN		Pepino, Pepinillo
GOOD KING HENRY		Pie de ánade buen Enriqué
HORSERADISH		Rábano rusticano, Rábano picante
KOHLRABI		Colinabo
MUSTARD	Chinese	Mostaza china
PEA	Asparagus Pea	Loto guisante
	Petits Pois	Guisantes
	Mangetout	Guisante azucarado, Guisante mollar, Tirabeque
	Chick Pea	Garbanzo
PEANUT		Cacahuete, Cacahuate, Cacahuey
POPCORN		Maíz reventón
PURSLANE		Verdolaga
RADISH		Rabano
SALSIFY		Salsifi
SCORZONERA		Salsifi negro, Escorzonera
SEAKALE		Col marítima, Col de mar
SPINACH	New Zealand	Espinaca de Nueva Zelanda

SORREL	French Sorrel	Acedera, Agrilla, Vinagrera
SQUASH		Calabaza
SWEET CORN		Máiz
SWEET POTATO		Batata
TOMATO		Tomate
WATERMELON		Sandía

APPENDIX 2
Mail Order Suppliers

W.Atlee Burpee Co.,
Philadelphia,
PA.19132, USA

J.W.Boyce, Seedsmen,
Soham, Ely,
Cambridgeshire, CB7 5ED

Samuel Dobie & Son Ltd.,
Upper Dee Mills,
Llangollen,
Denbighshire, LL20 8SD

Dorwest Herb Growers,
Shipton Gorge,
Bridport,
Dorset

Suttons Seeds Ltd.,
The Royal Seed Establishment,
London Road,
Earley, Berkshire, RG6 1AB

Thompson & Morgan (Ipswich)
   Ltd.,
London Road,
Ipswich, Suffolk, 1P2 OBA

W.J.Unwin Ltd.,
Histon,
Cambridge

Vilmorin-Andrieux,
4, Quai de la Megisserie,
Paris – 1, France

INDEX

Clár

Nóta buíochais

Tá na dréachtaí sa chnuasach seo curtha díom agam le fada, ach tá splanc na beatha i gcuid éigin díobh go fóill is cosúil, a rá is gurbh fhiú le Regina Uí Chollatáin agus le hAisling Ní Dhonnchadha a rogha féin a dhéanamh díobh. Táim fíorbhuíoch díobh beirt.

Chuireas féin breis bheag lena rogha.

Bhí an claonadh ionam atheagar a chur ar roinnt díobh; níor bhaineas leo ach amháin i gcás an riachtanais. Tá argóint láidir ann ar son gan baint le dréachtaí seachtainiúla nuachtáin, agus iad a fhágaint tur-te as an oigheann. Fuaraíonn siad mar is dual. Obair cheirde atá inti, tar éis an tsaoil.

Tá a raibh le rá agam i dtaobh na colúnaíochta, agus mé díreach éirithe as an gceird, coinnithe slán sa réamhrá a bhí le *Ar an bPeann* (2006), agus é i ndeireadh an chnuasaigh seo anois. Tuigeadh dom gurbh fhearr gan puinn a chur leis sin, sa mhéid is go bhfuil cúinsí na colúnaíochta agus na scríbhneoireachta i gcoitinne athraithe ó bhonn ó shin, fiú, agus go mbaineann an saothar seo le tréimhse áirithe a bhí faoi réir ag cúinsí a cheaptha agus a tháirgthe.

Táim buíoch de Regina Uí Chollatáin, ar leith, as an réamhaiste chuimsitheach, léargasach atá aici leis an gcnuasach seo. Braithim go soláthraíonn sí bunús úr chun athmhachnamh a dhéanamh ar an gceist seo ar fad, saothrú clóite na Gaeilge.

Liam Ó Muirthile
Aibreán 2014

Réamhrá:
An Peann Coitianta agus
an colúnaí neamhchoitianta
Regina Uí Chollatáin

> Spéis dhiamhair agam féin riamh anall i gcumas seo teanga
> 'chun an bheart a dhéanamh' pé beart é, mo phríomhspreagadh
> féin. Dúil chomh maith i dtaobh na meicníochta de theanga,
> is é sin, na mionchlocha agus na spallaí seachas na clocha móra
> amháin, féachaint cén tógaint ab fhéidir a chur i gcrích. Taobh na
> saoirseachta agus na ceardaíochta ionam féin é ar brainse amháin
> é den intleacht. (*Ar an bPeann*, 8).

Is í an spéis dhiamhair a dtagraítear di anseo a mheallann an
léitheoir isteach i ndomhan Uí Mhuirthile agus é i mbun pinn. Ba
é a thug colúnaíocht liteartha na Gaeilge thar thairseach an aonú
haois is fiche agus stíleanna úra scríbhneoireachta á múnlú aige
trí aclú nuálach teanga a thrasnaíonn teorainneacha agus seánraí
scríbhneoireachta.

Téann an dlúthbhaint idir cleachtaí seanbhunaithe
scríbhneoireacht na Gaeilge agus coincheap na hiriseoireachta i
bhfad siar i dtraidisiún scríbhneoireacht na Gaeilge. Tá fréamhacha
na hiriseoireachta Gaeilge lonnaithe i gcumas na teanga chun an
'beart a dhéanamh,' ag brath ansin ar chumas an scríbhneora féin
chun an beart céanna a chur i láthair an léitheora i stíl agus i bhfoirm
atá feiliúnach don fhóram. Ón uair ar scríobh Liam Ó Muirthile a
chéad bhlúirí pinn d'éirigh leis an 'beart' a chur i láthair i slí a lig don

léitheoir páirt a ghlacadh in insint an scéil agus a bheith 'i láthair', mar atá léirithe sa chur síos a thugann sé ar a chéad phíosaí i nuachtáin agus in irisí. Tá an míniú seo bunaithe ar alt in iris na nGasóg:

> Obair cheirde í seo, an cholúnaíocht, saoirseacht focal. I nuachtáin agus in irisí a scríobh mé na chéad bhlúirí riamh a foilsíodh … Is cuimhin liom go ndúirt páirtí de mo chuid sna Gasóga gur bhraith sé go raibh sé 'i láthair ag an gcampa' tar éis m'alt a léamh. Thug sé sin misneach dom. Focail mhisnigh is buaine sa saol. (*An Peann Coitianta 2*, 1).

Tá claochlú suntasach curtha i bhfeidhm ar fhoirmeacha ilghnéitheacha na hiriseoireachta ó cuireadh os comhair an phobail iad i bhfóram struchtúrtha den chéad uair le foilsiú *Bolg an tSolair* i mBéal Feirste in 1795. A bhuí d'iliomad iriseoirí cumasacha agus scríbhneoirí oilte, tá an fóram seo á shaothrú i gcónaí. Aithnítear iriseoirí ar leith, ar scríbhneoirí cruthaitheacha iad chomh maith, ar an dornán iriseoirí a leag rian eiseamláireach ar mhúnlaí agus ar fhoirm na hiriseoireachta Gaeilge i rith an fichiú haois, Brian Ó Nualláin, Ciarán Ó Nualláin, Máirtín Ó Cadhain, Seán Ó Ríordáin, Dónall Mac Amhlaigh, Breandán Ó hEithir, cuir i gcás. Ina measc siúd chomh maith tá Liam Ó Muirthile, a thug an iriseoireacht agus an seánra scríbhneoireachta a cruthaíodh le dul i ngleic leis an 'mbeart' a dhéanamh, thar thairseach na mílaoise. Éilíonn sé gur tuigeadh dó 'gur promhadh pinn leanúnach ab ea an cholúnaíocht.' (*Ar an bPeann*, 15). D'éirigh agus éiríonn leis modh inste an scéil a athrú ó bhonn nuair a bhíonn gá leis. Déanann sé é seo tríd an aclú teanga a dtagraíonn sé dó go minic trí ionramháil a dhéanamh ar fhoirmeacha ar leith scríbhneoireachta agus tríd an imeartas focal is dual dó ina chuid colúnaíochta.

Go minic braitheann cur i láthair nó insint an scéil ar na hábhair a bhíonn á ríomh aige; an dóigh go mbaintear úsáid as gnáthshuíomh clainne in 'Aithreacha Burgerland' chun aonarachas an athar aonair agus é ag dul i ngleic le cuairt an Domhnaigh, a chur in iúl agus a ardú; an t-imeartas focal ar 'Regular Ireland' nuair a cheistítear cad is 'regular' ann i gcomhthéacs staid pholaitíochta Thuaisceart Éireann, nó i 'Liodán na Buamála' nuair a úsáidtear ceann de sheanchleachtaí na dteaghlach Caitliceach agus an liodán á aithris de ghlanmheabhair acu i ndiaidh Choróin Mhuire laethúil na clainne. Ní gnáthliodán atá ann ach liodán a dhéanann athrá ar an bhfrása 'tá siad ag buamáil Londan', chun sceon na heachtra a chur in iúl. Ag an deireadh impítear ar na sceimhlitheoirí éirí as 'in ainm ár sinsir … in ainm ár mbeo', le 'Go dtaga foighne. Go stada an roth ag casadh.' Sampla eile de mhodh inste an scéil ná an tslí a gcuireann sé saol agus cruthaitheacht scríbhneora a raibh tionchar mór aige air, Seán Ó Ríordáin, i gcomhthéacs na streachailte inmheánaí i saol an scríbhneora sin agus é ag dul i ngleic le cruachás an tinnis a d'fhulaing sé. Is leor an íomhá a chruthaítear i dteideal an ailt seo a shamhlú chun an géibheann a raibh Ó Ríordáin faoi ghlas ann i rith a shaoil a thuiscint. 'File a thaithigh campa an uafáis' an teideal atá i gceist agam anseo. Íomhá i dteideal eile a chuirtear os comhair an léitheora ná 'An falla beo', a thosaíonn amach le plé ar Andalucia na Spáinne ach a chuireann comhthéacs na Gaeltachta in Éirinn i láthair an léitheora. Cé a shamhlódh na cosúlachtaí idir an dá shuíomh agus an dá thimpeallacht seo nuair a deir sé, 'B'fhéidir gurb í Andalucia an Ghaeltacht is fairsinge dá bhfuil ann anois', agus é ag leanúint le comparáid idir 'An caidreamh pobail daonna sin, an cruatan a bhí, an bochtanas, an imirce' mar 'shuáilce éigin in

Andalucia a bhraitheas fadó sa Ghaeltacht.'

Áirítear na scríbhneoirí seo mar iriseoirí eiseamláireacha an
fichiú haois, ach ba é Liam Ó Muirthile ba mhó a d'aithin an gá
le 'foirmeacha eile a thabhairt chun cinn, síneadh a bhaint as an
líne, as cineál an fhriotail féin, an rud a bhriseadh chun é a chur le
chéile ar shlí nua.' (*Ar an bPeann*, 7). Ba é an 'briseadh' seo a chuir
claochlú eile i bhfeidhm ar cholúnaíocht nua-aimseartha na Gaeilge
san aonú haois is fiche; ar bhonn íorónta ba bhriseadh é a chur le
coincheap an leanúnachais de thoradh scríob pinn i dtraidisiún na
scríbhneoireachta Gaeilge.

Forás agus éabhlóid an cholúin

Ní gan bhunús a d'eascair na stíleanna úra scríbhneoireachta
seo a bhláthaigh ó ré na hAthbheochana anuas go dtí an lá atá
inniu ann, agus iad fréamhaithe i múnlaí agus i gcleachtaí pinn i
dtraidisiún seanbhunaithe scríbhneoireacht na Gaeilge. Roimh
an Athbheochan, ba í an chéad chéim eile a lean na cleachtaí
traidisiúnta seo ná bunú na n-irisí. Ar an iomlán áfach, toisc go raibh
irisí ceangailte le heagraíochtaí agus le meon ar leith d'fheidhmigh
siad mar shuaitheantais na ngluaiseachtaí agus na físe a raibh siad
ceangailte leo (Ballin 2008:2). D'fhéadfaí a áiteamh gurbh amhlaidh
a bhí i gcás na gcolún a cuireadh i gcló i nuachtáin a raibh baint
acu le meon ar leith, mar ba shuaitheantas ann féin iad na chéad
cholúin Ghaeilge sa chéad áit, a léirigh an tiomantas don Ghaeilge,
don ghluaiseacht chultúrtha, agus uaireanta don ghluaiseacht
pholaitiúil. Sampla de seo ná an dóigh a ndúirt scríbhneoir amháin
in *The Celt* i gCill Chainnigh in 1858 gurbh ionann náisiúnachas

agus teanga náisiúnta. Chuir sé in iúl gurbh í an Iodáilis ba chúis le haontú na hIodáile agus dúradh go raibh nuachtáin inimirceacha sna Stáit Aontaithe i dteangacha dúchais na ndaoine. Cáineadh an preas Éireannach toisc easpa ábhair i nGaeilge. (*The Celt*, Iúil 1857; Lúnasa 1858).

Mar sin bhí 'mionchlocha' agus 'spallaí' de chineál eile á dtógáil le traidisiún na gcolún Gaeilge sna nuachtáin réigiúnacha ó 1850 ar aghaidh. (Legg 1999: 99). De réir na fianaise atá ar fáil, ba iad *The Nation* (c.1860), *The Tuam News* (1871–1904), *The Cashel Gazette* (1864–1893), agus *The Celt* (Port Láirge, Deireadh Fómhair 1876–Iúil 1877) na nuachtáin Bhéarla ba mhó a raibh colún Gaeilge iontu sa chuid dheireanach den naoú haois déag. (Uí Chollatáin 2004: 252–6). Is cosúil nár foilsíodh colún Gaeilge i nuachtáin réigiúnacha na hÉireann roimh 1870 agus go raibh an coincheap seo i bhfad chun tosaigh i gceantair áirithe thar chinn eile. Bhí Gaeilge áirithe in irisí Gaeilge agus irisí 'Ceilteacha' sa Ghearmáin, sa Fhrainc, sa Bhreatain Bheag, agus sna Stáit Aontaithe faoin am seo chomh maith agus bhí plé ar an Ghaeilge mar aon le liostaí focal agus véarsaí beaga amhrán ar an *Dublin Penny Journal* faoi eagarthóireacht George Petrie ó 1833 agus ar *The Citizen* faoi chúram William Elliot Hudson ó 1842. (Nic Pháidín 1987: 72). Níor chleachtadh imeallach é seo agus ar an taobh eile den Atlantach téann traidisiún na gcolún Gaeilge siar go dtí an naoú haois déag chomh maith. Cé go raibh cosúlachtaí idir an preas Gael-Mheiriceánach agus preas na Gaeilge in Éirinn féin, bhí cúrsaí teanga chun tosaigh i gcolúnaíocht na hAthbheochana in Éirinn. Léiríonn Máirtín Ó Cadhain gur samhlaíodh tuairimíocht agus náisiúntacht na nGael le saothrú na Gaeilge i nuachtáin na Stát

Aontaithe, agus comparáid á déanamh aige idir ábhar Gaeilge na
nuachtán i Meiriceá agus in Éirinn timpeall an ama chéanna:

> Bhí Gaelic Department, 'sé sin, sean-amhráin Ghaeilge,
> ceachtanna beaga Gaeilge, scéalta beaga uaireanta, san *Irish
> American* i New York ó thús 1869. Bhí a mhacasamhail sa *Nation*
> abhus in 1859, sa *Tuam News* agus ina dhiaidh sin sa *Tuam Herald*,
> sa *Shamrock* ó 1872 go dtí 1875, san *Irishman* agus dhá réir sin
> … Thosaigh litreacha ag moladh an Ghaeilge a athbheochan
> san *Irish World* i Meiriceá in Eanáir 1872. 'Shall it be revived
> … the tongue that the immortal Liberator loved so well', adúirt
> Michael Noonan áirithe. Ar 25ú lá de Bhealtaine an bhliain sin
> bhí litir ann faoin ainm chleite Gael: 'The Irish language should
> be cultivated in order to maintain Irish ideas and Irish nationality
> in their integrity.' (Ó Cadhain 1972: 52–3).

An amhlaidh mar sin go raibh tuiscint níos fearr ar ionramháil
an smaointeachais ar ardán na nuachtán seo sna Stáit Aontaithe agus
na colúin Ghaeilge thosaigh á múnlú acu? Bhí neart nuachtán Gael-
Mheiriceánach ann a raibh Gaeilge iontu ó thús an naoú haois déag
ach is beag taighde atá déanta orthu go fóill. Síneann na nuachtáin
seo ar ais go dtí an *Shamrock* nó *Hibernian Chronicle*, a foilsíodh
den chéad uair i Nua-Eabhrac in 1810 agus a mhair go 1824 (an
chéad cheann Éireannach). Luann Ní Uigín *The Citizen* (Nua-
Eabhrac 1853), *The Irish Citizen* (Nua-Eabhrac 1867), *Boston Pilot*
(1836) de chuid John Mitchel ar na hiarrachtaí a rinneadh chun
cás na Gaeilge a choinneáil os comhair an phobail inimircigh. Ní
luaitear ábhar Gaeilge go sonrach áfach, ach amháin go raibh plé ar
an nGaeilge féin sa chéad chúpla eagrán den *Irish Citizen*. (Ní Uigín
1998:30). Léiríonn fianaise na nuachtán thall gur cuireadh an chéad

cholún i gcló in *The Irish American* i Nua-Eabhrac timpeall 1857,
agus tá an chosúlacht ann gurbh é sin an chéad cholún ceart Gaeilge
a foilsíodh ar domhan i nuachtán. Foilsíodh ábhar Gaeilge in irisí
clúiteacha an ghnáthphobail in Éirinn mar a luadh cheana, ach
níorbh ionann a leithéid agus colún Gaeilge i bpríomhnuachtán. Ar
an 18 Iúil 1857 cuireadh in iúl ar *The Irish American* go raibh an cló
Gaelach tagtha agus go gcuirfí filíocht agus prós Gaeilge i gcló. An
tseachtain dár gcionn ar 25 Iúil 1857 cuireadh an 'colún' Gaeilge
i gcló den chéad uair. Faoi 1881, bliain roimh bhunú *Irisleabhar
na Gaedhilge* in Éirinn in 1882, bhí timpeall 400 colún Gaeilge
san *Irish American*. Faoin mbliain 1915 nuair a tháinig deireadh
leis meastar gur cuireadh timpeall 1,500 colún Gaeilge i gcló ann.
(Nilsen 1997: 259–74). Is cosúil go raibh an-tóir ar an cholún agus
gur chuidigh sé le gluaiseacht athbheochan na teanga sna stáit. Tá
neart taighde le déanamh ar thionchar na n-irisí agus na scríbhinní
seo go fóill ionas gur féidir próifíl agus stádas litearthachta na
léitheoirí a mheas a chuideoidh le tábhacht agus tionchar na gcolún
seo a chur i gcomhthéacs na bhforbairtí litríochta agus an dioscúrsa
phoiblí.

Tugann a bhfuil ar eolas againn faoi shíolta tosaigh na
hiriseoireachta struchtúrtha Gaeilge san fhichiú haois le fios go
raibh impleachtaí suaithinseacha ag éabhlóid scríbhneoireacht na
Gaeilge san fhóram seo ar sheánraí agus ar ábhar na nualitríochta
agus na hiriseoireachta Gaeilge araon:

> Soláthraíonn na meáin chlóite pointí tagartha na litríochta, go
> háirithe i dtús a saothraithe sa ghnáthphobal. Leagadh bunsraith
> an úrscéil agus an fhicsin i mórán teangacha, sna sraitheanna fada
> a d'fhoilsítí go coitianta i dtréimhseacháin … Na húdair Ghaeilge

ba mhó san fhichiú haois a raibh an acmhainn iontu pobail dhealraitheacha a shroichint, shaothraigh siad a gceird, agus thug chun foirfeachta í sna nuachtáin. (Nic Pháidín 1998: 158, 160).

Léiríonn fianaise ó irisí ar an dá thaobh den Atlantach mar aon le cinn san Astráil, i gCeanada, agus san Eoraip go raibh feiniméan 'an cholúin Ghaeilge' á shaothrú mar sheánra scríbhneoireachta sa dara leath den naoú haois déag, mar chomharba agus mar chéim fhorbartha ar na giotaí Gaeilge a foilsíodh sa chéad leath den naoú haois déag, 'De réir mar a mhéadaigh an chaint i dtaobh na Gaeilge tionscnaíodh 'giodáin' mar seo i bpáipéir.' (Ó Cadhain 1972: 52).

Cé go raibh an colún Gaeilge sna nuachtáin Bhéarla á shaothrú in Éirinn i rith an dara leath den naoú haois déag, is cosúil go raibh an preas Meiriceánach chun tosaigh ina thuiscint ar luach an cholúin Ghaeilge mar shuaitheantas don phobal. Mar sin féin ó ré na hAthbheochana ar aghaidh in Éirinn bhí tábhacht mhór ag baint le coincheap an cholúin mar chuid den phríomhphreas a lonnódh scríbhneoireacht na Gaeilge i gceartlár an phobail iomláin. Dá bharr sin d'eascair agus d'fhorbair coincheap an cholúin sna nuachtáin Bhéarla mar tháirge ar leith:

> Is foinsí iad nach raibh faoi smacht ná faoi chinsireacht Chonradh na Gaeilge. Cuimhnítear gur eagraíocht a bhí sa Chonradh a bhain an-leas as bolscaireacht lena hidé-eolaíocht a chur os comhair an tsaoil mhóir. Níor ghnách leo scéalta nach raibh fabhrach dóibh féin a chraobhscaoileadh ina gcuid irisí agus nuachtán féin. (Mac Congáil 2011:114).

Le forás an cholúin i rith an fichiú haois ansin aithnítear an difríocht mhór idir na colúin tosaigh sa dara leath den naoú haois déag agus colúin an lae inniu.

De réir mar a d'fhorbair coincheap an cholúin ó thús an fichiú haois go dtí an lá atá inniu ann, tuigtear go bhfuil saoirse bhreise an iriseora agus fiú saoirse an ealaíontóra le sonrú ar cholúnaíocht na nuachtán, saoirse is dócha 'ar brainse den intleacht' í, mar a luaigh Ó Muirthile:

> Fóram neodrach cruthaitheach do phobal ilghnéitheach léitheoireachta atá lonnaithe i sochaí chomhaimseartha is bunús do cholúnaíocht na Gaeilge. Fóram é seo ina nochtar domhan éiginnte uilíoch na scríbhneoireachta taobh le saol fírinneach na hiriseoireachta. Spás inar féidir le healaíontóir agus iriseoir cómhaireachtáil taobh le chéile beag beann ar na teorainneacha a scarann óna chéile iad in eiseachas na beatha agus a gcleachtaí saoil. (Uí Chollatáin 2008:53).

An file, an scríbhneoir, agus an colún

Is díol spéise é an t-ionannú a dhéantar idir ról an iriseora agus ról an fhile mar urlabhraí agus mar athbhreithneoir pobail, mar aon leis an léamh ar ról an iriseora agus an scéalaí mar scéalaithe pobail, atá ríofa ag scoláirí faoi thuiscintí éagsúla léannta agus coitianta le fada anois. I gcomhthéacs na scríbhneoireachta áfach, léiríonn staidéar idir gnéithe traidisiúnta na scríbhneoireachta Gaeilge agus na gnéithe nuálacha i scríbhinní an iriseora chomhaimseartha ón fhichiú haois ar aghaidh ar ardáin ilghnéitheacha iriseoireachta, leanúnachas áirithe stíle agus ábhair i bpróiseas na scríbhneoireachta. Aithnítear na foirmeacha nua próis ag teacht in inmhe faoi dheireadh an fichiú haois, le scríbhneoirí ar nós an Ríordánaigh, Mhic Amhlaigh, Uí Chadhain, agus Uí Mhuirthile féin.

Má scrúdaítear scríbhneoireacht na Gaeilge ar bhonn stairiúil, ba é an aicme léannta agus cléire a chleacht, a d'fhorbair, agus a thug na nósanna scríbhneoireachta chun foirfeachta. Lean an traidisiún scríbhneoireachta ar aghaidh i bhfoirmeacha eile ansin tar éis bhriseadh an chórais anuas go ré na scríobhaithe. Tá bunús áirithe leis an éileamh go bhfuil bunfhréamhacha na hiriseoireachta Gaeilge i lámhscríbhinní Uí Neachtain. Bhí an bheirt scríobhaí i mBaile Átha Cliath, Seán Ó Neachtain (c. 1640) agus a mhac Tadhg (1671), lárnach i gcruthú na díospóireachta intleachtúla i réimse poiblí dheireadh an tseachtú agus thús an ochtú haois déag. Bhain siad úsáid as formáidí iriseoireachta agus foinsí nuachtán dá scríbhinní, mar a luann Ó Háinle:

> He was also an enthusiastic recorder of his own private experiences and contemporary events in Ireland and abroad, making notes on what had come to his own attention and translating into Irish copious extracts from newspaper reports … His verse is of documentary rather than literary interest. It provides an insight into the society in which Ó Neachtain lived and his personal concerns. (Ó Háinle 2009: 732).

Tá léamh Uí Bhuachalla spéisiúil sa chomhthéacs iriseoireachta seo fosta:

> Is go fuarchúiseach, de ghnáth, a chuireann Ó Neachtain síos ar na tarlaingí is imeachtaí a bhfuil trácht á dhéanamh aige orthu; tuairisciú oibiachtúil, mar a dhéanfadh iriseoir gairmiúil. (Ó Buachalla 1991–92:38).

Is féidir a áiteamh gur fheidhmigh lámhscríbhinní Uí Neachtain mar shíolta tosaigh na hiriseoireachta Gaeilge fad agus a bhí cultúr liteartha na Gaeilge á chaomhnú acu sna lamhscríbhinní céanna.

Líon stíleanna dialainne agus a leithéid an bhearna phinn ansin i rith an ochtú haois déag go dtí gur tháinig an chéad irisleabhar Gaeilge, *Bolg an tSolair* ar an bhfód. (Uí Chollatáin 2011: 273–92).

Ní haon ionadh mar sin go dtagraíonn Ó Muirthile do chruthú Lobháin Nua in alt leis an teideal céanna ar an *Irish Times* (21/9/2000), agus na naisc idir saothar Mhichíl Uí Chléirigh, Sheathrúin Chéitinn, Mháirtín Uí Chadhain, agus Sheáin Uí Ríordáin á ríomh aige. Tá plé á dhéanamh aige ar an ghá le tiomsú saothar dúshlánach liteartha don aonú haois is fiche, saothair a aithníonn traidisiún láidir ársa na scríbhneoireachta agus an léinn Ghaeilge araon, taobh le gnéithe riachtanacha nuálacha na scríbhneoireachta nua-aimseartha:

> I bhfocail eile tá gá anois le saothair mhóra liteartha agus léann teanga a thionscnamh ar scála chomh huileghabhálach cuimsitheach le Annála Ríochta Éireann agus Foras Feasa chun go mbeidh rath ar na tionscnaimh eile. Mura dtarlaíonn sé seo ní bheidh comhthéacs ar bith fágtha.
>
> Is léir nach bhfuil na seaninstitiúidí inniúil – fiú má tá siad acmhainneach – ar obair a dhéanamh ar an scála seo. Tá siad faoi scáth chomh seanchaite ina slí féin – agus éilimh oideachasúla orthu – agus a bhí coinbhintí an 17ú haois aimsir Uí Chléirigh.
>
> Lobháin nua in Éirinn a theastaíonn. Lobháin na haoise seo. ('Lobháin Nua' *The Irish Times* 21/9/2000).

Is léiriú beacht é an t-alt seo ar fhorás an cholúin Ghaeilge ó thaobh ábhair de, a thugann léargas breise don léitheoir ar fhéidearthachtaí na colúnaíochta Gaeilge san aonú haois is fiche mar fhóram plé agus machnaimh. Tuigtear comhthéacs na scríbhneoireachta mar ghné lárnach de dhioscúrsa, de léann, agus de litríocht na Gaeilge a bhfuil todhchaí na teanga nua-aoisí ag brath uirthi. Tuigtear an scríbhneoireacht i gcomhthéacs leathan an léinn agus na fiosrachta intleachtúla, a chuirfidh bunús le smaointeoireacht bhisiúil an aonú haois is fiche. Ar éirigh le hiriseoirí agus scríbhneoirí Béarla fiú a leithéid de 'chomhthéacs' ar fhéidearthachtaí forbartha na litríochta agus na scríbhneoireachta ar an scála atá luaite ag Ó Muirthile a shaothrú i mblianta tosaigh na mílaoise? Is baolach go bhfuil muid fós ag fanacht le 'Lobháin na haoise seo', a chuirfidh bunús le smaointe úra, tionscantacha; a chuirfidh le hidé-eolaíocht spreagúil na haoise seo; agus a chothóidh meon a shaothróidh timpeallacht bhisiúil eacnamaíochta taobh le coinníollacha fabhracha don litríocht, don scríbhneoireacht, agus don teanga dhúchais.

Tagraíonn Alan Titley don chlaonadh seo i scríbhinní Uí Mhuirthile san *Irish Times* (1/7/2004) agus é ag déanamh suntais de bhua Uí Mhuirthile 'a cheangal idir an an saol inniu agus an saol mar a bhíodh' a chur os comhair an léitheora. Luann sé alt eile de chuid Uí Mhuirthile a ríomhann tionchar na Lobháine:

> Ba chliste i gcónaí a cheangal idir an saol inniu agus an saol mar a bhíodh. Ceann de na hailt is gean liomsa ná ar bhain sé as litreacha na sagart Éireannach i bPrág agus iad ag gearán faoin mímheas a bhí ag muintir na Lobháine orthu. De dhealramh shíl na manaigh sa Lobháin gur ag ól agus ag ragairne a bhí manaigh Éireannacha Phrág agus gurbh é meas a bhí acu ar an áit: 'nach bhfuil inti ach tabhairne pótairí mar nach bhfuil d'exercís acu ach na pótáin.' ('An fear ar ball', *The Irish Times* 1/7/2004).

As na cleachtaí pinn agus as an bhfóram smaointeachais dá réir i bhfóram na nuachtán Béarla in Éirinn i rith an fichiú haois, a sholáthraigh an t-ardán forásach seo do scríbhneoireacht na Gaeilge, a d'eascair an colún nua-aimseartha Gaeilge.

Stíleanna pinn agus inste: Ábhar na gcolún

I gcomhthéacs fhorás an cholúin in iriseoireacht na Gaeilge agus go háirithe an cholúin san *Irish Times,* seans go bhfuil traidisiún uirbeach intleachtúil na scríbhneoireachta chomh suntasach céanna agus atá tréithe leanúnacha an traidisiúin bhéil ó thaobh chruthú na fiosrachta intleachtúla i réimse poiblí na meán. Bhí trasnáil sa dá thraidisiún, ach:

> Bhí an saol náisiúnta agus idirnáisiúnta ag teacht isteach i réimse comhfheasa mhuintir na Gaeltachta de réir a chéile agus cíocras fiosrachta orthu sin faoin tsaol taobh amuigh dá bparóiste féin. (Mac Congáil 2011:120).

Tá tagairt déanta ag Mac Congáil fosta do leabhar Frank Sweeney i dTír Chonaill ina dtagraíonn sé don chúlú ó insint an scéil ó bhéal go méadú ar léamh nó éisteacht an scéil ar nuachtán:

> But in the 1890s there was a gradual falling away from the traditional storytelling to hear the newspaper reading of national and international events. ... The traditional world of storytelling about ghosts and so forth had conceded further ground to the newspapers ... (Ibid.).

Ar bhealach bhain sé seo go mór de ghné an chur i láthair bheo dhaonna ó bhéal ach cuireadh le fóram plé, díospóireachta, agus shaothrú na tuairimíochta nua ina áit. Mar a deir Ó Muirthile, 'Bunábhar é an focal líofa don fhocal scríofa' (*An Peann Coitianta 2*, 2). Bhí na giodáin Ghaeilge sna nuachtáin ag dul i méid i gcónaí roimhe seo, a leag bunsraith don cholún mar sheánra scríbhneoireachta ann féin. Chruthaigh an colún ábhar fiúntach léitheoireachta, bíodh gur i gcruth an fhicsin nó na hiriseoireachta loime a cuireadh i láthair an léitheora é. Déanann sé seo idirdhealú idir úsáid na Gaeilge sna meáin chló 'ar son na cúise agus na teanga' amháin, agus an t-aclú teanga agus smaointeoireachta a bheadh i gceist le 'colún Gaeilge' a sholáthar. Míníonn sracfhéachaint ar fhorbairt na gcolún Gaeilge i nuachtáin náisiúnta na hÉireann 'comhthéacs' na scríbhneoireachta agus an léinn, a luaigh Ó Muirthile. Féachfar anseo go príomha ar nuachtáin náisiúnta an Bhéarla a bhfuil taighde ceannródaíoch substaintiúil déanta ag Nollaig Mac Congáil (2011) orthu.

Ós rud é gurbh é an *Freeman's Journal* an nuachtán ba luaithe de na ceithre cinn a ríomhfar anseo, tosófar leis sin. Bhí an chéad cholún Gaeilge i gcló ann go luath sa bhliain 1901, cé go raibh neart ábhar Gaeilge ann roimhe sin. Fógraíodh an colún úr rialta in alt dar teideal 'Ar Son na Gaedhilge' (*Weekly Freeman* 12/2/1901), agus i measc na dteideal a cuireadh ar na colúin féin thar na blianta bhí 'Le h-Aghaidh na nGaedhilgeóridhe', 'I bhFochair na nGaedheal', agus 'Cúrsaí an Lae'. Ba liosta le háireamh iad na daoine a ghlac cúram an cholúin seo, Seán Ó Ceallaigh ('Sceilg'), Tomás Ó Máille, Piaras Béaslaí, Pádraig Ó Siochfhradha ('An Seabhac'), Caitlín Nic Ghabhann, Shan Ó Cuív, Éamonn Ó Tuathail, Liam Ó Rinn, agus Liam P. Ó Riain ina measc. Tháinig deireadh leis an cholún i bhfómhar na bliana 1914 agus ní raibh ceann rialta ann arís go 1917. Nuair a athbhunaíodh é mhair sé a bheag nó a mhór go 1922. Bhí traidisiún láidir colúnaíochta sa *Freeman's Journal* ar bhonn leanúnach a leag bunús maith don phlé agus don teanga féin.

Léirigh an *Independent* bá leis an Ghaeilge sa chéad eagarfhocal in 1905, agus chuir Eoghan Ó Neachtain tús le traidisiún láidir colúnaíochta idir 1905 agus 1915 (Uí Mháille 2009; Uí Fhaoláin 2014). *Irish Ireland: A Leaguer's Point of View: Éire na nGaedheal*, an teideal a d'úsáid sé. Idir 1914 agus 1919, bhí an Ghaeilge feiceálach ó am go chéile ach ní raibh colún rialta Gaeilge san *Independent*. Shan Ó Cuív a bhí ina eagarthóir Gaeilge ó 1931 go dtí 1934. Cé go maítear nár cuireadh béim ar chúrsaí litríochta san *Independent*, sna 1920idí agus sna 1930idí foilsíodh trí scéal is fiche le Tomás Ó Criomhthain idir 1925 agus 1932; seacht bpíosa le Seosamh Mac Grianna idir 1932 agus 1934; trí phíosa le Séamus Ó Grianna sa bhliain 1925; fiche píosa le Seaghán Bán Mac Meanman idir deireadh 1937 agus 1941; agus neart píosaí le Cearbhall Ó Dálaigh ó 1928 go dtí 1931. Bhí Ciarán Ó Nualláin, Cathal Ó Tuathail, agus Tomás Bairéad ag scríobh ann chomh maith agus cuireadh deireadh leis an cholún sna 1970idí. (Mac Congáil 2011:157–65).

De réir thaighde Mhic Chongáil ba é *Scéala Éireann* ba dhílse don Ghaeilge agus do shaothrú na scríbhneoireachta. Bhí ábhar Gaeilge go leanúnach ann ar feadh breis agus seachtó bliain, anuas go dtí an t-am ar cuireadh deireadh leis an *Irish Press* in 1995:

> I gcaitheamh na mblianta is ar *Scéala Éireann* a foilsíodh *Cré na Cille, Dialann Deoraí*, cúpla cnuasach gearrscéalta le Máire, scéalta le Liam Ó Flaithearta, Máirtín Ó Cadhain, Tarlach Ó hUid, Ciarán Ó Nualláin, Annraoi Ó Liatháin srl. Is beag tóir a bhí ag na filí ar leathanaigh *Scéala Éireann* ach, mar sin féin, rinne seoda áirithe a mbealach isteach ansin corruair m.sh. 'Do Thonn Bheag' (14/8/1940), 'Aghaidheanna' (23/11/1940), 'Don

Uaigneas' (22/3/1941) srl. le Máirtín Ó Direáin agus 'Labhrann
Deirdre' (7/2/1940) le Máire Mhac an tSaoi. … Pléadh ábhair
ilghnéitheacha eile agus chuir a leithéidí sin go mór le héagsúlacht
an ábhair agus chuidigh siad le réimse léitheoireachta na Gaeilge
… Is fiú breathnú ar ghearrliosta de na daoine sin a scríobh go rialta
in *Scéala Éireann*: tá cuid mhór le Máire ann taobh amuigh ar fad
de na gearrscéalta a luamar (ag tús na gcaogaidí ach go háirithe);
tá suas le trí scór píosa le Muiris Ó Súilleabháin ann (ag deireadh
na dtríochaidí agus na ndaichidí) agus is luachmhar an slám é sin
ó tharla gur tearc linn ar scríobh an t-údar céanna i gcaitheamh
a shaoil; tá cuid mhaith alt scríofa ag Máirtín Ó Direáin ann,
go háirithe sna caogaidí, agus foilsíodh cuid acu sin in *Feamainn
Bhealtaine*; tá lear mór scríofa ag Donncha Ó Céileachair (ó
dheireadh na gcaogaidí) arbh fhiú breathnú air arís; scríobh Seán
a' Chóta Ó Caomhánaigh cuid mhór alt sa bhliain 1946 ach go
háirithe; bhí Seaghán Bán Mhac Meanman ag scríobh leis i rith
na dtríochaidí, na ndaichidí agus na gcaogaidí agus foilsíodh
cuid mhaith den ábhar sin in *Crathadh an Phocáin*, *Rácáil agus
Scuabadh* agus *Ó Chamhaoir go Clap-Sholas*. D'fhág Seán Mac
Maoláin, Tadhg Ó Rabhartaigh agus Seán Ó Súilleabháin lorg
a bpinn go rialta ann fosta, sna caogaidí ach go háirithe; agus, ar
ndóigh, caithfear gan dearmad a dhéanamh ar na scríbhneoirí sin
a lean orthu ag saothrú leo ansin go dtí an deireadh, mar shampla,
Pearse Hutchinson (ó 1958 i leith), Breandán Ó hEithir (ó 1956),
Dónall Mac Amhlaigh (ó 1956), Nollaig Ó Gadhra (ó 1964),
Proinsias Mac Aonghusa, Risteárd Ó Glaisne srl.

Scríobh scríbhneoirí eile aistí fánacha ann ó am go chéile
agus a bhfuil tábhacht mhór ag baint le cuid acu i gcónaí. Ina
measc sin tá: Seosamh Mac Grianna, an Seabhac, Breandán Ó
Beacháin, Donn S. Piatt, Tarlach Ó hUid, Colm Ó Gaora, Brian

Ó Nualláin, Peadar Ó Dubhda, Séamas Ó Searcaigh, Máirtín Ó Cadhain, Máire Mhac an tSaoi, Annraoi Ó Liatháin srl. (Ibid., 167–9).

Is féidir glacadh leis ó ábhar na nuachtán eile, go raibh rogha agus togha scríbhneoirí ar fáil faoin am gur aithin an *Irish Times* luach na colúnaíochta Gaeilge. Bhí pacáiste agus táirge ar leith de dhíth ar R.M. Smylie agus ní dhéanfadh 'iriseoireacht ar son na cúise' an gnó seo dó. Glacadh an cur chuige go raibh caighdeán ard scríbhneoireachta de dhíth a rachadh le caighdeán ard teanga. Bhí aclú na teanga agus cumas scríbhneoireachta chun tosaigh san fhís a bhí aige agus tá a rian sin, a d'fhág sé mar oidhreacht ar cholúnaíocht san *Irish Times,* le braistint i gcónaí. Seo mar a chuir sé síos ar an fhís a bhí aige don ghné seo den *Irish Times*:

> Given the paper's history, Smylie was also reluctant to open the paper to criticism from Irish speakers that its Irish columns were not up to scratch, a problem that was overcome by O'Nolan's status as a knowledgeable Gaelic scholar. Smylie, unsurprisingly, was delighted with his find: 'I've been trying for years to run a column in Irish but I always made one stipulation – that it must be above all criticism from the point of view of the language. Until Mr. Myles na gCopaleen came along, all the Gaels had been refusing to admit that anyone knew anything about the language but themselves. But they're all agreed about Master Myles. He is the only issue on which Gaels of all types are unanimous. In that way I think he has done more than anyone else for the future of the Irish language … He is untranslatable …'. (O'Brien 2008: 126).

Bhí ailt Ghaeilge Bhriain Uí Nualláin ('Myles na gCopaleen') ann ó mhí Dheireadh Fómhair 1940 go dtí gur tháinig deireadh

iomlán le colúin rialta in 1944. Idir 1946 agus 1947 bhí Séamus
Ó Mórdha ('An Buanaidhe') ina cholúnaí rialta, agus cuireadh tús
le ré úr i saothrú na Gaeilge ar an *Irish Times* sna 1950idí agus sna
1960idí. Cé gur chuir Smylie tús leis an traidisiún colúnaíochta
san *The Irish Times* ba iad a chomharbaí a thug an coincheap ar
aghaidh go leibhéal níos airde a ghrean áit don cholún i gcorpas
scríbhneoireachta na Gaeilge san aonú haois is fiche. Donal Foley
agus Douglas Gageby an bheirt ba mhó tionchar ar pholasaí na
Gaeilge sa pháipéar ó na 1960idí luatha go lár na 1980idí. Bhí
Douglas Gageby ina eagarthóir ó mhí Dheireadh Fómhair 1963
go mí Iúil 1974, agus arís ó mhí Iúil 1977 go mí Lúnasa 1986.
Ba é a rinne claochlú suntasach ar chur chuige agus ar pholasaí an
nuachtáin, polasaí a rinne leas nach beag don Ghaeilge mar theanga
dhioscúrsach na meán i dtréimhse thábhachtach i stair na hÉireann.
Níos faide ar aghaidh tugann Ó Muirthile an t-aitheantas céanna
d'fhís agus do dhúthracht eiseamláireach na n-eagarthóirí Gaeilge,
Deaglán de Bréadún agus Uinsionn Mac Dubhghaill, agus fiúntas
an ardáin seo a sholáthródh saoirse an iriseora agus an ealaíontóra
don scríbhneoir Gaeilge, á ríomh aige:

> Táim go mór faoi chomaoin Eagarthóir Gaeilge an *Irish
> Times*, Uinsionn Mac Dubhghaill, agus roimhe sin Deaglán de
> Bréadún. Téann dícheall agus dúthracht ghairmiúil eagarthóirí
> gan an t-aitheantas dlite. Tá scóip agus saoirse tugtha acu dom. Is
> dlúthchuid de chóras táirgíochta an nuachtáin é an t-ábhar Gaeilge
> agus ní beag le rá an méid sin. Ní géag den tseirbhís phoiblí í
> an *Irish Times*, ní hionann agus na meáin eile a sholáthraíonn
> seirbhís agus ábhar i nGaeilge. Is eol di a cuid léitheoirí áfach agus
> a hionad sa mhargadh. (*An Peann Coitianta 2*, 5).

Leanadh leis an pholasaí chun barr feabhais a bhaint amach i gcolúnaíocht na Gaeilge san *Irish Times* le colún Mháirtín Uí Chadhain, 'Cadhan Aonraic' a foilsíodh go rialta ó 16 Meán Fómhair 1953 go 1956. Tagraíodh cheana do na scríbhneoirí eile a shaothraigh a gceird san *Irish Times* agus ina measc bhí Risteárd Ó Glaisne sa bhliain 1953, Breandán Ó hEithir ó 1963 go 1990, agus Seán Ó Ríordáin ó 1968 go 1975. Bhí colún rialta ansin ag Dónall Mac Amhlaigh agus ag Donnchadh Ó Drisceoil sna 1970idí agus sna 1980idí agus ba san *Irish Times* a chuir Proinsias Mac Aonghusa tús lena ghairm. Cé go bhfuil ré úr eile amach romhainn in iriseoireacht na Gaeilge anois, ó chasadh na mílaoise tá an Ghaeilge láidir ann i gcónaí le hiriseoirí iomráiteacha ar nós Mháiréad Ní Chinnéide, Phóil Uí Mhuirí, agus Alan Titley.

Ba sa bhliain 1989 a chuir Liam Ó Muirthile tús lena cholún seachtainiúil 'An Peann Coitianta' agus mhair an colún go 2003. Mar is dual dó, is fearr iad na focail fhileata a úsáideann sé féin ná liosta lom d'fhocail fholmha, le cur síos a dhéanamh ar théamaí a chuid colúnaíochta a bhfuil rian de stíl an cholúnaí a pléadh cheana le braistint orthu:

> Baineann na colúin seo leis an saol. Le mo shaol féin faoi mar a bhíonn sé á chaitheamh agam, ó sheachtain go seachtain. Le saol an tuairisceora, an scríbhneora, saol an teaghlaigh, saol mo mhuintire, saol na cathrach, saol na tuaithe, saol an Tuaiscirt, saol na Fraince, saol an bhruachbhaile, saol an straire chinn. Breith, bás, beatha, drugaí, spórt, leanaí, óige, caidreamh daonna, na mionghnóthaí sin i saol éinne arb iad fuaimint an tsaoil ar deireadh iad. (*An Peann Coitianta 2*, 2–3).

Cé nach bhfuil ann dáiríre ach insint an scríbhneora ar ábhar a scríbhinní féin bheadh sé doiligh gan ruainnín de stíl fhoclach fhileata an Ríordánaigh a bhlaiseadh air seo.

Ar an ábhar sin b'fhéidir nár mhiste clabhsúr a chur leis an anailís seo trí chomparáid a dhéanamh idir stíl agus foirm an Mhuirthiligh agus an Ríordánaigh san *Irish Times* a thugann léargas breise don léitheoir ar phróiseas na scríbhneoireachta.

Próiseas na scríbhneoireachta nua-aimseartha: Foirm agus stíl

Murab ionann agus gnáth-ailt nuachta nó gné-ailt fiú, is samplaí iad na colúin liteartha nua-aimseartha seo d'fhoirm agus de stíl ar leith scríbhneoireachta a fheidhmíonn go minic mar réamhtheachtaí an ghearrscéil nó an úrscéil. Leag colúnaithe macasamhail Sheáin Uí Ríordáin, ar scríbhneoir cruthaitheach é chomh maith, rian nua-aimseartha ar na seanmhúnlaí traidisiúnta. I gcomhthéacs phróiseas na scríbhneoireachta luadh leanúnachas stíle agus ábhair cheana féin. Tá an próiseas seo suntasach i dtaobh na stíle a d'fhorbair Ó Ríordáin i bhfóram *The Irish Times*, stíl a fréamhaíodh i gcleachtaí seanchaite dialainne, agus a ghlac beocht agus beatha úr i bhfoirm an cholúin sa nuachtán:

> In late 1967 Ó Ríordáin began to supply prose articles to The Irish Times, and this developed in the following years into a somewhat irregular weekly column. Written in remarkably concise and agile prose, these essays when concerned with current affairs, reveal a different side of the Ó Ríordáin persona, marked by an acerbic wit and a sharp eye for the ridiculous; more reflective

pieces, which come nearer the subject matter of the poetry, are drawn largely from his journal. (Ó Coileáin 2009: 875).

In áit ceird liteartha a chleachtadh ar an ardán iriseoireachta, mar a rinneadh in iriseoireacht na hAthbheochana, chleacht Ó Ríordáin agus a chomhaimsirigh stíl iriseoireachta a raibh toradh litríochta uirthi. Ní hé gur cuireadh an scríbhneoireacht litríochta i láthair ar an bhfóram iriseoireachta mar sin, ach gur eascair táirge cruthaitheach liteartha as cleachtadh na hiriseoireachta faoi struchtúir na stíleanna scríbhneoireachta.

Is léir go bhfuil traidisiún agus stíl úr tagtha chun solais le scríbhneoirí a thuigeann 'cumas' na teanga 'chun an beart a dhéanamh' mar a luaigh Ó Muirthile ag tús na haiste seo. Ní hamháin go raibh seánraí nua á múnlú féin i gcolúnaíocht Uí Mhuirthile agus cholúnaithe eile sna nuachtáin Bhéarla, ach de thairbhe na seánraí nua seo, 'aiste tuairimíochta' an aonú haois is fiche ina measc, tá léamha níos iomláine agus níos criticiúla á gcruthú ar cad is brí le 'colúnaíocht' agus leis an iriseoireacht féin fiú. Tugann na léamha criticiúla seo léargas ar leith ar thábhacht an cholúin Ghaeilge nua-aimseartha mar ardán scríbhneoireachta agus mar mheán iriseoireachta araon. Tá an anailís chriticiúil seo lárnach sna tuiscintí úra a eascróidh as an timpeallacht nua scríbhneoireachta agus iriseoireachta, a ligeann do gach saoránach a bheith ina cholúnaí. I bhfocail Uí Mhuirthile féin mar iriseoir agus scríbhneoir, aithníonn sé luach na bhféidearthachtaí claochlaithe a shaibhreoidh an litríocht agus an iriseoireacht, ach a bhíonn ag brath de shíor ar chumas an cholúnaí féin:

> Léargas amháin a nochtadh dom féin, ag plé leis an taobh
> iomlán cruthaitheach den scríbhneoireacht ná go gcruthaíonn tú

ficsean chun an fhírinne a insint. Má insíonn na fíricí a bhfírinne féin sa cholúnaíocht, is faoin gcolúnaí atá sé ar deireadh an insint a dhéanamh. (*An Peann Coitianta 2*, 3).

Is ea, mar iriseoir agus mar scríbhneoir is fíor do Liam Ó Muirthile anseo gur faoin gcolúnaí féin atá sé ar deireadh an insint a dhéanamh – mar a bheifí ag súil leis – mar fhinné pobail, mar ealaíontóir cruthaitheach, mar cholúnaí neamhchoitianta lena stíl scríbhneoireachta eiseamláireach féin. Ba iad tréithe seo Uí Mhuirthile a lig dó colúnaíocht na Gaeilge a tharraingt isteach i ré úr na mílaoise agus 'an dúch ag sní san fhuil aige' i gcónaí. (*An Peann Coitianta 2*, 1).

Regina Uí Chollatáin
Aibreán 2014

Liosta foinsí

Leabhair

Ballin, M. 2008. *Irish Periodical Culture, 1937–1972. Genre in Ireland, Wales and Scotland.* New York.

Bayor, R.H. agus Meagher, T.J. 1997. *The New York Irish.* Baltimore and London.

Hayley, B. agus McKay, E. 1987. *300 Years of Irish Periodicals.* Mullingar.

Legg, M.L.1999. *Newspapers and Nationalism. The Irish Provincial Press 1850–1892.* Baile Átha Cliath.

McGuire, J. agus Quinn, J. 2009. *Dictionary of Irish Biography.* Dublin /Cambridge.

Nic Pháidín, C. 1998. *Fáinne an Lae agus an Athbheochan (1898–1900).* Baile Átha Cliath.

O'Brien, M. 2008. *The Irish Times. A History.* Dublin.

Ó Muireadhaigh, R. 2011. *Féilscríbhinn Anraí Mhic Giolla Chomhaill: Tráchtais Léannta in onóir don Athair Anraí Mac Giolla Chomhaill.* Baile Átha Cliath.

Ó Muirthile, L. 1991. *An Peann Coitianta.* Baile Átha Cliath.

– 1997. *An Peann Coitianta 2.* Baile Átha Cliath.

– 2006. *Ar an bPeann.* Baile Átha Cliath.

Ó Tuama, S. 1972. *The Gaelic League Idea. The Thomas Davis Lectures.* Baile Átha Cliath.

Uí Chollatáin, R. 2004. *An Claidheamh Soluis agus Fáinne an Lae 1899–1932.* Baile Átha Cliath.

– 2008. *Iriseoirí Pinn na Gaeilge. An Cholúnaíocht Liteartha: critic iriseoireachta.* Baile Átha Cliath.

Ailt

Mac Congáil, N. 2011. 'Saothrú na Gaeilge ar Nuachtáin Náisiúnta Bhéarla na hAoise Seo Caite: Sop nó Solamar?' in *Féilscríbhinn Anraí Mhic Giolla Chomhaill: Tráchtais Léannta in onóir don Athair Anraí Mac Giolla Chomhaill,* 112–91.

Nic Pháidín, C. 1987. 'Na hIrisí Gaeilge,' in *300 Years of Irish Periodicals*, 68–85.

Nilsen, K. 1997. 'The Irish Language in New York 1850–1900'. *The New York Irish*, 252–74.

Ní Uigín, D. 1998. 'An Iriseoireacht Ghaeilge i Meiriceá agus in Éirinn ag tús na hAthbheochana: An Cúlra Meiriceánach'. *Léachtaí Cholm Cille XXVIII. Iriseoireacht na Gaeilge*, 25–47.

Ó Buachalla, B. 1991–92. 'Seacaibíteachas Thaidhg Uí Neachtain'. *Studia Hibernica*. 31–64.

Ó Cadhain, M. 1972. 'Conradh na Gaeilge agus an Litríocht'. *The Gaelic League Idea. The Thomas Davis Lectures*, 52–62.

Ó Coileáin, S. 2009. 'Seán Ó Ríordáin'. *Dictionary of Irish Biography. Vol. 7*. 875.

Ó Háinle, C. 2009. 'Tadhg Ó Neachtain'. *Dictionary of Irish Biography. Vol. 7.* 732.

Uí Chollatáin, R. 2011. 'Irish Language Revival and "Cultural Chaos": Sources and Scholars in Irish Language Journalism'. *Proceedings of the Harvard Celtic Colloquium. Vol. XXX, 2010*. 273–292.

Tráchtais neamhfhoilsithe

Ní Mháille, A. 2009. 'Colún Gaeilge Eoghain Uí Neachtain ar an *Irish Independent* idir 1905–1914'. Tráchtas neamhfhoilsithe M.A. Ollscoil na hÉireann. Gaillimh.

Uí Fhaoláin, A. '*The Irish Independent* agus ábhar Gaeilge 1905–1922: Peirspictíocht stairiúil ar theanga agus ar chultúr na hÉireann i gcomhthéacs idé-eolaíocht "Irish-Ireland" agus athbheochan na Gaeilge'. Taighde neamhfhoilsithe PhD. An Coláiste Ollscoile Baile Átha Cliath.

Baile an áir

Ceann de shráidbhailte tuaithe réigiún lár tíre Limousin na Fraince é, falla cosanta timpeall air agus é ag luí ar ard le hais chuar na habhann. Sheolfadh tiománaí thairis ar an mbóthar ó thuaidh gan aon aird puinn a thabhairt ar an bhfógra Oradour-sur-Glane – *Le village des martyrs.*

Tá an baile coimeádta mar a scrios reisimint SS *Der Führer* é i mí an Mheithimh 1944. Cloch ar chloch, carn ar charn, fothrach ar fhothrach, seancharr ar sheancharr ag meirgiú i ngaráiste ó na 1940idí. Ar fhéachaint isteach i bhfothraigh na dtithe príobháideacha, meaisíní fuála ar a ngogaide. Ceann i ngach tigh ag crochadh fáithime ar an ngaoth. Oigheann an bháicéara M. Compain agus na doirse greadta de na hinsí. Scálaí shiopa an bhúistéara M. Fauve ag meá an aeir. Pram linbh i mbaclainn chré.

Ba é an deichiú lá de Mheitheamh 1944 lá dáilte an tobac aimsir an chogaidh. Nuacht mhór an bhaile inniu na comhghuaillithe a bheith tagtha i dtír ar chósta Normandie. Ba ghearr go mbeadh an cogadh thart agus iad tagtha slán gan cháim. Na leanaí, breis is 140 acu, ar scoil.

Trí scoil ar an mbaile, ceann breise acu do dhaichead leanbh ar dhíbir na Gearmánaigh as a dtithe iad i gceantar na Moselle. Dídeanaithe cogaidh ab ea iad i gceantar sábháilte. Cór scoile le clos ag cleachtadh trí fhuinneoga oscailte, agus beirt sheanfhear stoptha sa tsráid ag éisteacht leis na guthanna ag scairdeadh. *À la claire fontaine*. Roinnt cáblaí cumarsáide gearrtha agus crainn leagtha ag an *résistance* chun moill a chur ar ghluaiseacht na saighdiúirí ó thuaidh.

Mná sna tithe den chuid is mó, ach cuid acu san óstán, i siopa an bhúistéara, sa bhácús, sna siopaí.

Bhain glór neamhghnách na leath-traiceanna agus na leoraithe troma geit as an mbaile ciúin. Leanaí na scoile is deireanaí a chuala iad. An tríú complacht den reisimint a bhí ar an mbealach ó thuaidh go dtí an fronta in Normandie. An Maor Dickmann i gceannas. Alsáisigh den chuid is mó. Saighdiúir díobh, cara pearsanta do dhuine de na hoifigigh, ina ghiall ag an *résistance* daichead míle ó dheas. Dhaingnigh siad an baile. Fonn fola orthu. Bhí cúnamh acu ó cheathrar *milice* Francach san obair.

Nuair a ordaíodh do mhuintir an bhaile cruinniú ar Fhaiche an Aonaigh ní raibh aon chorrabhuais orthu. Cártaí aitheantais á seiceáil. Thug na múinteoirí na leanaí as na scoileanna. Chuadar go dtína máithreacha. Cuireadh na mná agus na leanaí in aon ghrúpa amháin, fir agus óganaigh sa ghrúpa eile.

Tugadh na mná agus na leanaí chun siúil go dtí an séipéal. Roinneadh na fir i sé ghrúpa. Tugadh cuid acu go dtí na scioból, a thuilleadh acu ar fud an bhaile. Suas le seasca fear i ngrúpa amháin i scioból Laudy. Beirt shaighdiúirí i mbun meaisínghunnaí, beirt ag soláthar dóibh, oifigeach ceannais. Bhí sé ina bhrothall. Bhí saighdiúir beathaithe amháin ag cogaint siúcra a bhain sé as a phóca.

Bhí cuid de na hóganaigh ina suí ar an bhféar tirim. Dúradh leo seasamh. Thosaigh an lámhach ag a ceathair a chlog tráthnóna. Thit na fir ina gcarn ar a chéile sna scioból, an chuid eile acu mar ar sheasadar sna sráideanna. Grúpa díobh ag siopa fíona agus biotáille Denys. Dhírigh na Gearmánaigh na hurchair go híseal ar na sibhialtaigh. Sna cosa is mó a goineadh iad. 'Á, na bastairtí! Tá an chos eile bainte acu díom,' a liúigh M. Brissaud, a chaill leathchos leis sa Chéad Chogadh Mór. Caitheadh *coup de grâce* a thabhairt dó. Cuireadh na sciobóil trí thine. Loisceadh cuid mhór daoine ina mbeatha.

D'éirigh le cúigear, triúr acu gonta, éalú as scioból Laudy. Thugadar na cosa leo go dtí bothanna coiníní. Leath an t-ár ar fud an bhaile mórthimpeall orthu. Tháinig bean amháin slán as an séipéal.

Thosaigh an lámhach ansiúd ar bhuille chlog a ceathair chomh maith. Lámhachadh leanaí agus mná, loisceadh cuid eile ina mbeatha faoi thuí agus adhmad, beirt acu i ngreim láimhe a chéile i mbosca faoistine, naíonán seachtain d'aois.

Stoc agus éanlaith chlóis an bhaile a tháinig slán. Choinnigh an SS tigh amháin, mar a raibh stór maith fíona, slán dóibh féin go dtí go raibh an obair mharfach thart. Mharaíodar 642 duine.

Maraíodh an Maor Dickmann in Normandie trí seachtaine ina dhiaidh sin. Cuireadh dhá thriail *in absentia* ar an nGinearál Lammerding, oifigeach ceannais na Roinne Panzer. Cé gur daoradh chun báis é mar gheall ar chrochadh 99 ngiall i mbaile eile, mhair sé go sócúil ina cheann gnólachta go dtí 1971 in Düsseldorf.

Mhaígh na saighdiúirí ón Alsáis i gcúirt in Bordeaux gur cuireadh iachall orthu dul san SS. Gabhadh an Alsáis agus Lorraine isteach sa Ghearmáin. Is beag má chuaigh éinne ó Lorraine san SS. Creidtear gur dá ndeoin féin a chuaigh na hAlsáisigh ann.

Tugadh pardún do na saighdiúirí ar fad an lá sula raibh an bhreith le fógairt ar mhaithe le *l'unité nationale.* Bhí an Alsáis ina cuid den Fhrainc arís.

Tá meaisíní fuála an tsráidbhaile ag crochadh fáithimí meirgeacha i gcónaí ar an ngaoth.

Domhan Disney

Is ar éigean atá slí chun seasamh ná chun anáil a tharraingt in EIRE, an t-ainm faoina chló Eorpach atá baiste ag na Francaigh ar an traein. Í ag triall ar Disneyland, Paris, Oíche Shamhna, seachas Cruachan. Plód ilteangach ó mhórán ciníocha ar domhan ag ráfláil istigh.

Clagar amuigh. *'C'est atroce,'* arsa an Francach mná, *'de la folie même.'* Osclaíonn sí doirse na traenach ag an stad chun sruth aeir a scaoileadh isteach. Stáisiún Drancy. Ní éiríonn éinne amach ag Drancy. *La rafle de Drancy* a thugtar ar an mbailiú mór a dhein na Francaigh ar na Giúdaigh aimsir an Dara Cogadh Domhanda, sular seoladh go dtí na campaí uafáis iad. Tagann an focal 'ráfla' ón bhFraincis *rafle.* Cluiche dísle a bhí ann sna meánaoiseanna, an fhréamh chéanna leis an bhfocal *raffle,* ach 'ruathar póilíní' is brí leis sa teanga reatha i bhFraincis.

Ní *Arbeit Macht Frei* atá crochta os cionn áirse Disneyland, ach *Le pays de vos rêves.* Tír na scuainí síoraí. Scuaine don scuaine féin. Dá ndeoin féin a íocann daoine isteach anseo más ea, sinn tagtha inár sluaite aniar, anoir, aneas, aduaidh. An ceol, an fuadar, an gleo. An faoiseamh tar éis an turais. Is fearr an ceann a choiméad ar mhaithe leis na leanaí. Tá traein ghaile Disneyland ag fágaint Main Street USA. Deineann sí timpeall síoraí na páirce. Ó thír go tír – Frontierland, Adventureland, Fantasyland, Discoveryland – ag bailiú daoine, á scaoileadh amach agus ar ais arís go Main Street USA.

Bíonn scata daoine fásta ag fístaifeadadh an turais. Ní fhéachann siad lena súile cinn ar an saol níos mó, ach ar phictiúr ar scáileán de shléibhte nach sléibhte, de charraigeacha nach carraigeacha ach athchruthú ar ríocht scáileán Disney faoi mar a bheadh anam tagtha i mbeochan. Ceamaireacht seachas geamaireacht.

Tá clócaí dúghorma ar fhoireann bhéasach *kapos* Disneyland, agus meangadh reoite ar chuid acu sa ghaoth anoir a d'fheannfadh an craiceann de Walt féin. Clócaí buí plaisteacha báistí ar na saighdiúirí coise, agus Mickey Mouse greanta orthu. Tíoránach é Mickey anseo a chreachann daoine. Níl aon áit chun suí in Disneyland gan díol as, agus an pháirc bunaithe ar dhá bhunphrionsabal: fanacht i scuaine nó síorghluaiseacht.

Tá scuaine 73 neomat ann do spásárthach Discoveryland. Tá Adventureland dúnta. B'fhéidir go mbeadh fuascailt éigin in Frontierland, sa dún adhmaid atá tógtha cois locha taobh leis an Last Chance Saloon. Tá reilig bhréagach ar imeall Frontierland agus ainmneacha na mbréagchorpán greanta ar na bréagleacacha. Ar a laghad nuair a bhíomar féin óg, sheasamar ar leacacha fíor-reilige i ndún fíoradhmaid ar leáigh an páipéar tarra air ach tine a chur leis.

Mhaithfeadh duine aon ní do Disney dá mbeadh greann ann agus samhlaíocht. Níl ceachtar acu ann. Ní *suspension of disbelief* atá i gceist níos mó ann ach an tsamhlaíocht ghníomhach a chur ar fionraí, agus tá sé costasach. Cinnimid rud amháin a dhéanamh ar aon nós ar mhaithe leis na leanaí. Téimid i scuaine an *roller-coaster* a thimpeallaíonn Big Thunder Mountain. Mianadóireacht an téama ar an sliabh nach sliabh. Tá an córas scuainí cliste. Filleann agus athfhilleann na scuainí orthu féin sa tslí go mbíonn siad ag bogadh gan mórán dul chun cinn a dhéanamh. Is féidir screadaíl na ndaoine ar an rollchóstóir a chlos ar feadh an ama. Faoin am a bhaineann duine ceann scríbe na scuaine amach tar éis uair an chloig nó breis, faoiseamh is ea sceimhle nach sceimhle.

Fáisceann barra iarainn isteach go docht sa suíochán sinn. Deinim é seo ar mhaithe leis na leanaí. Cuireann gnáth-airde spearbail orm, gan trácht ar rollchóstóir ag imeacht faoi luas ar sceabhadh, suas síos sleasa sléibhe nach sliabh agus aníos as íochtar tollán mianaigh nach tollán ná mianach.

Seo linn. Níl aon leigheas air ach na súile a dhúnadh, lámh a fháisceadh ar an ngarsún, agus scread a ligean ar nós gach éinne eile. Bíonn an garsún ar mire le háthas áfach, ní hionann agus a dhearthár ar chúl. Cuireann sé a dhá láimh de phreab san aer, na múnlaí carraigeacha ag bogadh i gcrith bréagach faoi thalamh agus ligeann liú as: 'Táim ag eitilt.'

Marcálann Disneyland caol na láimhe agus an Pháirc á fhágaint, le stampa. Scanann siad an stampa ar fhilleadh. Ach ní fhágann an stampa aon mharc buan sofheicthe ar an gcraiceann.

Go bhfios dom, ar aon nós.

Sna hAlpa Arda

Fáiltíonn na sléibhte sneachta fad radharc na radharc roimh an lá. Deir an lá leo, 'tá sibh ann.' Leathann solas na gréine anoir orthu ina socracht bhuan ó bheann go beann, faoi mar nach raibh aon ghnó eile ar an bpláinéad aige ach an sneachta a ghealadh. Ach féachaint sa solas, tosaíonn calóga oighir an aeir ag glioscarnach mar a bheadh cailéideascóp. Aer caol an tsléibhe ag feannadh na scamhóg. Na beanna mar a bheidís gearrtha ag cruthaitheoir na cruinne le preabshábh, gur leag sé uaidh é á rá go gcríochnódh sé an obair le caidhp sneachta sa séasúr. Thuigfeá Toblerone, ar deireadh.

Turas daichead a cúig neomat aníos ón talamh i gcarranna cábla ar an Areitbahn. Fágaimid ceo na mochmhaidine laistíos dínn, diaidh ar ndiaidh. Scaipfidh an ghrian an ceo agus nochtfaidh an gleann. Ag tabhairt faoi shiúl atáimidne, ar an Winterweg – bealach an gheimhridh – ag 5,000 troigh. An t-aon bheirt amháin nach bhfuil ag tabhairt faoi sciáil. Clár sneachta nó scíonna acu go léir, tá siad ann ó gach aird i lár agus in oirthear na hEorpa – go fiú *mafioski* na Rúise agus na hÚcráine, saighdiúirí Cróiteacha lena ndraideanna cearnógacha, cuairteoirí lae ón nGearmáin nach bhfuil ach roinnt ciliméadar uainn thar teorainn na hOstaire, Seicigh, Dúitsigh, Polannaigh. Agus ar shlí, is beag brí atá fanta le teorainneacha críoch, ach sinn inár ndaonnaigh eorpaithe ag airgead corparáideach.

Fiú ag an airde seo, tá tithe aíochta mar a bhfuil bia agus deoch le fáil, agus comharthaí soiléire ag taispeáint na slí. Mar a bhailíonn an trá sa samhradh gráscar áirithe, bailíonn an sneachta sa gheimhreadh a leithéid chéanna: ceol ard briotach as aimplitheoirí cumhachta, ól agus a leanann é. Tá an aicme sin ceansaithe anseo áfach. Ag siúl in aghaidh an aird, tá an trácht sciála inár gcoinne anuas, agus baineann an sneachta púdraithe as na matáin é. Scuabann siad tharainn síos le faobhar na fána, fanann sa scuaine chun teacht aníos ar na hardaitheoirí oscailte, agus seo leo arís. Is beag a shamhlaíomar go raibh an saol seo ann, gan é le feiscint ón talamh. Feadh na slí, tá bothanna beaga do bheirt chun sos a ghlacadh, agus lán na súl a bhaint as an maorgacht. Tá dealramh leis na Flaithis anseo thuas. Ach a bheith ciúin, is féidir an chruinne a chloisint ag cogarnaíl. Is féidir siúl ar aghaidh ar feadh trí huaire an chloig agus dul síos arís ar chóras eile carranna cábla go talamh. Bus ansin go ceann scríbe, rud a dheinimid. Tá mearbhall sneachta agus sléibhe orainn tar éis an tsiúil, faoi mar a bheadh an lá caite ar an bhfarraige againn.

Ag fanacht i sráidbhaile, Taxenbach, leathshlí idir Salzburg agus Innsbruck atáimid. Seantigh lóistín teaghlaigh a chuireann óstán tuaithe in Éirinn i gcuimhne dúinn. É faoi scáth an tséipéil lasnairde, buaileann clog an tséipéil ar bhuille gach ceathrú óna sé ar maidin. Bhaineamar amach é trí theagmháil ar an Idirlíon.

Is mór ag muintir an tí é sinn a bheith tagtha, agus fáilte acu romhainn mar a chuirtí fáilte tráth roimh chuairteoirí in Éirinn. Críost ar an gcroich i ngach seomra, fiú sa Gastzimmer mar a mbailíonn muintir an tsráidbhaile chun deoch a ól, cártaí a imirt, bia a chaitheamh. Caint, cáirt agus cártaí. Gan aon teilifís. Déarfaí go raibh na fir agus na mná lena ndreachanna dearga sléibhe tar éis siúl isteach ón aonach nó ón margadh. Siopa búistéara sa tigh chomh maith. Bhain taistealaithe Críostaí na hÉireann na hAlpa amach sna meánaoiseanna, agus d'fhág a rian ar ainmneacha na sráidbhailte. Ceann in aice linn, St Koloman.

Tá soilse feistithe den leac chomórtha i gcuimhne ar na saighdiúirí a thit i gcogaí an fichiú haois: deartháireacha, beirt go rialta agus triúr go minic, ceathrar uaireanta, aithreacha agus a gclann mhac, marbh nó ar iarraidh go deo, agus cá bhfios cén gaol gairid eile a bhí eatarthu i bpobal dlúth an tsléibhe. Cuimhním ar na leacacha comórtha i ngach sráidbhaile eile dá leithéid sa Fhrainc, sa Bhreatain Bhig, ar oileáin Ghaeltachta na hAlban, i Sasana, in Inis Ceithleann. Atógaint ó bhonn ó shin is ea an Eoraip, agus an nóta corparáideach ag aiseag as an bhfalla in Taxenbach a thoradh.

Deir fear an tí gur Turcaigh an fhadhb pobail is mó atá anois acu. Fear tuisceanach é, cócaire leochaileach. Ní bhíonn aon fhonn oibre ar na Turcaigh, ar sé. Nuair a shocraíonn siad síos, tugann siad a muintir isteach leo. Maireann siad ar shíntiús ón stát. Ní deir sé é seo le haon ghráin ach le fuarchúis fhíriciúil. Deich faoin gcéad den phobal trí mhíle duine iad. Nílimid féin leath chomh caoinfhulangach leis na heachtrannaigh ar an oileán baile.

Cén tairseach atá le baint amach go dtosóidh an coire ag fiuchadh arís?

Uiscí faoi thalamh

Ar leibhéal na sráide, ní bheadh a fhios agat é bheith ann mura mbeadh a fhios agat é. Doras gloine isteach agus ardaitheoir go dtí na folcthaí. Tá an baile féin, agus gach re baile sa dúiche, ainmnithe ó na foinsí uisce faoi thalamh ag brúchtadh aníos. *Bad Gastein*, fáiscthe sna sléibhte idir teorainn na hOstaire agus na hIodáile. Pé mianach atá san uisce, murar sulfar é. Iodáilis á stealladh tríd an nGearmáinis sna seomraí feistis, tá na linnte uisce te greanta as an gcarraig; linn te eile amuigh faoin aer reoite agus an ghal ag éirí aníos as suathadh na dtonn *jacuzzi*; linn eile istigh agus seomra solais ghréine mar a bhfuil na coirp sínte siar ar na deic-chathaoireacha; seomraí suathaireachta faoi thalamh, agus sabhnaí Lochlannacha. Is breá leo bheith ag imeacht ón teas go dtí an fuacht. Is dócha gur teiripe seaca a thabharfaí air sin.

Nuair a ghlanann an scamall gaile istigh, nochtann an bhean bhán ar chiumhais na linne. Gruaig fhionn agus éadaí scaoilte bána, thuirling an niomf téagartha le tionlacan ceoil Mozart ó na callairí. Tosaíonn sí á haclú féin go haeróbach ar imeall na linne, agus déanann an slua san uisce lomaithris uirthi. Glúin a lúbadh, lámh a shíneadh, guaillí a shearradh, méireanna a spreangadh, freanganna éasca a bhaint as na matáin le tionlacan Mozart. Leanann *operetta* seo na bpuipéad ar feadh ceathrú uair an chloig agus tugtar bualadh bos sibhialta di. Glacann sí go cúirtéiseach leis an mbualadh bos, agus glanann léi i scamall eile gaile.

Gluaisimid linn síos staighre bíse tríd na fallaí tíleanna bána go mbainimid pasáiste fada amach. Doras ar gach taobh, seomraí suathaireachta, iad go léir leagtha amach de réir na suathaireachta ab áil leat, suathaireacht choirp leathuair an chloig, ceathrú uair an chloig, suathaireacht Fhionlannach, suathaireacht Thurcach, agus na praghsanna fógraithe. Seomraí sabhna agus gaile ina ndiaidh. Bainimid dínn.

Tá an t-aer chomh tirim, te sa sabhna go bhfágann sé gach éinne istigh ina thost, faoi mar a bheimis ag fanacht le faoistin a dhéanamh. Corpghlanadh seachas anamghlanadh ar na cláracha adhmaid. Seanbhraistint shacraimintiúil an choirp nocht.

'Níl cead a bheith istigh anseo gan tuáille,' a fhógraíonn an guth as an gcúinne dorcha thall orm. Trí shuanaireacht an bhrothaill tógann sé leathnóiméad orm a thuiscint gur orm féin atá an guth dírithe. Nochtann an draid as an gcloigeann bán faoin solas bog infradhearg chugam, mar a bheadh Dracula ina chaisleán. 'Rialacha idirnáisiúnta iad rialacha an sabhna.' Freagraíonn na guthanna eile é i murmar íseal áiméanna. Is é sin le rá go dtuigeann madraí an bhaile an méid sin, ach amháin *untermenschen*. Tá rialacha an tearmainn sáraithe agam. Déanaim iarracht a rá leis go rabhamar tuáille gann ach go bhfuil ceann á roinnt againn. Ní haon mhaith bheith leis. Is é siúd sagart paróiste an tsabhna agus fógraíonn sé orm a bheith amuigh. Díbrítear mé, mar a bheadh madra ag imeacht leis agus a eireaball idir a dhá chois. Féadann impireachtaí iomlána dul ar lár, ach caitheann do thuáille féin a bheith faoi do thóin in *Bad Gastein*. Is dócha gurb ionann é agus laethanta an *mantilla* ar cheann mná i séipéal. B'fhéidir gur ceann de bhunmhianta an duine é a bhrath go bhfuil áiteanna, dá thuata iad, beannaithe, más beannaitheacht docht na rialacha féin é.

Tá an bóthar sléibhe go dtí Berchtesgaden láimh le Salzburg déanta go minic cheana againn. I scannáin. Fuacht feannta an gheimhridh, ualaí sneachta ar na crainn ghiúise, an clapsholas liath sin a thiteann ar shneachta agus a bheireann ar ghile ina dhraid. Teorainn na Gearmáine trasnaithe, ag déanamh ar Obersalzburg lastuas de Bad Reichenhall. Bhí a dhroim le fallaí arda sléibhe ag Adolf Hitler anseo. Dieter Eckart, comhbhall de Pháirtí Oibrithe na Gearmáine – réamhtheachtaí na Naitsíoch – a thug ann an chéad uair é. 'Carachtar Baváireach, iriseoir leathchuibheasach, file agus drámadóir a raibh dúil aige i mbeoir agus i gcaint. Náisiúntóir dígeanta, frithdhaonlathach agus frithchléireach, gráin chiníoch go smior ann agus dúil aige i miotaseolaíocht Lochlannach.' 'Gaisteoir na nGiúdach,' an tuairisc a thugann Alan Bullock air in *Hitler: A Study in Tyranny* (1954). Thugadar go léir cuairt anseo air, ceannairí Eorpacha, ón Fhrainc go dtí an Rómáin, ón Iorua go Sasana. Chamberlain féin.

Tá gréasán tollán faoi thalamh in Obersalzburg, agus Nead an Iolair lastuas arís níos airde sna sléibhte. Gearradh an bóthar tríd an gcarraig. Doirse práis ar an ardaitheoir a bhíodh ann a bhaineadh Nead an Iolair amach. Tá gortghlanadh déanta ar an áit, na foirgnimh glanta chun siúil. Ionad asma anois san áit a bhíodh beairic an SS, garda cosanta an Fuehrer. Baineann an áit an anáil dínn.

Ní dheinimid aon mhoill ann. Buaileann neamhfhonn agus tonn ghráiniúlachta ar an láthair in éineacht sinn agus cuirimid dínn amach as. Murab é léithe an chlapsholais san áit é, nó uiscí síoraí na staire faoi thalamh é, ag brúchtadh aníos ar a seans.

Sa chéad áit eile, a dhuine.

Buachaillí an Railroad

An t-aer úr, uisce-ualaithe ag síobadh go moch cois locha. Tá líonadh agus athlíonadh cléibhe ann de. Sliabhraon na Adirondacks ar an mbruach thall ar chúl, brat bán fós ar chúpla beann. Ba ghnách mé ag siúl. Tugann mo shiúlta mé cois Loch Champlain i dtuaisceart Stát Vermont in oirthuaisceart na Stát Aontaithe. Bóthar iarainn ag síneadh le hais an locha, agus CITY OF BURLINGTON i mbloclitreacha ar an mbloc ard brící dearga lena ais.

Céad míle duine i gcathair Burlington. An bóthar iarainn ardaithe fiche troigh in áiteanna ar bhloic mhóra ghreanta charraige os cionn talún. Caitheadh iad a ghearradh amach as an talamh, iad a iompar agus a shaoirsiú. Trasnaím an crosaire ar leibhéal de shiúl na gcos. Clog na hÉireann ag ticeáil ionam fós a dhúisigh, a thug amach mé.

Cuid d'uiscebhealach abhainn San Labhrás i scornach Cheanada é Loch Champlain, é céad míle ar fhaid. Ceantar teorann eile é seo, uair an chloig ar an mbus go Montréal. B'fhéidir seoladh anuas an San Labhrás ar uisce chomh fada le habhainn an Hudson agus Nua-Eabhrac. Ualaí maidí agus bailc mhóra adhmaid atá caite ag an sruth le bruach ar maidin, seachas na crainn a sheoladh tionscal na muilte adhmaid agus na sábhadóireachta anuas tráth.

Ní luíonn na múnlaí cathrach atá ionam féin, iad lán de phasáistí cúnga, lánaí caocha, agus cuair, go nádúrtha le múnlaí céimseatan agus dronuilleacha Burlington. Ach baineann cuair na sléibhte thall amach iad. Caitear tuiscint a bhogadh.

Tá créachta Vítneam oscailte arís ag an gcomóradh sna Stáit Aontaithe, cúig bliana fichead de ghortuithe nár chneasaigh, mar a bheidís ag úscadh faoi thalamh sna tolláin. Bhain Cogadh Vítneam le mo ghlúin féin. Is cuimhin liom fós na pictiúir den sléacht i My Lai a fheiscint in *Time* agus deora a shileadh. Bhímis ag brath ar *Time Magazine*.

The things they carried leis an scríbhneoir Gael-Mheiriceánach Tim O'Brien léite inniu agam. Ardbhlúire scríbhneoireachta, cur síos ar ualach trealaimh chogaidh na ngnáthshaighdiúirí i bplatún Meiriceánach in Vítneam, gan ualach na sceimhle agus na díchuimhne a chur sa mheá. Píosa eiligiach – *elegiac*.

Dhein an scríbhneoir Meiriceánach Nathaniel Hawthorne cur síos tarcaisneach ar na hÉireannaigh le hais Champlain in 1835. Siúlta a dhein Hawthorne i samhradh na bliana úd agus ar fhoilsigh sé a dtuairisc in *New England Magazine*. Teifigh na haimsire sin, muintir na hÉireann, sclábhaíocht den uile shaghas ar bun acu, cuid acu ag gabháil den bhóthar iarainn ag an am.

Nothing struck me more, in Burlington, than the great number of Irish emigrants. They have filled the British provinces to the brim, and still continue to ascend the St. Lawrence, in infinite tribes, overflowing by every outlet into the States. At Burlington they swarm in huts and mean dwellings near the lake, lounge about the wharves, and elbow the native citizens entirely out of competition in their own line.

Every species of mere bodily labour is the prerogative of these Irish. Such is their multitude, in comparison with any possible demand for their services, that it is difficult to conceive how a third of them should earn even a daily glass of whiskey, which is doubtless their first necessity of life – daily bread being only the second.

The men exhibit a lazy strength and careless merriment, as if they had fed well hitherto, and meant to feed better hereafter; the women strode about, uncovered in the open air, with far plumper waists and brawnier limbs, as well as bolder faces, than our shy and slender females; and their progeny, which was innumerable, had the reddest and the roundest cheeks of any children in America.

Ar chuir sé caint orthu? Is fada siar agus síos a théann fréamhacha an chiníochais. Táid ionainn féin. Táid i Meiriceá. Táid i Vítneam. Ar Hawthorne a léamh inniu, agus ag cuimhneamh ar na sluaite réamhGhorta a bhí roimhe ar a shiúlta, is sásamh mór croí é a léamh go raibh snua na sláinte orthu, agus iad amuigh ag aeraíocht dóibh féin.

Braithim go bhfuil a ngol agus a ngáire fós ar an aer le hais Champlain. Cloisim iad ag tiomáint dingeanna sa bhóthar iarainn, ag casúireacht na gcloch, ag fágaint a rian i measc na rianta ar shaoirseacht an tsaoil. Buachaillí an *railroad* agus cailíní an *fhactory*, mar atá san amhrán, iad ar aon bhuille le saighdiúirí bochta Vítneam, agus comhcheol shlua na marbh acu faoi na hualaí a d'ardaíodar, *The things they carried.*

Cailíní an fhactory

Chuireas spéis i bhfonn amháin atá ag an ngrúpa Bakerswell ar a gcéad cheirnín traidisiúnta dar teideal 'Cailíní an Fhactory'. I mo chás-sa, nuair a éistím den chéad uair le ceirnín nua, greamaíonn an tsnáthaid san inchinn ar amhrán nó ar phort amháin go minic. Ghreamaigh 'Cailíní an Fhactory', mar gheall ar an gceol agus an teideal.

Fuaireas amach ó chomhghleacaí i Raidió na Gaeltachta, Seán Ó Cíobháin, gur *amhrán* ab ea 'Cailíní an Fhactory' a bhí scríte ag fear a chuaigh ar deoraíocht tar éis an Ghorta Mhóir go Meiriceá. D'aimsíos na focail, faoi mar a dúirt Seán liom a gheobhainn, in *An Duanaire Duibhneach*, 'Seáinín Ó Gormáin in America' an teideal a bhí ansiúd air. Faoi mar a deir Seán Ó Dubhda a chuir an bailiúchán le chéile ina thaobh:

> Duine de bhochtaibh thuatha an Daingin ab eadh Seán Ó Gormáin. Bhí féar dhá bhó ag a athair ar an gCarraig ach briseadh iad sa droch-shaoghal. B'éigean do Sheán agus é ina gharsún maith mór dul isteach go Tigh na mBocht sa Daingean …

Gan dul i bhfad scéil leis, bhain an Gormánach na Stáit Aontaithe amach, throid sé i gCogadh Cathartha Mheiriceá, agus chaith sé tamall maith in Massachusetts. Is sa dúiche sin atá an t-amhrán lonnaithe. Is iad 'Cailíní an Fhactory' an amhráin, na mná Éireannacha a chaith dul ar imirce chomh maith leis an nGormánach, agus arbh iad sclábhaithe na gcaipitleach a bhí ag déanamh na milliún ar thionscal na teicstíle a bhí faoi bhláth ag an am. Teaghlaigh ar nós na Cabots, agus na Lowells – sinsir an fhile Robert Lowell.

D'fhás bailte aníos timpeall ar na muilte teicstíle seo ar tugadh ainmneacha na gcaipitleach orthu – Lowell ceann amháin acu – agus táid luaite ina amhrán ag an nGormánach. Ach an príomhrud, ó mo thaobhsa dhe, a dhealaíonn an t-amhrán ó aon cheann eile i nGaeilge ná an tuairisc a dheineann an Gormánach ar na mná bochta seo ag obair i muilte tionsclaíocha.

> Do shiúlas Ware Village is as sin go Lawrence,
> Níor stadas den stáir sin go ndeaghas go Lowell,
> Ag breithniú gach muilinn is gach toice gan éifeacht,
> Níor mhiste dhom cléireach bheith agam nó dhó.

> Ó Duc go Ware Village is as súd go South,
> Do thógas an *ferryboat* trasna na habhann,
> Ó Skip go dtí Cabot sea chríochnaíos mo rabhait,
> Mar a bhfeaca na samhaisc ag imeacht chun fáin.

> Bhíodar ó Dhún Chaoin is ó pharóiste Fionntrá ann,
> Strapairí Mhárthain is ó Ferriter's Cove,
> Bhí dream Ard na Caithne is scata ó na Cluainte,
> As san soir ó thuaidh go dtí Baile an Chnocáin.

> Bhíodar ón nDaingean ann is ó Bhun na Cruaiche,
> Ó Abhainn a' Scáil is ó Chlochán na Ruacan,
> Lios Póil is Cinnáird, mo dhíomá go mór iad,
> Is as san go mbuaileann sé barra an Chaisleáin.
> Nach mór é nuair a thuigfir an méid sin,
> Go bhfacadar súd Éirinn go hainnis faoi bhrón,

Gan stoca orthu, gan léine, gan taointe 'on éadach,
Is gurb ainnis í a mbéile a' suí ar maidin chun boird.

Nuair a théid súd go Cabot ní foláir leo, gan dabht,
Veil agus *bonnet* go hard ar a gceann,
Gan focal don mBéarla ina dhéidh san le labhairt,
Is nach ainnis an dream iad chun dul ag *spark*áil.

A bhuachaillí an *railroad* deiníg mo chomhairle,
Ná bac le haon óigbhean ón muileann go brách,
Mar is suarach an earra iad chun obair nó gnótha
Ach an obair is eol dóibh, ag líonadh fiteáin.

Tá a nglúine siúd briste is níl tapa ina ndrom,
A gcloigeann gan fuaimint is a gcluasa tá bodhar,
Ó bheith ag síor-shíor ina seasamh ag snaidhmeadh na gceann,
Ach go gcaillid a meabhair chun dul a' rangás.

Tógfadsa walk anonn chun Cabot arís,
Agus croithfead lámh leis na mná úd a ritheas-sa síos,
Cáinfidh mé an *railroad* agus cuirfead í síos
Agus neosfad don tsaol go léir conas a chaithid an tslí.

Is iad seo na mná atá i gceist ag an staraí Meiriceánach, Douglas
C. North, ina leabhar *The Economic Growth of the United States
1790–1860*:

> The Irish were destitute, and formed a reservoir of unskilled
> labour Northeast ... their immobility and their lack of skills and
> social position made them in effect a non-competing wage group
> at the bottom of the ladder of social structure. They fitted in very
> well with the needs of an industrializing society.

Sea go deimhin. Ach tá meon an Ghormánaigh i dtaobh na mban seo spéisiúil leis. Comhairlíonn sé do na fir Éireannacha gan baint a bheith acu leo.

Ba iad na fiteáin na *spindles* ar na meaisíní fíodóireachta. Cad ina thaobh go mbeadh an oiread san drochmheasa aige ar na mná sna muilte? An é nach raibh a thuairim thuathánach de bhean – capall oibre an uair úd is dócha – ag teacht le mná ag obair ar a bpá i dtionscal? Nó an é díreach gur dúramán ab ea é? Níl an freagra agam.

Tá a chomhairle do bhuachaillí an *railroad* íoróineach ar fad nuair a smaoinítear gur: *from these mills ... sprang directly the machine tool and locomotive industries.* Ach ar ndóigh is furasta domsa agus dúinne a bheith críonna tar éis an bhirt. Tá truamhéil mhillteach i véarsa eile san amhrán, na mná seo ina bhfarae úis ag na tionsclóirí.

Tá gné eile fós den amhrán sin, agus dá chúlra sóisialta, atá ag bordáil ar an uafás dar liom. Ba de thoradh gorta a chaith a bhformhór imeacht go Meiriceá. Ba de thoradh an Ghorta a chaith an Gormánach féin dul ann. Le linn an Ghorta Mhóir nuair a thuig na Sasanaigh ar deireadh go gcaithfidís bia éigin a thabhairt do na hÉireannaigh, thugadar isteach an mhin bhuí mar a thug muintir na hÉireann air. Ní bhfuaireadar aon bhlas ar an arbhar seo ó Mheiriceá ar dtús, agus nuair a fuair bhí sé ródhaor dóibh! Ach is é a deir Douglass C. North, an staraí Meiriceánach, i dtaobh fás na talmhaíochta i dtreo an Iarthair sna Stáit Aontaithe ná: '*the first big impetus to westward expansion was the demand for wheat and corn resulting from the Irish famine.*'

Regular Ireland

Ar an mbealach earraigh ó thuaidh go dtí an Ciorcal Artach, eitlíonn na cadhain thar an bpríosún. Fál leictrithe, sreang rásúir. Ní thuirlingíonn aon chadhan ar fhaichí fairsinge an phríosúin. Roinnt príosúnach ag siúl thart ar an bhfaiche oscailte istigh, ina nduine is ina nduine. A thuilleadh acu ag aclú ar mheáchain agus ar bharraí iarainn. Radharc ar an trácht acu, ciliméadar ón láthair, trí mhogaill an fháil.

Sloinnte Francacha ar thromlach na n-oifigeach faoi dhíon, iad íseal, teann, neamhchainteach. In iarthuaisceart Vermont, fiche neomat i ngluaisteán ó theorainn Québec. Aonad oscailte go maith é an príosún, nó an t-ionad smachtúcháin i mbéarlagair na Stát Aontaithe. Tá slí áirithe acu chun an chealg a bhaint as an saol le focail.

Cúigear príosúnach atá sa seomra agus spéis acu i gcúrsaí scríbhneoireachta. Éan fáin mé féin atá tuirlingthe ina measc. Labhraím leo, in éineacht le mo chara, as Éirinn, ar na tíortha Ceilteacha. Tugaim faoi deara ar a gcuid ceisteanna go bhfuil éirim agus tuiscint neamhchoitianta ag cuid acu, géarchúis institiúideach nach scaoileann faic liom. Léann siad an-chuid. Ní thugann siad a gcuid ama ag stánadh ar an teilifís, ag ligint dá meon titim chun feola.

Is maith leo éisteacht le hainmneacha baiste Gaeilge. Is maith leo éisteacht le dánta i dteanga eachtrach. Is maith leo go léifí dóibh os ard, ina láthair, agus na fuaimthonnta teanga á ngabháil chucu acu. Tá airc orthu, airc spioradálta. Braithim uaigneas sceirdiúil i mogall na súl acu. Nuair a deir duine acu go dtugann sé leis an dán, tuigim dó go hiomlán. Creidim é. Braithim gur fiú bheith ag léamh dánta do phríosúnaigh.

Ní haon phioc de mo ghnó é a fháil amach cad a thug isteach iad. Dúnmharfóirí, éigneoirí, robálaithe armtha, nach cuma ar deireadh? Táimid faoin aon díon amháin i seomra, faoin aon díon amháin amuigh sa saol dá dtuigfimis i gceart é. Deir fear acu, an té is meabhraí acu agus a bhfuil saothar fíordhorcha scríofa aige féin, go bhfuil sé suáilceach istigh toisc nach bhfuil sé ag déanamh díobhála d'aon duine amuigh. Saghas macasamhail síceoiseach den intleachtóir acadúil é, agus tuigim nach bhfuil ach faobhar rásúir idir an dá leagan. B'fhéidir gur mó an marú, ar bhealaí eile, a dheineann an té amuigh. Tuigeann an grúpa beag seo cad is brí le paidreoireacht sa chiall cheart, 'doing it for the doing of it' mar a deir duine acu liom go gonta. Braithim soilíos croí ina dteannta, agus ar iad a fhágaint dom. Tá creidiúint mhór ag dul do mo chara a thug ann mé, agus a thugann turasanna rialta ar an bpríosún.

Ag gabháil ó dheas, bainimid bealach an tsléibhe amach trí sheanchonair smuigleála aimsir an Prohibition, Smuggler's Notch. Céim an Fhia ollmhór é. É an-ard, tá an sneachta déanach glanta de na bóithre i gceantar sciála Vermont. Deir siad go mbíonn mórán Éireannach ag sciáil anseo i gcaitheamh an gheimhridh. *Skyblue Martini* atá á ól sa tábhairne ag fear an chaipín *baseball*. Deineann mo chara an ceart agus a chomhluadar a sheachaint. Tá tiúnáil mhaith déanta aige ar a chuid aintéiní i gcaitheamh na tréimhse atá caite i Meiriceá aige. Táimse taobh leis agus mé teanntaithe.

Fiafraíonn sé 'Are you from the North of Ireland or from Regular Ireland?' Níl 'irregular' gan bhrí fós in Éirinn. B'fhiú bheith leis don cheist. Agus ní chuireann caipíní *baseball* olc orm níos mó, ach chomh beag.

Caithim filleadh abhaile ar Regular Ireland. Tá saothar ar an mbean mheánaosta a bhaineann amach an suíochán taobh liom san eitleán. Ó Iarthar na hÉireann í agus í ag filleadh abhaile tar éis cuairt ar thriúr mac agus iníon léi i bpríomhchathair Iarthar na hÉireann, Boston.

'If you have a good head on you and are willing to work you'll do well in America,' a deir sí. Tá a leath dá clann thall agus an ceathrar eile abhus. Tógálaí é duine dá clann mhac, a oibríonn ó dhubh go dubh. Rúisigh ag obair aige. Saibhreas déanta aige in aois a hocht mbliana agus tríocha. D'fhill sé ar Éirinn chun pósadh. Clais mhór airgid caite ar an mbainis. 'The works', mar a deir siad.

Chuimhníos ar an méid a bhí ráite go hachasánach ag taidhleoir sinsearach Eorpach liom le déanaí, gur stát de chuid na Stát Aontaithe anois í Éirinn ina comhdhéanamh eacnamaíochta agus go mba ghairid uainn an comhdhéanamh cultúrtha. Is é an turas céanna san aer é ó Seattle go Boston agus an turas ó Boston go Baile Átha Cliath. Níl aon dul uaidh. Fuair mórán de mo mhuintir féin tearmann agus pá lae sna Stáit Aontaithe, iad ina ndíbeartaigh ó shaol gortach na 1930idí, 1940idí agus 1950idí i dtuath na hÉireann.

Fuaireas féin éisteacht, i bpríosún.

Big Mac agus Mic Mac

Pé sracfhéachaint a thugaim ar an seansráid chúng a shíneann le fána síos an cnoc cathrach, seolann sí glan abhaile mé. Murab é luí mírialta na dtithe lena chéile é, na fuinneoga ag cur a gceann amach as na díonta, na hildathanna ag sniogadh a ghile ón gclapsholas. Nó na cuaillí teileagrafa lena sreanganna soir siar trasna ar a chéile, mar a bheadh crainn seoil báid ag síneadh ar a leataobh. Is mó is árthach á dhílódáil í, feistithe le port, ná sráid. Fós, tugann sí cead isteach dom thar tairseach. Agus mar a bheadh dearbhú ar an mbraistint instinniúil, siúd thíos ag bun na sráide Cros Cheilteach in aolchloch a bhí dofheicthe ag barr na sráide i léithe an tsolais. Bronntanas ó Éirinn do mhuintir Québec, buíochas don chabhair a thug muintir Québec do na díbeartaigh ghortacha ó Éirinn. Cóip athghreanta atá inti de cheann de chroiseanna móra Chluain Mhic Nóis. Leacht ar bhinn tí ag cúinne Shráid Mac Mahon agus Saint Stanislas i gcuimhne ar an 'Abbé Mac Mahon' a shaothraigh ar son na mbochtán dealbh as Éirinn sa naoú haois déag. Bhí Eaglais Chaitliceach Québec in ard a réime an uair sin féin agus paróistí nua á mbunú i measc na ndíbeartach Caitliceach síos chomh fada le Vermont sna Stáit Aontaithe.

Síos ó Shráid MacMahon i seancheantar an chalafoirt atá comharsanacht Champlain i gcathair Québec. Anseo a chónaigh muintir na hÉireann sa dara leath den naoú haois déag. Oibrithe ar na duganna na fir, na mná sa bhaile nó i mbun sclábhaíochta sna tithe thuas faoin mbaile. Ceantar veinéirithe turasóireachta inniu é, grianghraif ar na fallaí den chomharsanacht le leanaí cosnochta, slumanna na haimsire. Is geall le bheith ag siúl sráideanna é i mbaile i dtuaisceart na Briotáine, na tithe greanta i gcloch eibhir. Macallaí arda snoite iad de bhaile i gcéin, ar mó de bhaile iad ina dtuairim den bhaile ná an baile féin. An é go gcaithimid a bheith as áit chun ár n-áit a bhrath i gceart? Bíonn an coilíniú agus an díbirt, an t-athlonnú ar siúl de shíor, na sluaite ag teacht le tamall de bhlianta ó Bhosnia. Bean úd na súl álainn caoin ag friotháil ar bhoird i gcaifé, duine díobh, faoina caipín Chaplineach 'mar gur dúradh liom é a chaitheamh' a deir sí i bhFraincis bhriste.

Tá Québec fós i ngreim déanach an gheimhridh, sneachta carntha ar chuid de na cosáin, go háirithe ar feadh an Promenade des Gouverneurs, a shíneann go hard le hais Abhainn San Labhrás ar an taobh thuaidh den chathair. Cuirim tuairisc Grosse-Île, an t-oileán i lár shruth San Labhrás mar a dtagadh na himircigh i dtír i dtosach tar éis turas an Atlantaigh. Bothanna ann chun díthruailliú a dhéanamh orthu, scrúduithe leighis, próiseáil. Is ann atá díbeartaigh an Ghorta curtha. Ón taobh theas den abhainn a bhaintear Grosse-Île amach, ach níl aon tseirbhís farantóireachta amach chuige go dtí an Meitheamh.

File mór dheireadh naoú haois déag Québec é Émile Nelligan, agus sa mhionchomhrá i gcaifé cathrach le Québecois, deineann sé dánta le Nelligan a aithris de ghlanmheabhair. Bhí a shaothar saoil críochnaithe ag Nelligan agus é fós sna fichidí luatha, nuair a cuireadh faoi chúram Bhráithre na Carthanachta i Montréal é tráth ar theip a mheabhair. Mhair sé daichead bliain eile go hinstitiúideach. Scitsifréine éadrom, a deir mo chompánach caifé liom, a bhí air agus dhein sé gníomh truaillithe – a mhún – os comhair dealbh den Mhaighdean nuair a cuireadh isteach i dtosach é. In 1861 a tháinig seanathair Nelligan, Patrick agus a mhacsan David i dtír in Québec. Ba é David athair Émile. An tseanlánúin as Éirinn, Patrick, agus Catherine Flynn a sheas leis dá bhaisteadh. Québecoise an mháthair, bhí fuil Éireannach ón taobh sin leis ann, de mhuintir Morrisset – leagan Fraincise de Morrissey. File Éireannach-Québecois é Nelligan, a bhláthaigh ar nós samhaircín faoi scáth fhlosc na Fleurs du Mal i bhfilíocht na Fraincise sa cheathrú déanach den naoú haois déag. An é go gceileann an Fhraincis orainn i gcónaí é, más ceilt é? In aiste ar an bhfilíocht Québecoise deir an t-eagarthóir Jean Noyer: 'Tá an cultúr Québecois, nua, sa mhéid go bhfuil ann úinivéars Eorpach agus Francach agus é claochlaithe ag an dúshlán Meiriceánach chun an domhan a thosú as an nua'. Agus úinivéars eile bundúchasach Indiach, nó Mic Mac, sa bhunsraith ar deineadh díothú allta air in Québec.

Tráth a dheineann eagarfhocal sa *Wall Steet Journal* fonóid faoi bhás leath na dteangacha ar domhan, á rá go bhfuil sin amhlaidh toisc go bhfuilid 'inferior' agus gur fearr le daoine Big Mac, is fuascailt iomlán ó thiarnúlacht an Big Mac céanna é siúl na gcos ar an Saint-Jean i gcathair Québec, m'aire meallta go hiomlán ag sráid ón mbaile, i gcéin.

Na Géanna Fiáine

Leanaim na buíonta géanna fiáine ó thuaidh, iad ag filleadh abhaile ar a ngnáthóga féaraigh tar éis an gheimhridh theas i mbogaigh an Mississippi agus Louisiana.

Coscairt mhór thús an earraigh. An sneachta mór ag leá ach é fágtha ina cheirteacha sractha ar bhóithríní coille tuaithe, nó ina naipcíní faoi sceacha agus binnteacha sa scáth. A bhfuil ann de na géanna! Iad ag tabhairt na gcor san aer, ag eitilt ceann ar aghaidh, ag imeacht thar agus faoina chéile, ag freagairt minicíochtaí inbhuíne dá gcuid féin. Oiread ann acu ina gceann agus ina gceann agus fós ina n-iomláine in aghaidh na spéire agus atá cora peannaireachta i gcallagrafaíocht Shíneach. Deineann siad lámhscríbhinn bheo den spéir agus iad ag eitilt.

Tuirlingíonn siad chun an oíche a chaitheamh ar na machairí le hais Autoroute Jean Lesage a shíneann idir Montréal agus cathair Québec, ar an taobh theas den San Labhrás. Éigrití ina measc chomh maith, gile sneachta ina gclúmh brollaigh in áit an tsneachta atá glanta chun siúil.

Tugaim féin an oíche i dtigh aíochta Charlemagne i sráidbhaile le hais an Autoroute. Domhan díláithrithe Fraincise sna críocha tuaisceartacha. Bean agus fear a gcasaim orthu sa tigh aíochta, sloinnte Éireannacha aneas ó Louisiana agus Mississippi atá orthu, Sullivan agus Horgan. Sinn suite ag bord ag caint os cionn ár mbéile, cuireann sí féin cóip ghlan d'aintín dem chuid i gcuimhne dhom, í tíriúil agus canúint Bhéarla Louisiana ina macasamhail de Bhéarla na tuaithe ag m'aintín. Na gutaí leaisteacha ceolmhara, is mó a bhíonn sí á bhfuineadh i ngogal as a béal ná á dteilgean. A suí coirp sa chathaoir faoi mar gur líonadh isteach inti í. É féin níos óige agus níos éaganta, hata Boston Red Sox air, é ag cur preab san ól nó an t-ól ag cur preabanna ann, thug saol suaite é ó Mississippi go California agus abhaile go dtí a sheanmhuintir féin i mBoston.

Fraincis Louisiana a labhraíonn an Súilleabhánach mná agus is geall le bheith ag éisteacht le Corcaíoch ó Mhúscraí ag caint le Conallach i nGaeilge í a chloisint ag comhrá leis an bhfreastalaí. 'Sayingnone' agus 'saynan' acu araon ar an bhfocal *saignant* sa tslí go mbeadh an fheoil loiscthe faoin am go mbeadh deireadh ráite acu. Sna focail atá an fhuil. Gan aon Bhéarla ag an bhfreastalaí áitiúil, fiche éigin míle lastuaidh den teorainn idir na Stáit Aontaithe agus Québec.

De bhunadh Acadien i Louisiana í an Súilleabhánach mná, agus gan aon tuairim faoin spéir aici i dtaobh na hÉireann ná aon spéis aici inti. Tá sí féin i Québec ar thóir a sinsear féin a tháinig ón bhFrainc ina searbhóntaí agus sealgairí ag deireadh an ochtú haois déag, agus a d'aistrigh síos abhainn an Mississippi go Baton Rouge tar éis ceann de na cogaí leis na Sasanaigh. Cónaí uirthi féin agus ar a muintir le fada riamh lámh le Lafayette, príomhchathair Cajun Louisiana.

Ag ceannach uirlisí garraíodóireachta atá Horgan, a deir sé, mar gheall ar luach íseal dollar Cheanada suas le dollar na Stát. Admhaíonn sé gur dhíbir a bhean chéile as an dtigh é agus go bhfuil *time-out* á thógaint aige chun a mhachnamh a dhéanamh ar a chúrsaí. Bhuail sé bóthar ó thuaidh ó Bhoston ina SUV, agus ag imeacht leis le seachtain atá sé. Thug sé na hoícheanta go dtí seo i *motels* – móstáin, nó mótáin, b'fhéidir – fan na slí ag féachaint ar chainéil porn teilifíse, ag tabhairt cuairteanna ar bhothanna óil agus *lapdancing* a bhfuil na ceantracha teorann idir an dá thír breac leo. Deir sé go bhfuil tionscal mór craicinn agus feola díreach laistíos den screamh i ndeisceart Québec, tiománaithe leoraithe agus *transients* ag bogadh ó áit go háit, ag lorg bheith istigh ó bheith amuigh sa saol. Neart drugaí le fáil, den uile shaghas ar an uile chostas. Tá sos á thógaint anocht aige sa tigh aíochta óna thuras buile. Lorgaíonn sé comhairle faoi thuras go hÉirinn.

'Samhlaigh Québec mar chlúdach ollmhór litreach,' a deirim leis.

'I got that.'

'Stampa poist is ea toirt na hÉireann i gcúinne an chlúdaigh.'

'That's small.'

Sin deireadh lena thuras go hÉirinn.

Mairteoil ag an Súilleabhánach mná agus sailéad glas. Gloine den fhíon dearg. A folt dubh cas, agus culaith dhúghorm mátrúin. Brollach flúirseach. Bróiste ailigéadair ar a bóna. A haghaidh atógtha le maisiú tiubh. Na seoda óir gáifeach. Súile móra donna agus fabhraí damháin alla.

'Bhí tráth ann ná féadfainn cuimhneamh ar bhia gan sutha a dhéanamh díom féin. Andúil a dhuine,' ar sí ag smearadh anlann na feola le blúire aráin, agus blas á fháil aici ar an gcogaint, 'seacláidí, *french fries*, soitheach Coke, bhíos chomh séidte le cráin, aon rud ach an craos a shásamh.'

Tháinig anam breise inti agus spréach na bráisléidí faoin solas bialainne. Lig sí scairt gháire aníos as íochtar a boilg…

'Leathbhosca *cereal* an chéad rud ar maidin, gan an t-arán agus na cístí a bhac, béile bagúin agus uibheacha, gréis dhamanta a loit mo chroí. Dá n-éireoinn i lár na hoíche chaithfinn líonadh agus ansin dul agus an t-iomlán a chur amach ar mo dhá ghlúin ag poll an leithris. Bhí mo shaol gan riar ina raic, beirt mhac agus iníon sna déaga imithe le fán an tsaoil, m'fhear céile ar na rigeanna ola gan radharc air ar feadh ráithe, agus nuair a d'fhilleadh sé, gan radharc an uair sin féin air.'

Lig sí scairt gháire chroíúil eile. Bhí Horgan ag caitheamh siar beoir agus *shots* ag éisteacht léi.

'Agus cad a dheinis, conas a tháinig tú as?'

D'fhéach sí idir an dá shúil air trasna uaithi, agus ghlan a smig le naipcín.

Fágaimid slán ag a chéile agus tugaimid aghaidh ar ár leapacha. Tá siosadh leanúnach ag an trácht ar an *autoroute* fliuch atá á shlogadh diaidh i ndiaidh i gcrobh an chlapsholais. Díláithriú éigeanta is measa, a chruthaíonn caitheamh i ndiaidh sean-nóisean de shíocháin, de bhuanbhaile. Ionainn féin ar deireadh atá múnla ár ngnáthóg féin, a gcaithimid freagairt dó go dílis.

Téim 'on leaba. Mar a dheineann na géanna fiáine lasmuigh d'fhuinneog ar an machaire, lena ngogalach deireadh lae sula neadaíonn siad an cloigeann in adhairt a sciathán don oíche.

La Isla de Borondón

Triomach. Gan aon mhaolú air ach é ag cruinniú teasa. Bhácáil oigheann na gréine na hoileáin ó shéasúr go séasúr, ó aois go haois. Bolcáin iad a d'ardaigh san fharraige, agus i rith an lae bhí dreach cnapánach na talún agus na sléibhte mar a bhí ó thús aimsire – gearbach. Is é sin ó thús an túis seo is déanaí, solas ó sholas, pé rud a bhí ann sula raibh an tús ann. Gan aon ghlaise puinn ná aon uisce abhann, ach gleannta seargtha mar ar shil roinnt deora báistí ó scamaill olann cadáis.

Dob fhéidir an bháisteach a áireamh ina braonacha agus bhí daichead focal ar a laghad ag muintir na n-oileán ar bháisteach. An cachtas spíonach ansiúd. An tor cealgach raidhsiúil. An crann deilgneach ag taisce na mbraonacha go domhain faoi thalamh. Pluaiseanna mantacha ar shleasa na maolchnoc basailt ar mhair daoine iontu tráth. Botháin bláithléige ar chuma fódanna móna lán de phoill, na clocha gan aon mheáchan iontu ach mar a shnámhfaidís in uisce nó a d'ardófaí iad gan dua i dtaibhreamh.

Murach síobadh fuaraithe aniar aneas na farraige bheadh na hoileáin imithe ina ngaineamhlach ar fad, séidte chun siúil. Bhí trócaire sa ghrian. D'éirigh le daoine dul ar scáth uaithi. Chaith sí luí istoíche agus éirí arís ar maidin. Ghlanadh an clapsholas an screamh bolcánach den talamh, agus bhí an chuma ar chuair imlíneacha na sléibhte agus an ghrian ag dul faoi go rabhadar gearrtha as páipéar mín dúdhonn.

Spreag an ghrian ola áirithe i bplandaí. Mheall sí turasóirí chun na n-oileán, na milliúin acu gan staonadh ó chríocha tuaisceartacha, geimhriúla an leathsféir. Chuirtí saighdiúirí ceannairce agus coirpigh ar díbirt chun ceann nó dhó de na hoileáin tráth, ach anois bhí turasóirí agus coirpigh i gcónaí sásta íoc as an díbirt dheonach chéanna. Cuid acu i ré na satailítí, níor fhágadar an baile riamh ina meon. *Live football*, beoir agus *karaoke* an cothú laethúil acu.

Seacht gcinn d'oileáin a bhí san oileánra ag síneadh siar ón talamh. Oileán na mBeo; Oileán na Marbh; Inis na Míol; Inis an Ghainimh; Inis an Bholcáin; Inis an Dóiteáin; Inis na nÉan. Ach ba é an t-iontas ba mhó a bhí ann an t-ochtú ceann nach raibh éinne riamh ann. La Isla de Borondón a thug muintir na n-oileán eile air, nó Inis Bhreandáin in onóir an té ónar ainmníodh é.

'Tabhair turas ar La Isla de Borondón i mbád gloine. Ticéidí fillte lae ar díol anseo. Beir leat culaith snámha agus snorcal,' a d'fhógair na póstaeir. Bhí cumainn in onóir Borondón ar gach oileán, nó *La Sociedad de Borondón* mar a thugadar air. Shéid gálaí gainimh trí sheanséipéil inar lonnaigh colúir agus éin fiaigh. Scamhaigh an phéint de na pictiúir naofa ar na fallaí. Ar sheanchas na ndaoine a bhí Cumann Borondón bunaithe. Aoirí gabhar a mhair ar shleasa na maolchnoc lom agus seaniascairí is mó a choimeád an seanchas beo.

An dream nár ghéill dóibh, chuiridís ina leith gur fíon pailme nó rum a bhí faighte acu ó árthach ar a bealach siar a bhí ólta acu, nó go raibh ceann de na luibheanna spearbail ó thrádálaithe Arabacha caite acu. Dhearbhaíodh na haoirí go raibh an Inis feicthe acu ar fhíor na spéire, siar amach thar na hoileáin eile. Sea, chaithfeadh an léargas a bheith glan ar fad gan aon smúit ná ceo i bhfíorthosach na Bealtaine. Nochtfadh sí idir Inis an Dóiteáin agus Inis na nÉan, ach d'fhéadfadh sí a bheith glanta chun siúil i bhfad faiteadh na súl. Ach bhí sí ann chomh cinnte is a bhí Dia féin ann.

'Léan oraibh, nach bréaga a chum Muintir Dhálaigh an méid sin, tá a fhios ag an saol mór agus a mhadra é.'

Lonnaigh sliocht de mhuintir Dhálaigh san oileánra siar amach agus lean cáil na scéalaíochta ó shin iad. Ceannaithe éisc agus fir ghustalacha ghnó ba ea a sliochtsan anois. Ba é an scéal céanna é ag na hiascairí *atún* agus *pulpo*.

Chaithidís tabhairt faoin aigéan mórfhairsing don *atún* go háirithe, ó dheas chun na hAfraice nó siar timpeall ar na hAsóir, agus bhídís lán de scéalta ar fhilleadh dóibh ar na hiontais ar muir. Toisc go mbíodh iasc acu ag teacht agus ocras ar na daoine, thugaidís éisteacht do na hiascairí fiú mura ngéillidís dóibh go hiomlán.

Níor athraigh ré na satailítí faic. Ní raibh La Isla de Borondón ar aon mhapa ná aon fhianaise ar aon phictiúr satailíte go raibh sí ann. Tuairiscí i seanscríbhinní amháin agus an seanchas an t-aon fhianaise. B'in uile.

'*Quería un ticket para La Isla de Bornondón,*' a dúrt ag an mboth don bhád gloine. '*Un ticket de ida y vuelta.*'

Chuireas an ticéad i dtaisce agus b'eo liom go dtí an t-oileán nach raibh ann. Mura raghfaí ann, tar éis an tsaoil, níorbh fhéidir teacht as.

An falla beo

Lascann an ghaoth fhiáin na colpaí agus na hioscaidí ón gcúl, an clár éadain ón tosach, sa siúl dúinn ar thrá fhairsing ghainimh. Mór an gar go bhfuil an ghaoth te. Dhá ghaoth le ceart is ea í, aniar agus anoir i dteannta a chéile. Gaineamh agus farraige agus sléibhte fad radharc na súl. Muilte gaoithe ar gach ard sna sléibhte, mar a bheadh éin allta tuirlingthe ar talamh, a sciatháin ag imeacht gan eitilt. Óganaigh ar foscadh ón ngaoth ag falla ard binne ag imeacht de ruathair chúltorta ar ghluaisrothair, caincín an roth tosaigh in airde san aer. Teaspach teasa agus gaoithe orthu.

Ag an bpointe is sia ó dheas ar leithinis fhiáin in iardheisceart Mhór-Roinn na hEorpa, tá baile Tarifa i mbéal an ghoib. Is beag tairbhe a bheith in Tarifa lá gaoithe, mar a deireadh muintir an Oileáin fadó sula dtugaidís faoin mbaile. Ní chuirfeadh oileánach a cheann amach inniu. Turasóirí éaganta sinn. Leanann *La Frontera* gach re ainm áite uaidh seo siar go Cádiz, isteach go Sevilla agus ó thuaidh i dtreo Huelva ar theorainn na Portaingéile.

Frontera na Múrach agus na gCríostaithe a bhí i gceist, is Paróiste Múrach i gcéin an áit seo. Tá Tangier leathuair an chloig d'fharraige ó Tarifa. Cuid den seanfhonn a thagann orm, léim isteach i mbád agus an Afraic Thuaidh a bhaint amach. Ach cuimhneamh air, is fonn chomh seanchaite le dúidín é. Tráth a bhí na Lochlannaigh ag seoladh isteach i gCuan Phort Láirge bhí na Múraigh ag sealbhú na leithinse seo. Tá a rian i ngach áit, i dtuiscintí scátha agus solais thithe an tseanbhaile, i móitífeanna ealaíne agus dathadóireachta, i gcraiceann daoine, sna súile faghartha. Níor chás ach an barrfhód a bhaint agus bheidís faoi.

Múraigh an lae inniu iad na seoltóirí toinne a bhailíonn anseo, na *Desert Brats*. Mecca na seoltóirí toinne é Tarifa. Tá clár toinne fáiscthe le gach re feithicil i bpríomhshráid an bhaile nua, gach re siopa agus caifé ag freastal orthu. Má leanann an ghaoth ag séideadh preabfaidh *tumbleweed* anuas an tsráid leis an gcéad chamfheothan eile.

Tá an ghaoth rómhaith dom agus caithim m'aghaidh a thabhairt soir arís. Ar an nGaeltacht a bhím ag cuimhneamh agus mé i dtír solais Andalucia. B'fhéidir gurb í Andalucia an Ghaeltacht is fairsinge dá bhfuil ann anois. Tá an sean-nós sna hamhráin *flamenco*. Tá suáilce éigin in Andalucia a bhraitheas fadó sa Ghaeltacht. Coipeadh na fola, leis, atá ag frithbhualadh in *Caoineadh Airt Uí Laoghaire*. An caidreamh pobail daonna sin, an cruatan a bhí, an bhochtaineacht, an imirce. Na tiarnaí móra talún atá i seilbh fhormhór na dtailte méithe, cúig theaghlach uasal acu ar fad. An ceathrú milliún *jornalero*, spailpíní gan sealúchas agus oibrithe pá lae Andalucia. Bíonn siad ag garraíodóireacht sna sráidbhailte saoire ar fud an bhaill. Taoscann ola thionscal na turasóireachta a gcuid allais. Bheadh a fhios agat ar a súile agus ar a ngéaga nach garraíodóirí iad. An mbíonn aon fhearg orthu? Conas a oibríonn siad sa teas millteach ar láithreacha tógála?

Níor dheacair an rince *flamenco* a shamhlú ar leacacha imeallbhord thuaidh, thiar agus theas na hÉireann. Ag tabhairt cuairte ar thithe atá i mullach a chéile ar thaobh sléibhe in *pueblo blanco*, labhraíonn na seanmhná mar a dheineadh mná ar an Seantóir agus i mBaile Uí Chorráin. Cloisim an tuin agus cuid den mheon céanna acu. Pictiúir den Chroí Ró-Naofa i ngach tigh agus paidríní os cionn na leapa. Caint ar na comharsana. Cúléisteacht. Fios cúraimí a chéile acu, cad a thugadar leo ón siopa, cé atá ag dul soir, ag teacht aniar. Níor dheacair, ach chomh beag, fuinneamh *Cré na Cille* a shamhlú in Andalucia. Dá dtuigfinn méid m'aineolais agus mé ag caint leis na daoine seo, cuid den Spáinnis steallta ag éalú uaim, choimeádfainn mo chlab dúnta agus mo pheann i mo phóca. Maith nach dtuigim.

Ag seoladh thar Algeciras agus carraig Giobráltair. Bíonn siad ag cúléisteacht leis an Meánmhuir ó bharr na Carraige. Na Spáinnigh ag cur moill d'aon ghnó ar an trácht mór turasóireachta amach as an gCarraig. Deirtear nach bhfuil *fronteras* fágtha níos mó sa chuid seo den domhan ach tá ceann anseo go daingean, láidir. 'Fish and Chips' agus Brat na hAontachta, 'Irish Town' agus 'Steak and Kidney Pie.' Carranna ag réabadh leo trí na sráideanna cúnga agus ceol dioscó ag tuargaint trí na fuinneoga oscailte. Leagan teicnea-rap de 'An raibh tú ar an gCarraig' is dócha. Sráid Ard de chuid na Breataine faoi theas na gréine, na turasóirí ag leá sna scuainí tráchta. Mótarbhealach nua Eorpach eile faoi na boinn againn soir.

Agus ceann scríbe bainte amach in Nerja, *Narixa* na hArabaise, ní fhéadaim codladh le teas na hoíche. Suím ar an mbalcóin ag léamh. Soilse ó chrainn seoil na n-iascairí áitiúla agus iad ag leathadh líonta do na *boquerones* sa Mheánmhuir. Balcóin Eorpach oíche. Téann na Rúisigh ghlóracha a ólann fíon saor ar an mbalcóin taobh liom a chodladh ar deireadh. Seolann puth gaoithe ó thráth go chéile ón bhfarraige, míol ag easanálú. Tagann na hearca luachra amach ar na fallaí, ag imeacht de sheápanna timpeall ar na lampaí. Airc ar na hearca. Fanann ina staic. Tá an-fhoighne acu. Tá an falla bán gléigeal beo leo i gcorplár na hoíche. Ní am mharbh na hoíche níos mó é, ach am beo. Sciuird eile i dtreo an lampa. Cuil eile ite.

Earca ag teangadh an tsolais go mbeidh sé ina lá.

Cois Móire

Táimid i mbád iascaigh adhmaid, cúigear fear, ag tabhairt faoin ngéag thoir d'Abhainn Mhór na Mumhan idir Cuan Eochaille agus an Lios Mór. Seanchaí na habhann ar an stiúir, dealbhadóir agus fear deaslámhach sa tosach, sléibhteánach agus éaneolaí ar an tochta láir, agus file ar saoire sa bhaile ó Mheiriceá ar an tochta deiridh. Mé féin ina theannta.

An taoide tráite sa chuan agus sinn ag súil go dtabharfaidh an t-athlíonadh suas an abhainn sinn. Lá scamallach sa Mheitheamh, é tirim, an ghaoth aneas ag síneadh siar ó dheas. Abhainn teorann idir dúichí Uíbh Mac Coille agus na nDéise í, artaire ársa agus comhuain a bhfuil a chuisle le brath i ndréachtaí an fhile Piaras Mac Gearailt, an feirmeoir gustalach ó Bhaile Uí Chionnfhaola theas, taobh le Baile Mhac Óda.

Shín a shinsearacht siúd agus a ghaolta cleamhnais isteach i ngréasán cumhachta an 18ú haois agus bhí iníon dó pósta isteach i gclann de Nógla i mBaile na Móna. Tá Rosc Catha na Mumhan fréamhaithe anseo sna dlúthchoillte ar thaobh Chorcaí agus Phort Láirge den abhainn, agus torann na dtonn abhann le cliathán an bháid ag imeacht faoi áirsí Dhroichead Eochaille.

Abhainn gan aon teorainneacha leis í go dtí fíor na spéire, abhainn na mianta concais, agus mótarbhealach na dTúdarach isteach i gCúige Mumhan. Bíonn an focal micreacosma á lua go minic ag staraithe le Corcaigh, féachaint an féidir iomlán an oileáin a léamh ar an daonscríbhinn áitiúil. Fiú Walter Raleigh féin, luann sé é in *The History of the World*: 'And because in the little frame of man's body there is a representation of the universal, and (by allusion) a kind of participation of all the parts thereof, therefore was man called microcosmos, or the little world.'

Micreacosma éigin is ea ár gcriú báid féin, leis, pé ceann é. Díreach a bheith beo, lá amháin i ndomhan beag na habhann.

Tá an chorr réisc flúirseach i gcónaí sna crainn arda ar na bruacha. Máire Fhada, Siobháinín na bPortaithe, Joanie an Scrogaill ... tá mórán ainmneacha á leanúint ó áit go háit sa mhicreacosma Gaelach. Í ag neadú in airde sna crainn, ag soláthar sa láib fhairsing dhomhain atá nochtaithe ag an taoide tráite. Mainicín stáidiúil lom. Scata mionéan, an cuilire ag déanamh rincí mire bíse san aer, tóin thar cheann, droim ar ais i bhfaiteadh na súl.

Táimid gan saineolas ar ghrinneall ná ar chúrsa na habhann faoi uisce, ach sinn ag brath romhainn. Ó am go chéile buaileann an t-inneall grean agus caitear moilliú. An doimhneacht a thomhas leis na maidí, gan ach dhá nó trí troithe uisce in áiteanna. An bád, *yawl from Youghal*, a stiúrú thar dhroimeanna gairbhéil agus seoladh linn arís.

Insíonn neart an tsrutha san abhainn de ghnáth cá bhfuil an doimhneacht, ach ní i gcónaí é. Láib ar fad iad na 'Broads of Clashmore' suas le trí mhíle ar leithead. Deir Mac Gearailt, file, ina mharbhna ar a dhuine muinteartha, Seán Paor:

Do-gheibhtí suairceas i gClais Muair
Fastaím, fuaim is faolchoin,

Ól is aoibhneas, feoil is fíonta
'S ceol gach oíche ar chaomhchruit.

Tá an taoide ag líonadh ar ár gcúl ó Chuan Eochaille isteach agus ardóidh sé sin sinn pé scéal é. Tugann sé sinn chomh fada le cumar na Bríde leis an Abhainn Mhór, agus sruth dhá abhann dá réir ann. Is féidir fairsinge na dtailte eastáit a fheiscint ón abhainn, páirceanna móra méithe gan aon chlathacha, agus tigh tiarnais Headborough cois Bríde.

Tá Tulach an Iarainn tamall suas uainn cois Bríde, 'the new town of Tallow held 120 able Englishmen, and a new export trade in prepared planking sprang up with sawmills and wharves established to exploit the woods.' (*Tudor Ireland*, Steven G. Ellis). Go dtí tamall beag de bhlianta ó shin, anuas go dtí na 1940idí agus na 1950idí, bhíodh crainn á leagadh ar thailte eastáit anseo agus á seoladh ar bháid ar an Abhainn Mhór go dtí mianaigh ghuail na Breataine Bige. Ollmhilliúnaí Meiriceánach an lonnaitheoir is déanaí i gceann de na tithe móra eastáit cois Abhann Móire.

Trasna uaidh ar thaobh na nDéise den abhainn, é i bhfolach faoi scáth cnoic ón mbóthar, tá dréimire le tigh ceann tuí a bhfuil ceann nua ar a leath. Fear coite ann tráth den saol, chuirfinn geall, ar a bhfuil de bháid bheaga feistithe leis an gcaladh.

Tá an taoide ag líonadh le fuinneamh, troigh in imeacht leathuair an chloig, an abhainn á chur in iúl go bhfuil sí beag beann ar ghnóthaí suaracha an mhicreacosma dhaonna. Tá a saol féin aici, chomh beo le haon neach. Tá sí mealltach, aoibhinn, rúnda, agus oiread de shaol aici faoi uisce ina híochtar agus atá os a cionn faoi sholas an lae.

Seolann sí teachtairí chugainn ar ár slí go dtí an Lios Mór. Bradán ag plabadh, breac ag lúbadh agus dobharchú ag snámh léi go caismirneach agus í ag súgradh linn.

Gairleog fhiáin

Leathann cumhracht ghoirt gairleog fhiáin ón gclaí agus ón ngarraí ar mo shiúl mochmhaidine. Baineann an sceitheadh stad glan asam. Faoi mar gur theastaigh ón té a rabhas ag cuimhneamh ar a ainm ar an leac i dtosach an tí, agus mé ag gabháil thairis, go n-éireoinn as. Seolann na mairbh teachtaireachtaí chugainn.

An t-aer bog leithinseach agus iarracht de bhrat allais ar chlár m'éadain spaisteora. *Wild garlic* is túisce a rith liom, pé ainm a bheadh ag fear na lice uirthi. '*Posies* a thugaimidne orthusan, a bhuachaill.' Tá an ghairleog imithe fiáin sa gharraí le hais an tí, ar feadh na gclathacha. Gairleoga ón gceann anuas, agus sciortaí samhaircíní ón talamh aníos orthu. An Bhealtaine fial faoina cuid, á leathadh orainn. Bhíodh daoine á n-iomlasc féin iontu ar na bánta.

Leanann an ghairleog fhiáin ar ais chun an tí aíochta mé. 'Creamh garraí' a thugann *Flóra Chorca Dhuibhne* mar ainm air, 'áitreabhach de chríocha iartharacha na Meánmhara a tugadh isteach go hÉirinn agus go dtí an Bhreatain mar phlanda gairdín. D'aimsigh Praeger é in aice leis an Neidín sa bhliain 1899, an chéad uair a fuarthas mar éalaitheoir i gCiarraí é.' Faighim blas ceart ar an bhfocal 'éalaitheoir' ón uair go bhfuil a bholadh fiáin faighte agam. Éalaím liom ar thóir na bhfocal.

Deir Duinnín gur *leek* is ea 'creamh garraí' agus gur *wild garlic* é 'creamh' leis féin. Deir Dwelly gur *chives* é, ach gur *abounding in wild garlic* é 'creamhach.' Deir Duinnín arís gur 'creamh choill' an bunús atá le Craughwell i gContae na Gaillimhe, cé nach bhfaca riamh ach Creach Mhaoil ar na comharthaí bóthair. Chuirfeadh 'creamh choill' fonn ort tamall a thabhairt ag spaisteoireacht thart ar an gceantar. Tá 'crem' san fhoclóir SeanGhaeilge agus an focal 'creamh' in *Buile Shuibhne*. Tá na bríonna go léir leis ansin, *gentian, dog's leek, leek, wild garlic*.

Tá an focal ag cócaráil i gceart anois, faoi mar a deir na Spáinnigh go mbíonn pláta *al ajillo* ón mbunfhocal *ajo* ar ghairleog, nuair a dheintear an chócaráil le mórán gairleoige. *Aglio* an focal Iodáilise air agus *all' aglio* acusan air. Ón Laidin *allium. Ail* atá ag na Francaigh. Pé neamh-mheabhair a thagann orm, feicim leagan de *wild goose chase* ag na Francaigh, 'ag lorg meánlae ag a dó a chlog.' Fiántas Francach amháin é sin, ní thuigfeadh an Gael ná an Spáinneach go deo cad a bhí ina gceann acu leis an bhfiántas úd.

Deir Duinnín gur cheart féachaint faoin gceannfhocal 'craobh' chun a thuilleadh eolais a fháil i dtaobh 'creamh.' Mar is béas leis, ní deir sé cén ceann de bhríonna an fhocail 'craobh' atá i gceist. Ach ní dheineann sé difear. Faoin am a théim tríd an liosta, dearmadaim cad a thug ann an chéad uair mé. Ach cuirim spéis i gCraobh Chruachna 'the palace of Cruachain.' Is ait liom go deo é, ach tarlaíonn i ngaireacht do Chruachain i gContae Ros Comáin mé, agus bainim amach é chun dul ag siúl ann. Maidin aoibhinn. Cruachu Aí a bhíodh mar chéile pósta ag Ríthe Chonnacht nuair a thagaidís i seilbh. Leathann cumhracht ghairleog fhiáin ón gclaí ar an mbóithrín in airde ar Chruachain. Ritheann sé liom gur i mo cheann atá an boladh, gur lean sé aneas mé. Croithim mo cheann ach siúd i ndoire coille an creamh ag fás, ag rás amach trí na bánta ar chliathán an chnoic agus síos ar feadh na gclathacha. Ar éigean is féidir liom é a chreidiúint, mo thuras focal, a thosaigh le boladh i gCorca Dhuibhne agus a bhaineann ceann scríbe amach ar chliathán Chruachna.

Ach, rud is aite, aimsím craobhacha den phlanda 'crobh dearg' ar chliathán Chruachna leis an ngairleog. Cé go ndeir Duinnín gur *herb Robert* é 'crobh dearg', deir an leabhar plandaí gur *bloody cranes-bill* é. Tarlaíonn gur Rí i gCruachain ab ea Cathal Crobhdearg, a fuair bás in 1224, agus mar a deir *Annála Chonnacht* gan blas ar bith den íoróin, 'Rí ba mhó gráin agus urú ar gach leith in Éirinn; Rí is mó a rinne creachadh agus loisceadh ar Ghaill agus ar Ghaeil a bhí ina aghaidh; Rí is mó a dhallaigh agus a mhairbh agus a chiorraigh méirligh agus eascairde; Rí is fearr a dhein síocháin agus sáimhe de ríthe na hÉireann ...'.

Ach, rud is aite fós, níos déanaí an lá sin ar an tSionnainn díríonn an bádóir m'aird ar charóg liath nó feannóg, is é sin *grey crow*, agus é sa tóir ar chorr réisc óg. Bíonn na feannóga á gcrá agus á marú de shíor. Tar éis tamall a thabhairt ag faire ar an gclipeadh, tuirlingíonn an chorr réisc agus imíonn as radharc. Cloisimid an scréachaíl tamall uainn i measc na ngeitirí. 'Trua gan mo ghunna agam,' a deir an bádóir.

Bainimid amach láthair an áir ar deireadh, ach tá an chorr réisc óg sínte marbh, na súile bainte aisti ag an bhfeannóg, agus gob an éin smeartha le fuil ... *bloody crane's bill.*

Flúirse an fhómhair

Ní fuadar mire amháin atá fúthu ach sceitheadh glan ón taobh istigh amach a chuireann ag rás iad ar fud an chosáin. Cluichí Oilimpeacha na seangán ar choincréit. Iad ag sileadh faoi luas as poill nár léir gur phoill sa chré iad gur thosaíodar ag sní astu. Ar an tsúil a chíonn iad atá an milleán má chíonn sí aon locht orthu, a deir an Criomhthanach, an Máistir.

Cén chomharthaíocht a bhíonn acu eatarthu? Sall agus anall de rite reaite, de ruathair ó thaobh taobh, de sciuirdeanna céad méadar lúthchleasaithe gan bualadh faoina chéile, gan dul i mullach a chéile, ach mar a bheadh Dia á rá leo nó instinn éigin sheangánach.

Iad ag socrú isteach i gcomhair an gheimhridh, ag tabhairt na bhfód móna duilleog isteach ón gcnoc. An bhanríon úd, agus sciatháin fúithi ag stealladh ó cheann go ceann, an b'in í an túr, an stiúrthóir aerthráchta seangán? Cén radar atá aici ar fud na sciathán? Pé hé an rí, murar banfhlaitheas acu é.

Seanfhonn é púdar nimhe a chaitheamh orthu agus iad a ghlanadh chun siúil. Ach a bheith foighneach leo, cuireann siad díobh an ráig – deireadh stealla déanta acu ar an mbanríon – agus socraíonn ar ais arís ina bpoill. Focheann amháin a chuireann a chaipín seangánach amach féachaint cad atá ar siúl amuigh.

Bíonn fios a n-áite féin acu idir cosán, gairdín agus scoilteanna *patio*. Ba mhíthuiscint nó easpa tuisceana aon tarcaisne dóibh.

Radharc ón ard seo agam orthu, mar a bhíonn againn ó eitleán ar an talamh, ach cé atá in airde uainne arís ag féachaint orainne agus uaidh sin suas?

Fios d'áite féin a deirtí, chun duine a chur síos ach tá fios d'áite i scéim na cruinne leis ann mar is maith is eol do sheangáin é. Dá mba ológa iad, déarfaí go raibh ola ar tí brúchtadh iontu, ach ní hea, is seangáin. Nuair a bheannaigh sí dom lena *Bonjour*, chruinnigh lár a liopaí i bhfoirm olóige agus chuir fonn ag rás tríom. Steall. Súlach ó dhuine go duine. Tá a súlach féin ag na seangáin, líne dúigh as gob pinn, cosa fúithi ag rás. Aibítir Shíneach inniu acu ann. Deireadh sceitheadh súlaigh an fhómhair sula mbíonn an bailiú ann. Is féidir an súlach a bhrath nach mór ar chraiceann na gcaor fíniúna ar a ndícheall aibíochta ón taobh istigh amach, á nochtadh ina snua.

Ligeann snua an fhómhair isteach faoin gcraiceann sinn. Bíonn gach aon ní *in flux* de shíor ach é níos léire ag tráthanna seachas a chéile. Na damháin leis, ag sceitheadh i leathchluas an tsionnaigh choincréite. Mar a bheidís chomh mór ina nádúr féin nach raibh aon dul as ach spíonadh gan teora. Fós, is máistrí iad ar a bheith staidéartha, crochta ar aer a déarfaí, sa solas. Murar socracht an fhiagaí é. Táid chomh héadrom sin san aer, spíonta as líonta a nádúir féin, go ndéarfaí go mba dheacair don aer meáchan chomh héadrom leo a choimeád socair.

An ionann míshocracht agus a bheith rómhór inár dtoirt féin? An damhán áirithe seo i gcúinne an bhotháin agus mé ag féachaint amach ar an lá, ní chím aon líon timpeall air, ach é ina staic ar an aer.

Aithníonn na dúile agus na míolta comharthaí an nádúir sula mbuaileann siad an duine. Ní chruinníonn siad aon mhaoin, ach an méid is gá dóibh ó lá go lá, ó shéasúr go séasúr. Ní bhíonn an t-am againn, a deirimid, fanacht socair, staidéar a dhéanamh ar scéimh an tsaoil. Nocht rinn ghoib a teanga as a béal nuair a dúirt sí *Gracias*, agus bhíos gafa ar nós na cuile ina líon.

Tá collaíocht i dteangacha Laidineacha mar atá fanta i gcónaí san fhocal, 'flúirse'. Bhíodh 'flúirse' i gcaint mo mháthar timpeall ar bhácáil, im, bainne agus plúr. Anois agus eagla an ghanntair uirthi, is flúirse a shamhlaíonn sí le bheith slán, folláin.

Ach a bheith domhain do dhóthain i dteanga ar bith, is ag tumadh i do mheon féin a bhíonn tú ar deireadh thiar. B'fhéidir nach bhfuil de bhrí ar deireadh le dúchas ach an méid sin, agus gur dúchas is ea nádúr do mheoin féin. Aithnímid na comharthaí meoin. Ceann de na léamhanna ar an bhfocal buíochas sna gluaiseanna é *ripeness*, mar gheall ar 'bhuidheachas', buí an fhómhair.

Inniu, lá Fhéile Mhuire san Fhómhar, agus d'fhéadfadh an t-iasc a bheith ag ráthaíocht sa chuan. 'Cuimhin liom fós an lá seo anuraidh agus na maircréil ag léim le flúirse ar an gcloch. Bhí tráth ann gur shamhlaíos doircheacht ag bagairt le teacht an fhómhair, ach tuigim anois nach bhfuil ann ach go mbíonn rudaí ag sóinseáil mar a deiridís thiar. Gné eile solais, buí.

Buíochas.

Cúinne an phúca

Chuireadh sí an taobh tíre ag rince ionam, sceach, tigh, gort, daoine agus í ag tuathú na cathrach ionam lena cuid seanchais. Rince meanman. Faic ach tiomáint amach as an gcathair go dtí dúichí na muintire, lasadh anam spleodrach inti. Mo dhuine muinteartha. Ní bhraithinn gur ag tiomáint a bhínn níos mó ach ag déanamh steipeanna rince, jigeanna agus ríleanna na gcúlchríoch. Seanrómáns máthartha.

Saghas Bálcanú a bhí á dhéanamh anois ar an dúiche, más ionann Bálcanú agus seandúichí a bheith ag titim as a chéile. Fós, ní raibh éinne ag fáil bháis dá thoradh. Ruathair agus seápanna gairide a oiriúnaigh mé, le fírinne. Dósanna beaga. Ó chuala *Are you going to San Francisco?* amach as an seanraidió agus mé i mo sheasamh ar urlár na cistine a mbíodh an scoraíocht ar siúl ann, leanas bóthar eile. Níorbh fhéidir gan toradh a thabhairt ar an gceist sin, ar chuma éigin. Glao a bhí ann. 'Éireann', mar a bhí greanta ar an raidió, a aimsiú le snáthaid tiúnála ar mhinicíocht eile.

Thógadh sé tamall mór fada ar an sean-'Éireann' úd téamh suas. Cé nach rabhas riamh in San Francisco, níor ghá dul ann chun a bheith ann, agus bhí na filí léite agam.

Gúgán Barra a bhí anois lastall i gcom an tsléibhe agus ár n-aghaidh síos i dtreo an tsráidbhaile. Bhí *Cath Chéim an Fhia* foghlamtha aici don fheis, ach tháinig tinneas ina scornach an oíche roimhe agus níor éirigh léi dul ann. Spreag mo línte a cuimhne an athuair. 'An cath ag teacht aniar.' Chloisfeá an ceol laistíos den chreathán ina glór. Bhí sí leochaileach ó buaileadh breoite í.

Chuaigh an bóthar casta cois locha i bhfaid orm agus í ina tost neamhghnách. Bhí sí ag sleamhnú uaim ar mhinicíocht eile ón taobh thall. Níor mhian liom ligean léi sall. Choimeádas abhus í le caint. Tigh mór scoraíochta ab ea tigh na muintire, *open house* ag an gcrosaire. Thagadh na bacaigh ag triall orthu agus thugtaí leaba na hoíche dóibh ar an *settle*. D'fhanadh teaghlach iomlán den lucht siúil seachtain nó breis i mbothán na cairte. Dreamanna eile a thagadh, ag bothántaíocht a bhídís. Leanas orm á mhioncheistiú, í ag ainmniú na mbacach, na dteaghlach, na gcuairteoirí, dom.

Buille mór don tigh ab ea bás antráthúil a hathar agus iad go léir óg. Ba ghearr go rabhamar ar ais ina paróiste féin. Thosaigh sí ag caint ar na *platforms*, na rincí tuaithe le hais an bhóthair. 'Ní bhíodh aon ní eile sa cheann agam ach ceol agus rince agus dul go dtí na *platforms*. Chuireas mo shaol amú leo.'

Stáitse coincréite ardaithe ón talamh ab ea an *platform*. Bhí scata acu timpeall an pharóiste. Théadh sí ó cheann go chéile ag seinnt an bhosca. Ceol, amhráin agus caint. Ní ceol traidisiúnta amháin é, ach ceolta nua ón raidió. Minic a thugadh úinéir *platform* amháin faoi cheann eile i lár na hoíche á smiotadh le hord. Gach Domhnach agus oíche Chéadaoin, bhíodh *platform* ag Cúinne an Phúca taobh thiar de thigh na muintire.

Bhain sí stad glan asam. Bhíos tar éis bheith ag cuimhneamh le seachtain roimhe sin ar an gcúinne céanna agus gan aon ainm agam air. Ach thuigeas láithreach cén cúinne é agus é ainmnithe aici. Aintín dom a thug siar ann mé lá go raibh Aifreann na stéiseans i dtigh na muintire. Ach seasamh ar an gclaí, bhí radharc síos isteach i log an ghleanna, siar uaidh sin amach as an ngleann agus ar aghaidh i dtreo shléibhte an iarthair.

Roinnt seanliosanna agus ráthanna agus fothrach le feiscint tamall maith síos uainn. Leis an gclapsholas, sheasas ar an gclaí taobh le m'aintín, í ag eachtraí i dtaobh na liosanna agus na ráthanna. Pé féachaint a thugas, chonac mar a bheadh struchtúr ársa an tsaoil ina steillbheatha os comhair mo dhá shúl. Leath ráth ar ráth, lios ar lios, siar faid radharc mo shúl. Ní ag feiscint amháin a bhíos níos mó ach ann, istigh sa radharc, beo san am seanda úd gurbh é an t-am láithreach agus an t-am a bhí le teacht é.

'An dtaispeánfaidh tú dom an áit a raibh an *platform?*'

Ní rabhamar i bhfad ó Chúinne an Phúca. Bhaineamar amach é agus gan éirí as an ngluaisteán phointeáil sí amach an spota dom, díreach taobh istigh de gheata, buailte leis an gclaí. D'éiríos amach.

Sheasas ar an gclaí arís ag féachaint uaim. B'fhéidir gurbh é an clapsholas é, agus an t-am den bhliain, agus aintín áirithe faoi deara é, ach ní fhaca aon rian den radharc anois.

Bungalónna nua, lonnú nua-aoiseoirí.

Léimeas go talamh. Bhraitheas stáitse *platform* faoi na boinn is mé ag rince ar aer ag Cúinne an Phúca.

Ceardaí maorga cathrach

Sna cosa is mó atá an aois tagtha suas leis an seancheardaí a bhí chomh lúfar le cat ar scafall, á mhoilliú, á chur d'fhiacha air a choiscéimeanna a bheartú go cáiréiseach chun go gcoimeádfadh sé a choisíocht. An chothromaíocht sa chluas inmheánach atá teipthe air, agus ba dhóigh le duine le féachaint air ag siúl go raibh sé tagtha de bhád i ndiaidh turas suaite farraige.

Seancheardaí maorga cathrach é áfach, siúinéir chomh pioctha faoina hata a bhfuil cleite fáiscthe sa bhanda ann, faoina chasóg mhór bhréidín, go dtógann mná ceann de fós sa tsráid. Bíogann a mhuisteais tiubh le rógaireacht nuair a bheannaíonn sé dóibh ar ais, Lá an Phinsin. Is deacair a rá anois an í an cheardaíocht is bun leis an maorgacht, atá ag bordáil ar an uaibhreas, nó an dlúthchuid de nádúr a phearsan í. Is cuma cé acu, mar faoin tráth seo is dhá shruth a chuaigh ina chéile iad.

Bíonn a smig sáite in airde roimhe sa tsiúl tomhaiste dó ar nós cú a bheadh ag dearbhú boladh seilge lena smut san aer. Stadann sé féin leis, an seanghadhar, é ag ligean air nach bhfuil gearranáil air. Ceann de chleasanna riachtanacha na seanaoise aige é, an stad, agus tráchtann sé ina stad dó ar an obair atá déanta nó gan déanamh, nó a d'fhéadfaí a dhéanamh ar thithe na comharsanachta. Labhrann sé i mbéarlagair gonta na siúinéireachta agus na tógála, ag gearradh dronuillinneacha lena lámha, ag tomhas uillinneacha lena shúile. Ina cheann ar fad anois atá sé. Go minic, sula stadann sé, cuireann sé ceist éigin neafaiseach. Caitheann a mhac stad leis, chun é a fhreagairt. Caitheann sé géilleadh dá rithimí.

Tá aigne ghlé ag an seancheardaí, agus cé go bhfuil a spleáchas ar a chlann iníon ag dul i méid, níl aon mhaolú ar a údarás. Is amhlaidh atá a údarás ag dul i méid i gcomhréir leis an spleáchas. Toisc go bhfuil greim aige ar an saol tá greim á choimeád ag an saol airsean. Tuigeann sé go bhfuil ré na ceardaíochta mar a chleacht sé féin í, caite, ach deir sé go bhfillfidh. Ar nós na rothaí cairte a dheisíodh sé fadó, aimsir an Chogaidh ag Gabhal Luimnigh, agus iad ag síorchasadh. Creideann sé go mbeidh printísigh ag íoc arís ar oiliúint a fháil ó mháistircheardaithe faoi mar a d'íoc a mháthair nuair a oileadh é féin sna 1930idí.

Tá léas nua saoil faighte aige ó thug a dhochtúir teaghlaigh na piollaí cearta croí dó ar deireadh. Ghlanadar an múchadh ina chliabhrach. Tobac, suimint agus mionrabh adhmaid is bun leis. Tá sé ag beartú camchuairt a thabhairt ar a chlann atá scaipthe i Sasana, Meiriceá agus sa Chian-Oirthear. Aisling í faoin tráth seo dá shaol, nuair is é a dhícheall an bus a fháil chun dul go rásanna capall i Lios Tuathail agus i Mala. Bíonn na capaill á dtomhas aige leis, lena shúile. *Tangler* capall ba ea a athair féin. Dá ndéanfaí scannán dá chuairt ar a chlann, ba leagan Éireannach é den scannán Iodálach *Toto Va Bene*, ina bhfuil an phríomhpháirt ag Marcello Mastroianni. Níl an seancheardaí neamhchosúil le Mastroianni sa pháirt sin. Ach ar dtús, tar éis dó a phinsean seanaoise a bhailiú, agus an Lotto a imirt, caitheann sé filleadh ar an tigh ina bhfuil sé ag fanacht ar feadh cúpla lá. Deir sé go bhfuil *Coronation Street* anocht ann, agus tuigeann a mhac den chéad uair canathaobh go dtaitneodh *Coronation Street* le seancheardaí. Tá páirteanna fite tríd d'aisteoirí ar comhaois leis féin. Nuair a bhaineann sé an tigh amach sa bhruachbhaile, tosaíonn sé ag gearán ar an bhfuacht, ar an séideán a bhraitheann sé aníos trí na cláir shnasta adhmaid. Fáisceann sé blaincéad timpeall ar a ghlúine sa chathaoir uilleann go dtí go mbogann an seomra amach. Tá an teas lárnach faoi lánseol ach is cuma leis, tá fuacht air. Tá a chuid fola ag tanú le haois agus leis na piollaí. Bíonn rithim sa tigh faoin mbruachbhaile a chaitear a chur in oiriúint do sheancheardaí.

Is í an rithim atá ag an ngarmhac is óige dá chuid, ait le rá, is mó atá ar aon bhuille lena rithim féin cé go bhfuil breis agus seachtó bliain eatarthu. Beartaíonn a gharmhac a choiscéimeanna go cáiréiseach chun nach dteipfidh a choisíocht air. Agus a chothromaíocht aimsithe aige, tugann sé sciuird i dtreo an fhir chríonna sa chúinne.

Nuair a ardaíonn an seancheardaí ar a ghlúine é, go gcuireann sé ina shuí é ag féachaint ar *Coronation Street*, tuigim go tobann cad is brí le bheith ag dul in aois na hóige.

Aindí an saorthaistealaí

Ní bhíonn aon bhagáiste riamh aige ar an traein, ná fiú comhartha sóirt éigin a thabharfadh le fios go mbeadh cúram air ag ceann scríbe – clúdach litreach féin nó pacáiste.

Saorthaistealaí gairmiúil é, scothaosta go maith, an ghruaig bhán nach bhfuil tanaithe go hiomlán fós, mar a d'fhágfadh an taoide rianta toinne ar ghaineamh. Spéaclaí agus cuma an ghearrradhairc air ach gan aon ní ag imeacht gan fhios dó. Tá greamanna tuathalacha curtha ag duine éigin, é féin ní folár, i muinchille a sheanchasóige agus is féidir iad a fheiscint go soiléir faoina ascaill nuair a ardaíonn sé a ghloine beorach ón gcuntar. Ceann dá bhuanna is ea gan chuma ghioblach a bheith air. Tá dhá bhun a threabhsair fillte aníos os cionn an dá alt, agus ní bhaineann luascadh na mearthraenach aon bhogadh as. Seancheardaí, tugann praghas bhuidéal amháin beorach bheith istigh dó.

Bíonn seans aige a bhuilliín a dhéanamh ar thaistealaithe ina dhiaidh sin. Is é béar na traenach – *Béar* atá scríofa os a chionn – a líon. Mar ábhar breise comhrá don aistear áirithe seo, tá sé ag caitheamh suaitheantais i gcuimhne ar an gComhdháil Eocairisteach i bPáirc an Fhionnuisce in 1932. Chuirfeadh sé caint ar chos na leapa. É íseal, déarfaí duine de lucht leanúna sacair an *League of Ireland*, tráth dá shaol.

Tá aithne mhaith ag foireann na traenach ar Aindí. Anchuideachta is ea é ar feadh deich nóiméad. Ní féidir leis a bhéal a éisteacht – saghas scaothaire is ea é – ach is cuma leis na hoibrithe freastail, atá bruite ag teas agus fuadar. Is cuma le hAindí chomh maith leo mar tá an teas in aisce agus fanann sé as a mbealach. Tá fear sa chúinne greamaithe anois aige. É ag iarraidh deoch a ordú d'Aindí, glaonn sé siúd as a ainm ar dhuine den fhoireann a fhreastalaíonn láithreach orthu. Tá focal sa chúirt ag Aindí.

Díreach taobh amuigh den bheár ag na boird bia tá coinín fir, súile faiteacha aige, é ag iarraidh a bhéile a chríochnú gan scarúint le haon phioc dá phostúlacht. Téann de. Scian agus forc ag luascadh sna lapaí. Tá sé teanntaithe ag duine de mheitheal babhlála atá ag taisteal go dtí Ard Mhacha don deireadh seachtaine. Ardghiúmar orthu ag ithe, cuid acu ag imirt *push-penny* ag bord eile agus iad ag fanacht le bia. Iad ag caitheamh siar. Tá an coinín míchompordach.

Leanann an babhlálaí air ag cur ceisteanna ar mo dhuine. Ba bhreá leis a bheith ábalta an suíochán daingnithe plaisteach a bhogadh agus teitheadh. Cad as é? Ó Castleknock. 'Bhfuil sé sin i bhfad ón stáisiún? Níl, ar an taobh eile de Pháirc an Fhionnuisce.

Dailtín glórach é an babhlálaí agus ní chasfaí an bheirt ar a chéile go brách mura mbeidís ar an traein. Fear cathrach amach as na cúlsráideanna babhlála agus fiach fíréad. Bíonn leisce i gcónaí ar an bhfiréad a ghreim a scaoileadh. É gan a bheith téagartha ach mianach sna géaga. Fuinneamh an fhir chathrach ag leanúint an mhianaigh. É amach go dtí cúlbhóithre imeall na cathrach maidineacha Domhnaigh ag babhláil sa tséasúr. A ionad ina phobal féin chomh dingthe leis an eireaball ar an sionnach. Fiafraíonn sé den choinín an bhfuil aon aithne aige ar éinne i gCorcaigh. Míníonn sé go dtaistealaíonn sé idir an dá chathair gach seachtain,

Luan agus Aoine. É ag obair sa nuachtán áitiúil. Chaithfeadh sé go mbeadh aithne aige ar dhuine áirithe, a deir an babhlálaí, ag ainmniú clódóra.

Glanann an coinín a bhéal le naipcín, tarraingíonn anuas cufaí na léine, díríonn an *tiepin*. Galfaire ag cnagadh liathróide ar an *tiepin*.

'Tá aithne agam ar na daoine ar an tríú hurlár', ar sé.

Téann an t-aicmeachas seo go léir amú ar an mbabhlálaí, nó ní ligeann sé air faic. Míníonn mo dhuine go bhfuil sé ag obair mar chuntasóir. Go bhfuil aithne aige ar an úinéir agus ar an eagarthóir. Leanann an babhlálaí air go míthrócaireach.

'Is ait an duine a bheadh ag taisteal idir dhá chathair gach seachtain agus gan aithne aige ar éinne i gceann amháin acu ach cúpla duine in oifig,' arsa an babhlálaí.

É ina oíche amuigh. Na taistealaithe dúblaithe san fhuinneog i mbun bia faoi dhó. Féachann an coinín san fhuinneog, tagann air féin ag féachaint air féin agus casann ar ais go tobann. Féachann sa treo eile, agus tagann arís air féin ón taobh eile. Níl fhios aige cá bhféachfaidh sé. Díríonn a aird ar a phláta. Rinceann freastalaí anuas le dhá thráidire, ag portaireacht *Bossa Nova*, agus beannaíonn dó, faoi mar a bheadh Dia á rá leis.

'Beidh mé leat i gceann dhá shoicind, Mr. O.'

Tagann an freastalaí leis an mbille, é ag stealladh mionchainte, agus síneann an cuntasóir nóta airgid chuige. Tosnaíonn an freastalaí ag fústráil le sóinseáil ach deir an coinín leis gan bacadh leis. Cúpla euro. Den chéad uair labhraíonn sé le hiomlán an údaráis atá ina chumas, mar a bheadh sé ag caint ag cruinniú boird, é ag díriú sáiteáin ar an mbabhlálaí agus deir sé leis an bhfreastalaí:

'Buailfimidne le chéile go minic ach ní dócha go gcasfar mé féin agus an trasnálaí seo ar a chéile go brách arís.'

Deineann sé leamhgháire éigin ach tá a chuid *timeá*la as alt.

Téann an sáiteán amú ar an mbabhlálaí, de réir dealraimh. Fiafraíonn sé de an bhfuil sé costasach a bheith ag taisteal suas síos ar an traein mar sin gach seachtain. Bheadh sé níos saoire eitleán a fháil go Londain. Freagraíonn sé go bhfaigheann sé dearbháin ón oifig, an dtuigeann tú. Chaithfeadh sé bualadh isteach sa tábhairne acu féin, a deir an babhlálaí agus chuirfeadh sé in aithne do chúpla duine é…chaith sé go raibh saol an-uaigneach aige imithe óna bhean agus a chlann mar sin ceithre oíche sa tseachtain….

Fuasclaíonn an coinín é féin as an ngaiste plaisteach, éiríonn ina sheasamh agus scuabann a chulaith lena dhá láimh faoi mar a bheadh cith tuí tite air. Socraíonn a charbhat, agus an *tiepin*. Ach tá a phostúlacht ina smionagar ar urlár na traenach. Isteach leis sa bheár.

Tá Aindí leis féin istigh ag smúrthacht ar a ghloine folamh. Cuireann Aindí caint air.

'*Gin and tonic* a bheidh agamsa,' a deir an cuntasóir le bean an bheáir.

'Is breá liom bualadh le duine eile go bhfuil an gnó céanna aige agus atá agam féin,' arsa Aindí.

'Ólfaidh tú deoch.'

'*Gin and tonic. Cork, Schweppes, no ice, no lemon.*'

'Cén gnó atá agat féin?'

'Ar do nós féin díreach, síos suas ar an traein.'

Odaisé spáis

Tá síonchaitheamh garbh déanta ar na héadain chrua ina seasamh ag caitheamh tobac lasmuigh den Aonad A&E. Éadain spásáilte cuid díobh. Bean thall ag eascainí in ard a cinn isteach i bhfón póca, ag ropadh a cuid feirge ar na minicíochtaí fuaimthoinne isteach i gcluais duine eile. Spéir ghlan oíche ghealaí seaca. Comhéadan é an tAonad idir dhá shaol, pé saol iad.

Odaisé Spáis ar an teilifíseán fáiscthe in airde i gcúinne an tseomra feithimh ag géaga miotail. Slua ar na suíocháin ag stánadh, támhnéal ar chuid díobh ag an scáileán nó ag drugaí leighis, nó ag an dá cheann in éineacht. Beannaíonn na géaga leonta dá chéile, ach ní deir na daoine faic. Éiríonn buíon óganach amach as tacsaí agus tuáille a bhí bán fáiscthe ar a lámh ag an ógfhear sa seaicéad féileacánach. Leanann na súile faoi thámhnéal iad tamall agus ansin leanann den stánadh. Cuma na scléipe ceansaithe ar an dream isteach, ach siúl na gcos acu. Riarthóirí an Aonaid laistiar de na pánaí gloine righnithe, i mbun próiseála. Buinneán otharchairr ag geonaíl agus ag dul as, ar shroichint gheataí an ospidéil dó.

Lucht slándála ag faire na ndoirse laistigh den aonad cúraim. Othair ar leapacha rothaí ina scuaine. Daoine scothaosta agus críonna is mó, ag feitheamh. Riar gan fuadar ar an áit ag an bhfoireann ghairmiúil. Tá an té atá nua-mharbh i seomra ar deighilt ag cuirtíní. Coinnle lasta, agus scrín bheag déanta i gcúinne. Gan aon fhuinneog agus an córas aerchóireála ar siúl. Ar éigean atá a clár éadain fuaraithe. Cuma an éin anois ar a héadan, ní foláir nó bhí sciatháin faoin neach gur dhein daonnaí de san aimsir imchian. B'fhuirist corr réisc a shamhlú léi, ach í bheith ina seasamh, ag faire a ghoblaigh sa taoille. Í gan aon chorraíl. Ach, ag faire an choirp tamall, tá an chuma uirthi go bhfuil sí ag análú. Murab é insint na súl é, is é gnás na hinchinne é.

'Níl aon phaidrín fáiscthe ar na lámha aici,' a deir duine de lucht faire an choirp.

'Níor chuimhnigh éinne againn air,' arsa duine eile á fhreagairt.

'Is ceart paidir a rá.'

'Ár nAthair...'.

'An bhfuil an Choróin Mhuire ar eolas ag éinne?'

'Na *Five Sorrowful Mysteries?*'

'Ar cuireadh an Ola Dhéanach uirthi?'

'Cuireadh cheana, ach n'fheadar faoin áit seo.'

'Mór an obair é nach bhfuil na *Five Sorrowful Mysteries* againn.'

'Raghadsa amach agus beidh a fhios ag duine éigin amuigh iad.'

Beirt sheanbhean amuigh san aonad cúraim.

'An bhfuil na *Five Sorrowful Mysteries* ag éinne agaibh?'

'Tá go deimhin,' a deir beainín amháin. '*The Agony in the Garden, The Crowning with Thorns, The Scourging at the Pillar, The Carrying of the Cross, The Crucifixion ...*'.

'An bhfuil a fhios agaibh cá bhfaigheadh duine paidrín?'

'Thíos sa séipéal i Sráid Thomáis, ach an t-am seo d'oíche ...'.

'An bhfuil aon siopa sa chomharsanacht?'

'Tá Spar ag an ngeata cúil thiar.'

Amach tríd an aonad cúraim agus tríd an seomra feithimh. Leathann fuaimrian na ngathanna leictreonacha ó Odaisé Spáis na teilifíse amach faoin oíche spéirghealaí seaca. Plabann na doirse uathoibríocha ina dtost iad. Tost na réaltbhuíonta. Dob fhéidir siúl iontu mar a shiúlódh duine i ngairdín agus bláthanna glioscarnacha a stoitheadh sa tsíoraíocht. An Spar ar an gcúinne ag geata Rialto, malartán airgid na Veinéise. Comhéadan eile, gach aon earra faoin spéir acu ach gan aon phaidrín sa Spar.

'Cár chuais ag triall ar phaidrín?'

''Dtí an Spar.'

'An bhfuairis?'

'Amárach a chaithfimid an paidrín a fháil.'

'Chuimhníomar ar na *Sorrowful Mysteries* ó shin.'

'Bhíodar ag na mná amuigh.'

'The Agony in the Garden ...'.

'Úsáid do mhéireanna.'

'Seo leat leis an gcéad deichniúr ...'.

'Tá tú ar nós do mháthar féin anois leis an bpaidrín.'

'Cloisim í fós á rá.'

Baineann an lucht faire rithim na paidreoireachta amach, diaidh ar ndiaidh, os cionn an choirp. Duine á rá, daoine ag freagairt. Ina lár, cnagann duine den fhoireann leighis ar an ndoras. Stopann an phaidreoireacht.

'Táim féin ag imeacht anois agus m'uain oibre istigh,' a deir an bhanaltra i bhfeighil, 'agus is í Nicola a bheidh anseo i m'áit. Má tá cúnamh ar bith uaibh, labhair le Nicola. Maith dhúinn an brú spáis, ach tá an mharbhlann nua gan críochnú fós. Is saghas Odaisé Spáis againne gach oíche anseo é. Mar a chíonn sibh, leis na leapacha ar rothaí amuigh sna pasáistí.'

'Tá do sheacht ndícheall déanta agat.'

'Cá rabhamar?'

'Ag an gceathrú rúndiamhair. *The Carrying of the Cross*.'

'Leatsa is ea é.'

Na pointí tadhaill

Braithim uaireanta gur ag snámh san aer a bhím, faoi thoinn os cionn uisce. Ceantar na buile. Bíonn an ceantar osréalaíoch sin, más osréalaíoch atá, fíorchontúirteach. Bím bunoscionn leis an saol dromchlach, an bheatha tadhaill mar a thugadh an Céitinneach air. Is ansa liom an focal 'tadhall' áfach, a bhíodh againn sa mhatamaitic. Pointe tadhaill líne le ciorcal. An múinteoir, Doyler geanúil agus gliondar air, ag an bpointe tadhaill. Cuimhin liom a mhéireanna fada cnámhacha, a airde rábach, agus spota cailce ar a liopa íochtarach. Matamaiticeoir go smior.

Tá mórán de na pointí tadhaill a bhíodh agam leis an saol glanta leo isteach san infinid. B'fhéidir gur ardú meanman é sin leis. Is é an dúshlán i gcónaí é na pointí nua, ar seanphointí faoi chló nua i gcónaí iad, a aithint.

Bhíos in dhá chaifé Gaeltachta le déanaí, ceann acu a raibh Gaeilge á labhairt trí Bhéarla agus trí Ghaeilge ann, agus ceann eile a raibh Béarla á labhairt trí mheánais – béarlagair na meán físe – agus an caifé seo i gceartlár na Gaeltachta.

Bhí an biachlár scríofa i mBéarla agus in aistriúcháinis. Maireann an Ghaeilge san aistriúcháinis faoi mar a thagann sicíní aonlae chucu féin faoi lampa goir. Cá bhfuil an pointe tadhaill ag aistriúcháinis, cá dteagmhaíonn sí leis an saol, cén chiall atá léi? B'fhéidir go ndeineann sí ciall idir dhá shaol, idir dhá thrá, nó le contráth. Ach caitheann nithe a gcruth a choimeád, nó tá deireadh leis an gclampar. Is féidir nithe a chur as a riocht, iad a mhíchumadh, ach é a dhéanamh go healaíonta nó de réir rialacha éigin dá olcas iad sa tslí is go n-aithnímid an bunrud. Tar éis an tsaoil, rámhainn is ea spád ach BLT is ea BLT in aon teanga.

Thugas an iomarca aird ar chomhrá na gcomharsan ag an mbord sa chaifé Fíor-Ghaeltachta. Meánais ghlan acu. Thógas ceann díobh. Chuir an focal *turgid* an teitheadh orm ar deireadh, ach chríochnaíos m'*appletart*. Rith sé liom go rabhas ag ithe bia i sóp teilifíse, i m'aisteoir gan línte. Braithim uaireanta go mbím ag cúlú isteach ionam féin, an 'mise *impossible*' sin. Chuireadh trá na Gaeltachta mar a chuireas aithne uirthi uaigneas millteach orm. Ní chuireann níos mó, mar go gcaitear géilleadh don tonnbháthadh. Seasamh sa toinn láithreach agus ligean do na freanga fuachta gabháil trí na ladhracha. Glacadh leis go mothálach. Sin do-chloíteacht. Tá na clocha forbháis féin dochloíte, fiú má thiteann siad. B'fhéidir gur clocha boinn féin a dhéanfaidís as an nua. Is cuimhin liom gearrscéal le de Maupassant a léamh i bhfad ó shin, i bhFraincis, i dtaobh seanbhean aonarach a bhí lán de chainteanna Prováinseacha, gan aon duine á tuiscint i mbaile i ndeisceart na Fraince san aois seo caite. Saint-Tropez. Is mó an croitheadh a bhaineann sé anois asam ná a bhain an uair sin.

Tarlaíonn míorúiltí beaga áfach, ar ócáidí sacraimintiúla leis iad. Bhíos le mo mhac óg i gcaifé i mBaile Átha Cliath. Chuir caipín an gharsúin beirt bhan mheánaosta ag caint linn. Béarla thuath Chorcaí acu, Gaeilge trí Bhéarla. Is mó a bhím ar mo shuaimhneas sa cheantar sin ná faoi na lampaí goir. Bhí leisce rúnmhar na tuaithe ar na mná aon eolas pearsanta a thabhairt dom, ach bhíos maith mo dhóthain dóibh. Ba iad mo mhuintir féin iad.

Ón taobh thuaidh de Mhuisire, taobh an scátha ab ea iad. 'The cold side,' a deirimse a chuir ag gáire iad agus b'eo iad ag rá: 'I dtigh beag deas cluthar ag bun cnoic ar thaobh na fothana,' gach re líne idir an bheirt á mbabhtáil, agus mé féin ansin: 'mealbhóg', 'crann úll', 'cathaoir shúgáin.' Bhain na focail ón téacs gáire as a mbolg aníos. Bhaineadar leo ina gcroí agus ina n-anam. Cuideachta shuairc, lán de scoraíocht, iad leis na blianta fada i mBaile Átha Cliath ag obair in óstán b'fhéidir. Mo ghreidhn iad.

Níl aon chaidreamh idir an dá chaifé. Tá siad ar chonaireacha pláinéadacha nach bhfuil aon phointe tadhaill acu lena chéile. Ní chreidim go dtuigeann siad dá chéile níos mó, gan trácht ar a chéile a thuiscint, ceann acu ag bochtú, ag tanú, agus ag leachtú cheal téacs údarásach, agus an ceann eile ina iarsma a fhéadann a bheith maoithneach.

Ach is cinnte go gcaitear téacs a sholáthar as an nua i bhfoirm scéalaíochta, arb iad mná óga *Séadna* na haimsire seo a bheidh ag éisteacht leis ag an tinteán. Is cinnte gurb í an teanga an téacs, ach b'fhéidir gur fuascailt amháin ar an angar is ea cumarsáid agus an teanga bheo a fhágaint faoi na meáin is dual, agus dul le litearthacht iomlán ar an taobh eile.

Is é an cás anois é go bhfuil úire agus brí agus ceol ag baint le focail de chuid litríocht na Sean-Ghaeilge, leis na struchtúir chlasaiceacha atá sna téacsanna, anois díreach agus an téacs reatha ar tí dul ar lár. Tá níos mó le foghlaim anois ná riamh ón téacs ón uair nach bhfuil na múnlaí fágtha sa chaint bheo.

Arán laethúil

Arán donn laethúil a dhéanamh mo chúram. Ceiliúradh beag de mo chuid féin é, idir plúr garbh donn agus plúr mín bán. Comhoiread díobh. Spúnóg sóid. Crobh den bhran. Donn le donn agus bán le bán an riail. Ní bhaineann craos le comhábhair arán donn, ach toisí meáite. Molann tráchtaire Búdaíoch: 'Tabhair do mheon abhaile. Agus scaoil leis. Agus bí ar do shuaimhneas.'

Tugann arán donn mo mheonsa abhaile go dtí cistin tuaithe tráth bácála ar thine umhal mhóna. Carn luaithrigh tar éis na hoíche, agus teas deargtha sna caoráin ina lár. Tugann sé abhaile é go dtí builín bán a d'fhágadh na bráithre ar an mbord le roinnt ar theaghlach tráth cuartaíochta Domhnaigh ar Mheilearaí. Naprúin orthu agus buicéid chun na boird a ghlanadh, fuíoll bia do na muca. Tugann sé abhaile é chun a nádúir féin faoin mbruachbhaile.

Is geall le tús a chur le *cabaret* bácála focal é an paca plúir *oneway*. Is breá liom an focal *coarse* agus an focal *stoneground* go háirithe ar an bpaca, agus dreach seanchló orthu faoi mar a bheidís crochta idir salún agus óstán i mo Western. Tá siad aerach agus talmhaí in éineacht. Dheininn iontas riamh den bhfocal *oneway*. Ghabhaimis thar muileann na mbrónna, mar a mbídís ag meilt an phlúir, ar an tslí chun na cistine feirme i mo Western féin. *There's only one way outa this town mister, thataway* ... Ní bhíodh de thagairt agam do *oneway* ach focail an Sheriff sna Westerns. Bhí an bóthar i ndiaidh an mhuilinn lán de dhroch-chúinní go dtí go mbainimis an *Bantry line* a bhí chomh díreach le slat amach. Shamhlaínn díreatas an Western le *oneway* agus b'ait liom *oneway* Iarthar Chorcaí a bheith chomh cuartha.

Ach, deir an *Oxford Dictionary* maidir le *oneway*:

> Applied to a kind of bread (see quot.) (*Obs*) 1620 Venner *Via Recta* .i. 18 Sometimes onely the grosser part of the bran is by a Searce seperated from the meale, and a bread made of that which is sifted, called in some places *One way bread*.

Is é is *searce* ann, criathar nó 'sairse' agus féach an focal Gaeilge tagtha ón mBéarla sa tseachtú haois déag chaith sé. *Obs.* atá ag leanúint an fhocail *searce* i bhfoclóir Oxford. Ach an focal *oneway* a leanúint, samhlaím gurbh fhéidir cuid de stair thionsclaíochta agus phlandála na muilteoireachta a aimsiú. Meileann muilte Dé mín réidh agus meileann siad garbh aimhréidh.

Ocht n-unsa den phlúr garbh sa mhias a fhuasclaíonn gach greim ón gcroí. Mar a chéile é agus glac gainimh na mBúdaíoch a ligean anuas ar bhord, gach gráinnín acu ag titim de réir a nádúir féin. Gan na calóga brain a dhearmad. Tá an plúr mín bán neamhthuartha, éagsúil. É fós ábhairín néaróiseach, caitear é a chriathrú agus é a chroitheadh go deaslámhach anuas ar an bplúr garbh, plúr na ngarbhánach. Focal é 'garbhánach' a thug cara dom ó cheantar na hAbhann Móire láimh le hEochaill. Na garbhánaigh a thugadh muintir an bhaile mhóir ar na tuathánaigh a lonnaíodh cois Abhainn na Bríde, agus a raibh Gaeilge acu de réir dealraimh. Braithim go bhfuil gaol aige leis an Garbhán i nDún Garbhán, agus féach gur Garbhán seachas Garbháin a deirtear sa chaint. Cith mín sneachta agus sóid curtha tríd le spúnóg. Tá an plúr bán an-éilitheach.

An dá shórt a chur trína chéile, tirim, le spúnóg adhmaid, go rithimiúil ón taobh amuigh isteach go dtí an lár. Cleachtaíonn na Búdaígh *spaciousness* agus tá a mbuntuiscint siúd fréamhaithe ó nádúr san fhocal 'scóipiúlacht' – ardmheanmnach, nó bíonn duine 'scóipiúil' lena chois. Bíonn daoine scóipiúla ann. Bhí comhthionól scóipiúil grámhar ann sa Western úd. Bhaineas leo. Tadhlaím a meon arís, á chur trína chéile, plúr garbh donn agus plúr mín bán gan tuaradh.

Ansin an bhláthach. Bhíodh leathbhairille bláthaí ar an ardán os comhair an sciobóil. Faoin aer gan aon chlúdach air. Scartha, ina gruth agus ina meadhg. Mugaí bláthaí do thinneas póite. Shiúlódh sé amach asat. Dhá mhuga anois don dá phlúr trína chéile. An muga ar iarraidh. Tugaim buille faoi thuairim ach bíonn a fhios agam láithreach go bhfuil sé rófhliuch. An áit a théim amú i gcónaí, é bheith róthirim nó rófhliuch. Ní hé é bheith foirfe atá uaim, ach é bheith ann. Fós féin, is gá bheith aireach, *mindful* mar a thugann na Búdaígh air nó 'meabhraíoch' mar is fearr liom féin. Focal amháin, b'fhéidir, ar *mindfulness* is ea meabhraíocht. Easpa meabhraíochta. Tá sásamh éigin, a bhaineann le súgradh ar an trá le gaineamh agus uisce, sa mheascán fliuch a chruinniú le spúnóg adhmaid.

An stán smeartha le híle bhealaithe. An t-oigheann te. An slaimice a líonadh sa stán. Ligint dó a fhíor nádúrtha féin a bhaint amach. Cros a ghearradh mo mháthair ann. Isteach leis. Ligint dó.

I mo shuí, cruinním arís na caoráin i mo mheon, 'cadhráin' a deireadh mo mháthair, díreach mar a dheineadh sí tine mhóna a lasadh, á mbailiú go foighneach ceann ar cheann le tlú, ag glanadh amach gríosach na maidine do thine an lae. An císte arán donn sa *bastable* – ainm déantúsaíochta an oighinn – os cionn na tine, lasracha na tine imithe in éag ach foirnéis ina lár, na caoráin ar an gclúdach ina mbruth teasa anuas leis.

Tar éis do na caoráin a dteas a thabhairt uathu, an císte a iontú as an oigheann agus é in am a chnagtha. Cnag úd an tsásaimh, agus go bhfágtaí ar leac na fuinneoige é ina bhurla teasa ag fuarú in éadach cistine. Druid ina haice arís, nuair a fhuaraíonn.

Druidim ina haice.

Fíor-Thuaidh

Más loingseoireacht atá ar bun agam, mar atá go fírinneach, is é sin conas cúrsa a phleanáil, a rianadh ar chairt agus a leanúint ar muir, gné eile den fhionnachtain shíoraí teanga lena cois í. Bímid ag tóch uillinneacha fochaisí focal leis, a luí, a bhfolach, a seasamh agus a n-airde triomaigh san uisce.

Riamh ó lonnaigh an nath *True North* an athuair i mo ghoile, theastaigh uaim a thuilleadh taighde a dhéanamh ar an treighid mhaidine sin a bhraithim go rialta agus mé ar tí dul i mbun scríbhneoireachta. Bhí tráth ann go dtabharfainn tnúthán ar an treighid sin, nó easnamh a chaithfí a líonadh, ach tuigtear anois dom gur cheart fanacht inti agus ligint di mé a thabhairt léi lena sruth. Tar éis an tsaoil, b'fhéidir nach bhfuil inti ach *surge* mar a deir mo lámhleabhar loingseoireachta *'a rise or fall in the level of the sea caused by a change in atmospheric pressure.'* Is dócha gur borradh is ea an *surge*.

'Loingsigid', briathar na Sean-Ghaeilge is ea *'exiles, banishes ...goes into exile'* agus braithim go bhfuil baint ag an treighid úd lena leithéid, le bheith beo. Díreach é. Ar shlí, níl sa loingseoireacht agamsa ach iarracht ar chúrsa úd na 'loinsigid' a léiriú agus a phlotáil. Tá an focal 'loingseach' i nuaGhaeilge an fhoclóra ar *'wanderer, exile.'*

Tá feidhm phraiticiúil léi áfach. 'An treo fíor ó thuaidh' atá san fhoclóir téarmaíochta ar *True North* ach ní foláir liom é sin a chiorrú go dtí Fíor-Thuaidh. Fíor-Thuaidh an bunrud, a insíonn dúinn cá bhfuilimid ag dul más ó dheas féin mo mhian. An tíreolaíocht, an triantánacht agus an chéimseata a dingeadh ionam fadó, táid ag athmhúscailt go háthasach faoi chló nua i línte domhanleithid agus domhanfhaid, in uillinntomhais, i línte graif a rianaím ar chuar na dtaoidí. An bhreacthuiscint a bhí agam ar rabharta agus ar mhallmhuir, pictiúr i mo chás-sa de Thráigh Chlochair i gCorca Dhuibhne, táim á dtuiscint an athuair faoi ghné na loingseoireachta. Ní hamhlaidh a mhúchann na tuiscintí fíriceacha sin an tsamhlaíocht, ach cuireann siad bonn eile fúithi chun treo eile a ghabháil.

Fós, táim lán d'aineolas agus d'ainbhios. Dá dtuigfinn méid an aineolais sin, ní chorróinn lasmuigh de thairseach. Maith nach dtuigeann! Conas is féidir méid ár n-aineolais a thuiscint mura dtugaimid faoi pholl a chur ann?

Chomh maith le heolas a chur ar thaoidí, ar chomharthaíocht loingis, ar airde tithe solais agus ar a gcuid geonaíle agus buinneánaíochta, ar mhionscríbhinní na gcairteacha mara, ceann de na buncheisteanna síoraí sa loingseoireacht is ea 'Cá bhfuilimid?' *'A navigator is never lost but he may be unsure of his position,'* a deir mo lámhleabhar. Níor tuigeadh riamh dom go mbeadh an mhionfhoighne ná an tsocracht meoin agam is gá chun dul ag plé le marcanna cartagrafaithe an British Admiralty, ach má tá an t-anam ag brath ar shaincheird coimeádfar léi.

Chomh maith le bheith riachtanach ar an bhfarraige, is ancaire don tsamhlaíocht agus sásamh aigne thar aon ní an loingseoireacht. Ritheann an focal 'aigeanta' liom – *spirited* – agus an focal aigeantacht ina dhiaidh sin. Cé go ndeir an foclóir gur *spiritedness* is brí le 'aigeantacht', is é a thuigim féin leis ná *mindfulness*.

Focal breá eile ar aigeanta nó ard-aigeanta is ea scóipiúil, ach is deise liom an focal 'aigeantacht' sa chás seo. B'fhéidir nach aon fhocal amháin atá air, ach scata focal. Dála an scéil, diall atá san fhoclóir ar *deviation* an chompáis, ach deir an foclóir Sean-Ghaeilge gur *moral aberration* is brí leis.

Ar shlí eile, is é atá sa loingseoireacht agam ná iarracht ar an saol traidisiúnta is eol dom a chur i leith an tsaoil mar atá. Níor chuas ar an bhfarraige puinn le loingseoirí na Gaeltachta ach seasamh guala ar ghuala leo ag féachaint amach uirthi. Fós, bhraitheas a scóipiúlacht. Bhí a samhlaíocht siúd ar ancaire i saol mara a chaith soláthar dóibh agus braithim féin gur rómhinic nach mbíonn an taca sin le saol na samhlaíochta, ach saghas fámaireachta gan dealramh. Ní hionann fámaireacht agus loingseoireacht. Nílim ach i dtús an chúrsa, ach braithim go bhfuil baint aige an tráth seo de mo shaol, le cartagrafaíocht chúrsa an bháis leis.

B'fhéidir gurb in tús agus deireadh Fíor-Thuaidh.

Cuair an ghrá

'Féileacánaíocht' a thug sí ar fhormhór na filíochta a bhí á scríobh. Thaitin féileacáin léi sa tséasúr, ach níor luigh aon dólás riamh ar sciatháin an fhéileacáin.

Chaithfeadh filíocht déileáil le dólás, le brón; chaithfeadh cuair na filíochta teacht as an gcorp, a bheith collaí agus dólásach. Tháinig an focal '*douleur*' óna béal, a súile, a cosa, amach as a lár. Níor tháinig sé óna ceann. Bhí sé lánchollaí, fuilteach, feolmhar, beomhar. Níor ghá di aon fhocal eile a rá. D'imigh sí.

Bhíos ar tí '*l'amour*' a rá, go raibh baint ag an dólás úd leis an ngrá, ach bhí sí imithe.

Í gealgháireach, suáilceach, ach an lionndubh sin arís os cionn a gáire, sna súile os a chionn. Níorbh aon fhéileacán í féin, ach seangbhean ag iompar a cuid dóláis go mómhar, grástúil lena gluaiseachtaí coirp. Murab ionann agus bean faoi ualach cléibhe nó ag iompar ciseoige. Tá ualaí agus ualaí ann. Luigh an dólás uirthi chomh héadrom sin is gur bhreá leat a rá léi é a thabhairt duit le hiompar. Níorbh aon bhúcla den fhaisean ach oiread a cuid dóláis, ach é á chuachadh i gcuair a coirp mar a dheineann rinceoir *ballet*. Bhí sí imithe. Ach leath cuilithíní na gcuar ar feadh i bhfad ina diaidh.

Ag siúl romham cois abhann chonac cuair i ngach áit, faoi mar a bheadh ceartú déanta aici ar néaróg na físe. Cuair chaismirneacha na habhann a mheall mé fadó agus a leanas. Cuair na mbraonacha ag stealladh ar an uisce. Cuair shráideanna na cathrach, iad líofa go haiceanta ag uisce. Cuair chuaracha cúinní. Cuair dhíreacha línte. Cuair chruinne. Cuair leathchruinne. Cuair uisce ar chorann. Cuair easa. Cuair solais i bhfuinneog. Cuair na naomhóg.

Cuair a fhilleann orthu féin. Cuair nach mbaineann faic amach ach cuair. Cuair fhíor na spéire. Cuair na súl droichead. Cuair chollaí corp. Cuair na ndeor. Cuair áthais. Cuair gháire. Cuair mhianta. Cuair chainte. Cuair na gcnoc. Cuair fáis. Cuair eitilte. Cuair shnámha. Cuair aislingí. Cuair lúbtha na daonnachta ar bhinse ag fulaingt. Cuair na bhfón fánach.

An iad na cuair sin a bhíonn dealbhadóirí agus péintéirí ag iarraidh a fhuascailt i dtírdhreacha agus sa daonnacht? Tá cuair dhraíochtúla i gceol. Ag féachaint ar fhíor na spéire i gConamara dom lá, Sceilg Mhichíl ag nochtadh ar an fhíor trí Oileáin Árann, chonac cuar Bhréanainn, mullaí na gCruach Dubh. Ar éigean a ghéilleas do radharc mo shúl. An té a bhí i mo theannta, thóg sé amach rialóir miotail agus tharraing línte díreacha ar mhapa ón áit a bhíomar inár seasamh go dtí na mullaí, an chruach, agus Sceilg, á chruthú lena línte díreacha gurbh fhéidir iad a fheiscint. Pé slí a bheir ga gréine orainn, chonac iad ag scinneadh aníos ar muir trína rialóir miotail.

Na 'físeanna' a chonaiceadar fadó, na sprideanna agus na hainsprideanna, táid ar fad ann fós le feiscint ach gan an ceann a chailliúint mar gheall air. Den aon mhúnla amháin an cuar agus an líne dhíreach. Caitheann nithe a gcruth a choimeád, ar ancaire ina ndeilbh féin. Nuair a dhiúltaigh Caoilte Mac Rónáin fanacht le Tuatha Dé Danann, dhiúltaigh sé glacadh le deilbh na sí: 'Agus ní ghlacfaidh, ach an deilbh is dual domh,' faoi mar atá an insint álainn i *Seanchas na Féinne* le Niall Ó Dónaill.

Tuigeann Tuatha Dé Danann dó, á dhearbhú gur 'guth fíorlaoich sin, ach ní bhfaighidh tú do leigheas gan chairde.' Tá bua ag Caoilte Mac Rónáin nach bhfuil ag an slua sí: breithiúnas ar ghnóthaí daonna. An tsíocháin a dheineann sé le clann mhac Rí Uladh atá ag imirt díoltais ar Thuatha Dé Danann, a thugann seasamh dó ina measc; a osclaíonn geataí an téarnaimh dó. Gabhann sé trí chruachás coirp, fuilghlanadh. Ceol éanlaith Thír Tairngire i dteannta an cheoil ag Cas Corach a thugann a lúth agus a neart ar ais dó, agus téann sé ag snámh ina dhiaidh sin ar an eas – poll snámha an lae inniu.

Samhlaíocht iomlán chuarach atá san Fhiannaíocht, ar chuma shamhlaíocht an Oirthir. Lucht *Samurai* na hÉireann iad na Fianna, agus iad chomh lán céanna de dhaonnacht. Gluaiseann an tráchtaireacht i gcuair. Bhí gaois mhór ag na seanchaithe agus ag na scéalaithe a d'fhág a rian ar an bhFiannaíocht. Thuigeadar go bhfuil an chothromaíocht idir an saol daonna agus saol na sí guagach agus gur fuirist dul i bpoll eatarthu aaron. Thuigeadar gur tríd an gcreat daonna a thagann aon léargas, agus gur mianach 'fíorlaoich' is gá idir anam agus chorp chun déileáil leis an léargas sin. Ceann de na cúiseanna go bhfuil drugaí síceatrópacha easnamhach ar deireadh, nach guth 'fíorlaoich' a bhíonn mar thoradh orthu.

Ionann agus cuair na mná a dúirt an focal *douleur*, agus gur leis an saol mór na cuair nach cuair chollaí amháin níos mó iad, ach cuair an bhróin ar aon chuar díreach le cuair an ghrá.

Pánaí gloine

Níor thugas faoi deara go dtí ar maidin, agus solas na gréine ag sileadh tríd an bhfuinneog, go raibh na pánaí gloine faighte chomh brocach. Pé áit a bhíos. Tá fómhar na ngéanna déanta aige go Nollaig, geall leis. Táim ar ais sa chistin, i mo shuí ar aghaidh na fuinneoige úd. Ag iarraidh a bheith istigh liom féin. Spotaí bána, putóga cuileog, gréis ón sorn ar na pánaí. Go tobann, ritheann díoscán ghlantóireacht fuinneog chugam, mo mháthair ag burláil an *Echo* á rá gur páipéar nuachta agus uisce ab fhearr ar fad chun fuinneoga a ghlanadh. Mianach éigin ceimiceach a bhí sa pháipéar nuachta a deireadh sí a deireadh Jim Benson ó oifig an *Examiner*. Bhíodh údarás seanchais i gcónaí aici, mura mbíodh sé eolaíochtúil féin, dá cuid ráitisí. Shroich an gréasán seanchais ar fud na comharsanachta, ag fí sráideanna, ag sníomh snáithíní na daonnachta. An caidreamh úd i mbun na bhfuinneog a shantaím an athuair, ise seasta ar chathaoir amuigh sa tsráid, mise ar mo ghlúine in airde istigh, agus tráchtaireacht reatha ar bun againn eadrainn ar an saol trí liopaí scartha na bhfuinneog. Díoscán na mburlaí nuachtán ag glanadh na smearthaí de na pánaí eadrainn, ar chuma seanveidhlín á scríobadh.

Ar nós paidreacha, is é an cleachtas an rud. Deinim burlaí de na leathanaigh nuachtán agus tugaim faoi. Deir *Nod don Eolach* (Matt Hussey, 1999) i dtaobh néara-tharchuradóir (*neurotransmitter*):

Is é sin: ceimiceán ar leith san inchinn. Iompróir comharthaí is ea an néara-tharchuradóir. Is iad na háiteanna a n-iompraíonn sé na comharthaí sin: trasna na sionapsaí san inchinn, nó idir néaróin sa néarchóras, nó sa cholainn i gcoitinne idir néaróin agus matáin, nó idir néaróin agus faireoga. De cheal dopaimín tagann aicídí áirithe inchinne ar dhaoine.

B'fhéidir gur dopaimín san *Echo* a chuireadh muintir Chorcaí ag seinnt.

Deir *Nod don Eolach* i dtaobh tonnteoiric (*wave theory*):

Ach fuinneamh a fhorleathadh trí bhíthin creathanna de shaghas ar bith, is tonn a bhíonn ann. Is é a dhála sin ag an bhfuaim, agus ag na tonnta raidió é. Thabharfá leat as an bhfisic chandamach go mbíonn airíonna na toinne ar an gcáithnín fo-adamhach, agus airíonna an cháithnín ar an bhfótón tonnach. 'Déacht toinne is cáithnín' a thugtar ar an bhfeiniméan sin, agus is léargas bunúsach é ar nádúr an damhna. Eiseamláir gharbh chomónta den fheiniméan sin is ea é gur leor de chur síos ar an solas 'cáithnín' a thabhairt air i gcúrsaí na hoptaice geoiméadraí (lionsaí agus scátháin).

Tar éis na pánaí a ghlanadh leis na nuachtáin, sileann an solas tríothu arís gan má gáinne. Agus na pánaí glanta, is tráth paidreoireachta arís é; ní tráth focal. Conas is féidir paidir a rá? Deir John Main ina chnuasach trí leabhar *The Inner Christ* gur ag Naomh Pól atá an freagra: 'Mar ní heol dúinn conas an ghuí féin a dhéanamh mar is cóir ach déanann an Spiorad idirghuí ar ár son le hosnaí nach féidir a chur i bhfocail.' Saghas *Nod don Aineolach* an méid sin. Murar féidir linn féin guí a dhéanamh, an éiríonn leis an Spiorad guí a dhéanamh ar ár son, ach a bheith i láthair ar a shon?

Bíonn dhá shaghas tráchtaireachta ar bun ar an saol, iad comhuaineach, comhthreomhar, ceann acu a éilíonn síor-aird ar an saol agus ceann eile a éilíonn aird ar an ngníomh féin ar mhaithe leis féin – *selfless attention* mar a thugann John Main air agus an file W.H. Auden á lua aige. Más aon chomhartha ar éileamh na paidreoireachta é a bhfuil de cheannach ar *The Glenstal Book of Prayer* (The Columba Press), tá na mílte duine ag taisteal ar chonair na paidreoireachta. Tá Lúireach Phádraig ann, achainí ar Chríost atá an-dealraitheach leis an gcineál paidreoireachta a dheintear in Eaglais Chríostaí an Oirthir agus a d'imigh ar lár i dtraidisiún an Iarthair. Ceann de na tréithe is áille sa traidisiún Gaelach nár chuaigh an mianach sin ar lár riamh ann, go háirithe i gcuid de na paidreacha dúchais agus fiú san fhilíocht ón luathré Chríostaí. Ní fheadar an gcoinníonn teanga dúthracht éigin anama slán gan cháim, agus faoi mar a éiríonn leis an Spiorad guí ar ár son, an dtosaíonn teanga ag paidreoireacht chomh maith céanna beag beann orainne?

Is cinnte go bhfuil cuid de na freagraí is bunúsaí ar chás an duine ag na Beinidictigh, pé acu John Main nó Bede Griffiths nó leabhar Ghleann Staile é. Tá cuid de na freagraí is bunúsaí, leis, ag an eolaíocht. Níor ghá go mbeidís ag teacht salach ar a chéile.

Glanann siad na smearthaí de na pánaí céanna gloine.

I mbun na leanaí

Táim i mo shuí rompu. Suaimhneas sa tigh faoi shuan. Gan é a seacht fós. Cuma mhaith ar an spéir. Uain léitheoireachta don lá. Ceol clasaiceach ina thionlacan leis an gciteal ar mhinicíocht RnaG. An gadhar a scaoileadh amach. Socrú síos sa chúinne leis an leabhar agus leis an tae ar chuma aon seanmhadra.

Osclaítear doras an tseomra go grágach. Nochtann lámh. Táthar chugam. Gan sánas ar bith. An garsún seacht mbliana ina phitseámaí.

'Bhí fonn orm piúcáil sa leaba.'

'Ná dúisigh do dheartháir in ainm Dé. 'Bhfuil pian ort?'

'Tá piúc i mo bholg.'

'B'fhéidir go gcuirfidh tú díot é má luíonn tú síos arís ar an tolg.'

'Níl sé a seacht a chlog fós. Níl éinne éirithe. Féach amach ar an lá.'

Faoi mar go raibh baint ag an am de ló le tinneas boilg. Imní éigin, nó breoiteacht, cé acu? Síneann siar ar an tolg faoi phluid. Ciúnas arís. Breith ar an leabhar. Breall mór an lae é leabhar agus cúram leanaí.

'Piúc ag teacht ... piúc ag teacht.'

Éirí agus imeacht de sciuird go dtí dabhach na cistine. Mugaí déanacha na hoíche aréir sa mhias gan ní fós. Mias a lorg i gcófra éigin. Cá bhfuil na gréithre bácála?

'Tá ceann déanta agam.'

De sciuird isteach chuige. Carn beag ar an urlár taobh leis. É a ghlanadh. Mias a shíneadh chuige. Níl teocht ná laige air.

'Tá cairéidí ann ón *stew*,' ar sé go géarchúiseach.

'An raibh sé agaibh beirt?'

'Bhí. Bhí sé blasta.'

'Ní mór an blas atá anois air.'

Nochtann a dhearthái óg atá curtha ina shuí ag an bhfothragadh, sa doras. Seasann sé ina thost idir codladh agus dúiseacht ag cuimilt na súl.

'Bhfuil aon ghliú ann?'

'Gliú? Gliú? A seacht ar maidin agus tú ag lorg gliú?'

'Teastaíonn uaim mascanna a dhéanamh agus tá gliú uaim.'

Téann sé ag triall ar charn blúiríocha sractha nuachtáin i stán atá ullamh aige ón oíche roimhe. Dearbhú arís eile go bhfuil leanaí fíorloighciúil.

'Fan go n-osclóidh na siopaí ar a laghad. Níl agam ach gliú adhmaid agus ná bain leis sin.'

''Bhfuil aon rud ar an teilifís?'

'Níl faic an t-am seo de mhaidin.'

'Féach sa pháipéar féachaint cad atá ar siúl. Cén t-am é?'

'Dhá neomat tar éis a seacht ar maidin Dé Luain agus an saol fós ina chodladh ach sibh féin. Agus níl aon teilifís ar siúl. Agus ná bí ag tabhairt orduithe dom. Féadfaidh sibh féachaint níos déanaí air má bhíonn aon ní ar siúl.'

Drochbhotún é aon gheallúint a thabhairt do leanbh mar go gcuirfear iachall orm cloí le m'fhocal níos doichte ná aon ghiúistís.

'Tá piúc eile ag teacht.'

'Tá mias agat.'

'Níl sé ag teacht anois. Bhí sé ann ach tá sé imithe.'

Síneann sé siar arís agus cuireann a cheann faoin bpluid. Suíonn a dheartháir go stalcach cheal gliú ina chomhghuaillí mochmhaidine taobh leis. Gan aon bhreoiteacht air siúd agus fonn bricfeasta air. É in am tae eile.

Bearradh gruaige uathu. Cártaí poist le ceannach agus le seoladh. Fál a shocrú, fál cosanta gaoithe a thógaint. Roinnt mionghrósaeirí le fáil sa siopa. Peitreal. Agus gan an gliú a dhearmad. Éadaí le tabhairt isteach, le crochadh amach. Tabhairt faoi thuras na Coiribe ó Uachtar Ard, b'fhéidir.

'Buailfimid amach a bhuachaillí go dtí an Spidéal.'

Gan é a leathuair tar éis a naoi agus sinn ag dul soir. A thinneas curtha de ag an ngarsún is sine. An nuachtán ceannaithe.

Kúigear Kangarú a deirim leo ar an teilifís ag a hocht anocht.

'Cén t-am anois é?' a fhiafraítear ón gcúl.

'Beagnach a leathuair tar éis a naoi ar maidin.'

'Cá fhad é sin go dtí *Kúigear Kangarú*?'

'Aon uair a chloig déag. Fáisc na criosanna. *Belt-up.*'

Tá cogar mogar, a chloisim ar éigean, ar siúl sa chúl.

'An mbíodh *bubble-gum* agatsa gach lá nuair a bhí tú óg?'

'Bhíodh. Ní bhíodh. Ní bhíodh sé agam gach lá. Bhíodh bubble-agam gum. Bhíodh *bubble-gum* agam. Bhíodh bobail-gham agam.'

Tá baileabhair á dhéanamh acu díom. Tá a fhios agam é ach is fearr gáire.

'Go minic?'

'Ó am go chéile.'

'Cad is brí leis sin? Gach seachtain?'

'Féach gheobhaidh mé daoibh inniu é mar *treat* speisialta.'

'Agus an bhfuil cead againn é shéideadh ag féachaint ar *Kúigear Kangarú*?'

'Tá.'

'Cén t-am é?'

'Má chuireann tú ceist orm arís cén t-am é? sin deireadh leis, sin deireadh leis an socrú.'

'Ach cá fhad é go dtí a hocht anocht?'

'Aon uair a chloig déag, agus ná fiafraigh arís díom é.'

'Ceart go leor ... cén uair a bheimid sa Spidéal?'

Déithe na hiomána

Bhreac an fear taobh liom na hathruithe ar an dá fhoireann ina *Chlár Oifigiúil* mar a bheadh praghsanna beithígh á nótáil aige ag an marglann.

Theasc sé go gonta na bulláin a bhí ag titim ar lár, Simpson, Phelan, Tuohy agus scríobh sé le cúram cuntasóra uimhreacha na n-ionadaithe os a gcionn. Shamhlaíos clár dubh. 'Scríobh síos an obair bhaile.'

Éadan tuaithe oirthear an Chláir air, feairín beag, a chneas leasaithe ag an ngrian, é caolsúileach ó bheith ag tomhas na feola ar ainmhithe i mbuailí beaga méithe, é cromtha íseal os cionn an phinn mar a bheadh a anam ag brath air. An cromadh céanna atá ag Jamsie O'Connor os cionn an tsliotair a dhéanann Pilib a' Gheitire de. Ach é in am feaig eile fós aige seo ó phóca a léine.

'Conas a bhraitheann sibh i gContae an Chláir faoin gcluiche?' a fhiafraím go comhcheilgiúil.

'Dóchasach.' ... And what county man are yourself?'

Táimid idir an daichead slat agus lár na páirce sa tsraith íochtarach d'Ardán Uí Chíosóig, ar thaobh na Canála. Seo chugainn an dá fhoireann, na súile dírithe rompu, na gártha ag séideadh na gcluas díobh. 'A Rí gach má! Ba láidir líofa, A bíoma láimhe is lánstaf inti.'

Níor thuigeas 'Cúirt an Mheon-Oíche' ná Brian Merriman i gceart go dtí anois. Iomáint an Chláir a fhuasclaíonn dom é.

Fíoch na féithe. Fonn na fola. Fothram na sláinte. Coipeadh sna cuisleanna. Slat ag at. 'Is dearfa bhím don shíorthaispeánadh, ar mhachaire mhín gach fíoriomána.'

Cuireann liúnna mhuintir an Chláir, a bpaisiún allta, dinglis i mbaic mo mhuiníl. Cúrsaí fola, a thuigim níos mó ná riamh, a thugann anseo mé. Tá 'An talamh máguaird ar luascadh im thimpeall' agus 'Screadaim go hard le gáir na tíre.'

Preabann fear snasta ó Chill Chainnigh sa suíochán folamh ar an taobh eile díom. A mhac ina theannta. Ó Thulach Ruáin dó. *Sangfroid* Normannach ag baint leis. Folaíocht agus mianach na hiomána ann a bhraoideálann muinín nach bhfuil toirtéiseach.

Léamh géarchúiseach oilte aige ar an gcluiche a nochtann romhainn. Mór an chailliúint é Titch Phelan. Grafadóir é Canice Brennan. Ní chuireann cúl an Sparrow aon chorrbhuais air. Idir pointí, idir babhtaí imeartha, éiríonn linn trácht ar an gcluiche i gCill Chainnigh.

Ní fíor go bhfuil sacar tar éis an lámh in uachtar a fháil sa chathair féin. Nach fear cathrach é Phil Larkin agus nár bhuaigh Dicksboro craobh na gclubanna anuraidh? Cóitseáil an-láidir sna bunscoileanna a bhuíochas do Bhrian Cody. Príomhoide bunscoile i dTulach Ruáin a thugann a chuid ama féin tar éis na scoile le hiomáint. Féile na nGael buaite i mbliana acu. 'Ardfhear Charlie Carter,' ar sé go ciúin agus an chéad scór fuadaithe aige ar a chéad sheans. Mar ba dhual dó. Braithim gur cúpla diúracán nó trí i gcúl an líontáin a chuirfeadh an Cainneach ina sheasamh. Ach gurbh fhearr leis go mór fada go mbeadh a phointe tógtha ag D.J. Carey ón bpoc éirice. Mar sin a chasann taoidí imeartha.

'Bhí iomáin ar Fhaiche an Aonaigh. Is maith d'imríodh an báire. Bhádar na camáin dá gcleasú mar chlaimhtibh i gcath. Is cogúil an cluiche é iomáin,' a scríobh Amhlaoibh Ó Súilleabháin in 1827 i gCallainn. Ciarraíoch i ndúiche iomána, agus gan a chroí go hiomlán ann b'fhéidir.

Liús a shnámhann go domhain i loch, a chuireann mianach iomána Chill Chainnigh i gcuimhne dom. An uair is mó atá teacht aniar iontu an uair a mheasann tú iad a bheith cloíte. Má thugann tú orlach dóibh, *away* leo arís sa táinrith. Mar sin díreach a imríonn D.J. Carey cleas na lúibe agus a fhaigheann sé báire.

Bíonn ort an croí a bhaint astu, ach an uair sin féin bíonn sé fós ag frithbhualadh ar talamh nó ar chlár. Tá an fios seo dingthe i gcloigne iománaithe an Chláir ag Loughnane[1], agus cruinníonn siad ina dtriúranna timpeall ar aon Chainneach amháin, á ghreadadh go dlisteanach. Ní loitiméirí iad. Ach ní ligeann siad d'iománaithe Chill Chainnigh a gcluiche féin a imirt.

Ní ghéilleann ná ní theipeann ar mhisneach an Chainnigh taobh liom go dtí an fhead dheireanach. Níl i gceithre phointe eatarthu ach dhá scór ar luas lasrach. Tá iománaithe an Chláir spíonta ina gcorp sna neomataí clabhsúir.

Ach arís is arís eile, fuasclaíonn a gcosaint dhiamhair Ionsaí na hInse. Briseann siad agus smiotann siad an croí i gCill Chainnigh. Thar aon chluiche eile ar m'eolas fuasclaíonn iomáint daoine óna gcreat daonna.

Gineann an iomáint déithe agus bíonn cónaí orthu i mBrú Mhaigh Gréine.

1. Ger Loughnane, bainisteoir fhoireann an Chláir, 1994–2000

Brí agus rithim

Murab ionann agus gníomh aonair na filíochta, a chuireann rithim le brí faoi mar a deir cara liom, tugann cluiche foirne na hiomána brí do rithim. Fós féin, tá gnéithe den iomáint lán amach de shaghsanna difriúla filíochta, ón liric go dtí an eipic. An sealbhú aonair ón aer, an diúracadh glan ón talamh, na gothaí rinceora *tango*, an greamú boise, an luascadh cromán, an searradh áirithe sin sna guaillí arb é séala na hiomána é, an intlíocht – gintlíocht – agus an instinniúlacht, an gliceas agus an chroíúlacht, an sárú cumais aonair, an mianach sa chluiche féin a chuireann ar chumas imreora a bheith os cionn a chumais, é féin a shárú. É sin ar fad, agus gan faic ráite fós i dtaobh na hiomána. Ach ar nós dáin, ní gá an t-iomlán a thuiscint mar aonad, ach focail nó líne nó gan faic a thabhairt leat ach mothú áirithe. Nó íomhá. De Phádraig Kelly na Gaillimhe ag blocáil an tsliotair lena chamán agus ag aimsiú scóir; de ruthag Adrian Ronan Chill Chainnigh faoi mar a bheadh a chorp séidte, teann, líofa, dosháraithe ag an nóiméad sin. Thar aon ní eile áfach, tá iomáint gan taise, míthrócaireach. Is ansin b'fhéidir atá an cóngas is dlúithe aici leis an bhfilíocht. Cruas lán de thrócaire.

Ceann den iliomad cúiseanna gur fearr liom a bheith i láthair ag cluiche iomána seachas é a fheiscint ar an teilifís, is ea go leanann na tonnta seismeacha i bhfad níos faide i measc an tslua tar éis eachtraí áirithe, tráth a bhíonn siad múchta go meicniúil ar an scáileán. An monabhar sin tar éis an bháire le seans glan, atá ina fhuaimrian beo leis an imirt reatha os comhair do dhá shúl. Uaireanta cuimhníonn tú go bhfuil an aigne éirithe bog ón síorthál athimeartha a dheineann an teilifís ort, agus nuair a aimsítear scór nach leanann athimirt é, is ea a thuigeann tú 'this is for real'. Ní bíonn aon athimirt sa saol ach oiread. Cuireann an imirt bheo faobhar ar na mothúcháin agus ar an aigne.

Níor bhraitheas aon tocht ag an gcraobhchluiche ceannais sinsir Dé Domhnaigh, cé go rabhas neodrach ar son na Gaillimhe, mar a dúirt fear aniar liom. Bíonn tocht ann nuair a bhíonn corraíl ó bhonn ann, éagóir nó treascairt déanta, mórán scóranna den scoth. Ón áit a bhíos-sa i mo shuí ar Ardán Uí Ógáin, ar chúl an íochtair nó in íochtar ar chúl, chonac an iomarca útamála, trí sheans mhaithe ar chúilíní á gcur amú ag Gaillimh, agus imreoir amháin ag iarraidh a chlogad a shá trí phutóga iarainn ón nGleann Mór in áit an sliotar a scaoileadh uaidh, chun go mbraithfinn aon trua do na hiománaithe aniar.

Ag tráthanna den chluiche dhealraigh sé go raibh ceachtanna i scileanna áirithe iomána á dtabhairt ag Cill Chainnigh do na fir aniar – scileanna húcála agus teorannú spáis, scileanna an mhaide a bhfuil máistreacht ag an bhfoireann seo ó Chill Chainnigh orthu – ach fós féin bhí anam nárbh fhéidir a chloí sna Gaillimhigh. Dá mbeadh D.J. Carey ar a bhuille – bhí a chuid easnacha basctha – measaim go mbeadh an tairne curtha sa bheo i bhfad níos luaithe ag Cill Chainnigh. Ar an lámh eile nuair a thugann iománaithe na Gaillimhe do na boinn é – agus is mó a chruthaíonn siad spás dóibh féin lena gcosa ná lena maidí – is deacair do stíleoirí Chill Chainnigh stop a chur leo. Comhrac dhá stíl éagsúla chomh maith le gach rud eile ba ea cluiche an Domhnaigh. Is furasta a dhearmad

go raibh an iomáint níos láidre i ndeisceart agus in oirthear na
Gaillimhe tráth a bunaíodh Cumann Lúthchleas Gael, ná mar a
bhí sí, is cosúil i gCill Chainnigh in 1884. (Féach bíobla naofa na
hiomána, *Scéal na hIomána*, le Liam Ó Caithnia, 1980). Braithim
féin uaim dílseacht do chlub nó paróiste iomána le fada riamh i
mbruachbhaile i mBaile Átha Cliath. Ach cruthaíonn *Scéal na
hIomána* nach bhfuil cúis ar bith ann nach féidir anam a chur sa
chluiche in áiteanna tréithlaga. Ach ní haon iontas é go bhfuil mapa
na hiomána mar atá sa tír, agus nach mbláthaíonn síol dlúth an
chluiche i sceirdiúlacht phobail na mbruachbhailte. Slat tomhais
thar barr ar dhlús pobail is ea an iomáint, thar aon chluiche, agus
níl cruthú is fearr air sin ná an cluiche i gContae an Dúin i leithinis
na hArda. Teagascóir talmhaíochta, Puirséalach as Cill Chainnigh a
phlandáil síol na hiomána ansiúd in 1912. Nuair a thaistealaíonn
tú trí dhúichí iomána thuaisceart Thiobraid Árann, iarthar Uíbh
Fhailí agus oirdheisceart na Gaillimhe is ea a thuigeann tú gurb é an
t-aon phobal amháin é le ceart agus gur líomatáistí bréagacha iad na
teorainneacha contae.

Is é an suirbhé a dhein MRBI in 1987 – Éire Inniu – an t-aon
fhoinse eolais náisiúnta atá faoi mo lámh agamsa i dtaobh patrúin
imeartha agus rannpháirtíochta iomána. Deir an suirbhé go bhfuil
iomáint ar aon chéim pháirtíochta le lúthchleasaíocht – 5 faoin gcéad
– ach go bhfuil oiread de lucht leanúna ag iomáint agus atá ag sacar,
suas le leathmhilliún duine. Spórt ar fheabhas don lucht féachana
an iomáint, ach ciallaíonn na scileanna ar leith agus an lúfaireacht
áirithe iomána gur lú an líon daoine ná riamh atá á himirt, agus go
bhfuil ag méadú ar líon na n-iománaithe atá ag éirí as an gcluiche.
Fiú sna dúichí traidisiúnta iomána, tá an cluiche faoi bhrú.

Is spórt amaitéarach fós an iomáint thar aon chluiche. Tá léas nua margaíochta tugtha ag urraíocht Ghuinness di agus bhí cuid de dhraíocht na hiomána san fheachtas fógraíochta a lean an urraíocht. Má bhíonn an pheil leathghairmiúil, faoi mar is dóichí a tharlóidh faoi cheann achair ghairid blianta, an mbeidh an iomáint thíos leis? Ba bhuille fealltach don iomáint é go gcaithfeadh an cluiche is ealaíonta dá bhfuil againn díol as sracairí na peile.

Comhrá na gcamán

Bhíodar ina sraitheanna uiledhathacha ar an raca sa seomra A&E in Ospidéal Míthrócaireach na gCamán. Iad go léir ann lena n-ainmneacha dílse féin, an Cnagaire, an Spreangaire, an Basaire, Lúb na Lúb, an Cleasaí Cam, an Caol Díreach, an Spleodaire, Cití na gCumann, an tSáil Ard, an Troighthanaí, an Bás Obann, an Cor gan Cháim. Firchamáin agus Mnáchamáin.

Mionchasachtach agus gáire sciotaithe acu, agus iad ag cuimhneamh ar an lá inné. An córas aerfhuaraithe ag crónán idir chneadanna ó na hothair-chamáin sa seomra cóireála. Chuir Lia na gCamán an meaisín druileála ar siúl istigh agus chiúinigh monabhar na gcamán amuigh.

'Cé atá istigh?' arsa an Cnagaire, de chogar.

'Beidh poll ann ná raibh ann ag dul ann dó, pé hé féin,' arsa an Spreangaire.

Mhaolaigh geonaíl an mheaisín agus thosaigh an mionchnagadh. Thosaigh líomhán ag líomhadh.

'Banda nua ar a bhos, gan dabht,' arsa an Cnagaire.

'Níl aon chuma leonta ortsa,' arsa an Spreangaire, 'cad a thug isteach tú?'

'*Check-up*. Ní raibh sé féin sásta inné liom. Chuireas trí cinn amú air, a dúirt sé, agus dúirt sé nárbh fhearr rud a dhéanfainn ná an tOspidéal a bhaint amach. A rá is nach bhfuil faic ar a dhá shúil féin. Cad fútsa?'

'Greadfach a tháinig ionam nuair a thóg sé poc amach. Óm shlinneán anuas go sáil. Ligeas glam. Níor chuala sé siúd faic uaim ach gach aon "foc thú" aige orm. Chaith sé uaidh mé isteach i gcúinne an bháire. Dhóbair dom stéibh den bholg a bhaint den mhaor líne. Fuaireas drochfhéachaint uaidh siúd leis. Thugas an chuid eile den chluiche luite sa bhrothall ar an bhféar. Chuas a chodladh dom fhéin.'

'Fuairis ana-dhath.'

'Seana-vearnais é sin, a dhuine.'

'Dream gan aird is ea cuid de na himreoirí sin. Gan aon chuimhneamh acu ar chearta camán. Ní haon saol ag cuid againn é. Agus tá dream óg ag teacht amach anois ná fuil feacadh glúine féin iontu. Gan aon seasamh ná ómós iontu.'

'Agus iad glas faoin gcluais.'

'An chuid acu ná fuil fliuch go feirc.'

'Fliuch? Cúpla lá san oigheann ag triomú amach, agus a rá ansan go bhfuilid ullamh don chath.'

'Ní mór righniú.'

'Ní mór, an chuid acu a mhairfidh.'

'Is mó lá atá caite againn féin amuigh faoin drochaimsir ag righniú.'

'Ná fuil deich gcraiceann orm féin ón síon?'

Tarraingíodh siar an cuirtín sa seomra cóireála agus léim an Blocaire anuas den leaba. Loinnir ón mbanda nua a bhí á fháscadh, téip úr á ghreamú, agus meangadh gáire air. Cainneach, amach as ceárta Dowlings. Ní raibh sé lúfar ach bhí ceann de na bosa ba leithne in Éirinn air. Bhlocálfadh sé camfheothan.

Bhailigh sé a mhála agus d'imigh de thruslóga amach an doras ag feadaíl dó féin.

D'ardaigh Cití na gCumann a ceann chun féachaint air. Bhí sí ag fústráil timpeall ar a stocaí níolóin ag iarraidh an snáithe a dhéanamh cothrom lena sáil. Bhí Cití aerach, rinceoir sa chúinne, agus é ráite ina taobh gurbh fhearr an rince a dhéanfadh sí dá fháiscthe a bhí sí timpeall ar a lár. Chaithfeá breith i gceart ar Chití, bhí a fhios ag saol na gcamán é. Í chomh caol ina com gur dhóigh leat go scoiltfeadh sí, ach a cuid fuinnimh go léir ina híochtar. B'ola bheannaithe di an t-allas lena géaga, agus deireadh cuid dá compánaigh go raibh sí éaganta. Máchail ó thosach sa snáithe ródhlúth gan a bheith ag teacht leis an gcor ina sáil. Ach pé lagmhianach néaróiseach a bhí inti, lasadh sí an pháirc d'aon ruthag amháin agus bhí cion dá réir ag na sluaite uirthi.

'*Next please*,' a ghlaoigh an bhanaltra.

D'éirigh alpaire as Contae Uíbh Fhailí ina sheasamh agus a thóin thiar ag tabhairt dhá thaobh an tseomra leis isteach.

'Féach isteach é, ba dhóigh leat gurbh é an *Gunfight at the OK Corral* aige é.'

'Nó *The High Plains Drifter*.'

'Bíonn ana-mhianach iontu.'

'Fuinseoga Bhladhma a dhuine, níl aon teora leo. Tugann siad a saol amuigh faoin sliabh, agus tá siad chomh dochloíte le pocáin ghabhair.'

'Chuirfeadh an truslógaíocht breall ort.'

'Ná fuil a fhios agam go maith é. Ní bhíonn uathu ach leathsheans. Sraoth an tsliotair.'

'Deinimse amach gur spéaclaí a chaithfeadsa a fháil,' arsa an Cnagaire.

'Dathacha atá ormsa, dá n-admhóinn é,' arsa an Spreangaire.

'Ní bhíonn lá suaimhnis agam ag na seana-dhiabhail cromán sin agam. B'fhearr iad a chaitheamh go dtí an cat.'

'Cloisim go bhfuil lionsaí anois acu a chuireann siad sa bhas, agus ná beadh a fhios ag éinne beo go mbíonn tú á gcaitheamh.'

'Cromáin nua atá i ndán domsa, a déarfainn.'

'Ya, cromáin na gcamán, tá marú iontu.'

'Ya, cromáin na gcamán.'

Bunmhianach an chamáin

Fuasclaíonn foclóir na heolaíochta cuid de bhunmhianach an chamáin agus seolann ar ais isteach é sa bhithsféar arb as é. 'Mar a chéile an bithsféar agus na réigiúin go léir ar domhan a mbíonn beatha fhéinchothaitheach iontu.' (*Nod don Eolach,* Hussey, 1999)

Bláth, leis, agus planda agus crann le cabhair na fótaisintéise, a bhaineann dé-ocsaíd charbóin as an aer, agus a ligeann ocsaigin amach. Dúil neamhbheo gan anáil é an camán, áfach, é támh ach lán dá fhéidearthachtaí diúractha féin, beag beann ar a mháistir. Fós, níl cás ar bith dá fhoirfeacht ach i lámha an mháistir.

Le focail lán de bheith istigh iontu féin a chaitear tosú: fíochán, dlúth, inneach, snáithe, tointe, stoc, fréamh. *I look for a wide grain running down the shaft and round the bas. (Hooked, A Hurling Life*, Justin McCarthy). Agus, tagairt don snáithe atá chomh fíneáilte, chomh lán de mhiangas le stoca síoda: *If it runs along the back of the heel, that's better still.* Agus ansin na focail amuigh, ar a chruth: bos, soc, sáil, cluas, cuar, seafta, tosach, cúl, caoldroim. Agus ansin na focail a bhraithimid tríd an gcamán inár ngéaga féin: tabhairt, lúb, spreang, greim, troime, éadroime, cothromaíocht, faobhar. Braistint is ea camán, go hiomlán. Bíonn a chuid tonnta snáitheacha, ó bhaitheas go bonn, ag réamhchraoladh ar na minicíochtaí cuartha a aimseoidh sé. Uaireanta, bíonn sé seo chomh grod le buille. Uaireanta eile, teagmhaíonn nádúr an chamáin lenár nádúr féin.

'Bíonn fíocháin na colainne de shíor ag giniúint a srutha leictrigh féin chomh maith. Bíonn voltas i ngach uile chill sa cholainn.' (*Nod don Eolach*).

Murab é, is baol, ár bhfuinneamh féin é á tharchur ar ais. Ní hamháin gur maide adhmaid é an camán, ach néara-tharchuradóir, 'iompróir comharthaí, trasna na sionapsaí san inchinn, nó idir néaróin sa néarchóras, nó sa cholainn i gcoitinne idir néaróin agus matáin.'

Ní mór an dul thar fóir a sheachaint, mar a dheineann na fógraí áibhéileacha. Is mar gheall air sin a chloím le treoracha an mháistir. Ní mór dóthain de chúl na boise a choimeád ar an talamh. '*Good ash, the right amount of "give" and no knots, that means I can do something with it*', a deir Justin McCarthy. É bheith 36 orlach ar fhaid – '*37' is more difficult to manoeuvre in a tight space*'. Deineann sé deimhin i gcónaí de go mbíonn aghaidh na boise cothrom: '*I'll put a straight edge across it and hold both towards the light. If I see any light below the ruler, that tells me that there's a slight curve on the bas. Even the smallest of deviations can cause the ball to veer away* ...'. Fós, is é is solas ann 'an chuid den radaíocht sa speictream leictreamhaighnéadach a bhíonn le feiscint ag súile an duine' agus 'Tonn is ea an solas' agus 'San inchinn a airítear an solas' agus 'Raon tonnfhad nó raon minicíochtaí is ea an speictream' agus is é is candam ann 'aonad bunúsach an fhuinnimh, nach féidir a fhoroinnt ... Is é an tslí a n-áirítear candam amháin d'fhuinneamh ar leith radaíochta: minicíocht na radaíochta sin a mhéadú faoi Thairiseach Planck.' (*Nod don Eolach*).

Nó, díreach, planc a thabhairt don sliotar, lenár gcandam féin fuinseoige den chandam.

'*When I'm reshaping a hurley for myself, I'll measure its centre of gravity and mark it*'. Ar nós an domhain féin, tá aomadh imtharraingteach ar gach uile chuid den chamán i dtreo an láir. Más ding de féin a scoilteann an leamhán, is snáithe de féin a scoilteann an camán. Is é sin an taobh dorcha de, Neimisis, nó an damhna dorcha úd a chreidtear a bheith ann ach nach bhfuil aimsithe fós. Is cinnte go bhfuil an damhna dorcha san iománaí, agus sa tslí chéanna a gcuireann camán a bhraistint in iúl don iománaí, cuireann an t-iománaí a dhrochmhianach féin in iúl don chamán. '*It's a feel relationship*', a deir Justin McCarthy. Fós, bíonn ar chamáin craiceann tiubh a fhás ar chuma an duine, agus chuige sin, '*I sometimes leave mine on a clothes line for a few days to put a skin on the timber. The wind, sun and rain toughen them up, make them more durable*'.

Sciomrann, triomaíonn, athchruthaíonn, múnlaíonn, scamhann, séimhíonn Justin na camáin mar a dhéanfadh máinlia. Níos mó ná sin, tugann grá dóibh. '*I make sure to put it in a place that's cool enough, so it won't crack. That's why I never keep my best hurley in the car*'.

Clár Fionnachtana Spáis í an iomáint. Cruthaíonn sí Teoiric na Coibhneastachta Ginearálta: 'Aon damhna a bhíonn sa spás, cuarann sé an spás mórthimpeall air agus gluaiseann réada feadh na gcuar sin sa spás.' Is é sin, go gcruthaítear dúinn in aisce nach folús é an saol.

Sa phoc.
Ar aon chuma.
Nó ar aon chuma, sa phoc.

Ó, lucky muid

'Níl Santa ann, nach níl?' arsa an garsún ocht mbliana lena athair.

'Tá sé ann,' arsa an t-athair, 'nach é a thug na bronntanais Nollag ar fad chugat?'

Leag an t-athair uaidh na dréachtaí le hEochaidh Ó hEodhasa a bhí sé a léamh. 'Beag nach brisiodh mo chroidhe, gach …'.

'Cheap mé nach raibh Santa ann, ach anois ceapaim tá, ach ceapaim níl freisin,' arsa an garsún is sine lena dheartháir óg.

'Ceapann mise freisin tá sé ann,' arsa an garsún óg.

'Ceapann daoine i mo rang níl sé ann. Níl sé ann, nach níl?'

'Tá sé ann.'

'Cad a bhfuil sé mar?' arsa an garsún mór.

'Cad a bhfuil cé mar?' arsa an garsún beag.

'Santa. Cad a bhfuil sé mar?'

'Santa? Nach minic ráite agam libh é. Féasóg mhór fhada air chomh bán leis an sneachta a bhí chomh geal anuraidh.'

'Tá sé mar giant huge agus bíonn sé ag hunting agus a tail ar fire,' arsa an garsún beag.

'Ní bhíonn sé ag hunting,' arsa an garsún mór, 'agus a tail ar fire. Sin dragan atá tú ag caint mar gheall air.'

'Ní bhíonn dragons ag hunting.'

'Is bíonn.'

'Santa is b'ea é, nach b'ea a Dheaidí?'

'Ní b'ea.'

'B'ea b'ea black sheep have you any wool …'

'Cad?'

'Is ea go deimhin, sé Santa ina steillebheatha é.'

'Cad a bhfuil sé ó?'

'Ón Mol Thuaidh. Tá sé in am agaibh rud éigin a ithe. Ar mhaith libh cuid den phutóg Nollag?'

'Ba mhaith,' arsa an garsún is sine.

'Ní is maith liom é,' arsa an deartháir óg.

'Ar mhaith leat cuid?' arsa an garsún is sine leis.

'Ní is maith liom é, tá sé yucky.'

'Déanfaidh mé blúire a théamh daoibh sa microwave.'

Clic. Hummm. Cling.

'Cén fáth ní féidir linn faigh Playstation?'

'Tá bhur ndóthain faighte agaibh an Nollaig seo. Rothar, skateboard, uirlisí siúinéireachta …'.

'Tá Playstation ag nearly everybody i mo rang.'

'Agus i mo freisin.'

'Chaith sé nach raibh aon Playstation fágtha ag Santa i mbliana.'

'Cén fáth ní féidir linn faigh é.'

'Yah, cén fáth nach?'

'Tá gal ón bputóg Nollag, seachnaíg' nó loiscfear sibh. Uachtar? Custard?'

'Playstation.'

'Ba mhaith leat uachtar nó custard ar Playstation?'

'Ní ba mhaith.'

'Is ba mhaith.'

'Seo agaibh anois é. Gan aon phutóg duitse, ach custard leis féin, agus putóg agus uachtar duitse. Agus spúnóg an duine. Raghaimid ag siúl faoin sliabh. Tá cuma ghlan ar an lá. Seasóidh sé a déarfainn.'

'Not an áit sin arís.'

'Is ea an áit sin arís.'

'Cad a bhfuil sé chomh fada leis?'

'Cúig mhíle. Tá sneachta ar an sliabh.'

'Ach tá sé chomh, chomh fada a Dheaidí. An féidir dul go dtí an moss place?'

'Ná bac san, bainfidh sibh taitneamh as ach tabhairt faoi. Ná bí ag ciceáil an bhoird.'

'Níor dhein mise aon rud go dtí an bord.'

'Cén duine agaibh atá á chnagadh?'

'Ní mé.'

'Agus ní mé.'

'Sin cad i gcónaí a dheineann tú ag an mbord.'

'Ní sin.'

'Púca mar sin. Ar bhain sibh taitneamh as Aifreann na Gine? An ceol?'

'Bhí chomh méid daoine ann.'

'Bhí chomh chomh méid ann. Sin an chéad cheann go raibh mé amach riamh ag é.'

'É bheith ábhairín ródhéanach daoibh is dócha, ach féach go dtagann anam ionaibh arís tar éis é fhágaint.'

'Cad a raibh Naomh Iósaf mar?'

'Bhí sé foighneach. Siúinéir. Lá breithe Íosa é Lá Nollag.'

'Is b'ea.'

'Is lá breithe é é.'

'Is é ár Slánaitheoir é.'

'Ó, lucky muid.'

'Ó, lucky muid.'

'Ó, lucky muid, is right.'

Á, poor iad

'Haidhe, a bhuachaillí, cad atá ar siúl agaibh in ainm Dé. Éiríg as nó leagfaidh sibh an tigh.'

'Tá muid ag spraoi,' a liúigh duine acu ón seomra ina rabhadar.

'Tá's agam go bhfuil sibh ag spraoi ach canathaobh an troid?' arsa mise ón gcistin.

'Thosaigh sé shouting at mé,' arsa an garsún is óige.

'Agus cad a thug air bheith ag liúirigh ort?'

'Cad', a liúigh sé ón seomra.

'Cén fáth ar liúigh sé ort?', a d'fhiafraíos.

Tháinig an bheirt acu amach as an seomra, allas ag sileadh leo, na pluca beirithe. Leanadar orthu ag sá, ag brú, ag tabhairt soncanna dá chéile, agus ag tarraingt ciceanna ar a chéile.

'Caithfidh sibh éirí as a deirim. Cad atá ar siúl agaibh?'

'Tá muid ag déanamh sumo wrestling.'

'Agus an mbíonn sibh shouting lena chéile i sumo?'

'Bíonn muid.'

'Cén difear atá idir gnáthiomrascáil agus sumo?'

'Bíonn siad ag rolling timpeall, agus i sumo caitheann tú brú an duine amach as an sacred ring.'

'Á, tuigim. Cró-Magnon. Is maith libh an sumo.'

'Is maith. Tá sé a lán difriúil le cad a cheapann daoine atá sé mar.'

'An mar sin é?'

'Mar.'

'Bhrúigh sé mé amach,' arsa an garsún is óige agus taghd ag teacht arís air, 'ach bhrúigh mé é amach.'

'Níor,' arsa an garsún is sine.

'Bhrúúúú ... agus dúirt tú níor bhrúigh ach bhrúigh.'

'Álraidht, éiríg as agus bíodh deoch agaibh. Is gearr go bpléascfaidh duine agaibh. Suígí ag an mbord.'

'Needann mé deoch badly,' arsa an garsún is óige.

'Agus mé,' arsa a dheartháir, 'needann mé é an-, an-, an-.'

'Féach an bhfuil sú oráiste sa fridge.'

'Níl aon ann.'

'Cad é aon, nó aon cad?'

'Orange juice.'

'Uisce mar sin.'

'Ná fág na geansaithe sin ar an urlár.'

'Cén fáth nach?'

'In ainm Dé! In ainm dílis Dé! Nílimse chun sibh a leanúint timpeall an tí ag ardú balcaisí ón urlár.'

'Take mé mo jumper off mar bhí mo T-shirt stretched after sumo.'

'Cad é? Abair é sin arís ...'.

'Take mé ... ná write é sin síos a Dhaid, bíonn tú i gcónaí ag writing síos rudaí.'

'Álraidht, álraidht ... tá an Nollaig buailte linn a leaideanna. Níl Santa ag teacht ach chun duine amháin agaibh i mbliana. Cad atá uaibh ar aon nós?'

'Playstation,' arsa an garsún a raibh Santa ag teacht chuige.

'Tá's agaibh ná ligfidh Mam do Santa Playstation a hAon nó a Dó nó aon uimhir eile a thabhairt isteach sa tigh.'

'Ach níl Santa ag teacht go dtí mééé,' arsa an garsún is sine.

'Bhfuil tusa ag iarraidh Playstation?'

'Níl.'

'Cad é, mar sin?'

'Níl mé ag iarraidh faigh an rud i gcónaí faigheann mé.'

'Is gearr uainn do dhéaga chím.'

'Cad?'

'Faic ... Féach anseo ag an ríomhaire, teastaíonn uaim an suíomh Idirlín seo a thaispeáint daoibh ... www.hungersite.com. Tar i leith anseo agus chífidh sibh. Gach 3.6 soicind faigheann duine éigin bás le hocras ar domhan, agus leanaí an chuid is mó díobh. Féach an spota dubh ar an scáileán. Sin duine ag fáil bháis.'

Chaoch tír. Chuaigh anam as. Chaoch Honduras. Mhúch.

D'fhanadar ina dtost ag féachaint ar an scáileán.

'Agus féach, má bhrúnn mé an cnaipe seo 'donate food' gheobhaidh duine éigin soláthar bia. Fós, tá rud éigin mícheart ...'

'Sin go léir an airgead go bhfuil agam, 3 euro 60 cent.'

'Sin go léir an airgead go bhfuil agam, 2 euro 24 cent.'

'Á, leaids, nílim ag iarraidh an Nollaig a mhilleadh oraibh. Sinne daoine móra a chuireann leanaí as a meabhair aimsir na Nollag leis na siogairlíní. Níl ann ach go gcaithfimid cuimhneamh ar na daoine bochta, teacht i gcabhair ar dhuine éigin, agus fós féile a bheith againn.'

Lean na paistí dubha ag caochadh ar an scáileán, mar a bheadh blabanna dúigh ar pháipéar súite.

'Á, poor iad,' arsa an garsún is sine.

'Á, poor iad.'

Madraí na Nollag

'Tá drochbholadh ó chás na mbudgies, leaids. Is dócha nár ghlan éinne é le breis is seachtain. Tá sé absolutely bréan.'

'Ghlan mé,' arsa an té is sine a raibh a cheann sáite aige in Harry Potter.

'Ghlan like Hell! Is gearr go mbeidh orainn powerhose a fháil chuige. Ná féachfadh duine agaibh ar na bloody éin, agus seiceáil an bhfuil uisce agus budgie seed acu ... Tá rud éigin orthu, tá siad ag píopaireacht leo ansan ag iarraidh bhur n-aird a fháil. Agus gan é le fáil. An gcaithfidh mé féin éirí agus féachaint orthu. 'Bhfuil sibh ag tabhairt aird ar bith orm? Oiread aird is dócha is a thugann ar na budgies.'

'Tá feather coming out of a head,' arsa an té is óige, agus a cheann á ardú aige ar deireadh i dtreo na n-éan ó Horrible History.

'Tá, gan dabht, cleite ag gobadh amach as a cheann. Ar chuala sibh riamh gan bun cleite isteach ná barr cleite amach? Tá sé ar nós duine fásta a bheadh ag sracadh a ghruaige ag plé leis an mbeirt agaibhse.'

'Caithfear an cás a ghlanadh leaids.'

'So,' arsa Harry Potter.

'Ná so mise,' arsa mise.

'A deireann cén duine?'

'A deirimse! Éirigh amach as an gcathaoir sin agus glan amach na fruiggin' budgies.'

'Cén fáth a d'éirigh tú muid ag an am seo?' ar seisean.

''Chríost, nach luath atá tú ag dul sna déaga.'

'Bhí Al Capone charitable go mór go dtí daoine bochta,' arsa Horrible History.

'Cén bhaint atá aige sin le budgies?'

'Bhfuil a fhios agat ... bhí sé an only gangster riamh a died naturally ina leaba. Chuaigh sé mad in a hospital agus died sé of madness ina leaba.'

'An-spéisiúil go deo.'

'Chonquer sé an whole of Chicago.'

'Dhein gan dabht.'

'Agus fear amháin, stick sé a whole finger isteach in é nuair a shoot duine eile é.'

'Sea ar mh'anam.'

'Agus conas tá Harry Potter ag déanamh?'

'Nílim chun aon rud a rá nó wreckfidh mé an whole scéal.'

'Tá go maith. Rud amháin is ea cás na mbudgies leaids, ach rud eile is ea madra. Murar féidir aire a thabhairt do bhudgies agus gan d'anam iontu ach aer agus feadaíl, conas in ainm Dé a thabharfaimid aire do mhadra?'

'Ach dúirt tú, dúirt tú.'

'Ní dúrt faic.'

'I gcónaí deireann tú rudaí agus riamh ní dhéanann tú iad,' arsa Harry Potter agus Horrible History ag píopaireacht as éadan anois ar chuma na mbudgies.

'Ach samhlaigh a bhfuil de chac ag bun chás na mbudgies á ghlanadh gach lá agus oíche, go háirithe má bhíonn coileán againn ní bhfaighimid aon tsuaimhneas, beimid ag sciorradh ar fud an urláir, sé sin ní bhfaigheadsa aon tsuaimhneas gan trácht ar é a thabhairt ag siúl ar ball, is mise a chaithfidh é thabhairt ag siúl bíodh geall ...'.

'Ná faigh pup ach madra go cheana féin fuair fleas.'

'Go cheana féin?'

'Go cheana féin.'

'Go cheana féin cad?'

'Go cheana féin fuair fleas.'

'Á, tuigim.'

'Ach ná faigh an madra fancy sin le ribbons agus hair all curled up cosúil le cailín.'

'Sé sin Yorkshire Terrier. Sa leabhar a chonaic sibh é, ab ea, nó cén áit?'

'Download mé é from an dog site.'

'Ar dhein?'

'Download.'

'Labrador go mhaith liomsa,' arsa Harry Potter.

'Agus mise.'

'Ach níl slí ar bith againn do Labrador ar an mbruachbhaile. Theastódh gort agus fairsinge uaidh. Ba bhreá liom féin Kerry Blue ach chaillfeadh sé an ceann ar fad anseo. An cuimhin libhse Jaiceó i dtigh Dhaideó agus Mhamó. Gach uair a théimis síos thógadh sé seachtain air aithne a chur orainn agus bhí sé in am fágaint arís ... á neó, madra deas macánta bruachbhailteach.'

'Ach tá an Yorkshire Terrier sissy ceann.'

'Ní fada a bheadh sé ina sissy sa tigh seo. Ar aon chuma, níl aon dul chun cinn déanta againn le cás na mbudgies. Conas a gheobhadh sibh an boladh, anois a chuimhním air, nuair ná faigheann sibh bhur mboladh féin. Álraidht, so, leaids.. No cás glan, no madra.'

'Ó, álraidht so.'

'Ó, álraidht so.'

'Álraidht.'

Óró Anró

'Sea a leanaí, tá an Cháisc chugainn, is dócha go bhfuil sibh ag tnúth go mór leis an deireadh seachtaine saoire.'

'An,' arsa duine acu.

'An?' As in an-mhór?

'Sea.'

'Agus cad fút fhéin?' leis an dara duine.

'Ní ró.'

'Ró? As in rómhór?'

'Sea.'

'Tuigim ambaist. Anró.'

'Cad?'

'Ní faic é. Jóc beag de mo chuid féin. Níl mé ag mocking sibh.'

'Tá túúúúúú.'

'Níl méééééé.'

'Brought mé home an leabhar,' arsa an chéad duine.

'Cén leabhar? An ceann úd a bhí ar iarraidh nó cén...?'

'An library book leabhar. Faigheann an buachaill eaten by giants. Téann na giants galloping go dtí different countries, Arabia, Switzerland, different rudaí mar sin. Tá swords acu agus special guns agus fire-ann siad na bullets leis na daoine. Má níl aon bullets acu they cut off their heads leis na swords.'

'Agus claimhte géara ag uaisle an tsaoil ...'.

'Cad?'

'Sin an-scéal.'

'Tá sé an-an-an-scéal. Léigh mé seventy pages. Tá twenty more left.'

'Agus swop mise mo Premier League stickers,' arsa an duine eile, 'ceathair cinn éasca péasca i gcomhair ceathair cinn ana-deacair.'

'Bhfuil Andy Cole ana-dheacair nó éasca péasca?'

'Éasca péasca.'

'Cén fáth?'

'Because tá sé worth lots of money.'

'An mar sin é?'

'Ó, tá. Complete Oisín an Premier League Book agus spend Fionn one hundred euro ar stickers. Ach níl sé ach half complete.'

'Agus an bhfuil gach duine sa rang á mbailiú?'

'Tá go léir na daoine i mo rang.'

'Agus tá go léir na daoine i mo rang.'

'Bhfuil an leabhar lán fós agat féin?'

'Níííl. Tógfaidh sé fifty euro chun é a chomplete.'

'Is dócha go bhfuil stickers ag teastáil uaibh mar sin?'

'Más é do thoil é.'

'Má, má má, please.'

'Raghaimid go dtí an siopa ar ball nuair a bheidh an obair bhaile déanta. Agus cad mar gheall ar na bullies seo a bhí ag gabháil díot sa chlós?'

'Níl siad bullies níos mó.'

'An mar sin é? Cad a bhíodh ar siúl acu ar aon nós?'

'Choke siad mé.'

'Rug siad ar mhuineál ort agus d'fháisc siad chomh láidir agus a bhí iontu gan aon anáil a fhágaint agat, go rabhais dearg san aghaidh, ab ea?'

'Sea. Choke siad mé very tight.'

'Agus cad a tharla ó shin nach bullies níos mó iad?'

'Tá siad mo friends anois. Carryann mé Oisín ar mo back agus chargeann mé iad agus head buttann mé iad. Ansin déan mé Tae Kwan Do agus tá siad sorted out.'

'Is maith é Tae Kwan Do.'

'Ach ní phunch mé iad. Ach back-kick agus side-kick agus one-two-three very fast.'

'Sórtálann sé sin amach iad pé scéal é, ach níor cheart éinne acu a bhualadh.'

'Ó, ní. Ach frightann mé iad.'

'Leanfaimid ar aghaidh mar sin leis an obair bhaile. Léigh leat.'

'D'ith siad calóga,' arsa Daidí Béar. 'Agus d'ith siad úll,' arsa Mamaí Béar. 'Agus d'ól siad bainne,' arsa Babaí Béar. Thosaigh na trí bhéar ag caoineadh.'

'An-mhaith go léir. Ní haon mhaith bheith ag caoineadh ar nós na mbéar.'

'Ní.'

'Ní, is right.'

Litir ó Haifa

Dídeannach Giúdach ilteangach beo bocht ba ea Dáibhí Eipistín a tháinig i dtír ar chósta theas na hÉireann in 1890. Bhí sé ar dhuine de na luath-athbheochanóirí a bhí gníomhach i gcathair Chorcaí. Chuaigh sé ar imirce arís sa bhliain 1902 agus lonnaigh sé i gceann de na gabháltais sa Phalaistín in 1904–1905.

Toghadh é ina bhall de Chumann na dTáilliúirí in 1895, le tacaíocht ó Thadhg Ó Murchú 'Seandún.' Bhí rath ar a ghnó 'bespoke' táilliúireachta in French Church Street, taobh le clólann ansiúd. Deir cara liom gur léir go bhfuil tagairtí iomadúla ag Seandún agus ag Donnchadh Pléimionn dó ina gcuid scríbhinní más tagairtí ceilte féin iad.

Dealraíonn sé anois gurbh é an tEipistíneach ba mhó a d'áitigh ar an mbeirt gur chóir go n-aistreofaí saothair liteartha ó theangacha eile go Gaeilge. Is é a mhisnigh Seandún chun coimeád le *Eachtra Robinson Crúsó* a bhí léite cheana féin aige i Rúisis agus a bhí á aistriú go Giúdais. Thug sé misneach don Phléimionnach i mbun a aistriúcháin féin den scéal Gréagach *Eachtra na nArgonátach*.

Thairg sé 'Leitriú Shímplí' a mhúineadh do Sheandún, ach níor ghlac táilliúir Ghleann Láine leis an tairiscint. Bhí sé chomh tugtha dá shnáithíní agus dá ghreamanna is a bhí sé don ársaíocht Ghaelach, agus thugadh sé uaireanta fada an chloig ag áiteamh ar an Eipistíneach gur 'dhlúthchuid de dhúchas na nGael é an cló Gaelach.' Ní raibh Eabhrais ag an Eipistíneach fós an uair sin, agus tuigtear anois go raibh anáil mhór ag an athbheochan Ghaelach air níos déanaí nuair a shocraigh sé cur faoi sa Phailistín agus Eabhrais a fhoghlaim.

An Pléimionnach a scríobhadh amach a chuid colún do Sheandún don *Cork Weekly Examiner*. 'Ath-athair' ag an bPléimionnach ba ea Seandún a bhí trí bliana is fiche níos sine ná é. Féach *Beathaisnéis a hAon* le Breathnach agus Ní Mhurchú (ar www.ainm.ie anois) do nótaí beathaisnéise ar an mbeirt acu.

De réir mar a tháinig rath ar a ghnó táilliúireachta is ea a bhraith an tEipistíneach nár ghá dó a dhúchas Giúdach a cheilt. Ba é an misneach sin faoi deara dhó, gan dabht, an 'Ó' a ruaigeadh as a ainm, agus Dáibhí Eipistín a thabhairt air féin. Ina theannta sin, ghlac sé David Epstein go fonnmhar chuige agus bhí fógraí dátheangacha aige sna nuachtáin áitiúla. D'fhág an chorraíl náisiúnach a rian air féin, leis, agus thug sé a chúl de réir a chéile leis na tuiscintí go mba ghá dó a bheith ina Ghael mar chách.

Theastaigh uaidh socrú síos agus clann a bheith aige, ach ní raibh aon Ghiúdach mná oiriúnach sa chathair dó. Ghlac sé páirt i gcumainn drámaíochta, Béarla agus Gaeilge, agus tá tagairt dó i léiriú amaitéarach de *Faust* faoina shloinne: 'Mr Epstein, the respected French Church Street tailor,' in 1899. An bhliain dár gcionn a cailleadh an Pléimionnach go hóg. Bhí Seandún croíbhriste tar éis bhás a dhlúthcharad, ar gheall le mac dó é.

I gcaitheamh an ama bhí litreacha siar is aniar ó Mheiriceá ag an Eipistíneach agus tuairisc a mhuintire á lorg aige. Ghlac sé páirt táilliúra i léiriú den dráma *An Sprid* in 1902 – tá sé ráite gurb é an tEipistíneach an fear atá ina shuí chun tosaigh faoi hata agus muisteais thiubh i bpictiúr d'fhoireann an dráma. Pé eachtra a tharla i gcaitheamh an léirithe sin ar camchuairt i gCairbre in 1902, is geall le falla balbh scéal an Eipistínigh i gcathair Chorcaí ina dhiaidh sin. Tharlódh gur bhain sé le cúrsaí ban. Bhí sé mór le bean ar fhoireann an dráma, agus chaith bean eile ó fhoireann chúl an stáitse a páirt a ghlacadh go tobann i nDún Mánmhaí nuair a seoladh abhaile go cathair Chorcaí í. Tá sé ráite gur saolaíodh mac don mbean sin i bhfómhar na bliana 1902, ach ní féidir aon deimhniú a dhéanamh air sin. Mar sin féin, bheadh sé spéisiúil a cheapadh go bhfuil sliocht an Eipistínigh fós ag scaipeadh síl i gcomharsanacht Chorcaí féin nó go deimhin níos faide ó bhaile.

Ní raibh tásc ná tuairisc ar an Eipistíneach ó shin go dtí gur tháinig an 'Litir ó Haifa' chun solais i siopa troscáin agus caibinéadachta i gcathair Chorcaí le déanaí. Díoltóir seantroscán, seanchara scoile dom a bhí ag socrú cos ar bhord a d'aimsigh an litir. Bhí sí fáiscthe isteach i bpoll chun tionúr na coise a choimeád socair. Le seanbhean a raibh gaol sínte aici le deirfiúr do Sheandún ba ea an bord, agus ar ámharaí an tsaoil níor chorraigh an bord as an seantigh Victeoiriánach leis na glúnta. Bhí clúdach fós ag cosaint na litreach agus í fillte go néata istigh ann. In 1904 a chuir Dáibhí Eipistín an litir sa phost ó chalafort Haifa, dáta 11.7.1904 léi.

Chuig Seandún a sheol sé an litir (faoina chló simplithe, an-mhírialta féin) agus seo cuid di:

> A Heandooin a heanaxara, is fada an law ow xueenees ar screev xoot. Neer lig umad na neaxtroee agus na luingsheowla (i.e na n-eachtraí agus na loingseola) a voin dom o hoin peawn a xur i noox (i.e. peann a chur i ndúch), gan trawxt ar leitir do scree. Conas taw Croosow? Fows gan scree? Ios minik a xueeneem ort

haine agus ar vueenter Xorcoee. An Plawmanax Boxt Crawite. Thawnag i dteer coopla law ow hoin i Haifa, ain eretz Yisrael, ar an Meawnvoir Hoir.

Taw manam go hoile sa talav naowfa sho. Taw na slowite Gioodax ag teaxt ansho gax law own Rooish, own mBolgawir agus own bPowling agus taw beartaihe againg saowl no a vunoo. Tawmeed ag dol amarireax go dee gavawltas in aiki le Tiberias ar Voir Ghalilee. Neeor airigh lium teaxt ar mo highlox faine ach taw ban xayle anoish agum agus sing ag sooil lesh an darna leanav.

Taw shay suckruihe aguing an Eavrish a lavairt mar heangain teere, mo hlawn xon Teer na Hayrann, Shalom, ow du heanaxara Dawivee Eipishteen.'

Sin é an focal déanach ón Eipistíneach, go dtí seo ar aon nós.

Eachtraí Slim

Tá rud éigin ag baint le Slim. Murab iad na súile neafaiseacha róin iad, is é sin neafaiseach mar is dóigh leat, ag stánadh amach as pánaí méadaithe a spéaclaí agus go gcaitheann sé a cheann a ardú siar ábhairín san aer chun tú a aimsiú ina raon, nó an mhuisteais riabhach piobar-agus-salann faoi bhun a chaincín, nó na bearnaí sna fiacla á nochtadh go mothaolach aige, gáire ag leathadh go fonnmhar ar a dhraid agus é i mbun ceann dá chuid eachtraí saolta.

Is mó é Slim ná suim a chuid páirteanna, faoi mar is mó an duine ná a dhaonnacht – déarfadh cuid againn go bhfuil splanc dhiaga ann – cé gurb iad na fréamhacha talmhaí is mó is spéis anois linn seachas aon bhrainse ag síneadh go dtí na harda. Bhí tráth ann go ndíolfadh Slim a mháthair, nó ba é ba chóra a rá, go ndíolfadh sé a mháthair lena máthair. Bheadh a fhios aici ar a laghad, gur buaileadh bob uirthi.

Tá Slim tirim. Sóbráilte, fiú, agus é ag gráinseáil an *spring roll* i mbialann na Síneach, *The Rising Moon*. An-mheas go deo aige ar na Sínigh, a oibríonn go dícheallach agus a sheolann pá seachtaine sa choicíos soir abhaile.

'Seachtain dom féin chun maireachtaint anseo agus seachtain don mbaile chun maireachtaint ansiúd.'

Díreach ar ár gcuma féin, tráth dá raibh. Bíonn a fhios ag Slim na rudaí atá chun teacht as do bhéal, ach iad a theacht ón gcroí, sula mbíonn siad ráite agat, ach ní haon trasnálaí é.

'Do chuid focal féin a ligeann duit do leagan féin den scéal a eachtraí,' a deir sé. 'Níl ag éinne againn ach ár mbranda féin, ar deireadh.'

Dea-labharthacht an té gur phlánáil garbhshíon an tsaoil na huillinneacha maola de seachas an té a oileadh i gcoláiste. Éisteann sé leat. Toisc go dtugann sé aird ar a chuid tiúnála féin, é á cur faoi bhráid laethúil pé tiúnadóir atá aige, tugann sé a aird iomlán ortsa. Tá fios a bhéas aige.

Ní fhéachfá an dara huair air dá siúlfadh sé tharat i bpríomhshráid. É ina fhear-mar-chách agus an tráth meánaosta ina shaol scoite aige. É ar a shuaimhneas ina chabhail féin. Síneann sé go dtí iomlán a mheánairde féin, gan aon chomhartha ceiste ag camadh a chual cnámh. Pé spleáchas atá ann, fágann sé an-neamhspleách é ina mheon. Duine de chabhansailéirí an tsaoil é, beag beann ar bhéarlagair.

'Ó Conaill fadó, an Cabhansailéir, athair cine ab ea é. Cine gan athair ab ea sinn an tráth úd,' a deirimse.

'B'fhéidir é.'

Níl aon scóip mhór tuairimíochta den saghas sin ann, ach é ar ancaire in ábhair nithiúla an tsaoil. Is mór agamsa é sin, mar táimse ar a mhalairt de shlí.

'Níl aon suaitheadh saoil dá dtagann ná go gcaitheann sé deis ar barra taoide,' a deir sé.

'Faoi mar a bhí muintir an Bhlascaoid lena gcuid tráthadóireacht raice.'

Aird na súl amháin a thugann sé an turas seo orm.

'Aimsir chraos an pheitril sna Seachtóidí, agus sinn i ngátar, tuigeadh do gach éinne nár mhór a bheith tíosach timpeall ar chúrsaí fuinnimh. B'in í an tuiscint. Gach éinne ag caint ar an teas sna críocha fuara seo thuaidh. D'éirigh liom féin teacht ar lasta *lagging jackets*. Tuigeadh do gach éinne go raibh fuinneamh ag imeacht le fán an tsaoil amach as na sorcóirí copair sa chófra te. Ní raibh aon trácht ag an ESB féin ar na seaicéidí céanna. Líonas an carr leo. Thugas faoin mbóthar, i gcorp an gheimhridh, síos isteach i Loch Garman. Áit shéideánach is ea an tInbhear Mór, é oscailte faoin síon. Eastát amháin a roghnú, bhí a raibh de *lagging jackets* i mbút an chairr díolta agam sular stopas don lón. Leanas orm, go raibh an soláthar ídithe. Tháinig an tESB isteach air ina dhiaidh sin, agus chaitheas m'aird a dhíriú ar dheis éigin eile ansin. Tá dlí éigin san eacnamaíocht a bhaineann le buanearraí aonuaire, ach le bheith macánta leat, ní oibrím de réir dlíthe ach de réir pé rud a deireann mo *ghut* liom.'

Murar *lagging jackets* é is painéil réamhdhéanta tógála é, gloiniú dúbailte, páirteanna mótar, spréachphlocóidí, giarbhoscaí, crágáin, nó boscaí lán d'iasc fiú.

'Boscaí lán d'iasc a cheannach ar mhargadh na Gaillimhe agus iad a dhíol an mhaidin chéanna ó dhoras go doras, áit intíre i Maigh Eo. Bealach a' Doirín nó Béal Átha hAmhnais.'

'Agus cad iad na hearraí go mbeadh ceannach inniu orthu?'

'Aon ní a bhaineann leis an timpeallacht, le héiceolaíocht, an focal glas nó orgánach brandáilte ar bhia, earraí sláinte cumhartheiripe, saoráidí aclaíochta pearsanta, agus spioradáltacht fhaiseanta. Tar éis na *lagging jackets* thugas faoi deara go raibh an-oscailt ann do choinnle, agus d'éirigh liom lasta a fháil isteach ó chaptaen loinge a bhí ag seoladh ón tSeapáin le bád lán de mhótair Nissan. Ceann de na deacrachtaí is mó atá inniu ann ó dhoras go doras, nach mbíonn puinn daoine istigh. Daoine ar a bpinsean luath, seandaoine agus mná le leanaí óga. Is margaí áirithe iad sin. Bíonn ort caidreamh a chothú leis na díoltóirí áitiúla.'

'Agus cad é a bhíonn á dhíol agat anois?'

'An rud céanna a bhí á dhíol riamh agam le greann – dallamullóg i riocht an riachtanais.'

Eachtraí Slim arís

Pé áit a fuair sé an seoladh, b'eo beo ag an doras Slim. A rá is gur aithníos é, ba bhréag. Is amhlaidh a bhí sé, pioctha. Muisteais air nár tharraing aird air féin. Na súile bíogtha, na súile gan aon cheilt. Culaith éadrom earraigh a chuir cuma air nach raibh aon bhreis feola ar na cnámha. Chuimhníos ar na gloiní ar ghob mo chaincín.

'Ag léamh a bhíos,' a dúrt, á mbaint díom agus á gcur sa *fleece*.

'Chnagas cheana ach ní raibh aon duine istigh,' ar sé. 'Aithníonn tú mé?'

'Ní aithním.'

'Slim.'

''Chríost, ní hea.'

'Slim,' á dhearbhú go haonfhoclach le meangadh.

Bhaineas an mothall-go-guala a bhí, lomas an fhéasóg ón ngiall i bhfaiteadh na súl. An bhearbóireacht spáis sin a dheinimid. Athoiriúnú. Ar chúl mo chinn féin, agus os cionn na gcluas a bhraitheas an t-aershruth ag síobadh tar éis na bearbóireachta.

'Tar isteach a dhiabhail, a sheanchara,' a dúrt, ag breith ar lámh air agus á ardú, nach mór, isteach thar tairseach. Tríocha bliain.

Bhí beirthe agam ar thríocha bliain de shaol gan insint. Chuamar sa chistin agus chuireas an citeal síos. Eisean ina shuí ag an gcuntar. Chuardaíos na seanchuimhní sa chófra agus d'aimsíos an próca caife.

'Caife i gcónaí?'

'Caife.'

'Meilte mín?'

'Meilte mín réidh.'

'Cad d'imigh ort ó shin?'

'Chaitheas an saol.'

'Failltreacha an Mhothair! D'eitlís go hÁrainn léi ó bhruach na faille. Chonac V an VW *fastback* ag leathadh amach ina sciatháin W, í féin ar an stiúir, ag éirí san aer. Scamall sceite dúghorm leis an saothar ón *exhaust*. An-tiomanaí.'

'Ana-phíolóta mar a tharla. Thugamar tamall sna hoileáin i gcomhluadar na bpípeanna, i mbun seanchaíochta, ag bualadh leathair tar éis snámha, ag caitheamh siar.'

'D'eitlíomar go Meiriceá sa VW.'

'Plean an V agus an W arís?'

'Cad eile? Tabhairt faoin *blue horizon*. Siar. Bhraitheas mar a bheinn i mo *test-pilot* nó duine acu san sna *stealth bombers* ach gan aon chuid den trealamh teicneolaíochta do mo bhac. Gan é ann san am úd. An dord steireafónach, agus James Taylor, b'in é ár ndóthain de theicneolaíocht.'

'Bhí an-mhisneach agat agus tabhairt faoi siar.'

'Eachtraíocht seachas misneach. D'éirigh cúrsaí beagán *messy* nuair a thuirlingíomar ar an taobh thall. Taobh an ghrá. Dhein leataobh an ghrá de. Bhí sí féin tógtha le cúrsaí ban. An-neamhspleách. Spleáchas ar fad ab ea mo ghrá-sa. Chaitheas imeacht. Siar arís. Faoin *blue horizon.* Tú féin?'

'D'fhilleas-sa abhaile ar an ordóg ó Inis Díomáin. D'fhéadfá brath ar an ordóg an uair úd. Gan aon phingin agam. Thugas faoi siar arís go Duibhneachaibh. Fuaireas an bóthar ón bPota. Balcaisí caite ag binn an tí aige faoin mbáisteach. Mac na Míonáire a thug sé orm, agus "cad d'imigh ar do pháirtí Slim?," ar sé, gurbh fhada sinn gan teacht chun grean a leathadh ar an mbuaile agus greadadh liom ar cosa in airde.'

'An timpeall!,' ar sé, agus scairt gháire á dhéanamh aige. 'B'fhada an turas ón nDaingean é.'

Bhí an caife ag plobarnaíl i súil ghloine an *percolator.* An t-aer brothallach ar an mboladh. Bhí ina thost plobarnaíle, tamall, gan aon teannas eadrainn agus an caife ag taoscadh. Suaimhneas sa chistin. Bhraitheas go raibh suaimhneas éigin i Slim a thagann de thoradh deamhain a chloí agus a ruaigeadh. Suaimhneas éadromchúiseach ab ea é mar a bheadh a chorp iomlán ag ligint do sholas gabháil tríd. Priosma, ach é fós ann ina fhuil, ina fheoil, ina chruth daonna.

'Ar ghabhais tríd an muileann meilte?' a d'fhiafraíos.

'Chuas. Gliomadóireacht amach ó Cape Cod. Tamall ar an dian-ól, ag caitheamh, tamall ag saighdiúireacht, *commune* i gCalifornia, taisteal i Meiriceá Theas chomh fada le Tierra del Fuego, ar aghaidh go dtí an Mhuir Chiúin ó oileánra go chéile, tamall ag iascach *gurnet,* mo phasáiste ar *junk*anna Síneacha, gur bhaineas Okinawa amach. Táim le ceithre bliana déag i mo *samurai.*'

'Níl a chuma ort go bhfuil.'

'Ná bac na seaníomhánna den *samurai*. *Samurai* de chuid na haimsire seo, d'fhéadfadh sé gabháil tharat sa tsráid i gan fhios. Aithnímid a chéile áfach.'

'Chuais le Seapáinis?'

'Chaitheas a dhéanamh. Seacht mbliana faoi oiliúint *samurai* agus seacht mbliana eile ag foghlaim na máistríochta. Táim ar saoire faoi láthair.'

'Cad a thug i do cheann teacht ag triall orm?'

'Theastaigh uaim a rá leat go bhfuil an bás trócaireach, go n-eitlíonn an t-anam as an gcorp ar chuma féileacáin. Tá sé feicthe agam.'

'An tú an té atá i mo chuid taibhrithe le déanaí, suite ag an mbinn faoi scáth na gréine?'

'Is mé, ní foláir.'

'Bhí sé déanta amach agam go rabhais imithe sna Hell's Angels, ón gcuma a bhí ort ag an mbinn.'

'Bhíos tamall iontusan leis.'

'Sara gcuais i do *samurai*?'

'Sara gcuas i mo *samurai*.'

Bhí a fhios agam ón dá shúil ghlé ina cheann go raibh sé ag insint na fírinne. Go héadrom.

An Ghréig ar an nGráig

Saothar coráistiúil ina bhfuil flosc diamhair, ceardaíocht shnoite agus cumas neamhchoitianta scríbhneoireachta é an chéad úrscéal *An Gealas i Lár na Léithe* ón údar Duibhneach, Pádraig Ó Cíobháin.

Garsún ag fás aníos i measc a dhlúthphobail, é ag cur aithne air féin trí shúile an phobail sin; é ag imeacht uaidh agus ag cur aithne ar chomhaoisigh leis ar an gcoláiste i gCill Airne; é ag filleadh abhaile ina chroí, ina shamhlaíocht, agus go tráthrialta ina chorp, is téama dó. Na daoine dar díobh é, a chine, a chomhaoisigh sa bhaile, na strainséirí sa samhradh – cailíní – cuid de na carachtair atá ann.

Is mó ná sin go mór fada an saothar áfach. Tá solas ag gealadh agus ag doirchiú ann. Tá gaois agus saíocht na muintire. Tá an dúshlán don duine óg teacht ar a ghuth féin, ar a aclaíocht aigne agus mhothálach féin.

Íomhá lárnach san úrscéal is ea an scáthán de dhéantús dhá lámh athar chríonna an gharsúin. Bronntanas ba ea é i gcuimhne ar an síneadh nua leis an teach. Feiceann an príomhcharachtar lámhcheardaíocht an athar chríonna gach uair a fhéachann sé ann. 'Sin í moirtís Teaimí, a deirim liom féin, a fhios agam gur mó duine a dúirt na focail chéanna san am atá caite ach atá fós ann aon uair a chídís cupard nó fuinneog saise i dtigh déanta ag an sean-Tomás.' Is é an dúshlán atá roimhe, ná é féin a fheiscint go hiomlán – goiríní is uile – i scáthán sin an athar chríonna. Scáthán é meon an phobail, ach féadann sé a bheith tiarnúil leis. Níl sé le tuiscint ón saothar

124

seo áfach, gurb in é mar a bhraitheann an príomhcharachtar. A mhalairt. Deir sé:

> Ní raibh puinn thar 230,000 duine san Aithin, an chathair a sholáthraigh na fealsaimh ab intleachtaí dár mhair riamh ... Ní mór thar fiche éigin duine istigh ar an mbaile seo agus deinim pictiúir i m'aigne arís den réigiún talún ó Chruach Mhárthain laisteas go dtí Cnoc Bhréanainn thuaidh go dtí Ceann Sraithe thiar orm mar gurb í m'Attica í ...

Cruthaíonn an Cíobhánach an Ghréig dó féin ar an nGráig. 'Sin é scáthán Pháidí,' a déarfaidh daoine fós i dtaobh an tsaothair seo.

Más coláisteánach ag filleadh abhaile é i gcomhair an tsamhraidh an príomhcharachtar is gairid an mhoill ar an bPeilipinéis in Iarthar Duibhneach an teitheadh a chur ar aon éirí in airde. Tá féar le baint, cocaí le pasáil, arbhar le ceangal, le cur i stácaí. Aon gharsún óg tuaithe a chaith seal i scoil chónaithe, aithneoidh sé na comharthaí sóirt imeachta agus teachta atá ar an bpríomhcharachtar anseo – an Ford Transit ag teacht chun é a thabhairt chun siúil, soir, arís. Tá cur síos an-bhreá, dála an scéil, ar na leaideanna óga Gaeltachta ag fágáil an choláiste i gcomhair an tsamhraidh. Iad ciúin ar dtús, Béarla mar urlabhra acu, agus anam ag teacht arís iontu de réir mar a thagann a dteanga féin chucu agus iad ag druidim leis an mbaile.

Odaisé comhaimseartha déagóra a tharlaíonn a bheith lonnaithe i gCorca Dhuibhne nó idir an Ghréig agus Cill Airne é *An Gealas i Lár na Léithe*. Pribhléid é an éachtaint a thugann Pádraig Ó Cíobháin dúinn ar a mhuintir féin. Roinnimid a thírdhreach inmheánach féin leis. Tá boladh na dtor fiúise sa cheobhrán le fáil ón bprós. Bímid i bpáirt iomlán leis sa chaidreamh lena mhuintir. Deinimid cocaí féir ina theannta, lena athair.

Suímid sa chistin lena athair críonna ag éisteacht le sioscadh leathanach an *Kerryman*. Cloisimid arís guthanna ónár n-óige féin a bhí ligthe i ndearmad againn. Taistealaímid póirsí idir an Ghráig agus Clochar, thar Mhám na Gráige siar a ceileadh orainn mar chuairteoirí. Athmhúsclaíonn *An Gealas* mianta fáis an déagóra ionainn féin. Tá gnéithe den úrscéal seo – *Bildungsroman* – blúirí scríbhneoireachta, a sháraíonn aon phrós Gaeilge nó Béarla, Duibhneach nó neamh-Dhuibhneach, dá bhfuil foilsithe le tamall fada in Éirinn. Tá a *métier* agus a chanbhás aimsithe ag an gCíobhánach.

Tá gnéithe den leabhar nach bhfuil gan locht, mar a bheadh clocha saoir ar sceabha. B'fhéidir gur fearr é sin ná tóraíocht na foirfeachta. Mar sin féin, braithim go bhféadfaidís a bheith curtha ina gceart le heagarthóireacht thuisceanach liteartha – ag eagarthóir liteartha de chuid an fhoilsitheora – sula bhfaca an saothar solas an lae. Tá cuma cuibheasach amh, d'aon ghnó b'fhéidir, ar chuid den scríbhneoireacht. Ní raibh le déanamh ach an scian a thabhairt chuici. B'fhéidir go n-áiteodh an foilsitheoir nár ghá sin.

Measaim féin gur cuid de bhundualgas an fhoilsitheora é eagarthóireacht liteartha a dhéanamh, seachas lámhscríbhinn a thabhairt do chlóchuradóir mar a fuair sé isteach ina lámha í. Ba ghá chomh maith eagarthóireacht bhreise a dhéanamh ar an téacs. Tá cuid de struchtúr an úrscéil róscaoilte. Obair an fhoilsitheora seachas an údair, nó i bpáirt leis an údar. An dtugann éinne aon aird ar a leithéid níos mó?

Tá clúdach suaithinseach ar *An Gealas* – Duaisphictiúr Oireachtais Thomáisín Uí Chíobháin, *Fothair na Manach*, gealas eile i lár na léithe.

An mheánaois nua

Is é an meal siopadóireachta faoin mbruachbhaile an t-ionad comhluadair agus caidrimh is mó atá ag fear tí, ag mná a bhfuil cúraimí teaghlaigh orthu, ag daoine a bhfuil am an lae le cur isteach acu. Is fearr liom an focal Meal ná Ionad toisc go bhfuil macallaí ann ón Meal Theas agus Thuaidh. D'fhiafraigh duine den fhoireann atá i mbun an chuntair cáise san ollmhargadh díom an lá cheana an raibh mo phost caillte agam, nach rabhas-sa ar dhuine acusan a bhí ag obair sa Phreas[2]. D'fhéadfainn an P mór pléascach a chloisint ina cheist.

Is ait leis fós fear a bheith istigh chomh rialta sin, agus d'éiríos féin fústrach, leithscéalach ansin ina thaobh. Ag obair sa bhaile; saor-iriseoireacht; ag scríobh. Chroith sé a cheann agus ghreamaigh an lipéad den cháis ach bhí a fhios agam ar a chuid gothaí nach rabhas-sa lipéadaithe aige, nár thuig sé. *'Mind yourself'* ar seisean liom agus mé ag imeacht. Thuigeas go raibh míshuaimhneas ar fhear an chuntair cáise mar gheall orm. Tá a leithéid feicthe cheana agam i saol na hoibre – an té a théann le hobair pháirtaimseartha, a thréigeann an príomhshruth, ag cur míshuaimhnis ar na daoine a fhanann, nach bhfuil an rogha nó an misneach acu imeacht.

Ba é an scéal céanna é ag duine de na mná ag an *checkout*, bean ghnaíúil as Iarthar na hÉireann. Cad a bhí á dhéanamh istigh chomh minic agam? Bhíos léite aici, mo thráthchlár ar eolas. Bhíos ann Dé

2. *The Irish Press (Scéala Éireann)*, nuachtán laethúil 1931–1995

127

Luain, Dé Máirt agus anois Dé Céadaoin, tráth nach mbínn ann ach uair sa tseachtain. Ní imíonn faic i ngan fhios di féin ná dá comhghleacaithe. Ó, a deirim léi, a bheith i mbun chúram linbh atá faoi athshláinte. Uaireanta, a deir sí liom, tagann mná go háirithe isteach cúpla uair sa ló, iad gléasta amach in éadaí den fhaisean, cuntas creidmheasa acu i gceann de na búitíceanna, agus earraí á gceannach acu nach mbíonn aon chúram faoin spéir acu díobh chun poll an uaignis ina saol a líonadh. Ní bhíonn de chomhrá daonna acu i rith an lae ach an méid a bhíonn acu ag an *checkout*. Tá aithne mhaith curtha agam ar chuid de mhná an *checkout* san ollmhargadh le déanaí agus níl aon insint ar an léamh a bhíonn acu ar dhaoine. Ba chóir céimeanna síceolaíochta a bhronnadh ar chuid acu.

Creidim féin gur easpa comhrá an ghné is measa de na mealanna siopadóireachta seo, nach gá oiread is focal a mhalartú le héinne agus tú i mbun do ghnó ón nóiméad a ghliúcaíonn an ceamara slándála ort go dtí go sroicheann tú an *checkout*. Tá an teicneolaíocht anois ann chun do chuid earraí féin a scanadh, agus deireadh a chur go hiomlán leis an teagmháil dhaonna sin dá shuaraí é. Ní haon ionadh go mbíonn teiripe ag teastáil chun déileáil le *detritus* an chomhfheasa. Cuid d'anlann an bhia a cheannach, faoi mar a bhíonn sna margaí móra oscailte ar an Mór-Roinn, ná tuairisc an bhia a chur, earraí a láimhseáil, a mboladh a fháil. Sa mheal siopadóireachta níorbh fhearr duit, uaireanta, a bheith i do bhalbhán.

Is nós iomlán coimhthíoch liomsa é a bheith i mo thost i mbun siopadóireachta. Bíonn gá agam le comhluadar daoine, scéalta baotha an lae a mhalartú, a bheith i mbun béadáin más gá sin. Saghas teiripe ann féin é an méid sin. Ach ní ligeann an meal siopadóireachta dúinn an beagán sin féin a dhéanamh: ina thoisí, ina leagan amach, ina rithim dhithneasach.

Tá col ag an leanbh is óige féin, faoin tráth seo, leis an ionad spraoi sa mheal siopadóireachta agus bíonn orm mála criospaí a gheallúint dó mar bhreab má théann sé ann. Géilleann sé agus tá leathuair an chloig ceannaithe agam chun suí i mbun nuachtáin agus cupán tae a ól. Ní ceart neamhaird a dhéanamh de dhoicheall leanaí, mar go mbíonn a gcuid instinní níos glaine ná ár gcuid féin a bhfuil meirg orthu.

Ach ón nóiméad a leath na doirse uathoibríocha agus a sheolas isteach, bhíos greamaithe ar an gceamara slándála a thugas faoi deara níos géire inniu ná riamh. B'fhéidir gur orm féin atá sé, ach braithim níos mó ná riamh nach aon áit mhoilleadóireachta é.

Ní fhaca duine dealbh san áit seo le seacht mbliana. Ní bhíonn aon deabhadh ar bhochtáin ná ar sheandaoine. Sa mheal is féidir boinn gheala nó donna a chaitheamh faoin eas uisce do na bochtáin, d'eagraíochtaí carthanachta. Fógra in airde don dream a rachaidh na pinginí chucu an tseachtain seo. Táimid ag cuimhneamh oraibh, tá sibh ann, ach ná tagaigí thar tairseach isteach inár saol. Braithim an coimhthíos sin arís leis an meal, ach ní fada a mhaireann sé.

Is é an gluaisteán an bonn atá faoin meal, atá bunaithe ar an tuiscint go dtiománfaidh tú ann ó do theach scoite nó leathscoite, ó d'árasán nó do *duplex*. Nuair a thángas chun cónaithe ar dtús sa cheantar ba shráidbhaile é lár an bhaile. Gheofá do chuid feola agus ispíní i siopa áirithe, do ghlasraí mar a chéile, arán i siopa Johnston Mooney & O'Brien. Chuireas aithne ar dhaoine i ngach áit acu. Chuirfeá aithne ar phobal. Glanadh na putóga as lár an bhaile, scaipeadh an pobal, cuireadh an meal ann ach bhí an táthú riachtanach pobail sin díothaithe.

Is é an léamh a dheineann an fealsamh Francach Alain Minc air seo ná go bhfuilimid ag filleadh ar ré nua Meánaoise. Ina leabhar *Le nouveau Moyen-Age*, tráchtann sé ar chathracha ar nós Milano agus a thuilleadh acu a bheith ag teacht chun cinn, iad neamhspleách ar an stát; cósta thuaidh na Gearmáine go dtí na tíortha Baltacha ina Léig Hainseatach nua; 'limistéir liatha' a thugann sé ar na háiteanna ina bhfuil údarás ceannais ag na coirpigh a bhíonn ag plé le drugaí, earraí goidte, faoi mar is eol dúinn i gcathracha na hÉireann leis iad. Deir sé go raibh Conradh Maastricht bunaithe ar sheantuiscintí na hEorpa *vis-à-vis* an chumannachais, agus gur gá an fócas a athrú go dtí *Mitteleuropa* mar a bhfuil an chumhacht i ndáiríre anois ag forleathadh timpeall ar an nGearmáin. Baineann an Bhruiséil féin anois, dar leis, le ré atá caite.

Sa mheal siopadóireachta is furasta a shamhlú gur dún daingnithe atá ann, an garda ag an droichead agus é armtha lena raidió slándála, a charbhat, a chulaith. Ligtear anuas an droichead chun tú a scaoileadh isteach ach cárta leictreonach a bheith agat. Coimeádtar na bochtáin amuigh, ag lorg grásta Dé.

Dá mb'fhéidir grásta Dé a chur i mbuidéil, bheadh sé ar díol acu.

Athchuairt ar an bparlús

Theagmhaíos le m'óige le seachtain agus chorraíos ar shlite nach bhfuil braite agam le fada. An tseanbhean chritheánach a bhfuil a cuimhne ag teip, an í a thugadh ar chúl a rothair mé síos amach as an gcathair ag bailiú sméar dubh?

Deineann an comhrá gairid léi óganach arís díom agus teilgeann siar breis is tríocha bliain mé. Níor thuigeas go dtí anois díreach go raibh an chanúint tuaithe chomh ramhar aici, chomh hiomlán dílis dá baile fearainn dúchais agus í sa chathair le seasca bliain. Ó Chom Sheola in iarthar Chorcaí í. Scríobhas portráid óige di uair amháin, faoi mo chaidreamh féin léi agus lena fear céile Tom a bhfuil a phictiúr ar an matal os cionn an tinteáin ina seomra. É caillte le seacht mbliana. Tá cnapán i mo phutóga, mo mhothúcháin ar maos sa chuid sin díom gurb í m'óige í.

Chomh beacht is a bhíonn na cuimhní! Cén snoíodóir a dhealbhaigh iad? Chomh mionchruinn is a bhíonn na cuimhní: na tíleanna ar an urlár sa halla aici; an forc fada fáiscthe a dhein Tom di chun arán a thóstáil ag an tine; an radharc amach an fhuinneog a bheireann ar shlí áirithe ar bhinn an tí trasna na sráide, inar fhásas féin aníos. Ní trua nach bhfilleann an óige, ach i mo chás-sa is fada liom go n-imeoidh sí, mo ghuí, agus mé ag fágaint slán aici ar thairseach a dorais. Árasán os cionn siopa i Sráid na Dúghlaise. Pógaim a ceann critheánach go héadrom.

Nuair a osclaíonn m'uncail an cás batráilte ina bhfuil an

sacsafón, baineann chomh beag is atá an gléas ceoil, geit asam. Táim ina theach feirme don stéisean[3]. Uair gach ceithre bliana a deir sagart ón bparóiste Aifreann sa teach ar thaobh sléibhe ag an gcrosaire sa chúlchríoch intíre. Cad atá á dhéanamh ag sacsafón ina leithéid d'áit – an sacsafón *alto* a thógainn amach as an gcás sa pharlús chun na heochracha draíochtúla a láimhseáil, agus an clab mór air – bhaininn glam garg as go hannamh mar nach mbíodh an anáil ionam chun séidte. Bhíodh na feagacha eabhair i bhfolach aige, ar aon nós, agus ba chuma cén puth a bhíodh ionainn níorbh fhéidir an gléas a sheinnt dá gceal.

Tá sé bliana is tríocha ann ó d'ardaíos i mo lámha go deireanach é. Insíonn sé scéal an tsacsafóin dom den chéad uair, conas a chonaic sé fógartha sa nuachtán ar díol é agus gur cheannaigh. Theastaigh uirlis neamhchoitianta uaidh agus fuair sé iasacht airgid ó mo mháthair, a dheirfiúr, chuici. Bhíodh sé á seinnt i mbanna céilí timpeall na dúiche, agus nuair a bhuaileadh sé na nótaí ísle chuireadh sé na rinceoirí sa tsiúl ar fad. Mná gan dabht, fág faoi é, an seanrógaire.

Is deacair liom a chreidiúint go rabhas-sa chomh beag uair éigin fadó go raibh an gléas seo, a bhfuil an loinnir imithe as, beagnach chomh hard liom féin. Tugaimid an sacsafón síos go dtí an parlús mar a bhfuil na fir cruinnithe timpeall ar an mbord, iad suite chun béile leis an sagart. Fear tuisceanach é an sagart agus braithim go dtuigtear dó go mbíonn pobail níos coimeádaí uaireanta ná na sagairt.

Dúirt sé liom gur mó an bhaint a bhí ag an stéisean le ré na dtiarnaí talún agus lena gcuid athmháistrí, le bailiú cíosa ó na

---

3. Nós coitianta i gceantair tuaithe Aifreann a léamh i dtithe na ndaoine.

feirmeoirí, ná leis an miotas bréagach gur fhás sé as na Péindlíthe. Agus cé go bhfuil slua beag istigh inniu sa pharlús, bladhm thine ar lasadh chun an taise a chur ar gcúl ar feadh lae, an sacsafón agus an cairdín ar ais arís ann, na grianghraif de mo sheanmhuintir ar an matal, mothaím parlús sin na hóige ag barr mo mhéar agus ainneoin na tine braithim an fhionnuaire sin fós. Fionnuaire an pharlúis gan tine, agus mé istigh ann gan chead.

Fionnuaire agus mo chroí ag rás. Níl san ócáid atá anois ar siúl sa teach ach leagan amháin, insint amháin, dreach amháin de na dreacha go léir a chaitheann an teach. Tá dreach an stéisin féin ag tréigean. Níl i mo pharlús féin chomh maith céanna ach insint amháin, leagan amháin den fhírinne. Dúrt níos túisce gur chuid díom ba ea m'óige, ach is í m'óige an bhunsraith faoin uile rud. *Braille* chun saol a léamh istigh, *braille* a dhúisíonn pictiúr reatha.

Tá cuid de mo mhuintir anseo inniu nach bhfaca le tamall maith agus tugaim faoi deara go mbíonn an-chaitheamh i ndiaidh a n-óige féin acu ina gcuid seanchais. Deir aintín amháin liom nuair a chíonn sí ar ais sa pharlús mé: *'You were always a poky little devil.'*

Míléamh ar an ócáid is ea a rá gur pobal diaganta, deabhóideach, coimeádach, Caitliceach, náisiúnach, caolaigeanta, faoi chuing an traidisiúin iad an dream atá bailithe isteach sa teach feirme. Is ea ón taobh amuigh, ach cóisir chomh maith is ea í. Lá mór buidéil bheaga pórtair agus taoscáin bheaga biotáille, cístí agus cácaí, ceoil agus ceapairí feoil fhuar bheirthe agus rósta. Nuair a bhogann siad amach, tar éis don sagart imeacht, bíonn níos mó cleachtadh ann ná mar a bheadh ag aon *rave* nó bálnaidht. Sa chúlchistin fós a thugtar greim le hithe agus deoch le hól don sclábhaí feirme a thagann ar cuairt.

Insint amháin orthu féin don lá is ea an stéisean. Insint fhoirmeálta: péint curtha faoin teach, na fallaí, frámaí na bhfuinneog, faoin bpríomhdhoras, na geataí, agus aoldath ar an scioból. Dá mb'fhéidir an spéir a phéinteáil bheadh sé sin féin déanta.

B'fhéidir nach bhfuil i dtraidisiún ar deireadh ach slí a bheith ag na daoine atá páirteach ann a bheith ar a gcompord. Slí chun insint a dhéanamh. B'fhéidir nach bhfuil san óige ach insint eile, insint a bhímid a athchóiriú, a mbímid ag cur craicinn uirthi agus á baint di, go dtí lá ár mbáis.

Athchuairt ar Oirialla

Tá dúichí seachas a chéile a dtugaim gean mór dóibh agus ceann acu is ea Oirialla. An chúis is mó leis sin fós ná an fhuascailt a dhein Éigse Oirialla ar shaibhreas fileata agus liteartha oirdheisceart Uladh ag tús na 1970idí.

Bhain cnuasaigh dánta na bhfilí – Peadar Ó Doirnín, Séamas Dall Mac Cuarta, Art Mac Cumhaigh, Pádraig Mac a' Liondain, agus ina dhiaidh sin Cathal Buí aniar – barrathuisle as a chéile agus iad ag teacht amach ón gClóchomhar ag an am[4]. Ba sa cheantar seo amháin, geall leis, a saothraíodh an litríocht – agus an prós san áireamh – in Ulaidh ón mbliain 1700 amach, a dhearbhaíonn Breandán Ó Buachalla ina shaothar *Peadar Ó Doirnín: Amhráin* (1969). Luíonn filíocht Oirialla go céadfaíoch ar do chneas ar nós síoda, nó sróill, gan í bheith chomh dorcha ná chomh dúranta le cuid d'fhilíocht Chúige Mumhan: is cosúla í le filíocht an Chláir a bhraithim – Tomás Ó Míocháin cuirim i gcás; le *soufflé* binn ná le 'rósta ar bhearaibh'. Tá sí síormheallltach, ag teacht timpeall aniar aduaidh ort in áit a bheith ag breith isteach ort.

Thugas liom cúpla cnuasach díobh ar mo chéad thuras tuairisceoireachta thar teorainn, ag lorg 'Úrchill an Chreagáin.' 'The National Anthem of South Ulster' a thug Énrí Ó Muirgheasa ar an amhrán. Bhíos ag máinneáil liom sna cúlbhealaí 'Eadar Foirceal na cléire is Fochairt na nGael' nuair a stop patról saighdiúirí Briotanacha

---

4. Comhlacht foilsitheoireachta Gaeilge 1954–2008.

mé. Léimeadar amach as a bhfeithicil agus dhírigh a ngunnaí orm ó na claíocha ar dhá thaobh an bhóthair. Níor chabhraigh sé le mo chás go raibh Cortina á thiomáint agam – an gluaisteán ab ansa leis an IRA dá mbuamaí geilignite – agus cláruimhir Chorcaíoch uirthi.

Bhí an t-oifigeach a cheistigh mé an-bhéasach, tuin ghalánta aige, agus nuair a mhíníos dó cad a bhí ar bun agam labhair sé ina raidió á rá go raibh duine (buile gan dabht) aige 'who was looking for the grave of some Gaelic poet'. Pé treoracha a fuair sé thairg sé go leanfaidís siúd mise go ceann scríbe, agus mé ar a n-aghaidh amach. Bhí mo dhóthain céille agam, tráth a bhí draenacha dheisceart Ard Mhacha á bpléascadh go seachránach faoi phatróil Bhriotanacha, diúltú dá thairiscint. Go béasach. Bheartaíos an Cortina a fhágaint i nDún Dealgan agus an traein a fháil an chuid eile den tslí.

Molann Tomás Ó Fiaich ina leabhar breá *Art Mac Cumhaidh: Dánta* (1973) gabháil amach:

> ... an bealach mór ó Dhún Dealgan ag tarraingt ar Ard Mhacha… Ceantar Álainn. Sliabh gCuilinn maorga ... Sliabh Breac ina sheasamh go dúshlánach... Maigh Muirtheimhne. Ceantar stairiúil. Tá taibhsí dhá mhíle bliain ar an bhóthar romhat.

Tá a thuilleadh acu ó shin air. D'éirigh liom seasamh an uair seo i gCill an Chreagáin, séipéal de chuid Eaglais na hÉireann mar ar chuir an reachtaire ceangal an phósta ar Art, de bharr bochtanais a mhaíonn sé: 'cha phósfaí mise ar laighead mo chiste sa teampall ar ball'. Thit sé amach leis an sagart paróiste a théadh timpeall ar mhuin chapaill agus 'fuip lódáilte' ina lámh ag a ghiolla. Chuir sé faoi choinnealbhá é 'na cloigíní á gcrathadh 'mo dhéidh-se' agus chuaigh sé ar deoraíocht go Binn Éadair:

Ag cuan Bhinn Éadair ar bhruach na hÉireann,
Agus mé ar thaobh tonn na bóchna 'mo luí ...

Tá mo chroí-se réabtha 'na mhíle céad cuid
Agus balsam féin nach bhfóireann mo phian,
Nuair a chluinim an Ghaeilig uilig dá tréigbheáil,
Agus caismirt Bhéarla i mbeol gach aoin,
Bhullaigh is Jane ag glacadh léagsaí,
 Ar dhúichibh Éireann na n-ór-bhall caoin,
'S nuair a fhiafraím scéala 'sé freagra ghéibhim:
'You're a Papist, I know not thee'.

Clann Bhullaí – aithris ar Willy – a thugtaí go coitianta ar na
plandóirí nua san ochtú haois déag. Bhí Art tríocha a cúig bliain
d'aois nuair a cailleadh é in 1773. Ag Pádraigín Ní Uallacháin ón
Mullach Bán atá an leagan is íogaire, go bhfios domsa, de 'Úrchill an
Chreagáin'. Tá Tuama Uí Néill an Fheadha ar an gCreagán chomh
maith, ach is gá glaoch ar an eochróir roimh ré chun go n-osclófaí é.
Bhí áras an Chairdinéil Uí Fhiaich féin i gCoilleach Eanach dúnta
an lá a thugas cuairt air.

I gceantar Chuailgne a bhíos féin ag fanacht agus tá taibhsí
ar na bóithre ansin, leis, an té is déanaí a feallmharaíodh ceann
acu. Thugas turas ar Chairlinn, ar Ó Méith, ar Bharr an Fheadáin
(Flagstaff i gceantar an Iúir agus Mhoirne). Is go haonteangach fós
atá na comharthaí poiblí i ndlínse Thuaisceart Éireann den cheantar
ach is é 'Slí Táin' in áit Slí na Tána a thugtar ar an 'Tain Trail' i
gCuailgne. Níl oiread is comhartha amháin ná léarscáil ná eolas
don chuairteoir i dtaobh phríomheipic liteartha na hÉireann atá
fite chomh dlúth sin leis an tírdhreach mórthimpeall gur ar éigean

más féidir sliabh, féith, mullach ná sruthán a fheiscint gan rian na Tána a bhrath ag úscadh tríothu. Ba é baile Chairlinne teorainn na Páile tráth, baile dúchais an Athar Lorcán Ó Muireadhaigh, a bhí ar imeall na Gaeltachta nuair a saolaíodh é in 1883. Tá a bheathaisnéis scríofa ag Anraí Mac Giolla Chomhaill: *Lorcán Ó Muireadhaigh: Sagart agus Scoláire.* 'Gael go smior' atá ar a leac chomórtha sa tsráid i gCairlinn taobh le binn fhothrach tí ó na meánaoiseanna. Más é 'Úrchill an Chreagáin' amhrán náisiúnta dheisceart Uladh, is é 'Amhrán na bhFiann' an t-amhrán náisiúnta go láidir i gCairlinn, agus an slua plódaithe i dteach tábhairne ag pléascadh na bhfrathacha leis, ag am dúnta.

Bhuail Ó Néill agus Ó Dónaill le teachtairí na Banríona anseo in 1596 chun téarmaí síochána a phlé. Tairgeadh Cúige Uladh dóibh – 'dilsiucchadh chúige Chonchubhair' a deir na hAnnála – ach nuair a chuaigh na taoisigh Ghaelacha i gcomhairle bheartaíodar na téarmaí a eiteach: 'Do imeaglaíodar go mór nach gcomhlíonfaí leo an méid do tinghealladh'.

San áit a bhíos ag fanacht ag Baile Mhic Scanláin a scríobh an Dall Mac Cuarta an dán álainn 'An Lon Dubh Báite' do bhean de mhuintir Uí Néill ar bádh peata loin a bhí aici i dtobán aoil.

A iníon álainn Choinn Uí Néill,
Is fada do shuan tar éis áir;
Is nach gcluin uaisle do chine féin
Tú ag caoineadh do spré tar éis a bháis.

Ceiliúr an éin lúfar luath,
Theastaigh uait, a fhaoileann bháin;
Cha bhíonn tubaiste ach mar a mbíonn spré,
Is déansa foighid ó ghreadadh lámh.

Ó ghreadadh lámh is ó shileadh rosc
Glacsa tost, a fhaoileann úir;
A iníon álainn Choinn Uí Néill
Fá bhás an éin ná fliuch do shúil.

A fhaoileann a d'fhás ó airdrí Uladh na rí
Fuirigh mar tá, is fearr é nó imeacht le baois;
Fá d'éan beag a b'áille gáire ar imeall na gcraobh,
Chan ceist duit a bhás go bráth is é nite le haol.

Bodhrán agus *lambeg*

Trí thimpiste a bhuail an bodhrán agus an *lambeg* le chéile, i gclub oíche ar Cirrhosis Boulevard.

– Fág an bealach, a dúirt an druma buí.

D'aithin an bodhrán cé a bhí aige láithreach. Ar a iompar leathanghuailleach, mustrach faoi mar gur leis an teach. Bhí Faughaballagh feicthe aige ar cheann de bhratacha na Lóistí, agus thuig an bodhrán gurbh é ba dhual dó.

– Ní i nDroim Crí atá tú anois a mhaistín, a dúirt an bodhrán os íseal.

Ach toisc go raibh sé i bhfad níos lú ná an druma buí ina thoirt, ní dúirt sé os ard ach:

– Seo leat.

Bhíodar ag dul san áit chéanna, chun braon a scaoileadh i gcoinne an fhalla. Bhí braon faoin gcraiceann ag an mbodhrán, agus bhí brat allais leis ón rince. Ba é a thug an misneach cainte dó is dócha.

– Tá tú tamall ó bhaile, ar sé.

Bhí a ndroim acu le chéile, agus dhírigh an bodhrán a aird ar a shruth le linn dó a bheith ag caint.

– Tá mé ag fáil amach cé chomh *backward* is atá an Phoblacht seo agaibh, mar a dúirt ár gceannaire nua. Nuair a toghadh go buacach é, ainneoin gach bréag a bhí sna meáin ina thaobh. Nuair a d'éirigh an fhuil ann agus gur dhearg a cheannaithe. Nuair a labhair sé óna chroí, seachas a cheann.

– *A still rather backward-looking Irish Republic.*

– Bhíos féin i mo ghabhar tráth, álraidht. Bhí san. Ag imeacht liom féin sna sléibhte thart ar Bhoirinn. Tá an féar milis ann. Tá milseacht i mo ghlór dá bharr. Agus binneas. Ach taistealaím chomh maith i scairdeitleáin. Idir an tSionainn agus Páirc an Chrócaigh.

– Tá cuma cuibheasach fiáin ort, arsa an *lambeg* agus é ag féachaint thar a ghuala leathan ar an mbodhrán.

– Táim aerach, a dhuine, ó bhuamar an chraobh iomána. Bhíos sa phainéal, agus thit deora le mo shúile, d'fhliuchas mé féin le háthas. Phóg dochtúir mná easpag. Ní bheidh an saol mar a chéile go deo arís.

– Seachain ná fliuchfaidh tú tú féin arís. Iomáint ... sin hacaí na bPápairí an ea?

– Más maith leat é sin a thabhairt uirthi.

– Chuala mise gur as pacaí leathair an Phápa a bhí sibhse, bodhráin, déanta.

– Dá mb'ea ní bheadh aon cheol againn, a d'fhreagair an bodhrán.

– Nach fíor go gcaitheann fear a bheith ina iománaí chun jab a fháil in Aer Rianta i gContae an Chláir?

– Is ea, agus thuirling mallacht Bhiddy Early ar an túr aerthráchta i mBaile Átha Cliath nuair a bhuail splanc tintrí é. Fág an áit uaim le do chuid seafóide.

– Biogóid mise i mo chroí istigh, arsa an *lambeg*. D'fhoghlaimíos go hóg le bheith i mo bhiogóid. Tá intinn ghéar agam, faoi mar a dúirt an Taoiseach sin agaibh. Bhíos i Sráid Ghleann Gall nuair a bhuail Prontius isteach. Is breá liom craiceann an réasúin a leathadh ar chroí na biogóide.

– Is é an chéad uair a chuala moladh poiblí á thabhairt do dhuine in Éirinn de bharr a ghéire intleachta. Caithfidh sé go raibh na comhairleoirí aige ag tóch go domhain i dtóin an bhairille chun é a mholadh. De ghnáth is measa intleacht a bheith mar thréith agat ná na coireanna gnéis is measa a bheith déanta agat ... Ach ar ndóigh, is siciatraí é Karadjic.

– Bhíos féin ar an gcoláiste chomh maith. Tá dintiúir dlí agam. Ní ag cnagadh ar bhruach na Banna a bhím i gcónaí, tá's agat.

– Cad a bhíonn de thoradh ar bhiogóid a chur ar an gcoláiste?

– Níl a fhios agam.

– Biogóid a bhfuil oideachas air.

– Ar thugais leat do bhonn? arsa an bodhrán.

– Cén bonn?

– An ceann leis an ribín a buaileadh i gcuimhne ar Dhroim Crí.

– Thugas gan dabht. Tá sé ceangailte le stápla den fhonsa.

– Fuaireas féin bonn chomh maith leat, a dúirt an bodhrán. Bonn óir craoibhe.

– Táimid cothrom mar sin, arsa an *lambeg*.

– Nach mar a chéile sinn, arsa an bodhrán. Cnagaimid ceol.

Croithimid rithimí as ár lár. Ná rabhas féin ag Christy sa stiúideo nuair a thaifead sé *North and South of the River* le Bono. Nílimse ag éileamh faic ort, ach go mbeimis cothrom faoi mar a dúraís.

– Á, ní thuigeann tú a dhath. Tá mian go domhain i mo lár, riachtanas mothálach, chun an ceannas ar na bodhráin áitiúla a chnagadh amach chomh tréan is atá i mo chroí. É a dhéanamh go poiblí. Go caithréimeach. Trimbleachas is ainm dó. Táimid tinn tuirseach de Hume agus Adams á thabhairt le tuiscint nach bhfuil ionainne ach *bootboys*. Dream mórtasach sinn. Tá dúchas fada *lambeg* againn.

– Is breá liom féin cnagadh *lambeg* sna sléibhte. Seithí ainmhithe is ea sinn araon. Aimsímis rithimí ár gcomhbhuillí. Gan a bheith ceannasach. Fan tusa ar an taobh thall den Bhanna más maith leat. Ach ná hiarr ormsa fanacht taobh thiar den tSionainn níos mó. Tá an All-Ireland buaite againn ar deireadh.

– Nach in é atá mé ag rá. *All-Ireland*. Agus tá sé de dhánaíocht ghlic bhodhránta ionat a rá nach bhfuil tú ag éileamh faic orm. Tá an saol meallta agaibh.

– Is ea, tá an cúram déanta. Ná dearmad é a chroitheadh.

Lig an bodhrán liú áthais Cláiríneach as agus seo leis ag batráil rince sa chlub oíche.

Burke agus Eoghan Rua

Fear ildánach sa chiall chlasaiceach ba ea an parlaiminteoir Sasanach agus an smaointeoir de dhlúth agus d'inneach na hÉireann, Edmund Burke, nó Éamonn de Búrca faoi mar ab fhearr aithne air i gceantar na hAbhann Móire, thart ar Bhaile Chaisleán an Róistigh. Cailleadh é in aois a hocht mbliana is seasca in 1797.

Bhí Gaeilge ar a thoil ag an mBúrcach, gné dá shaol a ceileadh d'aon ghnó go dtí seo. Ní hamháin sin, ach chaith sé dúthracht phearsanta le lámhscríbhinní a bhailiú, le hamhráin a fhoghlaim, agus chun a chuid Gaeilge scríofa a chleachtadh d'aistríodh sé a chuid aitheasc parlaiminte ón mBéarla ina sheomra i 'dToigh na Comónacht' mar a thugadh sé ar Westminster. Seachas a shaothar féin, tá roinnt filíochta i measc a chuid cáipéisí chomh maith.

Is í an fhilíocht an eochair don ghné cheilte seo de phearsa an Bhúrcaigh. Is leor a rá faoi láthair, go dtí go mbeidh toradh iomlán mo chuid taighde foilsithe, gur cara liom atá ag saothrú leis faoi rún i mbothán dearóil ina bhfuil síorbhraon anuas i.e. acadúlach andúileach dífhostaithe, a d'aimsigh cáipéisí Gaeilge an Bhúrcaigh i bhfeircín ime i siléar i gcathair Chorcaí le déanaí. Scéal lae eile é an feircín ime, cad as é, cad ina thaobh nár cuireadh ar bord loinge é chun na nIndiacha Thiar, agus cén cháilíocht chaomhnaithe a bhí ag im den dara grád ar Mhargadh Ime Chorcaí.

Tháinig mo chara, an Longánach, ar an taisce nuair a leagadh foirgneamh – stóras ársa mórdhíola – ar Ché an Chustaim. Bhí an

Longánach ag súil gur fíon, biotáille nó pórtar a bhí san fheircín a bhí dumpáilte ar charn smionagair, agus sháigh sé roimhe é á rolláil feadh na bport i gCorcaigh i ndoircheacht oíche. Bhí sé ag gnúsachtach leis an straein, ag cur allais leis an saothar nach raibh cleachtadh aige air, agus d'imigh an feircín uaidh nuair a thug sé lasc mhíthrócaireach dó in aghaidh an aird ar York Hill. Chruinnigh an feircín luas le fána agus smiotadh é i gcoinne falla Corrigan's Hotel. Teilgeadh an lasta bréan amach as, agus ba dhóbair don chnap lofa na boinn a bhaint de nuair a chuaigh sé á iniúchadh. Bhí sé ar tí goil agus aghaidh a thabhairt ar na Gables, nuair a chonaic sé rolla páipéir ag glioscarnach faoi sholas ómra lampa sráide. Rith sé leis ar dtús gur páipéar gréise ime a bhí ann agus d'iontaigh sé ar a sháil. 'Murab ea,' ar seisean leis féin 'murab ea'. Bhí sé ag cúinne an Choliseum faoin tráth seo, agus d'fhill sé. Cheana féin bhí paca gadhar fiáin ag sracadh na bputóg as a chéile chun an t-im lofa a leadhbadh. Sheas an oiliúint acadúil dó an uair sin agus tharraing sé ciceanna allta goimhiúla ar na madraí a rith le meatacht uaidh síos Sráid Mhic Curtáin. D'ardaigh sé an burla cáipéisí a bhí fáiscthe le ribín glasuaine, agus séala air. Níor scaoil sé an tsnaidhm go dtí gur bhain sé na Gables amach. Sa leithreas a d'aithin sé an pheannaireacht lámhscríbhinne. Nuair a d'fhiafraigh a pháirtithe óil de cad a bhí sa bheart ascaille níor thug sé de fhreagra grod orthu ach gur 'obair idir lámha' a bhí ann.

Ceann de na véarsaí atá i measc na gcáipéisí is ea é seo a leanas:

Saoi do mheabhraigh eagar is éifeacht
Eagna is iúl i bponcaibh dréachta:
Laidin is diadhachta, Gaeilge is daonnacht
Cneastacht le cuimhne is milseacht Bhéarla.

Tá an nóta seo a leanas ar an imeall: 'Ó mo dhlúthpháirtidhe cois Abhann Móire EROS.' Is é an EROS seo ná Eoghan Rua Ó Súilleabháin, cé eile? (Féach an léamh a dheineann Carl Jung ar Eros agus Logos in Jung: *Aspects of the Masculine*: Routledge).

Bhí an Súilleabhánach ina mhúinteoir ag muintir de Nógla in aice le Baile Chaisleán an Róistigh. Phós athair an Bhúrcaigh bean de mhuintir de Nógla in 1725 agus chaith Éamonn Óg cuid de na blianta ba shuáilcí dá óige i dteannta mhuintir a mháthar – Caitlicigh ghustalacha – cois Abhann Móire.

Ba í Nano Nagle ón teaghlach céanna a bhunaigh Ord Ban Rialta na Toirbhirte. Má cheapann éinne go bhfuil sé seo ar fad gan aon bhunús níl le déanamh ach é a thagairt d'aiste Louis Cullen, 'Burke, Ireland and Revolution' a foilsíodh in *Eighteenth-Century Life* in 1992. Is léir domsa ach go háirithe, gur tagairt dhíreach don Bhúrcach é an véarsa thuas, agus nach caoineadh ar shagart atá ann mar a measadh go dtí seo ach óid óna chara an Súilleabhánach.

Braithim féin, cé nach bhfuil aon fhianaise agam go fóill air, gurbh é an Búrcach a d'áitigh ar an bhfile ó Shliabh Luachra dul i gcabhlach na Breataine le súil go n-éireodh sé as an ragairne. Tá téacs iomlán an dáin ina bhfuil an véarsa, 'Is mithid dom féin' le hEoghan Rua, é tíolactha dá chara gustalach i 'dToigh na Comónacht' le fáil i gcáipéisí seo an Bhúrcaigh. Creidim gur dócha gur scríobhadh an dán seo tar éis d'Eoghan Rua filleadh óna thréimhse sa chabhlach agus tar éis dó imeacht le filíocht i mBéarla (féach an dán 'Rodney's Glory' etc.)

Murach pátrúnacht an Bhúrcaigh an uair úd bheadh Eoghan Rua imithe le filíocht i mBéarla ar fad. Is amhlaidh a bhí an Súilleabhánach ina scríobhaí a bhí fostaithe ag an mBúrcach ar a eastát in Beaconsfield a cheannaigh sé ar £23,000. Is léir go raibh tuairimí an Bhúrcaigh imithe i bhfeidhm ar Eoghan Rua, go háirithe a choimeádachas, a thuiscintí ar ord agus ar reacht:

> Do chaitheas-sa tréimhse 'm shaol go coirtheach ciontach
> cealgach créimneach claonmhar cleasach cúrsach
> gangaideach clé, gan ghéill do reacht an Oird chirt,
> is go maithidh Mac Dé le chéile ár mbearta dúinne.
>
> Ba mhinic gan bhréag le craos me ar meisce ó lionntaibh,
> go magamhail maosach aerach slitheach lúbach ...

Mo léan! Níor chloígh Eoghan an Bhéil Bhinn le measarthacht agus bhí sé marbh tar éis bliana nuair a fhill sé ar Chnoc na Graí ó Beaconsfield. Mar sin féin, d'fhág an Súilleabhánach a rian ar an mBúrcach, go háirithe mar is léir ar a stíl phróis i nGaeilge. Is leor blas beag amháin a thabhairt dá phrós Gaeilge: cur síos ar Marie Antoinette sular baineadh an ceann di:

> Atá anois sé bliana déag nó seacht mbliana déag ann ó chonac banríon na Fraince, an tan soin bhí ina banphrionsa i bPálás Versailles. Aisling chaithiseach do dhearcas-sa, an ainnir ba mhaordha taitneamhach, gur ar éigin a theagmhaigh sí cos le clár na cruinne. Ba chaomh a dreach is a súil ghrinn mar dhrúcht ghlinn ag déanamh spóirt ...[5]

Athraíonn an léargas nua seo ar an mBúrcach agus ar Eoghan Rua Ó Súilleabháin ár dtuiscintí, ó bhonn, ar an ochtú haois déag agus go deimhin ar stair pholaitiúil agus liteartha Shasana agus na hÉireann. Tá súil agam leanúint den obair cheannródaíochta seo.

5. Aistriúchán magaidh leis an údar ar shliocht le Edmund Burke.

Eoghan Rua agus *cognac*

Go gairid tar éis do Richard Hennessy a ghnólacht cáiliúil branda a chur ar bun i gceantar Cognac sa Fhrainc in 1765, bhí an díbeartach i ngalar na gcás. Ní raibh ainm trádála baiste fós aige ar a bhranda agus thuig sé nach fada a mhairfeadh an 'Hénesais' ar bhéala daoine. Níor rith sé leis láithreach *cognac* a thabhairt ar an mbranda. Is de bharr oíche óil agus áirneáin leis an bhfile Eoghan Rua Ó Súilleabháin, agus lena seanchara araon Edmund Burke, a shocraigh sé *cognac* a thabhairt air. Den chéad uair is féidir a dhearbhú gur ón bhfocal 'conách' i nGaeilge a thagann *cognac*.

Go cinniúnach d'éirigh liom teacht ar dhialann de chuid Richard Hennessy agus mé ag póirseáil le déanaí i siopa athláimhe i Mala. Beidh eolas iomlán á fhoilsiú agam ina thaobh seo i mo thráchtas: *Branda agus an Aisling: ceo, ceol agus cognac.*

Cairde óna n-óige ba ea an Búrcach agus Hennessy. Bhí an oiread géaga cleamhnais agus pósta ag muintir mháthair an Bhúrcaigh, Nóglach ó Chois Abhann Móire, agus atá ar chrann darach céad bliain d'aois. Faoi scáth na ngéag sin a d'éirigh le muintir Hennessy seilbh éigin a choimeád ar a gcuid tailte.

Caisleán Mhóin an Ime a bhí ina phríomhionad cónaithe ag na Nóglaigh nuair a fuair an Búrcach agus Hennessy a gcuid scolaíochta i dteannta a chéile i dtríochaidí déanacha an ochtú haois déag. D'fhéadfadh an Búrcach, lena cheart a thabhairt dó, léamh a dhéanamh ar fhilíocht na haimsire, ach ní bhfuair sé

máistreacht iomlán uirthi go dtí gur chuir sé aithne ar Eoghan Rua
Ó Súilleabháin ar theacht aniar ó Shliabh Luachra dó siúd. Níorbh
aon nath ag Richard Hennessy véarsaí de chuid Eoghain Rua a
aistriú go Fraincis. Tá ceann de na véarsaí ina dhialann:

> La pauvreté ne m'ennuie pas
> Ni pas être toujours en bas,
> Mais je souffre de sa méprise
> Que les lions même ne guérissent.

Aithneofar gan dabht línte Eoghain:

> Ní hí an bhochtaineacht is measa liom
> Ná bheith thíos go deo
> Ach an tarcaisne a leanann í
> Ná leigheasfadh na leoin.

Más aistriúchán neamhfhoirfe féin é leagan Fraincise Hennessy
níor bheag le rá é ó fhear gnó agus ó shaighdiúir san ochtú haois
déag. Baineann sé seo go díreach le hábhar, mar d'fhill Richard
Hennessy ar cheantar na hAbhann Móire in 1768. Bhí a athair ag
fáil bháis. Tháinig an Búrcach i leith ó Londain chun seasamh lena
sheanchara agus lena ghaol.

Bhí lasta branda tugtha leis ag Richard Hennessy, ní nach
ionadh, le roinnt ar Chaitlicigh na hAbhann Móire do thórramh
a athar. Bhí Eoghan Rua ina theagascóir lánaimseartha an uair
sin in Áth na Ceise ag leanaí Phiaras de Nógla, brainse eile fós de
Nóglaigh an Bhúrcaigh. I gcaitheamh na tréimhse sin a chum sé
'Cois na Siúire maidin drúchta', 'Ceo Meala lá seaca' agus 'Ceo
Draíochta'. Ní raibh a thréimhse chraorag sroichte fós ag an bhfile

bocht. De réir na hiontrála sa dialann dar dáta 20 Sept. 1768 deir Hennessy:

> Beaucoup bu hier, mais bonne ambience. Burke était là mais s'est retiré tôt. Le poète Sullivan a été stupéfié. Il mérite bien son nom, Saoulavant – Súilliobháin en Gaélique. A recité un nouveau poème le matin Ceo Draíochta, ou Brouillard Magique. Très mélodique: Ceo draoidheachta a gcoim oidhche do sheol mé, tré thíorrthaibh mar óinmhid ar strae.

Branda ar ndóigh a bhí á chaitheamh siar acu agus is d'Eoghan Rua is ceart an chreidiúint a thabhairt as *cognac* a bhaisteadh air. Deir Hennessy gur bhuail taom maoithneachais an Búrcach nuair a bhí dhá leathghloine caite siar aige. Maoithneachas óige a bhí air i dtaobh na hAbhann Móire, agus deir Hennessy gurbh fhurasta dó a bheith maoithneach agus £500 cíosa sa bhliain á fháil aige óna eastát sa cheantar. Mhol Burke go dtabharfaí *eau noire* ar an mbranda, ach níor ghlac Hennessy leis an moladh ar an mbonn go gceapfadh Francaigh gur gnáth-*eau de vie* a bhí ann. Mar sin féin ní raibh moladh níb fhearr aige.

Bhí buidéal caite siar ag Eoghan Rua faoin tráth seo agus d'ardaigh sé an scrogall le súil cúpla braon eile a shniogadh as. Bhí sé tirim. Smiotaigh sé an buidéal i gcoinne leac an tinteáin ina raibh bladhrach lasta.

D'oscail Hennessy buidéal eile don fhile agus shín chuige é. D'fhiafraigh sé de Hennessy cén áit sa Fhrainc gurbh as an branda gan baisteadh. Ó cheantar Charente taobh thuaidh de Bordeaux, a d'fhreagair sé.

'A chonách san ar do bhranda a chuir conach buile orm,' a dúirt

Eoghan Rua agus chuir sé an scrogall lena bhéal.

'Tá sé baistithe agat, a Eoghain, a bhuachaill,' arsa Hennessy.

Is ón eachtra sin cois Abhann Móire a fuair an branda cáiliúil *cognac* a ainm.

Nuair a d'fhill Hennessy ar an bhFrainc tar éis sochraid a athar, mhol sé go dtabharfaí Cognac ar an mbaile in Charente, i gcuimhne ar Eoghan Rua.

Cnagaire sa Ghaeltacht

— Cnagaire fuisce, a lorg an strainséir nuair a d'éirigh leis aird an tábhairneora a fháil ar deireadh ag an gcuntar sa teach ósta Gaeltachta. Bhí slua istigh oíche Dé Aoine, mé féin ina measc. Aclaíocht lúfar na mban óg sna Cluichí Oilimpeacha ar an teilifís sa chúinne agus an fhuaim múchta. Aclaíocht righin an óil ag na fir sa teach ósta agus glór léi. Bhí an chuma ar fhear an tí lena strainc agus é ag taoscadh dí soir siar go raibh eagla air go líonfadh an teach ar dhéanamh báid mhóir istigh agus go rachadh sí go tóin poill. Mura leanfadh sé air ag taoscadh. Bhí sé ag tál ar an slua leis féin. Shín sé leathlámh lena chúl i dtreo na mbuidéal ina seasamh béal fúthu agus sháigh leathghloine faoi scrogall biotáille. Lean sé air ag líonadh leis an lámh eile.

— Neó, neó, ní haon leathghloine atá uaim, ach cnagaire le tabhairt liom, a dúirt an strainséir go hard os cionn chaint an tslua a mhaolaigh agus a thug aird iad féin anois air.

— Murar leathghloine atá uait céard sa diabhal atá uait?

— Cnagaire, naigín fuisce.

Thosaigh an pórtar sa ghloine pionta a bhí á líonadh aige ag cur thar maoil agus steall amach ón tráidire lán go boimbéal a bhí faoi, anuas ar an urlár. Lig an tábhairneoir glam eascaine as, mhúch sé an teaip agus an sruth pórtair. Thosaigh daoine ag gáire.

— *Can't you see* go bhfuilim *busy. What is it you want?*

— Ar chuala tú faoin nGaeilgeoir a bhí ag fiafraí cén Ghaeilge a bhí ar '*medium*', a dúirt fear ag an gcuntar lena chomhluadar féin taobh leis an strainséir.

— Bitseach thú, a raspáil fear eile a raibh púireanna deataigh ag brúchtaíl as a phíopa le taobh eile an strainséara. D'éirigh an fear ar thug sé bitseach air dá stól go tobann agus dhruid siar ó fhear an phíopa.

— Cad a thugann sibhse ar chnagaire anseo? a d'fhiafraigh an strainséir d'fhear an *mhedium*.

— Creagaire a thugaimidne air sin.

— Creagaire fuisce mar sin, a dhearbhaigh an strainséir.

— Creagaire? Creagaire? a liúigh an tábhairneoir. *Is it a glass you want or what?*

— An buidéilin *Paddy* sin thall ar an seilf.

Shín an tábhairneoir chun an strainséara é.

— *Five pounds seventy … we call that a naggin here.* Tú féin agus do chuid Gaeilgeoireachta, ar sé go colgach.

— Bhfuil *cigars* ar bith agat?

— *Hamlet or half corona, singles, five or ten.*

— Bosca *Hamlet*, cúig cinn mar sin.

— *Five Hamlet and a naggin, seven seventy five.*

Thug an strainséir dó an t-airgead.

— Leathphionta é '*medium*', mura dtabharfá eadramán air, a lean an fear eile air. Spéis i bhfocail aige.

— Bitseach thú! arsa fear an phíopa níos géire fós.

– Gabh mo leithscéal, arsa an strainséir agus é ag sá a ladair isteach sa chomhrá, ach leathphiúnt ... leathphionta i ngloine pínt... pionta... é *medium*. Nuair a bheadh do ghloine pínt ... pionta folamh shínfeá ... shínfeadh tú chun an tábhairneora é agus d'iarrfá air leathphiúnt ... leathphionta a chur ann. D'fhéadfadh níos mó ná leathphionta a bheith ann, dhá dtrian de phiúnt ... de phionta fiú.

Agus is bitseach thú fhéin freisin, a dúirt fear an phíopa leis an strainséir nár thug aird ar bith air.

Dá dtuigfeadh sé cé a bhí aige bheadh sé imithe de sciuird amach an doras gan aon bheann ar a thaoscán fuisce aige. Diaidh ar ndiaidh, dhruid daoine siar a stólanna agus a gcoirp ón strainséir a raibh greim aige ar a bhuidéilín, a chnagaire mar a thug sé go canúnach air, go dtí nach raibh fágtha ag an gcuntar ach é féin agus fear an phíopa. Bhí na puthanna in aon phúir amháin feirge san aer.

– *You'd better be off now*, a dúirt an tábhairneoir le fear an chnagaire.

Níor thuig an strainséir cad a bhí tarlaithe. Bhí fonn orm dul ina dhiaidh agus a iarraidh air suí inár dteannta, ach scaoileas leis. Muimhneach eile ródhocht ar mo chuma féin. Ba léir nárbh aon fhoghlaimeoir teanga é, ach níorbh í canúint an cheantair a bhí ar bharr a ghoib aige. Níorbh aon strainséir go hiomlán ach oiread é, mar bhí aithne ar mhuintir a chéile san áit a dúirt cuid acu. Ach bhraitheas féin, chomh maith leis, míshocair tar éis na heachtra, faoi mar a bheadh stól tríchosach ag fás amach as mo leath deiridh, cos amháin strainséartha, cos eile canúnach agus cos eile guagach ag lorg áite chun an dá chos eile a leagadh fúthu.

Nuair a mhaolaigh mé ar mo chanúint sa chaint dom bhraith mé na cosa faoin stól socair arís.

Comhrá na gcromán

Ní raibh comhrá ceart acu lena chéile go dtí gur chaitheadar comhoibriú le chéile, go dtí nach raibh an dara rogha acu – cromán na buanseilbhe a bhí riamh i gcorp an Othair agus an tAlt nua-aistrithe isteach. Bhíodar sa héileacaptar ag filleadh ar Chorcaigh tar éis na hobráide agus seachtain faoi athshláinte san ospidéal i mBéal Feirste. Theastaigh ón Othar a chosa a shíneadh.

Ag féachaint amach trí fhuinneog an héileacaptair, cluasáin go docht ar a chluasa, chuir an ceantar tuaithe thíos fúthu Gleann na Bandan i gcuimhne dó, le méithe na talún.

Bhí an cromán dúchasach ar an taobh clé dá chabhail agus an t-alt plaisteach ar an gcliathán deas. Cromán Chorcaí is túisce a labhair leis an Alt Feirsteach. Bhraith sé go raibh cearta áirithe tionóntachta aige toisc é a bheith seanbhunaithe, é a bheith riamh ann, ach bhí rian na haoise air ón síorchasadh agus ón síorchromadh, ón imrothlú de bharr a laethanta iomána, agus raide. Bhí a oiread sclaigeanna faoin tráth seo ann agus a bhí ar an mbóthar portaigh i Nead.

Thuig sé, áfach, nach mbeadh pionta Beamish an oíche sin aige san Old Reliable gan comhrá a bheith aige leis an tionónta nua. Thuig sé, leis, go bhféadfadh a sheal féin a bheith istigh, ón méid a chuala sé á rá ag na dochtúirí i mBéal Feirste, agus go gcaithfeadh an tOthar an tuáille isteach mura socróidís síos le chéile agus ligean dó an crampa a chur de.

– An bhfuil tú ar do chompord ansin, a bhuachaill, a d'fhiafraigh sé go muinteartha den Alt Feirsteach.

– Cé tusa?

– Do chompánach. Do chrompánach más maith leat. 'Bhfuil tú ar do chompord … ar do chrompord, fiú?

– Níl ná ar mo chrompord, a d'fhreagair sé go borb. Níl taithí ar bith agam ar an imrothlú seo.

– Agus cén cúram a bhí ort sula dtángaís anseo isteach, nó an bhfuil tú nua as an bh*factory*?

– Bhí mé i mo philéar plaisteach. Righin, dúr, dalba. Bhí mé sásta le mo thoirt féin. Soc orm ar chuma collaigh agus tóin bhreá bhalbh. Aon urchar amháin as béal an ghunna agus bhí mo chúram saoil déanta agam. Níor caitheadh riamh mé. Bhí mé ag dúil le pinsean plaisteach. Ach ó thosaigh siad ag athmhúnlú na bpiléar ina n-ailt cromáin, tá muid uilig míshocair. Níl a fhios againn ó lá go lá goidé atá i ndán dúinn.

– Is fearr duit glacadh le do chúram nua mar sin. Táimid ar an slí go Corcaigh. Tá crampa ar an Othar agus mura dtarraingímidne le chéile níl faic i ndán dúinn ach … díbirt. An *scrap-heap*. Tine chnámh domsa.

– Is duitse is measa. Mise atá nua.

– Cé a bhrisfeadh isteach tú, dá n-imeoinnse? Rachfá amú idir Sráid na Blarnan agus Sráid an tSeandúna nuair a theastódh ón Othar bualadh amach. Chuala mé é á rá ó chianaibh gur pionta Beamish a bhí anocht uaidh i gcuimhne ar an obráid agus é a bheith tagtha abhaile. An bhfuil a fhios agat cá bhfuil an Old Reliable?

– Fadhb ar bith. Ní ligfidh mé don Othar dul amach. Beidh mé chomh righin is a bhí mé riamh i mo philéar domh.

– Mhuise, mo ghraidhin tú, tá sé ráite riamh nach féidir alt óg a chur ar chromán críonna.

– Agus más peaca a bheith i d'Fhear Buí tá na céadta míle damanta.

– Ní haon pheaca a bheith Buí, a d'fhreagair Cromán Chorcaí, agus beimid beirt damanta mura socraíonn tusa isteach. Bhíos féin Glas tráth den saol ach táim imithe buí le haois agus le tae. Bhíodh an tAlt a bhí romhat lán de dhrochghiúmar leis, é ag cáiseamh de shíor. Ag geonaíl agus ag gíoscán ó mhaidin go hoíche. Do mo shíor-mhilleánúsa. Fuair sé a bheith aige – agus a bheith amuigh. Tá sé ag déanamh béile do mhadraí lathaí in áit éigin anois, agus gan an smior féin ann.

– 'Bhfuil McEwan's acu i gCorcaigh? a d'fhiafraigh an tAlt Feirsteach.

– Níl ná ní chuala riamh trácht thairis. Beamish nó Murphy's, Carling nó Harp nó …

– Ní ólfainnse Harp dá dtabharfá a bhfuil de sheoda i gCoróin na Banríona domh.

– Gabh mo mhíle leithscéal. A Chríost, ach tá nimh ionat. Ní shásódh faic tú. Ná bainfeá taitneamh as an turas agus gan a bheith ag cur crampa ar an Othar? Dá gcuimhneofá i gceart ar do dhúchas plaisteach Feirsteach d'aimseofá fearsaid agus níorbh aon dua dhuit a bheith i d'alt cromáin. Thiomáinfeá míle géag. Bheadh deireadh le pian, nó leis an bpian áirithe atá ar an Othar. Cnámh is ea mise fós.

Táim máchaileach. Ach tá smior éigin ionam, mura bhfuil smúsach. Bheinn sásta roinnt éigin de a thabhairt duit chun dul i dtaithí ar an imrothlú ...

Chuimhnigh an tAlt Feirsteach air féin agus ar a anshocracht. Bhí spalladh air, ach ní ligfeadh an mianach chos i dtaca ann dó é a admháil. Chuimhnigh sé gur mó saghas ailt a bhí ann. Alt glúine a gheibheann piléar tríd an gceann. Alt uillinne ar na píobaí. Alt a Dó. Alt na hordóige ar an mbóthar ag lorg marcaíochta. Alt a Trí. Alt rúitín ag imirt sacair. B'fhéidir nach raibh Alt Cromáin ró-olc ar fad ach tarraingt leis an gceann eile.

Lean an héileacaptar dá turas ó dheas, í ag leanúint an phríomhbhóthair ar an talamh fúithi. Mótarbhealach nua Eorpach, chóir a bheith chomh maith leis an M1 as Béal Feirste. Lean na cromáin ag caint agus ag áiteamh ar a chéile. Bhraith an tOthar go raibh an crampa á chur de aige agus go bhféadfadh sé síneadh éigin a bhaint as a dhá chois. Ach ní túisce a bhraitheadh sé faoiseamh ná thagadh an crampa ar ais arís air. An cromán nua ag iarraidh socrú isteach, ar seisean leis féin.

D'fhéach sé amach fuinneog thosaigh an héileacaptair agus d'aithin sé Caiseal Mumhan. Shín Machaire Méith na Mumhan siar ó thuaidh. Bhí na cosa tugtha leis ag an bpíolóta ó Vítneam, an dá cheann. In ainm Dé, ba chóir go bhféadfainn cromán nua a thabhairt liom cois Laoi. Ar a laghad, arsa Othar leis féin agus é ag ardú a choise deise chun í a shíneadh, is fearr crampa aon lá ná pian.

Comhrá na ngunnaí

Bhí na raidhfilí rangaithe go néata le hais an fhalla coincréite, ceann ar cheann acu ar sheastán dá chuid féin sa doircheacht in Uachais a 5. Bhíodar ann ina n-ainmneacha pearsanta – an Spréiteoir, an Feallaire, an Steallaire, Geanc an Yeainc, an Naoscaire, an Glúnadóir, Macallóg. Is beag duine a thugadh a n-ainmneacha pearsanta orthu, ach nuair a dheineadh bhídís chomh ceanúil ar an té sin is a bheadh seanghadhar ar a mháistir.

Airmilítigh is mó ba ea iad ach bhí roinnt cairbíní M-60 ann, cúpla AK-47, gunnáin láimhe, piostail, lionsaí naoscaireachta, agus trealamh ilchineálach eile cogaidh. Ba í an bhliain ba dhíomhaoine fós le cuimhne aon cheann acu í, agus bhíodar cortha de na físeáin 'Diehard', 'Vengeance Bejaysus 95', agus 'Reservoir Dogs' ón siopa físeán sa tsráidbhaile máguaird i gCill na dTrodach. Bhí 'Pulp Fiction' féin feicthe acu, ach ní mó a shásaigh sé sin iad ná 'Death Wish 40'. Bhí fonn ceart fola arís orthu, go háirithe an ghlúin óg nach raibh scór bliain féin slán acu. Boladh an áir a bhí uathu, boladh coirdíte an chartúis chaite, imeacht bán leis an gcnaipe leath-uathoibríoch.

– Fág faoi na Libiaigh a bheith corrthónach ... Pléascann an dúchas trí bhéal an ghunna, a deiredh na M-60í fonóideacha. Bhí tuin láidir sráide Nua-Eabhrac ar a gcaint acu.

– Níl faic sa cheann ag na Yeainceanna sin ach cearta pinsin agus saol faoin tor a d'fhreagraíodh an Glúnadóir, ceannaire teasaí na nAirmilíteach.

– Cúis gháire chugainn, a dúirt an Naoscaire, seanfhondúir na M-60í agus garmhac le Peter the Painter. Nach faoi thor aitinn atá an Uachais?

Lig comhghleacaithe an Naoscaire scairt gháire astu agus chaitheadar siar braon eile ola *Three-in-One*. Shín an Naoscaire a stán go dtí an M-60 ba chóngaraí dó, Geanc an Yeainc – a raibh barr a shróine gearrtha de – steall sé glugar de phriosla amach trí bhearna ina fhiacla agus chuimil a bhos dá bhéal sular labhair sé.

– Is mó go mór fada na hoícheanta atá caite againne faoin tor ná sibhse, ar sé go searbhasach.

– Amuigh faoin tor, ag feitheamh go foighneach go dtí go n-aimseoimis saighdiúir i lár an chliabhraigh le hurchar. Oícheanta fada geimhridh, agus an braon anuas sa leathchluais orainn, gan caipín féin orainn ach síorghliúcaíocht ar an sprioc i gcéin. Ní haon iontas é go bhfuilimid faighte meirgeach, righin roimh am. Níl duine againn nach bhfuil airtríteas na ngunnaí air. Nach in é an fáth go bhfuilimid ag síoról *Three-in-One*. Táimid leathchaoch ón naoscaireacht. Bíonn orainn lionsaí gliúcaíochta a chaitheamh anois de ló is d'oíche chun aon ní a fheiscint. Tá ár sos saothraithe go daor againne a gharsúin. Tá sé in am againn cuid den tír seo ar throideamar ar a son a fheiscint. Locha Chill Airne agus Moll's Gap, Beanna Boirche.

Ach bhraitheadar go léir uathu an dornfháscadh muirneach sin, an t-allas bruite ag sileadh as clúmh ascaille leis an stoc, an tsiúráil sin nuair a luíodh corrmhéar go muiníneach ar an truicear, go scaoileadh steall te as a phutóga amach tríd an mbéal le luas léasair. Shantaíodar an tine chreasa sin as béal an bhairille a chuireadh ag seinnt iad sna seanlaethanta.

— Ar a laghad, a dúradar le chéile, bhíodh ábhar seanchais againn an uair sin, eachtraíocht, agus seans ar bhothántaíocht.

Uachaisíocht a thugaidís féin air i mbéarlagair na ngunnaí, iad ag taisteal ó uachais go chéile, an turas corrach agus fir nó mná suite orthu i gcúl gluaisteáin ar chúlbhóithre, seans acu ar sheal a chaitheamh sa chathair, síneadh le ceathrúna agus colpaí ban agus iad ag brostú leo ó chúlchistineacha, trí lánaí, buinneáin ag séideadh, madraí ag tafann, ach iad féin stropáilte go cluthar le géaga ban.

— Ní rabhas riamh chomh díomhaoin, arsa an Glúnadóir, leis an Spréiteoir. Ba bhreá liom aon philéar amháin a lódáil anois, aon philéar caoch fiú, agus é a scaoileadh uaim díreach ar mhaithe leis an m*bang* a dhéanfadh sé.

— Níl a bhac ort, arsa an Spréiteoir a raibh cáil an mhíchruinnis air agus a chuireadh a chuid piléar ar fad ar seachrán.

— Agus cé a bhainfidh an slabhra seo de mo chosa, a amadáin?

— Níor chuimhníos air sin.

— Cé a scaoil tusa isteach sna gunnaí ar aon nós, arsa an Glúnadóir. Ba cheart go mbeifeá díbeartha fadó riamh. Mangailte. I do spreas. Ar chuimhnís riamh ar dhul le ceird eile? A bheith i do chuid de gheata mar shampla, nó cnagaire dorais …

— Chuimhníos ar a bheith i mo scríobóir buataisí tráth … tá's agat an píosa iarainn lasmuigh de dhoras cúil teach feirme chun an cac bó a bhaint de *wellies* ach ní bhfuaireas mo dhóthain pointí san Ardteist chun fáil isteach ar an gcúrsa sa choláiste gunnadóireachta …

— Ornáidíocht! Níl iontu sin anois ach ornáidí. Conas a fuairis isteach sna gunnaí ar aon nós?

– *Pull.* Focal sa chúirt.

– Bhíos á chuimhneamh. Athoiliúint ar fad is ea é na laethanta seo, arsa an Glúnadóir. Sinn a chaitheamh isteach i bhfoirnéis, nó ár ngéaga a smiotadh le rollóirí. Sinn a mhúnlú as an nua mar bhlúire scafaill, nó hinsí dorais. Nílimse ag caitheamh an chuid eile de mo shaol i mo hinse ag oscailt agus ag dúnadh doirse do dhaoine. *No way*, a bhuachaill.

– Ba bhreá liom seans eile ar Chraobh na hÉireann sna Gunnaí, arsa an spréiteoir. Aon chluiche amháin eile, sa chúinne.

– Níl seans agat. Tá an cleas óg romhat anois. Glúin nua. Ar chuimhnís riamh ar an gCasachstáin? Ar tháinig an páipéar fós inniu? Féachaint an bhfuil siad ag marú a chéile in áit éigin eile.

– Cad faoi *Buy and Sell*, nó fógra in *Ireland's Own*?

– Anois atá tú ag caint, arsa an Glúnadóir.

D'oscail an chomhla faoin tor aitinn agus shil solas an lae isteach ar feadh leathshoicind. Caitheadh nuachtán an lae ina bhurla isteach chucu. An Gliúcaire is túisce a fuair greim air. Moltaí nua dí-armála, a dúirt sé os ard. Ligeadar osna astu.

– Ní bheimidne inár dtost tar éis cúig bliana fichead, ar siad.

– Tá cearta againne, gunnaí, leis.

Craos na fola

23 Meitheamh 1994

Tá aer na hÉireann bréan le craos na fola. Oíche Fhéile Eoin is ea inniu í, tráth seanda féiltiúlachta, tráth niamhghlantóireachta, tráth ceiliúrtha na torthúlachta nuair a gheibheann an bheatha an lámh in uachtar, tamaillín, ar an mbás.

Ach tá aer na hÉireann truaillithe ag craos na fola. Tagann anam sna mairbh arís chun na beo a mharú agus tiocfaidh fad a leanann craos na fola. Chreid na Gréagaigh i gcraos na fola, go sileann sé ó ghlúin go glúin, ó theaghlach go teaghlach, ó phobal go pobal go dtí go mbíonn an bua ar deireadh – san *Oresteian Trilogy* le Aeschylus[6] – ag 'áiteamh beannaithe'. Ach sula sroicheann an tragóid a clabhsúr, sula ndeineann na déithe idirghabháil i ngnóthaí daonna – deineann siadsan an scéal níos measa go minic – aithnímid na línte de chuid an Chóir agus iad ar thóir Orestes atá tar éis a mháthair a dhúnmharú mar dhíoltas i ndúnmharú a athar:

> Still by the scent we track him,
> as hounds track a deer
> Wounded by bleeding. As a
> shepherd step by step
> Searches a mountain, so we
> have searched every land…
> Now he is here. I know,

---

6. P. Vellacott (aistritheoir), *The Oresetian Trilogy*, Penguin: Harmondsworth, 1956.

crouched in some hiding-place.
The scent of mortal murder
laughs in my nostrils.

Deineann. Tá boladh na fola daonna ag gáire i mo pholláirí, mar go bhfuil aer na hÉireann bréan le craos na fola. Cá fhad siar a théann an bréantas? Cé chomh préamhaithe agus atá sé sa ghráin i gcroí an duine? Bhíos chun scríobh ar Fhéile Eoin ach thángas trasna ar an tagairt seo don fhéile i gContae Ard Mhacha:

> On St. John's Eve (June 23rd) 1789, Catholics near Drumbanagher held a traditional celebration which Peep-a-day Boys construed as a gathering of Defenders. Moore [tiarna talún Dhroim Bheannchair], accompanied by both a contingent of Volunteers and a large Protestant crowd, arrived unexpectedly at this scene of pipers, fiddlers and dancers. For reasons that are obscure, he demanded a large garland of flowers which was part of the festivities. Perhaps the Catholics invested the garland with some sectarian meaning, or the Protestants believed that they did so. In any event the Catholics surrendered the garland without resistance. Nevertheless, shots were then fired, apparently not by the volunteers, but by members of the Protestant crowd, some of whom later claimed that Moore had ordered them to fire ... the incident triggered disturbances over a wide area.[7]

Ní féile sheicteach inti féin í Oíche Fhéile Eoin. A mhalairt. Ach is féidir brí sheicteach a leagadh ar rud ar bith. Fiú ar bhláthanna – go háirithe ar bhláthanna. Fiú ar chruinniú fear ag cúinne sráide – go háirithe ar chruinniú fear ag cúinne sráide. Fiú ar bhuíon

7. S. Clarke agus J. S. Donnelly Jnr (eag.) *Irish Peasants: Violence and Political Unrest 1780–1914*, Manchester University Press: Manchester, 1983, lch 175.

custaiméirí atá ag bailiú airgid i dteach tábhairne do dhíleachtlann sa Rómáin. Fiú ar chluiche sacair de chuid Chorn an Domhain.

Ní bhíonn baint ag 'reason' leis. 'For reasons that are obscure…' na focail a théann go croí an scéil thuas. Tá a paiteolaíocht féin ag an ngráin sheicteach faoi mar atá ag galar ar bith eile. Níor chóir go gcuirfeadh sé iontas ar bith orainn go ligeann marfóirí liú astu tar éis feillbhirt mharfaigh eile. Ní folair nó is gníomh andúileach é, céadfaíoch, gairid do bheith ard ar dhrugaí – aidréanailín ar a chúrsa buile sna cuisleanna. Más paiteolaíocht aonair í, is paiteolaíocht phobail leis í. Creidim féin go n-iompraímid ar fad cuid den fhreagracht sa phaiteolaíocht sin timpeall linn.

Ar bhealach cinniúnach éigin, bhí baint an-chliathánach agam féin le duine de na fir a maraíodh i Loch an Oileáin. Réab tiománaí isteach i gcúl mo mhótair tamall ó shin. Thugas an mótar go dtí garáiste beag le deisiú. Cheannaigh an meicneoir painéil do chúl an mhótair, an doras cúil san áireamh, ón bhfear sin i Loch an Oileáin i gContae an Dúin.

Ní folair nó dhíol sé páirteanna leis na céadta sa chuid seo den tír. Nílimid ar deighilt ó dheas ón sceitheadh fola, fiú dá mb'áil linn go mbeimis. Ainneoin a bhfuil de thrácht ar dhoirteadh fola sna tragóidí Gréagacha – agus is breá liom féin riamh iad thar Shakespeare nó na Francaigh fiú – is teachtaireacht slánaithe dhaonna ar deireadh atá iontu.

Ní cumhacht absalóideach í an Chinniúint. Tugann sí rogha do dhuine agus má dheineann sé an rogha mícheart, air féin atá an locht. É féin a pheacaíonn. Ach i lár an ghuairneáin, i gcorp na hanfa fola, ní féidir dúinn ach ceisteanna a chur faoi mar a dheineann an

Cór sa dara tragóid de chuid an *Oresteian Trílogy*:

> …and we hold our breath
> Seeking the hopeful word –
> Act of deliverance? Or one
> more death?
>
> When shall be solved this long
> feud's argument?
> When shall the ancestral curse
> relent,
> And sink to rest, its fury spent?

Cnoc an áir

Bhíos i measc an tslua ar Chnoc 16 ach bhraitheas go rabhas i mo sheasamh ar Chnoc an Áir tar éis an bhuama ar an Ómaigh[8]. Bhí meirfean goirt an áir san aer i bPáirc an Chrócaigh. Bhí sé ag síobadh sa chamfheothan agus ghreamaigh an trídhathach go míchumtha den chuaille. Sheargaigh ár mbeola. Thriomaigh ár scornacha. Bhí seirfean an domlais inár gcroí. Bhíomar inár dtost. Ghuíomar.

Bhain an Ómaigh gach rud dínn. Bhain sé thoir agus bhain sé thiar dínn. Bhain sé thuaidh agus bhain sé theas dínn. Bhain sé géaga agus bhain sé méara dínn. Bhain sé súile agus bhain sé radharc dínn. Bhain sé ionga agus bhain sé teanga dínn.

Bhain sé dóchas agus bhain sé sóchas dínn. Bhain sé óg agus bhain sé críonna dínn. Bhain sé deora agus bhain sé teora dínn. Bhain sé focail agus bhain sé brí dínn.

Bhain sé éisteacht agus bhain sé caint dínn. Bhain sé líonadh agus bhain sé trá dínn. Bhain sé cnoc agus bhain sé sliabh dínn. Bhain sé *má* agus bhain sé *dá* dínn. Bhain sé naofa agus bhain sé damanta dínn.

Bhain sé doilíos agus bhain sé soilíos dínn. Bhain sé dólás agus bhain sé sólás dínn. Bhain sé an oíche agus bhain sé an lá dínn. Bhain sé an ghealach agus bhain sé an ghrian dínn.

8. Phléasc an IRA buama san Ómaigh ar an 15 Lúnasa 1998. Maraíodh 29 duine.

Bhain sé saor agus bhain sé daor dínn. Bhain sé iomáin agus bhain sé lúth dínn. Bhain sé dínit agus bhain sé daonnacht dínn. Bhain sé ceart agus bhain sé neart dínn.

Bhain sé srian agus bhain sé éagaoin dínn. Bhain sé taitneamh agus bhain sé míthaitneamh dínn. Bhain sé ciúin agus bhain sé tiúin dínn. Bhain sé broinn agus bhain sé clainn dínn. Bhain sé blas agus bhain sé domlas dínn. Bhain sé leas agus bhain sé aimhleas dínn.

Bhain sé baile agus bhain sé teaghlach dínn. Bhain sé máthair agus bhain sé leanbh dínn. Bhain sé athair agus bhain sé mac dínn. Bhain sé sinsear agus bhain sé sóisear dínn.

Bhain sé glúnta agus bhain sé gin dínn. Bhain sé eochair agus bhain sé glas dínn. Bhain sé sochraid agus bhain sé dochraid dínn. Bhain sé romhainn agus bhain sé inár ndiaidh dínn.

Bhain sé grásta agus bhain sé sásta dínn. Bhain sé paidir agus bhain sé maidir dínn. Bhain sé stad agus bhain sé imeacht dínn. Bhain sé dúiseacht agus bhain sé codladh dínn. Bhain sé cnámh agus bhain sé craiceann dínn.

Bhain sé cos agus bhain sé lámh dínn. Bhain sé seasamh agus bhain sé suí dínn. Bhain sé náire agus bhain sé gáire dínn. Bhain sé fuil chroí agus milseacht anama dínn. Bhain sé fearann agus bhain sé tearmann dínn.

Bhain sé sráid agus bhain sé scléip dínn. Bhain sé liú agus bhain sé búir dínn. Bhain sé bocht agus bhain sé tocht dínn. Bhain sé náisiún agus bhain sé tuiscint dínn. Bhain sé fírinne agus bhain sé éitheach dínn.

Bhain sé naí agus bhain sé saoi dínn. Bhain sé garsún agus bhain sé réasún dínn. Bhain sé neamh agus bhain sé talamh dínn.

Bhain sé teas agus bhain sé fuacht dínn. Bhain sé insint agus bhain sé stair dínn. Bhain sé sáinn agus bhain sé gráin dínn. Bhain sé grá agus bhain sé trua dínn.

Bhain sé brón agus bhain sé méala dínn. Bhain sé corp agus bhain sé cuimhne dínn. Bhain sé ceist agus bhain sé freagra dínn. Bhain sé sruth agus bhain sé loch dínn. Bhain sé bás agus bhain sé fás dínn. Bhain sé éag agus bhain sé déag dínn.

Bhain sé débhrí agus bhain sé má-tá dínn. Bhain sé boladh agus bhain sé téachtadh dínn. Bhain sé beatha agus bhain sé bonn dínn. Bhain sé arm agus bhain sé lón dínn. Bhain sé folt agus bhain sé sult dínn. Bhain sé ceann agus bhain sé croí dínn. Bhain sé ceasna agus bhain sé easna dínn.

Bhain sé caoineadh agus bhain sé ochón dínn. Bhain sé thall agus bhain sé abhus dínn. Bhain sé inné agus bhain sé inniu dínn. Bhain sé aréir agus bhain sé anocht dínn. Bhain sé anois agus bhain sé ó shin dínn.

Bhain sé ann agus bhain sé as dínn. Bhain sé doilíos agus bhain sé soilíos dínn. Bhain sé dorcha agus bhain sé sorcha dínn. Bhain sé doiléir agus bhain sé soiléir dínn.

Bhain sé sláinte agus bhain sé na táinte dínn. Bhain sé mall agus bhain sé tapa dínn. Bhain sé páis agus bhain sé Críost dínn. Bhain sé maoin agus bhain sé comaoin dínn.

Bhain sé brat agus bhain sé dath dínn. Bhain sé fearg agus bhain sé ochón dínn. Bhain sé mion agus bhain sé mór dínn. Bhain sé síon agus bhain sé díon dínn. Bhain sé gaois agus bhain sé aois dínn.

Bhain sé breith agus bhain sé an bhreith dínn.

Bhain sé thairis agus bhain sé scéal dínn. Bhain sé sea agus bhain sé ní hea dínn. Bhain sé arís agus bhain sé eile dínn. Bhain sé ainm agus bhain sé ainmniúchas dínn. Bhain sé beo agus bhain sé go deo dínn. Bhain sé síth agus bhain sé díth dínn.

Tar éis a bhfuil bainte dínn, tabhair dúinn síocháin, in ainm Dé, áiméan.

Creill nár buaileadh

Thángas trasna ar an bpictiúr 'South Gate Bridge' c.1796 le
John Fitzgibbon san aiste le Cornelius G. Buttimer – 'Gaelic
Literature and Contemporary Life in Cork, 1700–1840', sa leabhar
Cork: History &Society.

Droichead an Gheata Theas, 1797, le John Fitzgerald (*le caoinchead ó
Dhánlann Crawford, Corcaigh*)

Teorainn amháin chríche ba ea an Geata Theas, agus mé ag fás aníos
sa chomharsanacht máguaird. Bhíodh siopa sábhliachta Mr Allen
ag cúinne Phort Uí Shúilleabháin agus Shráid na Beairice a dtéinn
ag triall ar shábha m'athar ann. Bhíodh spíce i mbloc cloiche fós
ar an taobh den droichead a bhfuil radharc againn sa phictiúr air,

an uair úd. Measaim gur aistríodh an spíce agus an bloc isteach i ngrúdlann mhuintir Beamish ina dhiaidh sin.

Aiste cheannródúil is ea an méid atá saothraithe ag Neil Buttimer, maidir le láimhseáil na bhfoinsí Gaeilge a ndeintear an oiread sin neamhairde díobh de ghnáth. Bheifí ag súil gurbh é an saghas scoláireachta é a bheadh ar siúl ar aon nós, ach nach mbíonn. Go dtí go mbeidh, fágfar an pictiúr mantach, bearnaithe.

Deir Roy Foster in agallamh in eagrán Fómhar 1993 de *HistoryIreland* :

> The tools of literary analysis are already being used by some Irish historians, again with varying degrees of success... I like to trace ambiguities, paradoxes and complications in social and historical developments with the result that I tend to stress that to be Irish living in the island of Ireland can be variously analysed, identified or felt without making you any less Irish for that.

Leis na mothúcháin ba mhaith liomsa plé anseo. Mura bhfuil dul amú mór orm, ní móide go raibh an tOllamh Foster ag tagairt do shaothar Neil Buttimer sa chéad abairt aige.

Ar an gcéad fhéachaint, fiú ar an bhfichiú grinnfhéachaint, níl an chuma ar an bpictiúr den Gheata Theas go bhfuil sé suaithinseach in aon slí. Tá na foirgnimh agus imlíne na cathrach spéisiúil, ach athraíonn a leithéidí. Is féidir an Meal Theas a fheiscint sa chúinne ar dheis. Dún míleata nó ionad coinneála, ní foláir, is ea an foirgneamh ard ar chlé os cionn na háirse. Tá feighlí nó saighdiúir os cionn na háirse sa lár. Tá beirt fhear sa bhoth taobh leis an droichead os cionn ghéag theas na Laoi, agus cuma na cabaireachta orthu. Iad ag caint i dtaobh Betty Beecher atá ag trasnú an droichid, duine de na mná faoi na hataí. Tá a fhios acu cá bhfuil sí ag dul, gan dabht, agus cá raibh sí aréir.

Tá carraeir ar an gcairt chapaill, bairille b'fhéidir ar chúl, pé acu an bairille pórtair don ghrúdlann é nó feircín ime do Mhargadh an Ime. Tá barraí iarainn ar na fuinneoga go léir san fhoirgneamh ard ar chlé arís. Ionad coinneála, dúnphort. Agus in airde ar leac uachtarach an fhoirgnimh tá cúig sparra iarainn faoi mar a bheadh cosa préacháin fúthu. Ar gach spíce díobh, ceann duine. Athraíonn an pheirspictíocht iomlán nuair a thugann tú faoi deara gur cúig chloigeann dhaonna atá i gceist. Tá rud éigin á rá ag na cloigne scoite seo, rud éigin truamhéileach, nach n-insíonn an stair dúinn. Is ceann de pharadacsaí Roy Foster iad. Iad ann, feistithe ceann ar cheann, ar cheann, ar cheann, ar cheann.

Is ar éigean is féidir iad a dhéanamh amach, tá siad chomh tréigthe sin de dheasca an dúigh, de dheasca chaitheamh na haimsire, de dheasca an fhaid atá caite ag na cloigne ag meirgiú ar na spící, ag tolladh faoin síon – 'Níos prioctha ná méaracán ag na héin' a dúirt Villon. Ní raibh aon bhaile mór ná cathair sa tír nach raibh sparraí ag na geataí. Ar mhapa de Ghaillimh sa bhliain 1651 tá an t-ainm 'an sparra hier' ar cheann de gheataí na cathrach. Ba é a ghoill ar an bhfile Aonghas Ó Dálaigh nuair a chonaic sé an íde a fuair Fiacha Mac Aodha Ó Broin ar sparra i mBaile Átha Cliath, ná a chorp ina cheithre cheathrúin a bheith gan cheann. Seoladh i bpaca go Londain é:

A cholann do-chím gan cheann
sibh d'fhaicsin do shearg mo bhríogh
rannta ar sparraibh a nÁth Cliath;
d'éigse Banbha bhias a dhíoth.

A chuirp oirdheirc dob fhearr clú,
od-chonnarc thú ad cheithre chuid,
ní bhia an croidhe cédna am chliabh
's ní bu cuimhnioch ciall mo chuirp. [9]

B'fhéidir in 1796 nár chuir cloigne daonna ar spící d'uafás ar an bpobal ach an méid a bhraithfimisne inniu ag féachaint ar phóstaer nó ar chomharthaí sóirt dúnmharfóra. Bheimis neamhspéisiúil iontu. Ach ní foláir nó bhain na cloigne ag Droichead an Gheata Theas le suaitheadh níos doimhne.

Bhí na hÉireannaigh Aontaithe i mbarr a nirt. Chuaigh an file agus scríobhaí Micheál Óg Ó Longáin iontu in 1797 chun a mhuintir 'a shaoradh ón ndaorchuing sclábhaíochta féna bhfuilid le cian d'aimsir.'

B'fhéidir gurb é is mó a deir na cloigne linn, ná a bheith airdeallach faoin uafás a tharlaíonn timpeall orainn ó lá go lá, gan ligean do na mothúcháin téachtadh.

Tá cúig chloigeann ag impí orainn éisteacht lena gcreill nár buaileadh.

---

9. A. Ó Dálaigh, 'A cholann do-chím gan cheann,' in *Leabhar Branach: The Book of the O'Byrnes*, S. Mac Airt (eag.), Institiúid Ard-Léinn Bhaile Átha Cliath: Baile Átha Cliath, 1944.

Dáibhí de Barra

Duine de na scríbhneoirí a dtugaim gean ar leith dó é Dáibhí de Barra (+1851), as ceantar Charraig Thuathail in Oirthear Chorcaí. 'Dáth a' Ghleanna' a thugtaí le cion air i rith a shaoil. Bhí sé fadsaolach, é os cionn nócha bliain nuair a cailleadh é ar an 7 Aibreán 1851. Feirmeoir naoi n-acra is fiche ba ea é i nGort na Muice. Is léir ar a chuid próis – *Corraghliocas na mBan* atá in eagar go slachtmhar ag Breandán Ó Conchúir – go raibh sé go mór faoi anáil a chuid léitheoireachta Béarla, agus tá leagan aige ansiúd de scéal Hamlet. Tá a ainm le mórán barántas, agus le dánta ar chait. Braithim gur scríbhneoir nua-aimseartha é, cos i bhfeac aige ina léann dúchais féin agus sa ghréasán léinn agus caidrimh a bhí mar bhonn ag na barántais, agus é ag aclú an tsaoil laethúil san am céanna. É ag saothrú in Oirthear Chorcaí, mar a raibh filí Gaelacha chomh hiomadúil le duilliúr fómhair na gcrann darach cois Abhann Móire agus Bhríde, san ochtú haois déag pé scéal é. Thuig sé cér dhíobh é, cárbh as é. N'fheadar an raibh Ó Bruadair léite nó a chuid cloiste aige, rannta le Piaras Mac Gearailt aige, seanchas ar Liam Rua Mac Coitir aige? Nuair a chuimhnímid ar an gcinseal leatromach agus ar na heastáit mhóra mórthimpeall air, is ea a gheibhimid tuiscint níos iomláine ar chomhthéacs a shaothair agus a shaoil.

Áirím féin saothar gairid próis leis, tuairim is 400 líne, ar cheann de na sleachta is bríomhaire agus is spleodraí ón 19ú haois. Is é sin

Cath na nDeachún ar Thráigh Rosa Móire in 1833[10].

D'áireoinn gur sliocht síolraitheach scríbhneoireachta é, sa mhéid is gur tuairisceoireacht chúrsaí reatha atá ann, mar a thuigimid inniu iad; blúire *reportage* athláimhe féin atá fáiscthe as an traidisiún liteartha dúchais ach a bhfuil anáil phrós an Bhéarla air, agus atá fite le greann. Deirim 'athláimhe' mar nach móide go raibh Dáibhí féin páirteach sa chaismirt agus é os cionn seachtó bliain d'aois in 1833. Mar sin féin, bhraith sé go raibh freagracht inste air féin. Is féidir é a shamhlú ag éisteacht leis na daoine, lena mhuintir, agus é ag cur gach aon ní sa mheá. Seans go raibh an tuairisc ar an *Cork Constitution* féin léite nó cloiste aige, agus é á mheas go raibh insint eile ar fad ar an eachtra seo. Ba 'scríbhneoir' é féin, fear inste scéalta, rannaire, agus a sheasamh air. Bheifí ag súil le hinsint uaidh. 'Cad tá á rá ag Dáth?' a déarfaí ar shráid Charraig Thuathail, lá an mhargaidh.

Tuairisc ón talamh aníos í, trí shúile na dtionóntaithe, ar iarracht iad a sheirbheáil le próiseanna deachúna, agus is é an claonadh áirithe sin atá leis an insint. Deineann de Barra cur síos ar chuid de na bealaí a ceapadh chun na horduithe cúirte ar dheachúna a sheirbheáil:

> ...go gcuiridís iad isteach fána fárdóirse, nó an díon do shraca den tigh is a chaitheamh isteach ann, agus cuid eile dhíobh do cheangal le snátha ar chosa lachan agus a dteilgean síos insa tsimné; gur tharraingeadur pláigh tréna ndrochbhearta ar feadh an náisiúin uile ... [mé féin a chóirigh an litriú]

---

10. B. Ó Cuív (eag.) 'Cath na nDeachún ar Thráigh Rosa Móire' in *Proceedings of the Royal Irish Academy*, 61C, 1960.

Aimsítear fear a sheirbheálfadh na horduithe, Seón Brabastún, as Mainistir na Corann. Bíonn a leithéidí ann. Cuireann Dáibhí cúpla rann leathmhagúil i mbéal an mhinistéara:

Mo chara thu a Sheóin chróga Brabastúnach

don chreidiomh chóir is do mhórfhuil Shagsúnach ...

Cuireann an ministéir fios ar shaighdiúirí agus ar phílir mar thaca ag Seón Brabastún. 'Muca dubha' a thugann Dáibhí ar na pílir, 'straeirí dealbha díomhaoine agus lucht craosóil drochbheartacha droch-cháileacha, go ná leomhfadh each ná bó, muc ná caoire, gabhar ná gé siúl an ród ná go mbeadh ar adhastar age pílear éigin go bhfaigheadh airgead chun óil as.'

Dlí chlaon atá i réim i súile Dháibhí agus ní fhreagraíonn aon ghiúistís an glaoch chun gnímh ach:

... seanduine biorach sleamhain rua mioscaiseach mírúnach do *orangeman* dílis dar ba ghnáthainm Captaéin Hore, óir ba shórd captein ar loing éigin é roimhe sin, agus lena mhéid de reógaire do rinneadar Sagsannaigh giúisdís de mar ba bhéas leo.

Cuirtear mála canbháis á dhéanamh do na horduithe deachúna, agus ceanglaítear timpeall ar bhráid Sheóin Brabastún é. Tugtar taoscán branda dó agus seo leis an slua prócadóireachta. Deineann de Barra ceap magaidh den Bhrabastúnach trí 'Seán a' Mhála' a thabhairt air feasta san insint – seanchleas scéalaíochta.

Éiríonn le Seán a' Mhála agus a chomhghuaillithe roinnt próiseanna a sheirbheáil sula dtagann an slua tionóntaithe suas leo. Tarlaíonn caismirtí eatarthu – na prócadóirí armtha, agus gan ag na tionóntaithe ach clocha, sáfaigh agus bataí draighin. Tugtar ordú lámhaigh don bhuíon armtha ach luíonn na tionóntaithe ar an talamh 'ionas go lingfeadh na piléaraibh dá mbruach.'

Glacann an Captaen Bingham ceannas ar na prócadóirí. Tá an-tuairisc ar fheisteas agus ar mhóiréis mhustrach an chaptaein, 'each sleamhain tripionnach ardchosach go lúth cheithre chrú faoi ... caipín clogadach lánmhór.' Chun gurbh fhearr a bhainfí an ghaoth as a sheolta an tuairisc bhladhmannach.

Baintear leagadh as le cloch agus téann an 'dealgán brosduithe bhí uim a sháil tré chliathán an eich.' Imíonn an clogad le fána agus isteach san fharraige agus 'seólas an ghaoth amach é agus an *cockade* ruainneach mar sheolchrann ann go ndúirt an dream mearintinneach ... gur ag dul go Sagsaibh do bhí sé ag tabhairt scéala an chatha do lucht an Phárliment.'

Gluaiseann na mná sa chath ina dhiaidh sin go caithréimeach, 'Cáit Ní Ghearailt mar rinn thosaigh orthu' agus tugann siad aghaidh ar Sheán a' Mhála a bhfuil náire air teitheadh uathu. Ach ionsaíonn Cáit é 'agus cuirios a lámh acmhainneach go lántapaidh i ngabhal a thriúis agus tug bogthógáil fhearúil ó thalamh dhó ...'.

Sracann Cáit an mála uaidh agus tá sí ar tí teitheadh nuair a thagann beirt armtha i gcabhair air. Léimeann ógánach a bhfuil camán aige ar an gclaí agus 'bhuail dá phointe an marcach ba fhoigse dhó fá bhun an chaipín ...'. Maraíonn duine de 'mhuca dubha Charraig Thuathail' saighdiúir le hurchar, trí thimpiste, agus tugann oifigeach Caitliceach ar an taobh prócadóireachta ordú éirí as, 'agus thógadar an slua Gallda a n-othair agus a marbháin leo air sin.'

Léiríonn Brian Ó Cuív ó fhoinsí nuachtán agus cáipéisí comhaimseartha eile go bhfuil na fíricí cruinn go maith. Is fiú an sliocht iomlán a léamh as a chéile, chun an t-anlann a bhlaiseadh. Is annamh a bhíonn tuairiscí againn ón 'dá' thaobh ar eachtra dá leithéid, dhá POV – *point of view* i mbéarlagair na haimsire seo. Is fiú, leis, an tuairisc ar na mná a chur i gcomórtas leis an gcur síos atá ag an gCriomhthanach ar eachtra na mban agus na mbailitheoirí cíosa in *An tOileánach* – insint amháin 'liteartha' agus an ceann eile níos cóngaraí don seanchas – an t-oileán agus an mhórthír. Ní mór in aon chor an bhearna atá eatarthu, ar a shon sin.

B'fhiú do mhic léinn iriseoireachta insint Dháibhí a chur i gcomórtas leis na foinsí Béarla comhaimseartha. Gheofaí amach nach bhfuil sna fíricí ar deireadh ach insint. Sliocht *próta-iriseoireachta* Gaeilge é, i stíl an tseanchais agus na scéalaíochta, gan teacht ag an údar ar mheán a fhoilsithe i.e. nuachtán, ach ar insint a phobail féin amháin.

Focail ghonta

Gontacht, cruinneas agus deisbhéalaíocht nuair is ceart, dhá cheann de phríomhthréithe na hiriseoireachta reatha. Ba iad ba mhó a raibh ardmheas riamh orthu i gcaint na Gaeltachta. Tháinig bolg ar chuid mhór de scríbhneoireacht na teanga ar mhórán cúiseanna, ceann acu cúis athbheochana a thit chun feola. Ceann eile, eagarthóirí gan faobhar scine ar a bpinn. I gcanúint Chorca Dhuibhne is é *Allagar na hInise*, seachas *An tOileánach* an sampla is fearr. 'Tuairiscí reatha laethúla ar imeachtaí an Bhlascaoid, tabhairt faoi deara géarchúiseach, cruinneas agus gearrchainteanna. Féach é seo: 'Bíonn an Rí amuigh ina aonar – an dara lá i mbliana aige gan duine eile in éineacht leis, droch-chomhartha ar an aimsir'. Níor chuaigh siolla gaoithe i ngan fhios don Chriomhthanach. Bhíodh airc nuachta orthu, agus i lár Chogadh na Saoirse – 1920 – bhí marú mór i Luimneach. Seán an Ghrinn atá ag caint leis an scríbhneoir:

'Sea,' ar seisean, 'oscail an páipéar féachaint an bhfuil marú mór Luimnigh air. Bhí an-mhurdal acu ar an bpáipéar gallda, leathchéad póilín marbh ann agus níos mó ná sin martraithe acu,' ar seisean.

Bogaim amach an páipéar Gaelach ach ní bhíonn duine in Éirinn marbh air.

'Níl aon mharú air seo, a Sheáin.'

'Go dtuga an diabhal coirce dó féin agus dá pháipéar,' ar seisean.

'Tá a fhios ag Dia dá mbeadh sé thoir uaimse.'

'Ach b'fhéidir go raibh sé i gcló roimh an éirleach, a Sheáin.'

'Ach ní bhíonn sé aon uair air ach a oiread,' ar seisean.

'Bíonn a chúram féin air. Ní chuireann sé puinn suime i bpóilíní a mharú.'

Tá ceacht ansin d'aon seirbhís nuachta. Gaeilge go háirithe. Ceann de na fadhbanna atá anois ann, go bhfuil an teicneolaíocht ann chun an t-eolas a sholáthar agus gan an teanga sealbhaithe chun í a sheachadadh. An fhís gaois na haoise, ach an dúshlán ná an mianach teanga agus an fhís sin a nascadh. Chaithfí an teanga a athchruthú agus tabhairt faoi chomh meáite céanna leis na Bráithre Críostaí nó an tAthair Peadar i mbun na coda is fearr dá scríbhneoireacht. *Séadna* mar shampla, agus an cur síos teann leaisteach aige ar an mbáille ag teacht chun baintreach a dhíshealbhú:

Tháinig an báille isteach. Hata bán air. Pluic air. Pus mórchúiseach air. Caincín ramhar air. Muineál beathaithe air. Casóg bhréide ghlas caorach air. Bolg mór air. Tárr leathan air. Colpaí air. Bata trom draighean duibh ina lámh. É ag cneadach agus ag séideadh. 'Cíos nó seilbh, a bhean an tí', ar seisean.

An cur síos ag dul i dtreo an scigphictiúir, ach é á tharraingt siar ó bhruach na háiféise ag Peadar Ó Laoghaire le máistreacht. Tá an traidisiún acadúil canónda ag cur thar maoil le samplaí breátha. Is faoi na daoine a bhfuil cúram teagaisc na hiriseoireachta orthu atá sé cur chuige.

Dréacht eile í an litir ghonta in 1600 ó Aodh Ó Néill Iarla Thír Eoghain, go dtí taoiseach in Iarthar na Mí, Seán Mac Cochláin. Dithneas borb ar fad í an litir. Deabhadh ó dheas go Cionn tSáile air. Maireann an litir toisc gur tháinig duine dá naimhde, Sir Geoffrey

Fenton, trasna uirthi. Aimsir chogaidh, bhí faisnéis riachtanach, agus fear teanga aige gan amhras:

> Ár mbeannacht chugaibh, a Mhic Cochláin: Do ghlacamar bhur litir agus is é thuigimid uirthi nach bhfuil agaibh gá dhéanamh ach milseacht bhriathar agus sínteoireacht aimsire. Ár gcuidne den ábhar, cibé duine nach mbeidh linn agus nach gcaithfidh ar son na córa, tuigimid gur duine in ár n-aghaidh an duine sin. Dá bhrí sin, gach áit a ndéanfaidh sibhse bhur maith féin, déanfaidh ár n-olcna an mhéid go sroichfidh libh a dhéanamh de, agus déanfaimídne bhur n-olcsa lenár ndícheall maille toil Dé. Ag Cnoc Dupmainne, 6 Februarii, 1600. Ó Néill [Leasuithe litrithe liom féin]

Is féidir an deachtú ar muin a chapaill, an sodar intinne, a bhrath ar an gcaint. Ceithre lá sular dheachtaigh Ó Néill an litir i gContae na Mí, chuir sé fógra amach ag foilsiú na gcoinníollacha fostaíochta agus rátaí pá do na saighdiúirí agus do na hoifigigh a bheadh faoina cheannas ag dul ó dheas. 'Ag so mar fhostus Ó Néill buannadha' an teideal atá ar an bhfógra – buanna is ea saighdiúir billéid – agus is é an chuid is foclaí de an trácht ar an dílseacht dó féin:

> Is iad na fiacha atá ar an mbuanna as so. Ar dtús fá bhrí a choinsiais agus a anama do bheith tairiseach, grách, umhal, urramach dá thiarna agus a fhreagairt gach uile uair iarrfas sé é, agus dul leis de ló agus d'oíche i ngach áit a n-iarrfaidh sé é, ach nach gcuireann Ó Néill d'fhiacha ar bhuanna baile d'ionsaí ach de réir a thoile féin.

Mura dtabharfaí toradh air 'go bhfaghfaí a cheann re a bhuain de. I nDún Geanainn, 2 Februarii 1601' [leasuithe litrithe liom féin],

Bhí scríobhaí cruinn ag Ó Néill ar ndóigh, Tadhg Ó Cianáin a bhreac an tuairisc bhreá ina dhiaidh sin ar Imeacht na nIarlaí. Ba é a bhí ina fhinné pinn ag leaba a bháis agus ag a shochraid sa Róimh, iriseoir Gaeilge in 1608:

> Sochraid líonmhar agus tórramh ró-onórach arna nordú ó naofacht an Phápa i procession onórach go n-iomad líonmhaireacht de lóchranna lasta céireach le cantaireacht chaoinbhinn thuirsigh ar gach taobha de.

Fógra bia sa Ghorta

'Protastúnach   Éireannach' a thugadh Thomas Swanton air féin go mórtasach in Iarthar Chorcaí i lár an naoú haois déag. Bhí gabháltas baile fearainn aige i gceantar Bhéal an Dá Chab i bparóiste na Scoile. Duine ar leith ba ea Swanton. Chreid sé i saothrú na Gaeilge beo, scríobh sé tráchtas gairid ar chóras litrithe simplí do chanúint a cheantair féin, chreid sé i bhfoilsiú na Gaeilge reatha, sa cheol dúchais – go háirithe sa phíb – nuair a tuigeadh d'fhormhór lucht a chomhaimsire gur bhain an Ghaeilge leis an gceo.

Saolaíodh é sa bhliain 1810 i gceantar Bhéal an Dá Chab, de réir dealraimh, agus cailleadh é tamall i ndiaidh 1861 is cosúil. Is é Breandán Ó Conchúir a thugann a cheart ar deireadh don uasal idéalach seo ina aiste 'Réamhchonraitheoir in Iar-Chairbre' in *Iris Chumann Staire agus Seandálaíochta Chorcaí*. Tá Swanton le háireamh feasta i measc na buíne sin – Seán Mac Éil i dTuaim, Roibeard Mac Ádhaimh i mBéal Feirste agus Pilib Barún sna Déise – a shaothraigh an teanga bheo go luath sa naoú haois déag.

Bhí Swanton lán de scéimeanna nár éirigh leis a chur i gcrích. Ba chara é le John Windele (1801–1865), an t-ársaitheoir a d'oibrigh in Oifig an tSirriam i gcathair Chorcaí agus a raibh páirc oghamchloch sa bhaile aige. Mhúin sé léamh agus scríobh na Gaeilge dó féin, ní foláir, agus scaip sé na céadta ciorclán a clóbhuaileadh ar a chostas féin, in 1844, ag lorg síntiúsóirí do chumann a thabharfadh cabhair bheag airgid as filíocht a chumadh i nGaeilge agus i seinm na píbe. Dhíol seacht nduine dhéag an síntiús faoi 1845. B'in é a dheireadh.

I lár an Ghorta Mhóir a dhíol Swanton as an bhfógra faoi mhargadh i mBéal an Dá Chab a chlóbhualadh. An raibh a cheann sna scamaill? An bhfuil sé rófhurasta an íoróin san fhógra a shonrú, tráth a bhí daoine á leagadh ar fud na tíre leis an bhfiabhras agus leis an ocras, agus Swanton ag fógairt 'Margaidhe muc, caorach, prátaidhe, ime agus éisg, saor ó chustam'? Ghoill an Gorta go mór air féin chomh maith le duine agus thug sé 'the murder by neglect of the helpless' ar an uafás. Níor tuigeadh dó féin go raibh 'Buanughadh don Bhainrioghain' ag teacht salach ar 'Séan d'Éirin' faoi mar atá ráite ag bun an fhógra.

Fógra bia Swanton as páipéir Windele (*le caoinchead Acadamh Ríoga na hÉireann*)

D'oibrigh sé féin chomh dícheallach le duine ag fóirithint ar na bochtáin, agus theip ar shláinte a theaghlaigh. Deir Ó Conchúir:

> Bhí sé dall ar fad, nach mór, fén mbliain 1860, chaill sé triúr, marar chaill sé ceathrar dá chlann iníon sna blianta 1852–58 de dheasca na breoiteachta, agus i ndeireadh báire, b'éigean dó a ghabháltas a thréigean agus é i bhfiachaibh. [11]

D'áitigh sé ar Sheán Ó Dálaigh i mBaile Átha Cliath, Gaeilge a chur i gcló in *The Nation*, ach chuaigh de. Bhí bearna mhór tuisceana idir lucht léinn Bhaile Átha Cliath agus Swanton. Ba mhó ná sin an fhaillí a dhein an chléir Chaitliceach sa teanga, gan an chléir Anglacánach a bhac. Bhí plean eile aige sleachta as Leabhar na Salm agus roinnt leabhar cráifeach eile a fhoilsiú, chomh maith le míosachán *Cork Irish Monthly News* a chur amach i nGaeilge.

Ní bhfuair sé aon tacaíocht ón gcléir Chaitliceach – agus theip a mhisneach: 'I fear even the Psalms translated from the Vulgate would not be countenanced by the RC clergy' a scríobh sé chun Windele. Dúirt sé leis, an lámhscríbhinn den chéad eagrán a chur i leataobh. 'The Roman Catholic clergy alone ought to be able to supply and support such a periodical,' a bhí ráite aige roimhe sin. Ach thuig an scoláire John O'Donovan, Ollamh le Ceiltis in Ollscoil na Ríona i mBéal Feirste, an scéal go baileach.

'The Catholic clergy are moving heaven and earth to extinguish the Irish language,' a dúirt sé nuair a mhol Roibeard Mac Ádhaimh i mBéal Feirste go mbainfí leas as na sagairt chun daonáireamh na

---

11. B. Ó Conchúir, 'Réamh-Chonraitheoir in Iar-Chairbre' in *Journal of the Cork Historical and Archaelogical Society*, 98, P. O'Flanagan agus C. Buttimer (eag.), Cork Historical and Archaelogical Society: Cork, 1993, lgh 50–60.

gcainteoirí Gaeilge a dhéanamh in 1851: 'It would be useless to trust them.'

Scríobh Windele ar ais chuig Swanton á rá leis gur ag caitheamh péarlaí le muca a bheadh ann amhráin nó sailm nó iomainn ar bith a fhoilsiú i nGaeilge na haimsire. Bhí a dhóchas siúd caillte agus súil aige go mbeadh roinnt scoláirí ann a thuigfeadh tábhacht ársa na teanga. Scríobh Swanton ar ais chuige agus dúirt sé gur léigh sé freagra Windele do roinnt daoine 'all of whom agree with you that the peasantry have rejected their own tongue.' Faoi mar a deir Breandán Ó Conchúir i ndeireadh a aiste féin: 'Is beag duine eile, b'fhéidir, a thuig chomh maith agus a thuig Thomas Swanton san am úd, an díobháil a bhí á dhéanamh ag na daoine sin dóibh féin.'

Scéal micreachosmach é scéal Swanton den mhéid a bhí ag titim amach go náisiúnta. Más mall féin é an t-aitheantas, bíodh sé dlite anois dó.

Glugarnach na beatha

Sioscadh deimhnitheach an chnis dhaonna leis an siosúr in íochtar an bhoilg is túisce a chuala. Faoi mar a bheadh taipéis á gearradh. Theastaigh uaim a bheith i láthair don obráid, don bhroinnghearradh, tar éis an oiread sin díomá a bheith orm an uair roimhe sin nuair a díbríodh mé go dtí an seomra teilifíse. Bhí an cainéal satailíte ar siúl agus mo cheann ag snámh sa chibearspás, agus nuair a tháinig an bhanaltra chugam leis an scéala thit eas deora uaim. Le faoiseamh. Bhí cead isteach anois ag aithreacha sa téatar le linn na hobráide.

Bhí an oíche tugtha againn ón a hocht a chlog go dtí anois ar a leathuair tar éis a cúig ar maidin idir rabharta agus mallmhuir. Bhraitheas ídithe. Bhí an mháthair tnáite faoi ainéistéiseach logánta. Chuireadar i mo shuí mé ar stól ag a ceann chun labhairt léi. D'ardaíodar fráma ar a cliabh – cliabh ar a cliabh – agus braillín thairis. *Tá sléibhte na leapan mós ard.* Dúrt paidir faoi m'anáil agus d'fháisceas a lámh. Chuala blip, blip, na meaisíní a bhí ag tál an lachta ainéistéisigh, ag tomhas na fola, ag coimeád duine ina bheatha. Bhraitheas gur *voyeur* mé. Níor lig an masc ar m'aghaidh aon bholadh tríd. Uaim féin ná ón obráid. Closamharc ar fad ba ea é.

Faoi mar a bheadh buatais rubair a rachadh greamaithe i bpoll portaigh. An ghlugarnach sin agus buatais rubair á tarraingt amach as lathach. An líonadh arís agus an bhuatais tarraingthe. Ach an uair seo, naíonán ardaithe ag duine acu go caithréimeach san aer, an corda ceangailte fós den chneas smeartha. Comhghairdeachas. Mac eile. Comhghairdeachas.

Bhí sé ar an taobh thall den fhráma cléibhe agus ní leomhfainn dul thairis. Bheinn éisealach fiú dá bhféachfainn ar obráid ar an teilifís. Má bhí gnó ar bith agam anseo ba i dteannta na máthar é.

Bhí an naíonán ag béicíl cheana féin agus iad á mheá ar na scálaí. Bhí cuid den am sa bhroinn tugtha aige ina chodladh le barr leisce a chuala cúntóir téatair á rá. Gan fonn air tabhairt faoin saol. Ní fhéadfadh a mháthair aon néal a dhéanamh. Mura raibh sé siúd, leis, traochta ag an saothar go léir, an créatúirín. Chuas á fhéachaint ar na scálaí. Tar éis na chéad anála ar an saol seo dó, spotaí bána ina shróinín. Corpghlanadh go lá an bháis.

Is míorúilt í an bheatha. Tá radharc éigin sna súile aige. An solas, b'fhéidir. Ardaíonn banaltra léi é go dtí a mháthair. Tá banaltra amháin anseo agus gan de chúram uirthi ach súil a choimeád ormsa. Feighlí an athar. Féachann sí idir an dá shúil orm, os cionn an mhaisc, agus cuireann mo thuairisc.

Tá níos mó cainte anois idir an fhoireann agus cleatráil ag na huirlisí sna miasa miotail. Suím arís ar an stól agus as leathshúil amháin feicim sac na breithe. Sceimhlím. Cad tá tógtha amach acu chomh maith leis an naíonán?

Níor thuigeas go dtí anois gur obráid mhór an gnó seo atá idir lámha acu. Tá beatha na máthar idir a lámha acu. Guím chomh dúthrachtach is atá dúthracht ionam. Ní fhéadfaidh mé faic na ngrást eile a dhéanamh. *Poll i m'ionathar, bearráin trím dhrólainn.*

Tá siad ag cur an stuif ar fad ar ais agus insíonn an lia di gur gearr anois go mbeidh sé ag fuáil. Tá mo chroí féin in íochtar mo ghoile in éineacht le sac na breithe. Ionradh iomlán ar chorp na máthar an gnó seo, ionradh tarrthála sa chás seo. Ach ionradh mar sin féin, cuma cén tslí a d'fhéachfá air.

Sac sin na breithe amuigh acu agus iad á dheisiú anois. Sna seanlaethanta bheadh an naíonán agus an mháthair, leis, caillte ní foláir. Cá mhéad acu a cailleadh i ngan fhios, a fuair bás ar an leaba luí seoil?

Níos luaithe san oíche bhíos ag léamh *Sheelagh na Gig* le Heaney. D'aimsíos an dán trí sheans, agus cheapas gur comhartha é go mbeadh gnáthbhreith ann:

She bears the whole stone burden
on the small of her back and shoulders
and pinioned elbows, the astute
mouth, the gripping fingers
saying push, push hard,
push harder.

Níorbh ea. Níor shroicheamar chomh fada leis, bhí an méid a bhí, le bheith.

Bhí foireann an téatair le cloisteáil anois ag áireamh amach na n-uirlisí ceann ar cheann. 'Aon siosúr amháin,' arsa duine agus an dearbhú céanna ar ais ón gcomhghleacaí 'Aon siosúr amháin.'

Níorbh aon scannán é, ach *réalité* sciomartha, glinniúnach, cróim, na hobráide. Bhí an dochtúir ag socrú moirfín anois chun an phian a cheansú. D'fheistigh sé meaisín eile de ráille na leapan, bhrúigh cnaipe chun é a chur sa tsiúl agus thaispeáin di conas an lacht a thál go huathoibríoch di féin.

Diltálaire an focal ab ea? Diltálaire digiteach. Cloisim banaltra á rá gur saolaíodh an leanbh agus ocras air, bail ó Dhia ar a ghoile. Tá an fhuil glanta ón urlár acu cheana féin, na feistis liachta caite ina mburlaí i mála dubh bruscair. Fágann an fhoireann slán ag a chéile faoi mar a bheadh seó stiúideo críochnaithe go sásúil ag dream eile. 'Ná dearmad an D&C sin níos déanaí inniu…'

I ngrá le gráin

Ó cheantar tréan dílseoirí i mBéal Feirste thuaidh ba ea é, agus ba é an chéad uair aige é ag caitheamh aon tréimhse 'i dtír eachtrach na hÉireann' mar a thug sé féin uirthi.

Déarfainn gurbh iad na huibheacha friochta a chócálas dá lón a chuir an bonn muiníne faoinár gcaidreamh. Bhí sé tugtha faoi deara agam nár thaitin sailéad ná cáiseanna leis agus gur dhócha gur *Ulster Fry* an béile ab fhearr ar fad leis.

A athair a fhriotháladh ag baile air, agus a mháthair a théadh amach ag tuilleamh mar ghlantóir. A athair a thug misneach dó chomh maith agus é ag tabhairt faoin tréimhse chónaithe ó dheas. Bhí sé naoi mbliana fichead agus ní raibh aon tsaoire cheart caite aige lasmuigh dá cheantar dúchais. Bhí baint aige tráth dá raibh le paraimíleataigh na ndílseoirí ach bhí a chúl tugtha aige le foréigean. Ministéir i gceann de na heaglaisí Protastúnacha ba ea dearthair dó agus thuigeas uaidh go raibh baint aigesean lena chur ar bhóthar a leasa.

B'ait liom nach ndúirt sé liom cén eaglais a bhí i gceist ach labhair sé go húdarásach ar eaglais nó seict ina raibh cúig mhíle duine thuaidh, agus gan de bhunús lena gcreideamh ach gráin ar Chaitlicigh.

Faoina fholt fionnrua, na gloiní tiubha, an siúl luascach sin, agus é a bheith i leith na feola ábhairín, níor dheacair liom é a shamhlú ag seinnt i mbanna druma-agus-fífe. Ní fheadar cén banna a shamhlaigh sé siúd liomsa. Leagas uaim nuachtán an lae sin ar an mbord taobh leis, go neamhchúiseach, ach níor thug sé aon aird ar an gceannlíne faoi mharú seicteach beirt Chaitliceach eile fós.

Nuair a d'fhiafraíos de conas a mhothaigh dúnmharfóirí seicteacha tar éis dóibh an gníomh a dhéanamh, dúirt sé: 'Díreach tar éis marú, ab ea?' Bhain a cheist siar asam ag an am, chúlaíos ábhairín, níor theastaigh uaim a chur in iúl go raibh a leithéid déanta aige féin, agus dúrt: 'Ní hea, ach sna clubanna óil nuair a bhíonn siad ag caint ina dhiaidh', á thabhairt le tuiscint go mbeadh a leithéidí braite aige.

Shearr sé a ghuaillí, shocraigh na gloiní ar a chaincín agus dúirt:

'Caitliceach eile marbh sa chogadh. Ní mhothaíonn siad aon chiontacht. Cén fáth go mothódh?'

Ba é an locht ba mhó a bhí aige orthu nár chomhlíon siad a gcuid orduithe i gceart go minic. Dá rachaidís go dtí teach agus ordú acu fear amháin a mharú agus go lámhachann siad bean a fhreagraíonn an doras, gur comhartha ba ea é sin go raibh siad chomh tiubh le bíoma.

I gcultúr eastát na ndílseoirí mheall an gunnadóir mná áirithe, agus b'in a raibh de chúis de ghnáth ag an bhfear óg dul le paraimíleatachas an chéad uair. Ina dhiaidh sin a tháinig teagasc idé-eolaíoch, bunaithe ar 'chine-ghlanadh' agus ar ghráin. Bhí sé féin tar éis dul leis an nGearmáinis ar feadh tamaill agus spéis a chur sa neo-Naitsíochas.

Cé go raibh drochmheas ó thalamh aige ar na polaiteoirí meánaicmeacha Aontachtacha, ní raibh aon fhreagra chun mo

shástachta aige ar an bhfolús intleachtúil a bhraitheas-sa – a dúirt
mé leis – i gcroílár na Dílseachta. Labhramar ar na paradacsaí, gur
laoch de chuid lucht leanúna Linfield – a chlub sacair féin – é Dessie
Gorman ó Bhaile Átha Cliath; gur airigh sé gur Briotanach ba ea
é féin ach nuair a thagraíos d'fhoireann sacair na Poblachta mar
'Ireland' gur tháinig confadh air, faoi mar gur chuid d'Éirinn, leis,
ba ea foireann Northern Ireland.

Be é an paradacsa ba mhó ar fad ina shaol féin gur Caitliceach
ó Dhoire a goineadh Domhnach na Fola a bhí ina chara mór ag a
athair agus ag a uncail, agus gur chucu siúd a théadh sé ar cuairt
nuair a thagadh sé aniar go Béal Feirste. Ní raibh ann, a mheasas,
ach sampla de ghréasán casta na ngaolta cleamhnais nár chruthaigh
faic ar an mórscála caidrimh idir an dá phobal.

D'aontaigh sé nach raibh dealramh ar bith le hAilt a Dó agus a
Trí den Bhunreacht a chur ar ceal gan socrú níos fairsinge a bheith
ann. Níor ghlac sé leis an téarma 'rúnpháirtíocht' idir na fórsaí
slándála agus a phobal féin. Ní raibh ann ach an gnáthchaidreamh
pobail idir póilíní, saighdiúirí agus an pobal Dílseach ar leibhéal na
sráide.

Bhraith sé féin ar deighilt. Bhraith sé coimhthíos leis an méid
a bhí ar siúl i bpróiseas na síochána, agus chaithfí na dílseoirí crua
a chur san áireamh in aon idirphlé. Struchtúir a bhunú an moladh
a bhí aige chun go gcuirfeadh muintir an deiscirt agus an tuaiscirt
aithne níos fearr ar a chéile. Struchtúir den uile shaghas – sóisialta,
cultúrtha, trasteorann, tras-Eorpach – foireann aontaithe sacair mar
shampla amháin, anois ó bhí dealramh domhanda le foireann na
Poblachta.

Aineolas a bhí mar bhonn le mórán d'eaglaí na ndílseoirí. Mheas sé féin go raibh na comharthaí bóthair sa deisceart dátheangach d'aonghnó chun mearbhall a chur ar Phrotastúnaigh an tuaiscirt. Ní raibh a fhios aige go raibh a leithéid d'áit ann agus Gaeltacht, go raibh Raidió na Gaeltachta ann, go raibh teilifís Ghaeilge ann.

Ach ina dhiaidh sin is uile, las a shúile le fraoch nimhe, solas nach bhfaca a leithéid roimhe sin i mo shaol. 'Ní thuigeann tusa gurb é a thiomáineann sinne, ná gráin,' ar sé ag éirí chugam. 'Ní thuigeann tú gur rud álainn is ea gráin, go bhféadfaidh gráin a beith níos áille, níos treise ná grá. Is ea, táimid i ngrá le gráin, táimse i ngrá le gráin. Is rud cumhachtach é gráin, níos cumhachtaí ná aon ghrá dar thugas riamh d'éinne. An dtuigeann tú é sin?'

Bhain sé siar asam ach níor scanraigh sé mé. Ní chugamsa go pearsanta a bhí sé. Fuaireas léargas ar an ngráin sin, gráin phaiteolaíoch, geall le beith gnéasúil, a bhí chomh dearg ann agus a bheadh bior iarainn.

'Braon eile tae?' a d'fhiafraíos de agus leanamar orainn ag caint ar an ngráin, geall le bheith aeistéitiúil, a bhí i gceist aige siúd. Ar ndóigh bhí dánta móra agus úrscéalta scríofa ag na Spáinnigh agus a thuilleadh nach iad ar an ngráin …

Marú seicteach eile

Bhíos deich nóiméad luath ar shroichint theach an tsagairt dom in oirthear na cathrach, agus thugas sracfhéachaint sa séipéal lena ais. Dhearbhaigh an chónra os comhair na príomhaltóra go rabhas san áit cheart. Bhí beirt fhear oibre laistigh de dhoras ag leagadh tíleanna urláir, agus d'fhéachadar go hamhrastúil orm. D'fháisc duine den bheirt a ghreim go docht ar an ngléas tóirseála gáis, nach raibh lasta, ach nuair a labhras leo mhaolaigh ar a n-amhras láithreach.

Deisceartach.

Cén t-am a bheadh an t-adhlacadh ann?

Tar éis an Aifrinn ag meán lae a chuirfí é.

Chuir fear an tóirse, tine leis an sruth gáis. Bhí an chónra an-lom, gan an choinneal féin fiú. Fear sna daichidí luatha, lámhachta. Marú seicteach eile.

Bhí boladh an rubair leáite ag leathadh sa séipéal ón tíleáil. Túis rubair, a chuimhníos.

Fear scothaosta ag déanamh ar na trí fichid ba ea an sagart paróiste, agus dúirt sé go mbeadh sé chugam láithreach nuair a bheadh a ghreim tugtha aige don chat. Threoraigh sé isteach san oifig mé, seomra lom feidhmiúil. B'fhada ó thoirtéis é. Labhair an sagart go ciúin liom nuair a shocraigh sé isteach sa chathaoir uilleann.

Fear goilliúnach, faoina gheansaí liath tí. Bhraitheas báúil leis. Cothú an chait, ba é ba mhó a bhí mar chúram ar m'athair féin, leis, an aimsir seo. Teaghlach a shamhlaigh sé leis an bpobal beag Caitliceach sa cheantar, agus é féin ina cheann teaghlaigh. Ba bhreá leis garchlann tráthnóntaí Domhnaigh tar éis dinnéir a mheasas. Gan amhras, bhraitheadar faoi ionsaí leanúnach. Thug duine de na comhairleoirí áitiúla 'moncaithe' ar na Caitlicigh ag cruinniú tamall gairid roimhe sin. Duine de na 'tairgéidí boga' ba ea an fear a bhí sínte sa chónra sa séipéal. Bhí a thrioblóidí féin aige ina shaol, ach bhí sé réasúnta socair le tamall.

Leanamar orainn ag caint mar sin, caidreamhach, neamhphearsanta nach mór, go dtí gur bhuail clog an dorais. Ba dhóbair don chnagadh agus don bhreacadh a lean é an doras a leagadh sular shroich an sagart é chun é a oscailt.

'*You're not goin' to burn my Daddy,*' a chuala á rá go héagaoineach ag an ógánach ar thairseach an dorais.

D'fhéachas amach trí na cuirtíní agus chonac mo bheirt amuigh, balcán tiufáilte fir, tatúnna ar a ghéaga, i dteannta an ógánaigh. A Chríost, cad a bhí ar siúl?

'*You black Catholic bastard,*' a bhéic mo dhuine agus d'fhógair an sagart paróiste air imeacht.

D'fhanas mar a rabhas.

Nuair a d'fhill an sagart bhí sé ar crith. Dúirt sé go gcaithfeadh sé an séipéal a chur faoi ghlas, go raibh achrann faoin adhlacadh idir an dá theaghlach a bhain leis an bhfear marbh.

Mhíneodh sé an scéal dom ar ball ach chaithfeadh sé fios a chur ar na póilíní. Bheadh na ceamaraí teilifíse ag teacht, an t-easpag, agus bhí baol ann go rachadh an scéal in olcas. Fuadach coirp. Bruíon os comhair na gceamaraí. Chaithfeadh an sagart a bheith ina bhainisteoir sochraide do na ceamaraí chomh maith le rud. D'ardaigh sé leis na heochracha agus d'imigh sé.

Bhí radharc ón seomra agam ar chlós an tséipéil, agus chonac an t-óganach tuairim is dhá bhliain déag ag suí isteach i mótar i dteannta an fhir. Bhí an mótar lán d'fhearaibh. An bulc bagrach sin i mótar a ualaíonn an fheithicil go talamh.

Réab *landrover* póilíní isteach sa chlós, an buinneán ag séideadh, agus gal rubair ó rothaí an dara ceann á leanúint. Pháirceáladar ar dhá thaobh an mhótair agus léim na póilíní amach, duine ar dhuine, gunnaí á mbeartú acu. D'éirigh na fir amach as an mótar, óganaigh, fir sna tríochaidí.

Fear na dtatúnna a bhí ina urlabhraí acu, ba léir, agus é ag caint le sáirsint go bagrach. Bhí sé ag pleancadh an aeir lena dhorn, á dhíriú i dtreo an tséipéil ach lean an póilín air á cheistiú gan a shúile a bhaint de. Bhí fo-dhuine ag stánadh trí na ráillí ón mbóthar mór.

Bhí saothar anála ar an sagart ar fhilleadh dó. Dhoirt sé é féin ina phleist sa chathaoir. Thairgíos tae a dhéanamh dó. Dhéanfadh an bhean tí é, nuair a thiocfadh sí. Mhínigh sé dom an scéal. Bhí an fear lámhachta scartha óna bhean chéile. Bhí an chlann ag maireachtáil leis an máthair. Theastaigh ón mbean chéile go gcuirfí i reilig áirithe é. Bhí sé socraithe ag muintir an fhir go n-adhlacfaí i reilig eile é.

Nuair a chuala an bhean chéile é seo, dúirt sí leis an gclann go raibh sé i gceist ag muintir an fhir go ndéanfaí an t-athair a chréamadh. Uncail don ógánach a bhí ina theannta, deartháir na máthar. Bhí deartháireacha an fhir mhairbh ag teacht chun na sochraide, leis. Bhí baol mór clampair ann. Ní raibh aon uacht déanta ag an bhfear marbh. Ba é mian a mháthar féin go gcuirfí é san áit a bhí socraithe leis an sagart. Ní dhéanfaí é a chréamadh, ach chuirfí é sa reilig a bhí roghnaithe acu féin.

Ar a laghad bhí an chónra sábháilte anois sa séipéal, a dúirt sé.

Theastaigh uaim dá mb'fhéidir é lámh chúnta a thabhairt don sagart. Ach cad ab fhéidir a dhéanamh?

Bhí leabhar i mo mhála agam – *Saothar Mhicí Sheáin Néill*. Shíneas chuige é. Leath an dá shúil air le faoiseamh. Scaip an leabhar an teannas a bhí ag gabháil tríd ina arraingeacha agus thosaigh sé ag caint ar Ghaeltacht Thír Chonaill. Mall tomhaiste ar dtús, ag breith ar chuimhní breaca, agus ansin ina shruth. An bóthar siar, Eargail ag beannú dóibh lena caipín ó d'fhágaidís Leitir Ceanainn, a shamhlaíodh sé. Bíogadh beo na Fiannaíochta. An chantaireacht a ghlacadh seilbh ar an seanchaí, i mbun insinte. Ní rabhamar sa bhosca lom níos mó, ach ag seoladh na dtonn luaimneach.

Tá siad ag rá anocht ar an nuacht gur marú seicteach eile é seo, ach tá a fhios againne gur tragóid teaghlaigh í.

Ceann eile acu.

Liodán na buamála

In ainm an Athar, tá siad ag buamáil Londan[12]. In ainm na Máthar, tá siad ag buamáil Londan. In ainm Dé, tá siad ag buamáil Londan. In ainm na nglúnta sa chré, tá siad ag buamáil Londan. In ainm na mbeo, tá siad ag buamáil Londan. In ainm na neamhbheo, tá siad ag buamáil Londan. In ainm na marbh, tá siad ag buamáil Londan. In ainm ár muintire, tá siad ag buamáil Londan. In ainm ár sinsir, tá siad ag buamáil Londan. In ainm an ama atá imithe, tá siad ag buamáil Londan. In ainm an ama atá gan teacht, tá siad ag buamáil Londan. In ainm na hÉireann, tá siad ag buamáil Londan. In ainm ár laochra, tá siad ag buamáil Londan. In ainm na bhfíréan gan smál, na bpeacach gan teimheal, na ndaoine gan peaca, na leanaí gan tál, dá dtáinig riamh agus dá dtiocfaidh choíche, is fós gan teacht dá lá, tá siad ag buamáil Londan.

Ar son na síochána, tá siad ag buamáil Londan. Ar ár son-na, an cine daonna agus ar son ár slánaithe, tá siad ag buamáil Londan. Ar son na saoirse, tá siad ag buamáil Londan. Ar son na hÉireann, tá siad ag buamáil Londan. Ar son na bpríosúnach, tá siad ag buamáil Londan. Ar son na ndeoraithe, tá siad ag buamáil Londan. Ar son na córa, tá siad ag buamáil Londan. Ar son an anama, tá siad ag buamáil Londan. Ar son idéil, tá siad ag buamáil Londan. Ar son an náisiúin, tá siad ag buamáil Londan. Ar son na cainte, tá siad ag buamáil Londan. Ar son na fola, tá siad ag buamáil Londan.

12. Eachtraí buamála an IRA i Londain, 1993

Ar son a dtola, tá siad ag buamáil Londan. Ar son an chogaidh, tá siad ag buamáil Londan. Ar son na beatha síoraí, tá siad ag buamáil Londan. Ar son na cinniúna, na giniúna, na síolta fáis, na ngéaga báis, is fós gan teacht dá lá, tá siad ag buamáil Londan.

A Mhuire Mháthair, tá siad ag buamáil Londan. A Thiarna éist linn, tá siad ag buamáil Londan. A Thiama bí ceansa, tá siad ag buamáil Londan. A Thiarna ná tréig sinn, tá siad ag buamáil Londan. A Thiarna ár ndídean, tá siad ag buamáil Londan. A Mhuire na nGrást, tá siad ag buamáil Londan. A Thiarna na nDúl, tá siad ag buamáil Londan. Is é an Tiarna m'aoire, ní bheidh aon ní de dhíth orm, tá siad ag buamáil Londan. A Thiarna dár gcoimhdeacht, is fós gan teacht dá lá, tá siad ag buamáil Londan.

Ar mhaithe linne, tá siad ag buamáil Londan. Ar mhaithe leo féin, tá siad ag buamáil Londan. Ar mhaithe le sceimhle, tá siad ag buamáil Londan. Ar mhaithe le fóirneart, tá siad ag buamáil Londan. Ar mhaithe le gráin, tá siad ag buamáil Londan. Ar mhaithe liomsa, tá siad ag buamáil Londan. Ar mhaithe libhse, tá siad ag buamáil Londan. Ar mhaithe le héisteacht, tá siad ag buamáil Londan. Ar mhaithe le fuascailt, tá siad ag buamáil Londan. Ar mhaithe le tuiscint, tá siad ag buamáil Londan. Ar mhaithe le bua, tá siad ag buamáil Londan. Ar mhaithe le brúidiúlacht, tá siad ag buamáil Londan. Ar mhaithe leis an daorchine, tá siad ag buamáil Londan. Ar mhaithe le scanradh, ár, uamhan, barbarthacht, uafás, alltacht, díoltas, is fós gan teacht dá lá, tá siad ag buamáil Londan.

In aghaidh na héagóra, tá siad ag buamáil Londan. In aghaidh na tola, tá siad ag buamáil Londan. In aghaidh na síochána, tá siad ag buamáil Londan. In aghaidh an leatroim, tá siad ag buamáil

Londan. In aghaidh an daorsmachta, tá siad ag buamáil Londan. In aghaidh na stuacachta, tá siad ag buamáil Londan. In aghaidh Shasana, tá siad ag buamáil Londan. In aghaidh na hÉireann, tá siad ag buamáil Londan. In aghaidh na ndeoraithe, tá siad ag buamáil Londan. In aghaidh an éadóchais, tá siad ag buamáil Londan. In aghaidh an dóchais, tá siad ag buamáil Londan. In aghaidh na Corónach, tá siad ag buamáil Londan.

In aghaidh na daoithiúlachta, tá siad ag buamáil Londan. In aghaidh an fhill, tá siad ag buamáil Londan. In aghaidh an leadráin, tá siad ag buamáil Londan. In aghaidh an fhaltanais, an chaim, na daorbhroide, na díchéille, is fós gan teacht dá lá, tá siad ag buamáil Londan.

Thar ceann na ndaoine a chuaigh romhainn, tá siad ag buamáil Londan. Thar ceann chúig bliana fichead, tá siad ag buamáil Londan. Thar ceann naoi déag a sé déag, tá siad ag buamáil Londan. Thar ceann an ghnó idir lámha nár cuireadh i gcrích, tá siad ag buamáil Londan. Thar ceann na stailceoirí ocrais, tá siad ag buamáil Londan. Thar ceann imtheorannú, tá siad ag buamáil Londan. Thar ceann Loch gCál, tá siad ag buamáil Londan. Thar ceann William Patrick Lomasney alias Captain Mackey, tá siad ag buamáil Londan. Thar ceann ocht gcéad bliain, tá siad ag buamáil Londan. Thar ár gceann go léir, tá siad ag buamáil Londan.

Go dtaga an lá go síochánta trí chomhréiteach. Go dtaga deireadh, uair éigin in am trátha. Go dtaga foighne. Go stada an roth ag casadh.

Moh varool

Ní gan fáw a thugtar an tAire ECG orm, thaw fhios agat. An kroí. Thaw mo kroí er krith le fearg, oggus gak ball fearga ar krith le kroí kó maith – bíok sé rawte. Thaw mothúkáin agam oggus ní nawr lium é a raw. Thaw mé daonna for God's sake! Thaw mé lawn de kroí króga gawk shocktain ní havawn nooir a bhooan Mel kooig groddum Oscar – garvak le Finn Mak Kool ar ndáee abba Oscar – ak booin an shocktain seo an krave, an krave roo san awrav. Is shocktain fíorolk don kroí í an keann seo. Léiríonn an eaktra uilig nak dtwigeann Pawrtee an Lukt Ayebre airgead. Gá dtwigfeadh ní véak muid sa mess oofáwsak seo. Tar ayshe na dtowkawn i dTeer Konall oggus i mBaile Awtha Clee thaw fown owltowkawn ahnis orthu. Neel aon ahgla ormsa. Is faydir liom dul ar ash go dee an sukowlaíokt, go dee mo gawnta, go dee Amayricaw Theas, sheasav le Oliver Stone oggus na Zapatistas, clawraka chellyfeesha a dhénav ar nihe intlocktoola, oorshkale a screev, drawma … Rinneag botún, kinnte, ak níl saoi gan lukt oggus níl ock saoi avawn i bPawrtee an Lukt Ayebre. Kaithfimid a veith glik, níos glike feós ná an kuid ella akub. Kuivnig ar na kimeádaigs sin MakDrool oggus a leihéid ag oonsuí mo Stókaig own bPreas Te, Niall Mac an Stókaig, fear kó soineanta, kó brá, kó new-aimseartha, kó mór-knávak, kó tuiskeanak ar kúrsaí keoil, kó súáilkeak, kó moorkroíak, kó … Thaw kínnte, thaw Dick míhawsta, ak idjr mé hane oggus too fane kén ooir nak rev? I mean kén ooir deireanak a konaik too mangawh gawre faoin gcloov ar Dick, err kooala too skartadh gawre amak

203

owna kroí? Thaw mé kó sooite, nó in a right flap. Tabharfaidh too faoi deara go bhfuil mé ag simpliú, shimpliú, shimplew na teangy kó mah, i measc milloon rud ella athaw faoi mo kúram: Feowlsoonakt; Koorsee Elaine; Ireockt; Shareakas ar Ullawn na gCwareock; Gwayletockt; Airgead Tintawn; Lukt Shimléaraithe; Dawnta a Kumma ag Krinnihe Reelteas Oskoilte fwee Phawnee Glinne Oggus Tave Heer de Goorshe Oskoilte; Kraleakawn; Chellyfeesh na Gwaylegeh; Feowlsoonakt Fwee Gak Teddle Díov Shin ...

Thaw shay de kumhacht agam – nó ahm – a leithéid a dhéanav oggus gúirt mé go déanfadh mé é, oggus thaw mé ag eshooont Ordoo Aire ECG ag kur dera le 'ch' oggus ag kur 'k' ina ait. Freshin, thaw mé ag kur dera leis an seena fada de rare a kayle. An kwid is mow de lukt: na Gwaylegeh nee thoorfig sheed tawda fwee darragh. Thaw mé ag queenav freshin go gcuirfidh, gwirfidh, gwirhig, mé kummishoon ar bun kun líon na vocal baininscneak oggus firinscneak a scroodoo le sooil teakt ar kothromaíokt inscneak níos fearr, an teangy a thooirt isteak sa kéad aois eile. Vee mé ag kaidhnt le Mervyn fwee hoos styre ar oorlawr ooktarak Doon Avirgeen oggus thaw a Righin shood ag drayktadh kawpayshe fwee kothramaíokt inskneak sa teangy. Kesht físe ishea í, the vision thing thaw fhios aht. Thaw may booarha le fawda fween easpa kothramaíokta inscneak sa teangy oggus thaw me ag kur moloo ar aghaidh faoi Thespian Irish sa Kowras Hidockas – An Kowras Hideous a thuggaim fane air. Macliammóir! Ah Michael, Thou Shouldst Be Living At This Hour! Thaw mé ag moloo go mbéak koorsa Thespian Irish i ngak Gwaleskull sa teer oggus thaw mé egg kur airgid ar fawl do koorsee Thespian Irish treed an Kowerle Elaine. Thaw mé ag screev trawktas ar The Pedagogy of Thespian Irish oggus beig laykt aw thooirt agam fwee i bhFrannkish ag an Imaginaire Irlandais. Nee yiúltóidh mé maw iarrann sheed orm koopla dawn a lave ak kó beag.

Vi mé ar dearg buile ar fad le Rodeo na Gwaltakta nuair a kooala mé an clawr sin Doh Varool, oggus an van sin Noreetta Nee Kartoor, é de gawnaíokt akub veith ag magoo foom oggus fwee mo kwid Gwaylegeh. Beeuk akub! Beeuk an Klodhopper de Kounty Kouncillor Oh Kweev akub! Nee vegg 'ch' areesh sa Gwaylegeh, over my dead body! Oggus nak dtwigeann an dram sin kane fáw i ndawreereh err kuir mé dera le joantas na bhfwinnog oggus na ndoorshe? Kay geowl go mbéak Reelteas Oskoilte tave theer de phawna gljnne ogging? Kaw will an made sin glinne oggus doorshe le fawl sa teer? Koosh nawhshioonta ishah ay pawnee glinne oggus doorshe oskoilte a awl oggus thaw may egg tosoo sa Gwaletakt. Thaw may ag fogeroo joantas spesheelta kun ahkoorsawl a dhaneav ar phawnee glinne na dithe glinne Dillon oggus atogefig may Donn Avirgeen i nglinne mar kuivneakawn boon ar mo thrayvshe mar Aire ECG. Noo kuirfig may teock glinne moor teempoll ar Chellyfeesh na Gwaylegeh i gcuivne ar mo goshke. Beig may kó cawlule im kawleekt fane oggus a vee Mitterand le La Défense. An dtugann too fwee deara go will may ag koyleoont na seente fodda oggus ag kur an teangy as a riokt nees mow oggus nees mow de rare mar a hame kun keen? Oggus an rudd is greannooire er fodd nawk will shay de mhishnock ag aynneh STAD a raw. NIHIL OBSTAT.[13]

13. Bhí Micheál D. Ó hUiginn, an guth a shamhlaítear san alt seo, ina Aire Ealaíon Cultúir agus Gaeltachta ó 1993–1997

Johnny na mbád

Ar an mbus maidine ag déanamh ar Dhún Laoghaire a chuala mé na pinsinéirí ag trácht ar mharú 'Johnny' an oíche roimhe sin. An fear taobh liom is mó a bhí ag cur síos ar an gcrústáil mhíthrócaireach a bhí faighte ag an bhfear faire i gClub na Luamh. Ag an gCéibh Thiar a tharla sé. Bhíodar tar éis teacht ar a chorp sínte i mbeár an chlub cúpla uair an chloig roimhe sin.

Ba mhór an trua é nach raibh nuacht cheart raidió ann a dúirt sé nó bheadh an scéal iomlán aige. Dheineas féin iontas de go raibh an scéal chomh hiomlán sin, cheal seirbhís nuachta, aige. Gréasán an dlúthphobail ag feidhmiú go héifeachtúil beag beann ar a gcuid 'nuachta' a dúrtsa liom féin. 'Bhí aithne ag an saol ar Johnny,' a dúirt mo chompánach suíocháin leis an mbean os a chomhair amach. Thug sé tuairisc di air. É a bheith creathánach de bharr stróic a mheas sé, agus coiscéim bhacaí ann. Póilió a bhuail é ina óige, a dúirt daoine eile. Ag imeacht leis de shíor cois na farraige, nó trí Dhún Laoghaire. 'Bhí aithne ag an saol ar Johnny,' a dhearbhaigh sé arís. Go tobann rith sé liom gurbh é Johnny mo sheanchompánach a bhí i gceist aige.

Cuireadh i mo thost mé. Cé a chuimhneodh ar Johnny a chrústáil le clár adhmaid? Murarbh amhlaidh gur thug sé faoi na gadaithe? Ainneoin na bacaíle bhí sé righin, tiufáilte ina chorp. Bhí sé mórtasach as an údarás a thug a chéim mar fhear faire neamhoifigiúil dó i gClub na Luamh, seachas a chéim bhacaí a bhí mar mháchail choirp air amuigh sa saol. Bhí máchail chainte air chomh maith agus chaithfeá dua a thabhairt le comhrá ar bith leis.

Ach d'éirigh liom aithne áirithe a chur air i gcaitheamh na mblianta i nDún Laoghaire. Pearsa ba ea Johnny sa phobal beag idir a thigh cónaithe agus baile in Smyth's Villas agus Cuan an Ghuail. Saghas garda cósta, rí farraige ba ea é. Ba leis an áit ar chuma éigin. Níorbh fhéidir an áit a shamhlú dá cheal. Bhí cead isteach i ngach teach tábhairne sa chomharsanacht aige fiú mura mbeadh fiacha pionta féin aige.

Ní iarrfadh sé déirc riamh ort, ach thuigfeá cathain ba cheart duit pionta pórtair a sheasamh dó, nó mura mbeadh sé istigh, fiacha pionta a fhágáil ag an tábhairneoir do Johnny 'nuair a bheadh sé istigh arís'. B'ionann caidreamh le Johnny agus cos i dtaca a bheith agat sa phobal. Thosaíos ag caint leis an bpinsinéir taobh liom mar gheall ar Johnny, ag iarraidh a dhéanamh amach cén aois a bhí sé…

Bhí rithimí Johnny ar a chamshiúlta ag brath ar na taoidí. Thugadh sé uaireanta an chloig ina sheasamh cois farraige ag tabhairt gach aon ní faoi deara. Níor imigh faic gan fhios dó. Dá mbeadh árthach feistithe le caladh bheadh a fhios ag Johnny gur maircréil a bhí á lódáil uirthi le seoladh chun na Nigéire. Bheadh a fhios aige go raibh an t-iasc tagtha ó na Cealla Beaga agus cé mhéad tonna a bhí le cur san árthach. Ainneoin a mháchail chainte bheannaíodh sé dom féin i nGaeilge le 'conas 'tá tú?' agus a shúile gorma ag gáire fúm go magúil.

Ba mhinic a chuimhnínn gur leagan Dhún Laoghaire ba ea é d'fhear farraige ar an gcósta thiar, theas nó thuaidh. Toisc nach raibh sé solabhartha ní raibh seanchas aige. Ach d'eachtraigh sé scéal suaithinseach amháin dom. Bhí cainteoirí dúchais Gaeilge as Maigh Eo ina gcónaí i gcuid de na tithe in aice le Cuan an Ghuail i nDún

Laoghaire. Aimsir na Stailce Móire in 1913, ní raibh aon ghual ag teacht i dtír sna dugaí i gcalafort Bhaile Átha Cliath. Bhí clós guail ag comhlacht áirithe díreach taobh thuas de Chuan an Ghuail agus bheartaigh na húinéirí ar lasta a thabhairt i dtír ansiúd chun an stailc a bhriseadh.

Ní dhrannfadh na dugairí i nDún Laoghaire leis an dílódáil ach bhí plean ag na húinéirí. Ba thiarnaí talún iad thiar i gceantar Gaeltachta i Maigh Eo – ceantar Iorrais, measaim. Thugadar tionóntaí dá gcuid aniar as an nGaeltacht, nach raibh puinn Béarla acu ná aon tuiscint acu ar chúrsaí na stailce.

Le cosaint na bpóilíní, thug na tionóntaí an gual i dtír ó árthach a bhí tagtha le caladh i gCuan an Ghuail. Chuir roinnt acu fúthu i dtithe de chuid na n-úinéirí, le línn dóibh a bheith ag obair. Tá a sliocht fós sa chomharsanacht ar cosúil le sráidbhaile inti féin í, ach ar feadh na mblianta ní bhíodh aon chaidreamh ag muintir Dhún Laoghaire leo. Ar nós gach ceantar lucht oibre sa chathair díoladh go daor i nDún Laoghaire as an stailc.

Ba chuimhin le Johnny fear amháin a théadh siar go Maigh Eo gach samhradh ar rothar. Bhí bothán istigh i gclós an ghuail, go dtí gur leagadh roinnt blianta ó shin é, a mbíodh cónaí ar sheanbhean ann. Gaeilge a bhí aici siúd, an duine deireanach den mhuintir aniar.

Bhraitheas truamhéil mhillteach riamh san eachtra áirithe sin. Bhraitheas an truamhéil chéanna arís nuair a chuala gur maraíodh Johnny go neamhscrupallach. Ní raibh aon mhilleán riamh ag Johnny bocht ar na tionóntaí as Maigh Eo a bhris an stailc in 1913, mar nach raibh fios a mhalairt acu. Ní hionann agus an té a dhúnmharaigh Johnny i gClub na Luamh, le bíoma adhmaid.

Lá den saol plaisteach

Idir dhá thráth atá an déagóir ceithre bliana déag ar a lá breithe. Tá triúr againn amuigh, mé féin, é féin agus mac eile ceithre bliana i mbun siopadóireachta. Tá an déagóir idir dhá thoise dá chosa agus mé ag ceannach péire bróg dó. Tá a fhios aige féin go díreach cén saghas atá uaidh: AV8. Is maith nach DV8 iad.

Deir fear na mbróg liom go bhfuil AV8 'cool' agus nuair is léir dó nach dtuigim go hiomlán é, aistríonn sé an coincheap go dtí friotal meánaosta – is iad is mó a mbíonn éileamh orthu ag déagóirí dá aois, seachas Docanna. Tá iallacha leathair ar na bróga agus cárta ceangailte díobh a thugann treoracha faoi shnaidhm áirithe a dhéanamh le barr na n-iallacha. Tá an cleas margaíochta ar eolas ag an déagóir óna chompánaigh, agus más margaíocht í is suaitheantas tréadach leis í. 'Badging' a thugann lucht fógraíochta ar an lipéadú seo.

Is é an scéal céanna ag na jíons é. An chéad cheist a fhiafraíonn fear fiarshúileach an tsiopa de – níl ionamsa ach fear taobhlíne – ná cén lipéad atá uaidh. Ach, a fhiafraímse, cén toise atá ina vásta, an bhfuil téip agat chun é a thomhas? Ainneoin a fhiarshúil tá an déagóir tomhaiste go maith cheana féin aige, agus deir sé gur fiche hocht nó tríocha is ea é. Braithim go bhfuil mo phóca tomhaiste níos cruinne fós aige agus deineann sé neamhaird díom sa phlé leis an gcustaiméir.

An bhfuil siad teann nó scaoilte uaidh, agus cén dath? Triailfidh sé an dá stíl i ngorm, agus roghnaíonn an fear fiarshúileach péirí ó na ráillí. Tá ceann acu i dtoise deireanach an ógánaigh agus ceann eile i gcéad thoise na bhfear. Tá tráthnóna lipéad á dhéanamh aige agus caithim isteach an tuáille. Tugaimid aghaidh ar McDonald's. Tá a fhios agam conas tae a lorg i McDonald's ach sin uile. Pé wireáil atá déanta ar m'inchinn deineann McDonald's gearrchiorcad ar an nóiméad di.

Tá an déagóir ar a phaiste féin áfach. Deir sé liom gur féidir bréagán a cheannach in éineacht leis an mbia don leanbh ceithre bliana. Braithim go bhfuilim istigh i mbosca Kellogg's éigin, capsúlaithe, teanntaithe, aimsithe ag lucht margaíochta. Tá dath na dtíleanna ar an urlár féin roghnaithe d'aon ghnó acu ar mhaithe lena n-aidhmeanna margaíochta. Braithim gur beag baint atá ag an áit le bia, mar a thuigimse bia céadfaíoch, ilchruthach, ón gcistin, ach gur mó atá baint aige le hearra aonadach a bheith pacáistithe. Bia compoird a thugann lucht fógraíochta air.

Ligim don déagóir na burgair agus na deochanna a cheannach agus tugaim an leaid óg go dtí an bord. Ní túisce suite sinn ná a thagann duine den fhoireann chugainn le hataí páipéir agus *Happy Meal* mar mhana orthu. Cén bhaint atá ag *Happy* leis an scéal, ná *Meal* féin? An bhfuil siad ag cur in iúl gur Parthas Plaisteach é seo agus go bhfuilimid sna fíréin? Slánaithe?

Is é seo an saol plaisteach, iarthionsclaíoch ilaicmeach – seachas bochtáin – ilnáisiúnta, aonchineálach. An cultúr táblóideach ina bhiachlár. Am digithe i gcoibhneas le bia gasta. De réir mar a aonadaítear an clog deintear gach aon rud eile a sholáthar mar aonaid: pictiúir theilifíse, focail ... Ach ní ar mhaithe le mo bhuinneach intleachtúil atáimid anseo, cé go mbraithim go bhfuilim faoi ionsaí ag an tíorántacht shochma, ag an dúmháil margaíochta. Ar aon nós, ní measa agus ní fearr é ná *Wimpy Bars* m'óige féin.

Ar mhaithe leis an déagóir a shásamh go háirithe atáimid suite chun an bhoird. Nuair a thugann sé an tráidire aníos, fiafraím de cad iad na buanna atá ag McDonald's agus ag na háiteanna eile burgair. Ar a laghad bíonn caint ag déagóirí lena dtuismitheoirí ar a bpaiste féin amuigh. Deir sé go neamhbhalbh liom go bhfreastalaíonn siad ar dhéagóirí agus go dtugann siad aitheantas dá stádas mar dhaoine. Bíonn a fhios aige go díreach cad a gheobhaidh sé ag brath ar an airgead a bhíonn ina phóca. Uaireanta rachaidh sé go dtí áiteanna eile burgair atá níos saoire. Is féidir leis labhairt go hoscailte lena chairde anseo. Tá an leaidín ceithre bliana sna flaithis agus é ag súgradh lena bhréagán plaisteach i dteannta a bhurgair. Is é an chéad uair aige é i McDonald's. Aithníonn sé cailín ar comhaois leis ón réamhscoil. Ní foláir nó tá cuid de na tuismitheoirí óga atá amuigh lena leanaí ag teacht go McDonald's ó bhíodar féin ina bpáistí. Tá slí do theaghlaigh san áit. Tá sé glan. Tá na suíocháin crua, neamhghéilliúil, míthrócaireach faoi mo thóin mheánaosta.

Ní haon áit é chun cúrsaí an tsaoil a phlé. Theastódh naipcín boird, freastal boird chuige sin, a shamhlaím. Ní dhéantar an saol a phlé ar aon nós sa chultúr táblóideach. Gabhann sé thar bráid ag caitheamh hata páipéir agus 'Happy Meal' mar mhana air. Díreach ar nós ceannlíne tháblóideach.

Le temps de vivre

I bPáras, samhradh na bliana 1968, a bhraitheas an faobhar sin ar an oíche agus ar an lá a dhearbhaigh dom go rabhas i mo steillbheatha. Bhí an téarma *'les événements'* i mbéal gach éinne de mo chomhaoisigh. Áitíodh orm go raibh an saol athraithe ó bhonn ag imeachtaí mhí na Bealtaine roimhe sin. Áiteamh ba ea gach ócáid shóisialta. Áiteamh fada amháin ó chaife go caife istoíche, ó bhord go bord, ó chomhluadar go comhluadar.

B'fhéidir imeacht ó cheann go chéile, do chuid a rá le strainséirí ach an béarlagair a bheith agat, iad a fhágáil agus leanúint leis an díospóireacht chéanna ag bord eile i gcaife eile. Bhí gach aon ní faoin spéir ar an gclár díospóireachta. Fiú an bhrí a bhí le díospóireacht, agus go háirithe an bhrí a bhí le brí. Níorbh oscailteacht go dtí é mar a mheasamar, agus níorbh ea ó shin.

Ní raibh mórán spéise agam i bpolaitíocht na *'événements'*, ach ba mhil i mo chroí an réabhlóid a bhí le teacht. Agus thar aon ní eile bhí glactha leis gur sa tsráid a thosódh an lasair sa bharrach. *La rue*, b'in í láthair an chatha agus na cumhachta feasta. Thuigeas féin *la rue*, ón uair gur garsún sráide ba ea mé féin leis. Ná bac an Pharlaimint agus torthaí an olltoghcháin ar 30 Meitheamh roimhe sin. Níor chiallaíodar sin faic. Níor chiallaigh móramh na heite deise san olltoghchán faic. Bhí gach aon ní athraithe. Go deo. Bhí leabhar de ghraifítí na bhfallaí, bailiúchán manaí réabhlóideacha, i mo ghlaic. *Aux Murs* an teideal a bhí air. B'in filíocht.

Bhí deireadh le filíocht mar a thuigeamar í. Bhí deireadh le leabhair. Bheadh saíocht na ndaoine á spréáil feasta i bhfoirm ghraifítí ar na fallaí. Phéinteálfaí Deich nAitheanta na ré nua le cannaí aerasóil ar na fallaí. Ansin leagfaí na fallaí agus chaithfí an smionagar leis na póilíní, na *flics* gránna aineolacha sin a bhí ag suanbhruith, ar bogfhiuchadh le fearg ina veaineanna sna cúlphóirsí, sna lánaí a shín leis na *boulevards*, iad ag fanacht lena gcaoi chun ruathar a thabhairt faoi na mic léinn arís agus iad a scaipeadh go díoltasach. Ach ar thángadar amach armtha, an CRS, na póilíní círéibe ar shín a bpréamhacha siar go dtí ré na Naitsíoch sa Fhrainc, ghlan na sráideanna ar an toirt. Níor thug éinne beo aghaidh orthu. Theastódh gunnaí.

An tÉireannach ionam ag áiteamh orthusan, ach níor thugadar toradh orm gan amhras. Bhí mo chomhaoisigh mheánaicmeacha róchluthar ina neadacha sócúla buirgéiseacha. Gealt ba ea an tÉireannach seo nár thuig an tintreach áirithe Fhrancach sin a phléascann – ag an nóiméad cinniúnach stairiúil sin mar a thuigtear do Fhrancach é. Is iad na línte filíochta le Tomás Mac Síomóin is fearr a thugann leo an mheanma atá i gceist agam:

Eachtra gach nóiméad
Uair a chloig faid do shaoil ...

Bhíos leaindeáilte ar mo dhá chois os cionn talún ón eitleán ó Chorcaigh i lár choire fiuchta an Fichiú hAois. Ba é Páras an canbhás Mór-Roinneach chun na himeachtaí a bhí ar tí brúchtadh in Éirinn a chur i gcomhthéacs. B'annamh a gheobhadh mo leithéidse seans cinniúnach cos a chur thar tairseach ré nua agus a bheith páirteach sa ghníomhaíocht réabhlóideach a thionscnódh an ré sin.

Ré na páirtíochta idir an t-oibrí fuascailte agus an t-intleachtóir fuascailte, duine díobh faoi chuing na sclábhaíochta sa mhonarcha agus an duine eile faoi chuing na tiarnúlachta san ollscoil. Iad araon lámh ar láimh le chéile i ndaonlathas sin na sráide … A Chríost mhilis, ba linn an tsráid agus ba í an tsráid an saol.

D'oiriúnaigh ceann de dheochanna an ama sin an ré leis, *Kirsch Fantaisie*. Ach níorbh idéil i mbuidéil ar fad iad, cé gurbh ea cuid acu. Agus nárbh é Tone féin a thrácht ar Thomas Paine i bPáras agus ar a mhianta réabhlóideacha ag at de réir mar a chaitheadh sé siar an branda?

Má tá aon fhocal amháin ann atá cóngarach do mheon an ama sin, b'fhéidir gurb é an focal é ná easurraim. Má bhí iomainn óige ag an am ba é an t-amhrán le Georges Moustaki é, *Le temps de vivre*:

viens écoute
ces mots qui vibrent
sur les murs
du moi de mai
ils nous disent
la certitude
que tout peut changer
un jour.

Ba é an ceacht ba dhéine ar fad a fhoghlaim gurbh fhurasta an saol a athrú, ach gur dheacra go mór fada an claochló pearsanta, sinn féin a athrú agus a chur in oiriúint don saol.

Macalla ó Ghleann an Phúca

Fear scothaosta ón Sciobairín a d'eachtraigh an scéal dom. Tuathánach croíúil. Thugas marcaíocht dó an lá cheana go dtí scór babhlála, an dara spórt is mó san iardheisceart. Peil Ghaelach an chéad cheann. Braithim go bhfuil babhláil, thar aon spórt, ársa.

Bhí canúint ramhar na tuaithe ag mo phaisinéir agus ramhraíos mo chanúint chathrach féin dá réir chun go mbraithfeadh sé ar a chompord, agus chun nach gcuirfeadh sé aon cheisteanna achrannacha orm. Tugaim faoi deara go ndeir sé Gleann an Phúca mar a bheadh sé ag labhairt Gaeilge. Braithim sa cheantar iar-Ghaeltachta seo – iar-Ghaeltacht le céad bliain – nach mbeidh fágtha den teanga sna pobail Ghaeltachta faoi mar is eol dúinn anois iad ach an macalla céanna. Ainmneacha áiteanna. Gabhaimid thar abhainn. Áth an Chrainn Duibh. Ahacrinnduff. Bíonn mo dhuine amuigh gach maidin, ar cois, chun dul ar Aifreann. Tá cuma seanphaca tuí air, caipín buailte air, maide siúil, é bodhar go maith i gcluas amháin mura bhfuil sa dá cheann. Bím ag béicíl chun gur féidir leis mé a thuiscint. Níor labhair sé lena bhean le blianta i nGleann an Phúca. Measann eachtrannaigh go minic nach Béarla a bhíonn á labhairt aige, a dúirt sé, ach teanga éigin eile. Ní tharraingím anuas an Ghaeilge chuige in aon chor. D'osclódh sé bearna eadrainn.

Teanga phríobháideach, teanga tí, níos mó ná riamh is ea an Ghaeilge anseo. Ar an lámh eile tá an Béarla sa dúiche – *Hiberno-*

English nó *Anglo-Irish* – níos cóngaraí don Ghaeilge ná mar atá i mórán áiteanna eile ar fud na tíre. Is geall le canúint réigiúnach í. Ach is ag daoine meánaosta anois is treise a mhaireann sí, agus ag grúpaí áirithe aicmeacha. Tá fíor-*Anglo-Irish* anseo, leis, ag grúpaí aicmeacha eile, sliocht sleachta na bPlandálaithe.

Is lú a thuigeann na réigiúin 'imeallacha' a chéile ná éinne. Is mó a thuigeann na mórchathracha ar nós Londan agus Bhaile Átha Cliath anois a chéile ná iad. De thoradh na 'réabhlóide' cumarsáide gluaiseann na láir nó na hionaid mhóra i dtreo a chéile, nó tá siad ag aonghnéithiú an-chuid timpeall orthu. Fágann seo na himill sna mórláithreacha seo níos 'imeallaí' ná riamh. Cheana féin tá na turasóirí eachtracha ag gluaiseacht leo ar na príomhbhóithre. I m'ainneoin, tosaím ag spotáil na gcláruimhreacha, féachaint cad as na Francaigh – bíonn na huimhreacha *départements* ar na plátaí acu. Scaoilim amach an tuathánach ó cheantar an Sciobairín in áit dhúchais Pheadair Uí Annracháin a scríobh *Fé Bhrat an Chonnartha* agus cuimhním gur as téacsleabhar a sheol deirfiúr dó chuige ó San Francisco a d'fhoghlaim sé siúd léamh na Gaeilge den chéad uair. Bhí sí ó dhúchas ag a mhuintir.

Tá pátrún nua lonnaíochta san iardheisceart de thoradh shaorghluaiseacht na hEorpa, pátrún b'fhéidir nach bhfuil ach ina thús. Ní bheadh sé cruinn coilíneachas nua ná plandáil a thabhairt uirthi. Níl ann ach lonnú nua. Béarla an *Daily Telegraph* á labhairt i gCearnóg Wolfe Tone i mBeanntraí, in éineacht le Gearmáinis, Dúitsis, Fraincis, chomh maith le Béarla maolaithe na mbailte móra agus canúint ramhar na sléibhte agus na gcúlchríoch intíre. Agus Gaeilge Ghaeltacht aon acra mo mhuintire féin.

Mhothaíos le fada go raibh an ceantar seo ina dhúiche anama, gur inti a lonnaigh na híomhánna príomhordúla sin a dtráchtann Jung orthu, leaganacha ársa aircitípeacha den neamh-chomhfhios:

> The primordial image, elsewhere also termed archetype, is always collective i.e. is at least common to entire peoples or epochs. In all probability the most important mythological motifs are common to all races and peoples. [14]

Tuigim anois go raibh breall orm mar gheall ar an dúiche anama. Istigh atá an léarscáilíocht le déanamh. Fós féin, bíonn an 'collective' riachtanach, agus má chailltear an Ghaeltacht stairiúil mar ab eol dúinn í, glanfaidh na haircitípeanna leo go dtí áiteanna, go dtí pobail eile. Ní bheidh sé chomh saoráideach céanna iad a lorg feasta. Agus b'fhéidir, leis, gur mar íomhá phríomhordúil, macalla ársa ó Ghleann an Phúca a mhairfidh an Ghaeilge sna glúnta a thiocfaidh.

Inniu, thugamar ár n-aghaidh isteach intíre i dtreo na sléibhte go dtí áit darb ainm Mullach Méise. Lastuas d'fhothrach Chaisleán Uí Dhonnabháin. Baineann muintir na háite móin fós ar an Mullach agus tá radharc uaidh ar Chairbre Thiar agus níos sia siar agus soir lá breá. Ceann de na radhairc phríomhordúla sin.

Chuamar amú ar chúlbhóthar sléibhe agus chuireas tuairisc ag geata chlós feirme. Fear a raibh tuin Cockney ar a chaint a d'fhreagair mé. Mullach Méise? '*Oh, the place where the lakes are,*' ar seisean, á thuiscint dó is dócha gur *loch* ba ea an deiriúchán i Mullach. Ba chuma. Leanamar orainn ag siúl romhainn.

Bhí an dúiche sceirdiúil, aoibhinn, ársa. Ghlac scanradh an

---

14. C. G. Jung, *Dictionary of Analytical Psychology*, Ark Paperbacks: London, 1987.

leaidín trí bliana agus d'fhiafraigh ar mhair díonasáir thuas ann. D'eachtraíos dó gur dhein agus chumas scéalta dó ina dtaobh. D'fhiafraigh sé díom ar labhair na díonasáir Béarlais? Á shamhlú dó go mbaineann Béarla leis an saol réadúil – saol na teilifíse, saol an domhain mhóir. D'fhreagraíos gur dócha gur dhein. D'iarras air sampla a thabhairt dom den Bhéarlais seo. Lig sé glam trí bliana d'aois as in airde ar Mhullach Méise –

'Aaaaargh!'

Scéalta as Tír na nÓg

Táim i m'fhear tí na laethanta seo, i mo dhoirseoir i dTír na nÓg. Fiafraíonn mo mhac cúig bliana díom 'An rabhais ann sa tseanshaol?' mar a thugann sé air. Níl ach aon fhreagra fírinneach amháin air sin: Bhíos cinnte. 'Agus cad a bhí ar siúl sa tseanshaol?' a fhiafraíonn sé. Ní shásaíonn mo fhreagraí aonghnéitheacha é go dtí go dtosaím ar scéal a insint. Scéal a chaithim a chumadh. Scéal fiagaí, scéal gaiscígh, scéal garsúin. Cuireann sé alltacht orm féin chomh teipthe agus atáim ag insint scéalta, de mo cheapadóireacht féin, do leanaí. Fiú amháin scéalta a insíodh dom féin nuair a bhíos óg, nílid agam.

Bíonn orm breith ar leabhar. Nó físeán *Bouli* a chur ar siúl. Tá *Amhránaithe Bhremen* – ceann de na scéalta leis na deartháireacha Grimm is fearr liom féin – de ghlanmheabhair aige, agus cuireann sé i bhfolach orm é. Táim tomhaiste go maith aige faoin tráth seo. Ní thógann sé ach cúig nó sé nóiméad *Amhránaithe Bhremen* a léamh agus féadaim na cosa a thabhairt liom ansin.

Iarrann sé orm *Peter Pan* a léamh, agus bíonn col agam féin leis an leagan Walt Disney de sin. *An Béar sa Choill*, scéal ón Rúis a aontaímid a léamh ar deireadh. Tá mianach éigin sa scéal, tuiscint ar an nádúr agus ar an duine a thaitníonn liom ann. Béar ag múineadh ceacht d'fhear. Bíonn an fear chomh dúr sin go minic gur ainmhí allta amháin a fhéadfaidh ceacht a mhúineadh dó.

Is dócha gur easpa orm féin é nach bhfuil an mianach sin

scéalaíochta ionam ó nádúr, nó b'fhéidir go mba chirte a rá go bhfuil faillí déanta agam ann. Tá an oiread sin trealaimh agus giúirléidí ann chun áit na scéalaíochta a ghlacadh go bhfuil an bua caillte. Níl nádúr an duine athraithe aon phioc áfach, agus tá sé tugtha faoi deara agam go n-éiríonn leanaí an-fheargach, teann agus ciotrúnta nuair a bhíonn siad ag plé le leithéidí Gameboy. Cuireann siad strus orthu, agus is é a mhalairt glan atá i gceist le scéalaíocht.

Aon fhéachaint amháin a thugas ar an mbeirt gharsún is óige sa ghairdín cúil ó chianaibh. Bhí staic de mhaide ag an té is óige agus é sealbhaithe ar arda an fhráma dhreapadóireachta. Bhí camán ag an mbuachaill eile agus é ag tabhairt faoin bhfear eile a leagadh. Ag leadradh an aeir is mó a bhíodar. Foghlaimíonn siad teorainneacha iompair ach a bheith ina mbun go tuisceanach.

Bíonn áiteanna folaigh rúnda acu do thairní, neadacha mar chosaint ar thíogair. Is maith leo poill a dhéanamh sa chré, piastaí a bhailiú i bprócaí, spásárthaí a dhéanamh de bhoscaí ón siopa, teainceanna cogaidh a dhéanamh de rothair agus a bheith ag pleancadh a chéile.

Níl aon athrú tagtha ar mhianach samhlaíochta leanaí. Bíonn siad i ríocht na ngaiscíoch agus na bhfiagaithe. Nuair a thugaim síos go dtí an cladach iad, bailímid sliogáin, clocha, agus cuirimid clocha ag scinneadh ar bharr an uisce. Cuireann mo mhac i mo leith nach dtuigim clocha.

Nuair a théimid ag siúl sa choill bímid ag leanúint rianta béar, ag lorg a gcuid pluaiseanna. Tá buninstinní ionainn nach féidir a chloí. Creidim féin gur i gcaidreamh na samhlaíochta, caidreamh an spóirt sa chiall is leithne de, atá an eochair do chaidreamh aithreacha le leanaí. Scanraíonn sé go minic mé nuair a chuimhním gur ar éigean má tá fear ar bith ag plé le cúram leanaí, lasmuigh den teaghlach, ó aois réamhscoile go dtí go dtosaíonn siad ar an dara leibhéal.

Is beag tuismitheoir a bheadh sásta leanbh óg go háirithe a fhágáil faoi chúram fir an aimsir seo. Bíonn amhras ar dhéagóirí féin. Cad atá tarlaithe? An é nach bhfuil a fhios ag fir níos mó cad é a ról fireannach, ná cad is ceart a bheith ar siúl acu? Tá ré órga an mháistir scoile glanta leis fadó riamh, agus braithim féin gur mór an trua é go bhfuil an chothromaíocht sin caillte idir fir agus mná ag aois na bunscolaíochta. Baineann an gnó seo ar fad le hathruithe ó bhonn a bheith tagtha ar obair na bhfear ar ndóigh, ar roghanna oibre na bhfear a bheith cúngaithe. Níl na hidirdhealuithe chomh mór agus a bhíodh idir obair na bhfear agus obair na mban. Ar shlí, ba é a chuid oibre a thugadh a chuid eachtraíochta d'fhear, é a bheith amuigh faoin saol. Níorbh é an saothraí dian an scéalaí ab fhearr i gcónaí ach an té a bheadh timpeall an tí ar chúis amháin nó eile.

Tá sé in am againn, fir, ár mbuanna scéalaíochta a athfhoghlaim.

Scuaine dhearóil na mban

'Beidh moill uair a chloig ar a laghad ar an eitilt go Londain de bharr líon na bpaisinéirí ban', a d'fhógair an guth grod údarásach fireann ar chóras callaireachta an Aerfoirt.

D'fhéadfadh paisinéirí fireanna bordáil ar a gcaoithiúlacht ag geata a 7 a raibh FIR scríofa os a chionn in airde, ach chaithfeadh mná fanacht sa scuaine i gcomhair geata a 8 de réir na bhforálacha nua taistil (leasuithe an Bhunreachta, Alt 92).

Aon fhear a raibh iníon leis ina theannta, nó cailín ar bith eile, níor mhór dó teastas breithe a bheith aige di. Mura mbeadh ní bheadh cead bordála aige. Bhí faoiseamh orm féin gur muirear fireann ar fad a bhí agam agus go rabhas ag taisteal i m'aonar. Bheartaíos mo shuaimhneas a cheapadh agus shuíos sa chaifé ar mo chompord ag ól tae. Níorbh aon phléisiúr dom é scuaine na mban a fheiscint agus iad á gceistiú ina nduine agus ina nduine ag oifigeach faoi éide nach raibh tugtha faoi deara agam go dtí sin.

Chonac fógra bagrach in airde ar an bhfalla ag ceann na scuaine á rá: Úrphost na nGardaí Moráltachta Pobail (UGMP) nó 'gumps' mar a chuala ag na mná ó Bhaile Átha Cliath. Bhí scáileán teilifíse ar dheasc ag an oifigeach faoi éide, agus an mana GMP fuaite go suntasach dá léine dhonn *khaki*. Gléas scanta ina lámh aige, mar a bheadh gléas chun bagáiste a iniúchadh, agus ba léir ar a cheannaithe go raibh gleo agus griothalán na mban ag briseadh ar an bhfoighne aige. 'Ciúnas, ciúnaigí', a bhéic sé, 'táim ag iarraidh mo jab a dhéanamh. Ní theastaíonn aon ghol na mban san ár uaim anseo.' Mhaolaigh an gleo de réir a chéile, agus thugadar toradh air. Chuir sé a dhá lámh in airde agus phointeáil ar bhean chríonna agus ar chailín sa scuaine. 'Aon bhean agaibh a bhfuil cárta pinsin aici, nó aon chailín nár thosaigh a fuil mhíosta fós agus a cruthú aici, téadh siad ar aghaidh go dtí an geata bordála. Níl aon chúram agamsa díobh.' Lean sé dá ghnó. 'Nochtaigh do bholg' ar sé leis an gcéad bhean eile, agus chuimil sé púdar fireann dá ghléas scanta. Ógbhean dhathúil a d'oscail a casóg agus a blús, gan scáth gan eagla. Chuir sé an gléas scanta lena broinn, agus d'fhéach ar an scáileán. Bhí fear meánaosta – Giniúchóir – taobh leis faoi chasóg bhán, gan aon chorrbhuais air agus é ag iniúchadh an phictiúir roimhe amach. 'Folamh ó ghin' ar sé agus thug sé an nod don Gharda Moráltachta. Thug sé siúd a pas ar ais don bhean agus ghluais sí ar aghaidh go dtí an Geata Bordála.

Bhí cuma scáfar ar an gcéad bhean eile agus chuala í á rá leis an nGarda Moráltachta go raibh leisce uirthi a casóg a oscailt agus dul faoi scrúdú fireannach. B'fhearr léi gur bean a dhéanfadh é. Leag an Giniúchóir lámh ar a guala. 'Nach bhfuil fhios agat go maith nach bhfuil mná ceadaithe san fhórsa nua póilíneachta seo?' ar sé go borb. 'Oscail do chasóg, nochtaigh do bhroinn, nó fill abhaile agus fan in Éirinn.' Ghéill sí dá údarás tiarnúil agus seo leis an nGarda Moráltachta lena ghléas scanta. Bhí creathán ina géaga agus í ar tí titim i laige go follasach. 'Fan socair nó go bhfaighimid pictiúr soiléir den mhéid atá istigh ansin agat,' a d'ordaigh sé di. 'Tá na gléasanna leictreonacha seo an-leochaileach'.

D'iniúch an Giniúchóir an pictiúr ar an scáileán agus chroith a cheann go diúltach. 'Tá tú ag iompar linbh,' a d'fhógair an Garda

Moráltachta. Bhrúigh sé cnaipe ar an méarchlár a chlóigh an pictiúr. D'ardaigh sé an pictiúr. 'Tá pictiúr ultrafhuaime againn anseo mar fhianaise. An bhfuil tú ag dul go Londain chun an ghin sin a mhilleadh, agus mura bhfuil cruthaigh dúinn nach bhfuil de réir fhorálacha an Bhunreachta (Alt 92).'

Cuireadh fios ar fheidhmeannach as Oifig Chosanta an Teaghlaigh (OCT) a bhí taobh leis an úrphost agus thug sé an bhean chun siúil isteach ann. Ní raibh sí ach ag tabhairt turais ar Londain ar feadh cúpla lá a chuala í á rá agus anbhá uirthi; bean phósta ba ea í agus beirt eile chlainne uirthi…

Faoin tráth seo bhí míshuaimhneas agus anshocracht ar an leathchéad ban eile a bhí fós fanta sa scuaine agus thosaíodar ag póirseáil ina málaí le haghaidh teastas, nótaí ó dhochtúirí iontaofa, teastais pósta eaglasta, beannachtaí pósta ón bPápa, litreacha ó fhostóir á dhearbhú go raibh poist tairgthe dóibh i Londain, cártaí ballraíochta i gCumann Cosanta na bPáistí Neamhshaolaithe, teistiméireachtaí dea-charachtair ó shagairt pharóiste … Bhí an scuaine ag imeacht ó smacht. Chuaigh an Giniúchóir agus an Garda i gcomhairle le chéile, an chasóg bhán i gceannas ba léir, agus lig an garda glam as.

'CIÚNAS. Duine réasúnta is ea mé agus mar is léir daoibh tabharfaimid an lá anseo má chaithim gach duine agaibh a iniúchadh. Táimid sásta scaoileadh libh má sheasann na mná single atá ag iompar agus é ar intinn acu a ngin a mhilleadh – má sheasann siadsan i leataobh ón scuaine. Ní cás dóibh aon eagla a bheith orthu. Tá campaí speisialta oscailte i ngach réigiún sláinte ar féidir leis na mná sin filleadh orthu, a leanaí a thabhairt ar an saol agus iad a thabhairt uathu mar dhílleachtaí. Gheobhaidh na leanaí fireanna togha na haire agus poist tar éis dianoiliúna sna Gardaí Moráltachta Pobail. Beidh fiannas thar lear le fáil acu mar shaighdiúirí tuarastail i nGarda Náisiúnta na Cróite, i nGarda Cosanta Le Pen ....'.

Sheas bean amháin i leataobh, bhrúigh compánach an dara bean amach as an scuaine, thit an tríú duine i laige... Íobartaigh ar son na coda eile acu, a tugadh chun siúil go dtí Oifig Chosanta an Teaghlaigh. Chríochnaíos mo thae agus ar aghaidh liom trí gheata a 7, FIR, ag brostú liom go dtí siopa na n-earraí saor ó dhleacht agus ó choinsias, i mo Dhíbeartach ó Éirinn.

An ghlúin éigeantach

Gan a bheith ábalta dul i ngleic leis an mearbhall i m'aonar níos mó a thug orm an fón sráide a ardú agus glaoch ar an uimhir a bhí faighte agam ó chara le cara dom. I gcás na práinne. Go dtí an lá inniu féin, léim – díchódaím ba chirte a rá – na treoracha i nGaeilge ar chomharthaí poiblí: 'Ardaigh an sás láimhe, éist leis an tón, agus ionsáigh ... Bagáiste ar phriacail an úinéara ... Tá an casúr i gcrannóg an tiománaí ...'.

A Chríost, bhíos ag fulaingt ón drochíde a thosaigh nuair a bhíos ceathair. An Tuiseal Ginideach. An Modh Foshuiteach. An Forainm Coibhneasta. An Chopail. Claoninsint. Baininscneach nó Firinscneach? Mearbhall inscneach ba ea cuid de go deimhin – cad eile é caol le caol, nó leathan le leathan? – agus an bráthair ag raspáil ceisteanna ó chúl an ranga, gan fhios againn cén leathghualainn a dtuirlingeodh a dhorn dúnta Tysonach uirthi, cén lámh a bheadh ina liobar faoi lascáil fheadánach a shlaite, cén leathchluas a d'fháiscfí go mbeadh sí chomh deargtha biortha le tlú, cén phluic a d'atfadh leis an leiceadar. Pionós corpartha, blaincéadaí garbha olla Airm, arán smeartha le *Stork margarine* – bhí focal acu air sin féin, buíoc – triantáin chomhchosacha, agus Gaeilge éigeantach, bhí an ghráin dearg agam orthu. Ach bhí an Ghaeilge éigeantach go hard ar an liosta nach raibh amachaithe fós. Seo liom. D'ionsáigh mé an cárta teileafóin, bhuail an uimhir agus d'fhreagair guth mná go huathoibríoch leis an teachtaireacht: 'Seo é C-I-V-S. Níl aon duine ar fáil faoi láthair chun do ghlaoch a fhreagairt, ach fág teachtaireacht agus uimhir theileafóin. Beimid ar ais chugat.'

Ba mhór an faoiseamh an méid sin féin, an chéad teagmháil le *Compulsory Irish Victim Support*. Státseirbhíseach ó na Coimisinéirí Ioncaim nach raibh ach dhá fhocal Ghaeilge – A Chara – labhartha nó scríofa aige le hocht mbliana fichead a ghlaoigh ar ais orm. Ghabh sé a leithscéal faoin bhfreagarfón, ach dúirt sé go raibh súil acu duine a fhostú go lánaimseartha nuair a bheadh an deontas faighte acu ón Roinn. Bhí cás á thabhairt i gCúirt Chearta Daonna na hEorpa faoi Chéasadh Síceach de dheasca na Gaeilge éigeantaí, agus bhíodar ag súil go socródh an Roinn an cás. Chaith sé gur thug sé faoi deara an t-amhras ag teacht orm tar éis tamaill chainte. Ba chás ceart mé a d'admhaigh sé, duine a labhair Gaeilge éigeantach líofa in aghaidh a thola, ach ní bheadh sé gan dóchas.

'Níl ach aon cheist amháin le cur agat ort féin i ndáiríre,' ar seisean.

'Cén cheist í sin' a dúrtsa.

'An mbraitheann tú gur sádh loine na Gaeilge síos i do scornach in aghaidh do thola'?'

'Braithim gan dabht'.

'Féadfaimidne cabhrú leat chun gur féidir leat cabhrú leat féin,' ar sé. Mhol sé go láidir dom teacht go dtí an chéad sheisiún den teiripe grúpa an oíche sin. Bhíos i ndeireadh na feide, nimh ón gCéad agus Dara Díochlaonadh den Ghaeilge éigeantach do m'ithe ón taobh istigh amach, Comhréir agus Deilbhíocht na Copaile ag cur meadhráin agus spearbail orm. Bheadh aon ní triallta agam chun deireadh a chur leis an suaitheadh.

Bhíos ag breith chugam féin ag iarraidh teacht ar an seoladh i gcomharsanacht Shráid Thomáis. Mé ag bogfheadaíl sa tsiúl dom agus ag ligean orm gur ag máinneáil go neamhairdeallach a bhíos, nó gur dhuine le dealramh mé ag tabhairt faoi sheisiún ceoil, ag bualadh le leannán, ag dul go dtí dráma, aon ní seachas a bheith ag dul go dtí *Compulsory Irish Victim Support*. Bhíos chomh breoite sin go raibh fiú is leagan Gaeilge éigeantach cumtha agam don ghrúpa – Taca Íobartach Ghaeilge Éigeantach – ach ba mheasa ná riamh an t-ualach éigeantach cnapánach ina thonn taoscach i mo ghoile ag éirí aníos chugam. Bhí mo liopaí triomaithe ag an bhfeadaíl, gan nóta puscheoil fanta i mo scornach, nuair a chonac an solas in íoslach agus beirt nó triúr anamchara romham ag tabhairt faoi na céimeanna síos.

Bhraitheas mar a bheinn ag filleadh ar scoil, ar dhul an doras isteach dom. Bhí fir agus mná romham, tríocha duine chaith sé, gan éinne acu faoi bhun cúig bliana is tríocha. Bhí cúpla *Superser* le hais na bhfallaí, agus caife á ól. Iad ó gach aon aird, gach aon aicme ach nár imir éinne rugbaí a fuaireas amach ina dhiaidh sin. Bús deataigh ag éirí as triúranna agus beirteanna anseo is ansiúd. An seomra gan aon fheistiú ach clár dubh, glantóir, agus cailc. Cathaoireacha agus boird timpeall.

'Thógais t'aimsir ag teacht, boy,' arsa fear meánaosta beathaithe liom nach raibh aithne agam air.

'Cad atá ar siúl anseo?' a d'fhiafraíos.

'Tá aoi-chainteoir anocht againn. Bráthair. Éigeantóir Gaeilge a bhfuil a phort athraithe aige agus fonn aithrí air. Is annamh a bhíonn a leithéid againn. Ní mór acu atá ina mbeatha agus an chuid acu atá coinníonn an tOrd faoi ghlas iad i lár na tíre.'

Bhí daoine ag teacht chugam ina nduine is ina nduine, ag cur fáilte romham. Spréálaithe graifítí, dealbhadóirí, sagairt, drugóirí sráide, iriseoirí, daoine gan aon obair, fir tí, mná tine, iad ar fad ag teacht chucu féin ón nimh don Ghaeilge éigeantach. Chuir an téarnamh iontas orm. Roinneadh inár ngrúpaí beaga sinn, mise i mo thosaitheoir ina measc. Bean amháin a dúirt nár bhain sí taitneamh as gnéas mar gheall ar an Modh Coinníollach. Fear eile a raibh fadhbanna móra leathair aige féin mar gheall ar an gCónasc.

'Cad faoin gCopail?' arsa mise, 'gan trácht ar an Modh Foshuiteach, ar thriail éinne agaibh riamh é a dhéanamh ar chiumhais na leapa ar an Modh Foshuiteach?'

Bhí agam, tús téarnaimh in *CIVS*.

Eotanáis

Bhain an bhanaltra geit asam nuair a dúirt sí go neamhbhalbh gur chreid sí san eotanáis.

Ní raibh aon mhachnamh ceart déanta agam féin air go dtí sin. Bhíos sínte ar an gcúits aici – meaisín tarraic don droim le fírinne – agus bhíomar ag caint ar chúrsaí go coitianta. Bean óg, shoilbhir ba ea í agus bhí sí seasta ansin in aice liom ag féachaint amach an fhuinneog ar thrácht an bhruachbhaile. Bhí aithne curtha againn ar a chéile toisc mé a bheith ag dul ar feadh tréimhse go dtí an clinic mar othar seachtrach.

Chas an comhrá go dtí pianfhulaingt, agus cad ab ea buaicphointe péine, agus conas ab fhéidir pian a cheansú. Bhí na gnáthphiollaí ann agus ansin ar deireadh thiar stuif Anna Karenina, moirfín. An baol a bhí leis ar ndóigh ná go raibh sé an-aidicteach. Ach nár chuma nuair a bhí duine i gcróilí an bháis?

Chuimhníos ar an gcróilí i mo chnámha féin, an meaisín ag tarrac agus ag scaoileadh mar a bheadh comórtas tarraingt téide ar siúl idir mé agus é.

Bhí tost ann tamall, agus lean an meaisín ag gnúsachtach. Ansin dúirt sí gur chreid sí san eotanáis. Baineadh siar asam – dá mb'fhéidir é agus mé ceangailte, strapáilte mar a bhí. An chéad rud a bhuail isteach i m'aigne luaigh mé é, an cás poiblí ba cháiliúla de dhaoine a mharaigh iad féin go cliniciúil le tamall, Arthur Koestler agus a bhean. An dá ghloine fholmha rompu, agus pé lacht nó piolla nimhe ina dhiaidh sin. Sea, ach níor mhar a chéile é sin agus eotanáis. De ghnáth bheadh galar pianmhar doleigheasta i gceist le heotanáis, agus thabharfaí cabhair don duine a mbeadh an galar sin air bás éasca, réidh a fháil.

Ach nárbh é gnó lucht leighis beatha a shábháil? Ba é, ach i mórán cásanna ba chumhachtaí an bás ná cumas dochtúra duine a thabhairt slán. Ba é a dhearbhaigh a creideamh féin san eotanáis ná tréimhse a chaith sí ag obair le hothair a raibh ailse orthu in ospidéal mór réigiúnach. Bhí bean amháin a raibh pairilis uirthi le hailse agus thóg sé sé seachtaine uirthi bás a fháil. D'iarr sí uirthi lá amháin le linn na tréimhse sin cabhair a thabhairt di bás a fháil. Glan amach. Ní fhéadfadh sí faic a ithe. Dúirt sí léi go ndéanfadh, gur chreid sí gur cheart, ach go simplí – go raibh sé in aghaidh an dlí.

Ach nach raibh a leithéid de rud ann agus *Brompton Cocktail*? Bhí go deimhin, ach mhaolódh a éifeacht sin tar éis tamaill agus thosódh sí ag fulaingt arís.

Ar chreid sí i nDia? Chreid sí i gcumhacht níos láidre ná an daonnacht – dá mba é sin Dia. Agus bhí cultúir áirithe – na hEiscimigh mar shampla – a dhíbir a gcuid seandaoine amach as an dtreabhchas nuair nach rabhadar inniúil a thuilleadh ar shaol folláin a chaitheamh chun leasa na coda eile. Bhí log sa chomhrá arís agus lean an comórtas tarraingt téide idir mé féin agus an meaisín.

D'fhiafraíos di ansin conas a dhéanfadh sí é – cabhair a thabhairt do dhuine bás a fháil? Insealladh ar nós na bpríosúnach daortha i gcuid de Stáit Mheiriceá? Iad a leagadh amach ar dtús le lacht nó piolla éigin, agus ansin é a dhéanamh? Conas? Ach dúirt sí gur gnó dochtúra a bhí ansin agus dúirt liom go raibh cúpla nóiméad eile le dul agam ar an meaisín.

Ní duine fuarchúiseach a bhí inti, go deimhin ón aithne a bhí agam uirthi bhí sí lách agus an-cháiréiseach i mbun a cúraim. Chuimhníos, nuair a d'imigh sí as an seomra chun féachaint i ndiaidh duine éigin eile, nach foláir nó go dteagmhaíonn dochtúirí agus banaltraí gach lá lena leithéid de chásanna – an bhean bhocht leis an bpian do-fhulaingthe.

Chuimhníos ansin ar chara liom a bhí faoi chúram fadtréimhseach nach raibh aon téarnamh i ndán dó – nó sin é a bhí ráite – agus d'fhiafraíos arbh fhearr go mbeadh sé siúd leis marbh? Cé a déarfadh gur cheart dó a bheith, mar nach mbeadh sé féin ábalta cinneadh a dhéanamh? Chaithfeadh, níorbh fholáir, an t-othar féin an cinneadh a dhéanamh dá dheoin féin ní hionann agus cinneadh daoine eile othar a bhaint de mheaisín beatha tacair.

Agus tá na hEaglaisí Críostaí glan ina choinne – chaithfeadh a bheith mar gurb é Críost a 'd'fhulaing ar Chrann na Páise' croílár an chreidimh Chríostaí agus gur dá bharr a thagann Aiséirí. Bhí gach claonadh ionam féin glan ina aghaidh chomh maith, go hinstinniúil gan machnamh fuarchúiseach réasúnta a bheith déanta agam ina thaobh, mar dhuine nach gcaitheann déileáil ar bhonn laethúil le pian a cheansú i ndaoine eile. Chuimhníos ar an gcás míorúilteach i gCalifornia le déanaí nuair a fuair athair linbh neamhshaolaithe i mbroinn na máthar a bhí marbh go cliniciúil, ordú cúirte gan an bhean a bhaint den mheaisín a bhí ag coimeád a croí ag imeacht.

Tháinig línte as amhrán, 'Na Prátaí Dubha', leis an bhfile as na

Déise Máire Ní Dhroma a scríobhadh le linn an Ghorta isteach i mo cheann:

Ní hé Dia a cheap riamh an obair seo
Daoine bochta a chur le fuacht is le fán

Bhí na línte sin, a dúradh liom, 'crosta' ag na sagairt ar feadh i bhfad.

Stop mo mheaisín féin ag gnúsachtach agus bhí deireadh leis an gcomórtas tarraingt téide. Bhí faoiseamh agam féin ach go háirithe ar feadh tamaill, agus shíneas amach go leithleasach.

Aithreacha Burgerland

Tagann siad óna gcuid prochóg d'árasáin ar an Domhnach go dtí Sráid Grafton leis na leanaí, atá i gcoimeád na máthar an chuid eile den tseachtain ...

Caidreamh tráthnóna le Mandy agus Anthony – roghnaíodh na hainmneacha mar go raibh comhfhuaim eatarthu ag an am. Tá Mandy ag déanamh ar a deich agus déanfaidh Anthony a Chéad Chomaoineach mí na Bealtaine seo chugainn. Tá cead aige ón gCúirt – chuaigh sé chomh fada leis sin – iad a fheiscint ag an deireadh seachtaine, ach mar gheall ar a chuid oibre san áisíneacht fógraíochta is minic nach mbíonn sé caothúil Dé Sathairn. Ní hé is go raibh dlúthchaidreamh riamh aige leo ach ar a laghad bhí sé timpeall ... chun an féar a ghearradh. Níor thuig sé riamh go mbraithfeadh sé uaidh gearradh an fhéir chomh mór sin. Fiú amháin san oíche, dá mbeadh sé ag baile in am sula dtéidís a chodladh, mias *Rice Krispies* a thabhairt dóibh. Na rudaí beaga. B'in iad ba mheasa.

D'fhág an socrú scarúna é sa riocht is nach bhféadfadh sé ach *bedsit* a thógaint ar cíos ar Bhóthar Raglan. Ní fhéadfadh sé an bheirt a thabhairt ansin. Ní raibh aon scóip ann dóibh chun súgartha ná faic eile. Bhuailfidís i gcoinne an fhalla in aon ruathar amháin. Ina theannta sin bhí saghas náire air. Thuig sé nár cheart go mbeadh, nó ar a laghad nár ghá go mbeadh, go háirithe os comhair na leanaí ach ní fhéadfadh sé é a chur de. Thug sé ann cúpla uair iad ach tubaist ba ea é gach uair acu. Shuíodar ag féachaint ar a chéile tar éis an bhéile – níor itheadar é an chéad uair mar nach raibh aon ocras orthu – go dtí ar deireadh, thug sé isteach go dtí Faiche Stiabhna iad agus chothaíodar na lachain leis an arán stálaithe a raibh carn de aige.

Ach ceann de na mothúcháin ba láidre a bhraith sé ná a bheith díbeartha. B'fhéidir nár le mailís é, ach chaithfeadh sé fanacht taobh amuigh de gheata tosaigh an tí ar feadh daichead a cúig nóiméad go minic sula scaoilfeadh a iarbhean chéile na leanaí amach chuige. Turas achrannach ba ea é i mbusanna an Domhnaigh, amach go dtí an bruachbhaile, agus bheadh leisce ar na leanaí féin tabhairt faoi isteach. Chaithfeadh sé féin an turas a dhéanamh ceithre huaire – ní raibh aon ghluaisteán fanta aige ach oiread mar gheall ar an scarúint.

Thug sé an buidéal vailiam leis gach aon áit, agus chun nach mbeadh sé cancrach leis an mbeirt thógadh sé dhá cheann nó trí – vailiam a deich – sula mbuaileadh sé leo. Níor thuig sé an cancar. Faoi mar go raibh sé ag milleánú na leanaí faoin teorainn ama a bhí leagtha síos. B'fhéidir, a mheas sé, gur rud iomlán ba ea caidreamh le leanaí agus gur thuig sé anois níos mó ná riamh nach raibh sna cuairteanna Domhnaigh seo ach saghas paistí nach bhfífeadh le chéile go brách. Faoi mar a bheadh smaoineamh agat nach dtiocfadh chun foirfeachta i gcúrsaí fógraíochta agus a leanfadh ar aghaidh do do chrá, go dtí sa deireadh go gcaithfeá dearmad a dhéanamh air.

Thuig Mandy cúrsaí ach bhí Anthony beag fós an-saonta. Bhraith sé míchompordach le Mandy go dtí go mbogfadh sí amach, ach ghoill Anthony air. B'fhéidir, toisc nár thuig sé i gceart, fiú tar éis bliana, gur gníomh buan, cinniúnach ba ea an scarúint agus nach mbeadh sé ag filleadh ar an dtigh go brách. Shamhlaigh an leanbh gur in ospidéal a bhí sé. B'in é a dúradh leis. Níor stop sé ag cabaireacht an turas ar fad isteach, ach ag eachtraí dó mar gheall ar na fiacla a bhí caillte aige, agus ag cur ceisteanna air faoi cathain a bheadh sé ag teacht amach as an ospidéal. An raibh Gardaí acu ag an ospidéal a d'fhiafraigh sé. Chuir sé sin tocht air féin ach mhúch sé é.

Bhí greim docht ag Anthony ar an mála plaisteach leis an arán stálaithe a bhí tugtha aige dó. Cheannaigh sé an t-arán d'aon ghnó le tabhairt do na lachain. Faoin am a mbeadh deireadh déanta acu ag caitheamh chucu – agus bhí an tráthnóna fómhair go breá ar a laghad – thabharfaidís faoi *Burgerland,* mar a dheineadar gach Domhnach anois. Sholáthraigh sé áit le dul, le suí síos istigh, agus bhí aithne curtha aige ar chuid de na haithreacha scartha eile a chruinníodh ann Dé Domhnaigh. D'aithneofá duine nua go bog – saghas cluiche acu ab ea é. É míshuaimhneach leis féin i dteannta na leanaí, b'fhéidir den chéad uair riamh ina shaol; é ag sú tobac, agus níos tábhachtaí ná aon chomhartha sóirt eile, é ag iarraidh iad a shásamh ar aon phraghas.

B'fhéidir nach mbeadh faic le hithe aige féin – d'ólfadh sé tae nó caife – níorbh é an t-ocras a thug isteach é. Ar aon tslí, ba leor fiú amháin é a bheith leis féin i dteannta na leanaí tráthnóna Domhnaigh, tráthnóna teaghlaigh.

Bhí sé éirithe ceanúil, fiú, ar *Burgerland,* lena mhúnlaí plaisteacha, a shoilse faobhrúla, a éifeachtacht, a *cameraderie* neamhphearsanta seachtainiúil. Mhalartaíodar scéalta, na haithreacha, mar gheall ar na socruithe scarúna, conas a bhí na mná ag plé leo ó sheachtain go chéile – comhthionól an tseirfin mar a thug duine amháin air.

Cuid acu, glanadh amach iad, cuid eile d'éirigh beagán níos

fearr leo, ach ní raibh oiread is fear amháin ina measc go raibh an socrú claonta ina threosan seachas an bhean. Níor chuimhnigh sé go mb'fhéidir nach raibh sé tuillte ag aon duine acu, ach b'in scéal eile ... Bhí Faiche Stiabhna bainte amach ag an mbus. Bhí sé in am a ngoblach a thabhairt do na lachain.

Cad d'imigh ar an tSiúr Eilís?

Nuair a thugamar cuairt ar an gclochar ag barr na sráide bhraitheas go raibh tabú de shaghas éigin briste agam. Ba é mo chéad athchuairt le tríocha bliain é ar an scoil ina rabhas i mo naíonán agus bhí léiritheoir agus dearthóir teilifíse tugtha i mo theannta agam. Gan aon choinne.

Bhí sráideanna, lánaí, cúlbhealaí na gcnoc, póirsí rúnda mo chomharsanacht dúchais chathrach siúlta againn ó mhaidin ag lorg suíomhanna i gcomhair radharcanna i sraith drámaí a bhí beartaithe ag an stáisiún teilifíse. Mé féin i mo threoraí trí ghréasán cuimhní glé m'óige, agus tríd an gcomharsanacht aiceanta a mhúnlaigh iad, in éineacht. Bhí míchuma ar an gceantar, é rite síos, agus nuair a d'éiríos féin leithscéalach i dtaobh an bhearna a bhraitheas idir an pictiúr i mo shamhlaíocht óige den áit agus an chomharsanacht mar a bhí sé os comhair na súl dúradar gurbh fhurasta an bhearna a athchruthú istigh i stiúideo.

Is é a bhí tarlaithe ná go raibh an seamlas agus seanreilig an pharóiste leibhéalta ag an mBardas. Ba é an seamlas croílár tionsclaíoch na comharsanachta cois abhann agus anois bhí carrchlós lom ina áit. D'inis mé dóibh faoi scréachaíl na muc á sá dhá lá sa tseachtain. An boladh uaidh a chuirfeadh casadh sna putóga. An tuile fola ag sceitheadh ón seamlas isteach san abhainn. Na búistéirí – fir – agus naprúin smeartha le fuil orthu ag caitheamh siar gloiní biotáille i dtigh tábhairne mo mháthar nuair a gheibhidís sánas ón sceanairt.

Na mná sa seamlas ag déanamh putóg agus tobáin fola in aice leo. An fhuil thar aon rud. Bhíodh dath na fola ar an simné brící dearga a shín céad troigh in airde os cionn na dtithe agus é ag brúchtadh deataigh.

Bhí an íde chéanna faighte ag an seanreilig ar chúl na dtithe. Reilig Naomh Eoin, áit a raibh faiche imeartha iomána acu i measc na seanuaigheanna. Bhí na leacacha go léir glanta chun siúil ag an mBardas agus cuid éigin acu fágtha ina seasamh i gcoinne falla. Ní foláir nó bhí sé i gceist faiche cheart phoiblí a dhéanamh den reilig ach bhí sí imithe chun raice ainneoin cúpla binse le suí orthu a bheith curtha anseo is ansiúd acu. Bhí triúr fear ag ól as buidéil agus iad suite ar na binsí nuair a d'fhéachamar thar falla isteach ann, agus d'imíomar linn chun greim bia a fháil i dtábhairne lárchathrach.

D'fhilleamar ar an gcomharsanacht chun féachaint ar fhothrach mainistreach ó na meánaoiseanna. Mé féin a mhol go rachaimis trasna an bhóthair go dtí an clochar. Tharlódh sé a dúrt, go mbeadh roinnt seanphictiúirí ar coimeád acu ann. Ba bheag ar fad na grianghraif de cheantair bhochta na cathrach a bhí sa leabharlann, agus ní raibh faic gurbh fhiú trácht air i gcartlann an nuachtáin áitiúil – easpa nár chuir iontas dá laghad orm.

D'fhéach an bhean rialta a d'fhreagair an doras go hamhrastúil ar an triúr againn ar dtús, ach nuair a mhíníos ár gcúram di scaoil sí isteach sa pharlús sinn, fad a chuaigh sí féin ag triall ar an Máthair-Ab. Bhí radharc amach an fhuinneog agam ar an ngairdín cúil, a bhí fós iata ag fallaí arda, inar chruinníomar go léir don phictiúr Chéad Chomaoineach. Díreach ar aghaidh an Ghrotto amach.

Bean bhreá chroíúil ba ea an Príomhoide agus ghabh sí a leithscéal mar gheall ar aon doicheall – bhíodar cráite a dúirt sí ag bligeardaithe a bhí ag briseadh isteach de shíor sa chlochar. Ní shásódh aon ní í ach go rachaimis go dtí an seomra bia chun bualadh leis na mná rialta eile agus tae a ól. Chuireas tuairisc na múinteoirí go léir a bhféadfainn cuimhneamh orthu, agus lena linn d'fhiafraíos an raibh an tSiúr Colmcille fós ina beatha. Tíoránach de bhean rialta ab ea í, a bhí againn don rang Chéad Chomaoineach. Ní hamháin go raibh sí ina beatha ach bhí sí chomh láidir agus a bhí riamh agus í os cionn cheithre fichid. Chuireadar fios uirthi aníos as putóga an chlochair.

Nuair a tháinig sí isteach shuigh sí chun an bhoird. Bean bheag íseal chrua dhubh. Ní raibh sí ag teacht in aon chor leis an gcuimhne a bhí agam uirthi. Bhí tuairisc curtha againn ar phictiúir den chomharsanacht ach ní raibh a leithéid sa chlochar. Ina áit sin bhí beart mór pictiúr Chéad Chomaoineach tugtha léi ag an tSiúr Colmcille, pictiúr grúpa de gach rang dá raibh riamh aici. Lorgaíomar pictiúr 1958, mo bhliain féin. Ní raibh sé ann. An rabhas cinnte gur 1958 ba ea é? Ní raibh na blianta ar chúl gach pictiúir díobh agus d'fheáchamar tríd an mbeart. Bhí pictiúr 1959 aimsithe againn ach ní rabhas féin sa ghrúpa san. Bhí bean rialta mhór ard ar chúl an phictiúir áirithe sin agus an ceann bainte di go tuathalach le lann. Spás bán in áit an chinn.

Ba chuimhin liom bean rialta mhór ard lách, an tSiúr Eilís, a thug cócó te dhúinn ag an mbéile sa chlochar tar éis na Chéad Chomaoineach. Bhí sí agam féin i rang na naíonán. D'fhéadfainn a boladh cumhra fós a fháil. Chuireas tuairisc an tSiúr Eilís ar an gcomhluadar ach níor fhreagair éinne de na mná rialta a bhí chomh bríomhar sin go dtí sin ag an mbord mo cheist. Leanadar orthu ag caint leis an léiritheoir faoi *Glenroe*, an clár ba mhó a thaitin leo ar an teilifís. É féin a thionscain an clár a dúirt sé leo ...

Ach níor fhreagair éinne mo cheist. Cad d'imigh ar an tSiúr Eilís?

Smaointe sa dúluachair

Thaitin an tuiscint atá sa bhfocal dúluachair riamh liom mar choimriú ar shaolré an taca seo bliana idir grianstad na Nollag amach go dtí Lá Fhéile Bríde. Is é is ciall le 'luachair' sa chás áirithe seo ná solas nó gile. Dubhsholas mar sin atá i gceist leis, nó ar shlí eile, breacdhoircheacht. Scríb liath an earraigh is ea leagan eile de, ach ina cháilíocht aonfhoclach ní féidir dúluachair a shárú.

Braithim féin, ar chuma na milliún eile gan áireamh ní foláir sna Críocha Tuaisceartacha, nádúr duairc an chodlatáin ag teacht in uachtar ionam i gcónaí roinnt seachtainí roimh Nollaig. Bíonn cúraimí nach ndéanfainn aon nath díobh ag tráthanna eile den bhliain, ag luí orm agus mé chomh spadánta le liobar. Faoi mar a bheadh seilbh ag doircheacht ar m'intinn. Samhlaím é mar stáitse agus cúlbhrat dubh air, na soilse ag múchadh ceann ar cheann go dtí nach mbíonn le feiscint ach léas beag – ar éigean. An ionann an léas seo agus Réalt an Oirthir a threoraigh na ríthe go dtí mainséar an tSlánaitheora?

Deir cara liom, eolaí bithcheimice, go bhfuil sé déanta amach anois ag taighdeoirí gur leibhéal íseal hormón sa chorp atá gaolmhar le haidréanailín is cúis leis an angar seo. Easpa solais faoi deara tréigean an hormóin, de réir dealraimh. Cheal fáil a bheith ar instealladh den hormón seo, níl fágtha againn idir dhá linn ach focail chun é a throid. Faoi mar atá raite ag an dtráchtaire ag Samuel Beckett in *L'Innommable*: '... caithfidh tú leanúint ort, níl sé ionam leanúint orm, caithfidh tú leanúint ort, leanfaidh mé orm, caithfidh tú focail a rá, an fhaid atá aon cheann ann acu, go dtí go n-aimsíonn siad mé, go dtí go mbím ráite acu ...'.

Ab in a bhfuil de chúram ar an scríbhneoir cruthaitheach ar deireadh, siar amach go clabhsúr? Sealgaire is ea é agus mogall in éineacht, ag tóch focal agus ag ligean dóibh imeacht le sruth féachaint an dteanntófar iad sa líon. Má tá an mogall ionraic déanfaidh sé an bheart. Mura bhfuil, éalóidh an breac le ceart tríd. Níorbh é an breac a bhí uaidh é, ar aon nós. Cad a insíonn don bhfile, mar shampla, nárbh é a bhí uaidh? A ionracas mothálach is dócha. É sin agus instinn chruthaitheach atá chomh riachtanach sa chumasc cruthaitheach agus atá an fhuil ón gcroí don intinn agus don gcorp.

Ar a shon sin, gníomhaíocht aonair ar deireadh thiar is ea an scríbhneoireacht, ainneoin gurb é a sprioc ná cumarsáid. Toisc gur gníomh aonair é suí ar aghaidh an leathanaigh bháin tá sé spioradálta. Ar shlí, níl sa scríbhneoir ach idirghabhálaí trí mheán focal agus pé ollchumhacht spioradálta atá ann. Is mar gheall ar an tuiscint sin, i gcás na filíochta go háirithe, a fhillim arís agus arís eile ar an téacs *The Cauldron of Poesy*. Don té gur spéis leis é, tá sé curtha in eagar ag Liam Breatnach in *Ériu* 32 (1981). Trí choire mheafaracha a shamhlaítear atá sa duine. Baineann an téacs leis an naoú haois, agus ní foláir nó gur eaglaiseach – manach léannta anaithnid – an t-údar. Soitheach is ea coire, nó i dtéarmaí comhaimseartha teicneolaíochta – glacadóir. Is é an dara coire – *Coire Ermai* – an ceann is tábhachtaí. Is é a thuigeann Liam Breatnach leis an gcoire seo, ná:

... the acquisition of the power to compose poetry, or being inspired, which is also indicated by the gloss on this phrase: is maith in coiri a fuil in tein fesa 'Good is the cauldron in which is the fire of knowledge (=inspiration).

Níor mhór síocanailís i dtéarmaí an lae inniu a dhéanamh ar an téacs chun léamh ceart a fháil air, ach ar an gcuid is lú de seasann fírinne na gluaise 'is maith in coiri a fuil in tein fesa' i gcónaí. An é dualgas na scríbhneoireachta i gcoitinne, nó an féidir a áiteamh go bhfuil freagracht ar an scríbhneoir cruthaitheach, staid an duine a athrú chun feabhais? Nó an dtarlaíonn an t-athrú sin ar aon nós mar gheall ar *ionracas inmheánach* an tsaothair? Braithim féin go bhféadfaidh an dá thuiscint luí go socair i dteannta a chéile.

Is dá bharr sin a mheasaim go bhfuil tús curtha ag na foilseacháin *Innti 12* agus *Oghma* le díospóireacht thábhachtach ar scríbhneoireacht chomhaimseartha na Gaeilge, ar a saintréithe féin, agus ar an 'gcaidreamh anshocair' i bhfocail eagarthóir *Innti*, Louis de Paor, idir an dá thraidisiún sa tír seo. Braithim ar an dá fhoilseachán, ceann acu nuashaolaithe as sméaróidí *Irisleabhar Mhá Nuad* agus an ceann eile fréamhaithe i dtréimhse fionnachtana na 1960idí déanacha, go bhfuil lámh á síneadh amach acu – lámh an bhráithreachais/an tsiúrachais. An bhféadfaí dul céim níos faide agus Fóram nua a bhunú do scríbhneoirí na Gaeilge *agus* an Bhéarla go bhféadfaidís an plé seo a leathnú amach faoina scáth?

Bheadh an Fóram seo neamhspleách agus beag beann ar institiúidí an Stáit. Tá a fhios ag Dia go bhfuilimid go léir plúchta ag an gconsensus neamhscríte atá sa tír seo faoi chúrsaí scríbhneoireachta, faoi ról an scríbhneora inár sochaí. Is cúis mhór dóchais domsa – an ceann is mó le fiche bliain – ról lárnach na scríbhneoirí sa réabhlóid in Oirthear na hEorpa. Mhaireadar faoi dhaorsmacht na tíoránachta – tá a thuilleadh acu fós faoina cois. Ach faoi mar a dúirt an Ríordánach agus é ag tagairt do dhream áirithe sa tír seo, throideadar an cath cróga. Measaim féin nach mbíonn ar bun ag scríbhneoirí sa tír seo go minic, cuma cén teanga atá acu, ach a bheith ag tochas ar a gceirtlín féin. Bímis i lár an aonaigh go dtí na glúine i gcac bó más é sin a chaitear a dhéanamh.

Níl a fhios agam ar fhill Milan Kundera ar an tSeicslóvaic óna dheoraíocht sa Fhrainc fós ach is fiú do scríbhneoirí na Gaeilge cuimhneamh ar an líne seo as a leabhar *L'Art du Roman*: '*... pour moi qui n'ai pratiquement plus le public tcheque les traductions représentent tout.*' Is iad na haistriúcháin go mórtheangacha na hEorpa ceann amháin de na bóithre go dtí Aonach Mór na Nóchaidí.

An teilifís agus cumhacht pholaitiúil

Tharla go rabhas istigh Lá Nollag. San áit úd. An áit go ndéantar iarracht ar an bhfírinne a chur i gcruth pictiúirí. Más féidir é. Tháinig scéala daortha Ceausescu agus a mhná Elena dhá nóiméad sula rabhas le dul ar an aer. Tagann na scéalta tobanna seo de phreib faoin bhfocal '*get*' – ach ar ndóigh is fearr go mór fada é an focal Gaeilge 'geit'. Is baolach nár fhoghlaim ríomhairí Gaeilge fós.

Pé scéal é, bhí fear agus bean chuiditheach ag cabhrú liom sa mhéid is go rabhadar ag béicíl amach an scéal de réir mar a bhí sé ag teacht ar an scáileán chucu – iad a bheith daortha chun báis ar dtús agus ansin iad curtha chun báis. Faoin am gur bhaineas an stiúidió amach níor mhó ab fhiú mé ná ceirt fhliuch. Ach bhí an scéal agam. Bhí buíon lámhaigh tar éis Ceausescu agus a bhean a chriathrú in aghaidh falla.

D'fhanamar i ndiaidh na Nuachta ar líne leictreonach físe go dtí Vín na hOstaire, ag fáil pictiúirí beo den mhéid a bhí ag dul amach ar theilifís na Rómáine. Ceol clasaiceach de chuid Beethoven á sheinm ag ceolfhoireann agus an léitheoir ag briseadh isteach go tráthrialta ag fógairt daoradh agus lámhach na Ceausescus. Gealladh pictiúirí físe dúinn den lámhach féin. D'fhanamar an fhaid ab fhéidir ach ní rabhadar ag teacht. Ba léir, faoi mar a fuaireamar amach ina dhiaidh, go raibh áiteamh inmheánach ar siúl in Bucharest i dtaobh iad a thaispeáint in aon chor. Thosaíomarna fiú ag cuimhneamh orainn féin, Lá Nollag, i dtaobh pictiúirí 'fuilteacha' a thaispeáint lá beannaithe. Ach ar deireadh dúrtsa nár tharla a leithéid de stair ach go hannamh sa saol agus go gcaithfí, go raibh dualgas na cinniúna orainne iad a thaispeáint dá bhfaighfí iad.

Faoi mar a thit amach níor tháinig na pictiúirí an oíche sin. Ní bhfuaireamar iad go dtí an lá ina dhiaidh. Bhíos-sa saor. Thaispeáin RTÉ agus ITN iad agus chinn an BBC ar iad a cheilt ar an bpobal. Níor taispeánadh corp Elena lámhachta. Lán de phoill ar nós a fir chéile. An é nach n-oibríonn corp criathraithe mná ar leibhéal na bolscaireachta faoi mar a dheineann corp fir? An é gurbh ionann an fhírinne faoi mar a thit sé amach agus an méid a taispeánadh ar an teilifís? Ní chreidimse é. Ní hionann an *fhírinne* agus na híomhánna físe. Bíonn duine éigin i gcónaí ag déanamh eagarthóireachta air – fiú más beo féin dó. Is maith is cuimhin liom an sléacht in Heysel, tráthnóna go rabhamar ag siúl amuigh ar an sliabh. Anuas linn go dtí an tábhairne. Bhí na fir istigh ag faire ar an mbosca, agus d'fhiafraíos díobh conas a bhí. 'Ó, arsa duine acu, tríocha cúig marbh de réir an áirimh dheireanaigh'. Níor bhain sé faic as.

'Marbh?' arsa mise gan a bheith ábalta a chreidiúint ná a thógaint ar bord cad a bhí á rá aige. 'Marbh', ar seisean go neamhchúiseach agus thóg sé bolgam eile as a phionta. Thuigeas an uair úd níos mó ná riamh gur gabháil *neamhchruthaitheach* ar deireadh a bhíonn ar bun ag an bhféachadóir agus an gléas teilifíse. Ní éilíonn an íomhá teilifíse faic ar an bhféachadóir ach páirtíocht na féachana.

Mar dhuine a oibríonn go gairmiúil i stáisiún teilifíse stáit ba mhór mo spéis i bhFronta Náisiúnta Slánaithe na Rómáine a bheith lonnaithe i gceanncheathrú na teilifíse in Bucharest – agus gur thugadar Teilifís *Shaor* na Rómáine ar an stáisiún tar éis Ceausescu a chur dá chois. An gciallaíonn sé seo go bhfuil smacht ar an meán áirithe seo chomh lárnach sin don smacht ar an meon coitianta? Chreid an gealt Meiriceánach a bhí i gceannas ar an ionradh ar Phanama é.

Ach i gcás na hÉireann táimid ag craoladh faoi dhaorsmacht na cinsireachta chomh fada le mo chuimhnese. Tá aicme shuntasach den phobal imeallaithe, gan ghuth de bharr Alt a Tríocha hAon den Acht Craolacháin[15]. Bíonn éifeacht ait aige ort. Imeallaítear daoine eile nár cheart a bheith díbeartha dá bharr. Daoine bochta. Daoine a mhaireann ar thaobh an bhóthair i gcarbháin sa dúluachair. Tá aon saghas cinsireachta ait sa mhéid is go gcruthaíonn sé níos mó éithigh ná mar a cheileann sé. Ar shlí amháin, is meán an-chumhachtach é an teilifís ach ar shlí eile is meán uiscealach é. Nuair a bhíos i láthair san *Old Bailey* d'achomharc Cheathrar Guildford, chuimhníos dá mbeadh ceamaraí na teilifíse istigh ag taifeadadh an dráma go bhféadfadh réabhlóid a bheith ann.

Ar an lámh eile nuair a chonaiceamar na daoine ar an teilifís ag tabhairt faoin bhfear ag an sochraid i Reilig Bhaile an Mhuilinn, é siúd ag caitheamh gránáidí agus é ag lámhach daoine cad ab ea é? *Danse macabre*? Agus nuair a thug na daoine faoin mbeirt shaighdiúirí Bhriotanacha le linn na sochraide i mBaile Andarsain, sna sála ar eachtra Bhaile an Mhuilinn, arbh ionann an méid a bhí ag titim amach os comhair na súl agus an fhírinne? Cad é a bhí i gceann na ndaoine sin a srac na saighdiúirí bochta a bhí imithe ar strae go tragóideach? Caithfear an comhthéacs iomlán a thuiscint. Ach ní ligeann íomhánna na teilifíse duit é sin a dhéanamh. Ní bhíonn de chomhthéacs aige ach an méid

15. Bhí Mír 31 den Acht Chraolacháin, maidir le cinsireacht, i bhfeidhm ó 1971–1994.

atá á thaispeáint duit. Sin é an fáth, dar liom, go bhfuil an teilifís chomh cumhachtach agus chomh bréagach san am céanna. Mar nach mbíonn an pictiúr iomlán riamh. Ní bhíonn sé ach chomh hiomlán le toisí an bhosca.

An dtagann Godot?

Deir Alan Titley, údar an dráma *Tagann Godot*, san eagrán reatha de *Innti*: 'Tá de bhua ag an drámaíocht gur féidir léi dul i bhfeidhm níos dírí agus níos domhaine ar phobal daoine le chéile agus tá comharthaí athbheochana eile fós le feiscint san amharclann le tamall.'

Bíodh is gur ag trácht ar dhrámaíocht i mBéarla atá Alan ina aiste chumasach, is léir go raibh a dhá shúil bheoga dírithe leis aige ar an méid a d'fhéadfadh drámaíocht i nGaeilge a bhaint amach mar ealaín phobail. Níl aon bhreith ag aon bhrainse eile de na healaíona pinn – ach amháin an scannán – ar an dráma, agus ar deireadh thiar is gin den síolchur céanna iad cé nach ionann cúrsa saoil dóibh i gcónaí.

Beidh *Tagann Godot* ar stáitse ar an gCeathrú Rua, fód dúchais duine de na príomhaisteoirí sa léiriú – Peadar Lamb – amáireach, agus go dtí seo bhí caoi ag muintir Bhaile Átha Cliath agus Ghaoth Dobhair freastal air. Beidh siad amuigh ina sluaite gan dabht i Halla na Feothanaí Dé Domhnaigh. Sa Phéacóg a chonacsa é an oíche dhéanach a bhí sé ar siúl agus níor bhaineas oiread suilt as dráma Gaeilge le mo chuimhne. Mar bhlúire siamsaíochta. Agus ní le tarcaisne a deirim é sin.

Is mó claochló a imíonn ar an scríbhinn, ar an téacs, go dtí go saolaítear dráma agus is léir ar *Tagann Godot* go raibh an halmadóir go docht ina lámh ag Tomás Mac Anna agus é i mbun stiúrtha. Rian na geamaireachta agus an *vaudeville* is mó a d'fhág sé ar an léiriú, a bhraithim. Ar shlí, d'fhéadfaí a áiteamh nach raibh aon dul as an gcúrsa sin a thógaint toisc gur *pastiche* é *Tagann Godot*. Ar an láimh eile bhraitheas féin go raibh dráma ionraic, nó míreanna de dhráma ionraic ag iarraidh soilse na hamharclainne a aimsiú ó thráth go chéile ach nár ligeadh dóibh teacht in uachtar.

Bhí babhtaí dialóige idir Estragon agus Vladimir – Peadar Lamb agus Michael O'Sullivan – a chuir an Cadhnach i gcuimhne dhom. D'fhéadfainn guth Alan Titley a chloisint ó Vladimir ar chuma éigin! In áit Pozzo agus Lucky ar adhastar aige, fuaireamar Progastaron – Maurice O'Donoghue – agus Mí-Ádh i gcrotaon Mhichíl Uí Bhriain, chomh maith le Momo, an bhean steiritípe sna quizeanna teilifíse ar mhaithe le duaisearraí gan dealramh go mbaintear feidhm chliste dhrámatúil astu. Nuair a nochtann Godot is geall le cros-síolrú é idir Charlie Chaplin, Santa Claus agus sa radharc gairid deireanach Groucho Marx. A leithéid de *pot-pourri*!

Chuir sé seo ar fad iachall ar aisteoirí ghné na geamaireachta den dráma – seó bóthair Progastaron go háirithe agus Kevin Reynolds i bpáirt Godot – na rólanna a hammáil. Taobh istigh de na teorainneacha a leagadh amach do Mhaurice O'Donoghue, dhein sé sár-jab dá chúram. Bhí Kevin Reynolds éifeachtach, i bpáirt Godot. Agus cé go raibh Michael O'Sullivan i bpáirt Vladimir múchta go pointe ag líofacht Pheadar Lamb, léirigh sé a chumas pearsanta féin nuair a crochadh Lamb/Estragon. Arís eile, bhí cuid den mhianach folaithe in *Tagann Godot* ag teacht chun solais i línte Vladimir agus é fágtha gan a chompánach buan.

Deir Muiris Mac Conghaíl, ball de Bhord Amharclann na Mainistreach, sna nótaí i gclár an dráma:

> Tuigtear domsa, pé scéal é, gur gá 'pobal' áirithe a aimsiú do dhráma Gaeilge ... le teacht ar phobal do *Tagann Godot* bheartaíomar dul ar a lorg chun na Gaeltachta agus thar nais ar chuid dár ndúchas amharclainne.

Tá eagla orm féin, má leantar den lorgaireacht seo go dtitfidh sé idir dhá stól. Is é sin, nach mbeidh glacadh ag stiúrthóirí na Mainistreach, ach le drámaíocht de chineál áirithe, drámaíocht den *genre* geamaireachta a shásóidh aicmí pobail, a dhealóidh cuid mhaith mhór eile amach ón amharclann, agus a chuirfidh iachall ar scríbhneoirí éileamh an mhargaidh a shásamh.

Ceann de ráitis Mhuiris áfach is mó a chuireann mearbhall orm ná é seo: 'Tá an Ghaeilge ag fanacht le drámadóir. Caithfear teacht ar na bealaí inar féidir an lorg seo a chinntiú.'

Tá sé áiféiseach a rá go bhfuil an Ghaeilge ag fanacht le drámadóir. Bheadh sé chomh maith ag an nGaeilge fanacht le Godot – Godot Sam Beckett an turas seo. Tá scríbhneoirí Gaeilge, drámadóirí, ag fanacht le tacaíocht amharclainne, ag fanacht le compántas aisteoirí, ag fanacht le húdar misnigh chun saothar atá idir lámha nó curtha díobh acu go deimhin, a chur ar an stáitse.

Ceann de na bunfhadhbanna atá ann ná an *consensus* i measc maorlathas na hAmharclainne Náisiúnta go háirithe, nach féidir don Ghaeilge ach saghas ar leith drámaíochta a sholáthar i ngeall ar theorainneacha na teanga féin. Ní ghlacfadh Tomás Mac Anna leis, táim siúráilte – mura bhfuil athrú meoin tagtha air le cúig bliana déag – gur féidir drámaíocht réadúil chomhaimseartha a sholáthar i nGaeilge. Drámaíocht a bhriseann na seanmhúnlaí, na seantuiscintí faoi gheamaireacht agus a sheasódh gualainn le gualainn leis an gcuid is fearr den drámaíocht chomhaimseartha Bhéarla i lár an aonaigh. Nó go deimhin féin, a bheadh níos fearr ná an scoth.

Le filleadh ar aiste Alan Titley in *Innti* deir sé: 'Is geall le míorúilt í go dtagann oiread sin maitheasaí ó am go chéile as pobal chomh beag sin.' Bíodh an chreidiúint atá tuillte ag Alan agus ag an mbuíon aisteoirí a sholáthraigh *Tagann Godot* acu. Ceann de na maitheasaí é.

Óganach cathrach sa Ghaeltacht

Bhíos aon bhliain déag nuair a thugas mo chéad chuairt chinniúnach ar Ghaeltacht Chorca Dhuibhne sna 1960idí luatha. Bhí cúigear againn ón rang céanna meánscoile in aontíos in Ard na Caithne faoi chúram Bráthar. Teaghlach an-lách, cneasta. Bhí a gclann féin curtha thar abhainn acu, seachas mac amháin a tháinig abhaile ó Choláiste Bhréanainn i gCill Airne le linn ár dtréimhse sa tigh. Is cuimhin liom fós fuadar an tí an lá sin. Bhraitheas ar fhear an tí go háirithe é, é imithe suas faoin gcnoc ar chúram éigin – gnó nach ndéanfadh sé de ghnáth. Thuigeas, nuair a shiúil an mac aníos an bóthar cúng ó Bhéal Bán, gur ina sheomra leapa siúd a bhíos-sa agus mo chompánach – bhí boinn peile dá chuid crochta ar sciath ar an bhfalla agus cóipeanna iomadúla den iris *Time* ar sheilf taobh le mo leaba. Ag an am, níor bhraitheas aon íoróin in aimsiú *Time* in Ard na Caithne. Níor shroich ábhar léitheoireachta mo bhaile féin níos faide ná an *Examiner* agus an *Echo*.

Laethanta trá ba ea iad agus siúlta ar na cnoic; turasanna go dtí Ceann Sléibhe; dul ar Aifreann an Domhnaigh ar chairt agus capall ar an mBuailtín; a bheith báite faoi scrabhadh obann báistí ar mo rothar ag gabháil bóthar an Fhearainn agus gan aon deoir a bheith tite cúpla céad slat uaim ar Ard na Caithne – mo chéad theagmháil le draíocht Dhuibhneach mar a mheasas. Cártaí sa chistin istoíche, bhraitheas-sa ar deighilt ó mo dhlúthchairde a bhí i dtithe i mBaile an Fheirtéaraigh ná stadadh ach ag caint ar Dolores ... Oíche tar

éis tae, agus mé liom féin sa chistin ag éisteacht le Larry Gogan
ag cur an *Top Ten* i láthair ar an raidió rinceas an *Twist*. Tháinig
bean an tí amach ón gcúlchistin agus d'iarr orm é a dhéanamh arís
di. Ní ligfeadh an náire dom é. 'Ní dócha go gcífead go brách é á
dhéanamh mar sin,' a dúirt sí. Ní móide go bhfaca.

Ar feadh na mblianta leanas orm ag dul siar: go dtí Brú na
Gráige leis an scoil; go dtí tithe éagsúla i nDún Chaoin, i bParóiste
an Fheirtéaraigh, ar an gClochán Dubh, ar an gCoimín, ar an
Muirígh, i bhFán, ar an Riasc, i bParóiste Mórdhach ... théimís siar
pé slí a d'fhéadaimis, ar ghluaisrothar, ar an ordóg, sa samhradh,
aimsir na Nollag, sa Cháisc. Ní fhéadfaimis ár ndóthain a fháil den
Druga Duibhneach. D'oibríos ar mo phá lae le feirmeoirí, agus
nuair nach raibh lóistín i dtigh le fáil cheal airgid, théinn ag campáil
agus ar deireadh lonnaigh mo mhuintir carbhán, a bhain a cháil
féin amach, i ngort Khruger agus i mBaile Ícín – taobh le fothrach
tí mhuintir Phound. Go dtí gur dhein fothrach den charbhán leis,
agus gur lobhaigh. Faoi mar a dúirt cara le déanaí, an Ghaeilge a thug
siar sinn, an saol a choinnigh ann sinn. Agus nuair a bhaineamar
an GPO i mBaile Átha Cliath amach tar éis na máirseála ó Dhún
Chaoin mar agóid faoi dhúnadh na scoile, aimsir na Cásca 1971,
chualamar an oíche sin go raibh Kruger tar éis bháis. Chuamar ar a
thórramh i gClub an Chonartha.

Ar láimh amháin bhí cuid de shaol Chorca Dhuibhne, trí
mheán na seandaoine, ag sroichint siar i gcuimhne na ndaoine sin
go dtí an naoú céad déag agus má ghlacaimid le téis Sheoirse Mhic
Thomáis, siar go dtí aimsir Homer ina gcultúr. Ba chuimhin le
seanfhear amháin go rabhas an-mhór leis, an díshealbhú deireanach
a dhein Lord Ventry ag deireadh an naoú haois déag. Bhí sé ábalta

ar shleachta móra fada de 'An Siota agus a Mháthair' a rá ag an dtinteán. D'aimsíos féin an leabhrán, a bhí curtha in eagar ag An Seabhac, i siopa leabhar i gcathair Chorcaí agus thugas siar chuige é. Bhí léamh na teanga ag an bhfear – duine léannta ba ea é – agus líon sé isteach na bearnaí a bhí fágtha ag An Seabhac toisc iad a bheith 'gáirsiúil' dar leis-sean. Choinníodh sé An Siota faoina thóin ar an gcathaoir os comhair na tine. Ansin a d'aimsigh an sagart é nuair a cailleadh é. Bhí garda ag fanacht i dtigh comharsa agus is cuimhin liom é ag ceannach láthair tí ón seanfhear ar leathchéad punt ...

Ar an láimh eile bhí na Seascaidí faoi lánseol. Chuas féin ar an ordóg lá amháin agus é i gceist agam dul don nDaingean. Ghabh an VW mór seo tharam agus stop. Bean Mheiriceánach ag tiomáint, í cosnochta, bríste brothaill uirthi mar a thugaimis orthu ag an am, James Taylor ag bleaisteáil amach '*Mud Slide Slim*' as caiséad. Shuíos isteach. D'éiríos amach i nGaillimh! Cuid eile de na heachtraí, ní anseo is ceart iad a insint ... Uair eile áfach, bhí ocras mór orm agus mé ar bheagán airgid. Isteach liom go dtí an Cheárta – an siopa – i dTigh Khruger. Cheannaíos *Cream Crackers* agus blúire cáise. Chuala duine de leaideanna óga na háite ag rá: 'Sin é a bhíodh ag David Lean leis,' – stiúrthóir *Ryan's Daughter* ar ndóigh. Faoi mar a d'fhás glúin chathrach aníos i gCorca Dhuibhne d'fhás glúin dár gcomhaosaigh féin aníos leis ann agus chuireamar aithne ar a chéile.

Is dócha go mbímis ag foghlaim óna chéile ar bhealaí éagsúla. Bhímis ag caitheamh an tsaoil i dteannta a chéile. Pé rian a d'fhág na 'stróinséirí' orthusan, d'fhágadarsan rian chomh domhain céanna, ní foláir, orainne. Is cuid bhunúsach de mo mhúnla daonna an tréimhse sin, coire guairdill go minic, marc buan ar shlat tumtha mo chroí. Tá deireadh leis an ré sin, ach tá ré eile tagtha ina háit. Tá an claochló feicthe againn. Baile an Daingin mar shampla amháin, a raibh feirmeoirí ón nGaeltacht fós ag glanadh fiacha plúir ón Dara Cogadh Domhanda i siopaí áirithe ann fiche bliain ó shin – tá sé anois ar cheann de bhailte móra turasóireachta na hEorpa, agus níos mó Gaeilge á labhairt ann mar tá deireadh leis an spleáchas uafásach a bhí ag cuid de mhuintir na Gaeltachta ar mhionlach gaimbíní. Ina theannta sin tá meánaicme ghairmiúil tagtha chun cinn i gCorca Dhuibhne faoi mar atá i gConamara agus i dTír Chonaill.

Cuid dár ndualgas náisiúnta é féachaint chuige go dtiocfaidh an Ghaeltacht slán, go neartóidh sí ar mhaithe le

Gerry Seán agus Danny
Taibhsí lasta fé shoilse mo mhótair
Ag druidim uaim isteach sa chlaí
Is mé ag gabháil tharstu ...

Fágann an Blascaod slán
leis na fámairí lae

Sea, tánn sibh tagtha agus imithe i bhfaid an aon lae agus an lá
agaibh chuige. Gan aon scéal nua ag teacht agaibh ach a raibh de
scéalta agam féin cheana ag sroichint chugam ó gach aird. Gan de rian
fágtha in bhur ndiaidh agaibh ach na coiscéimeanna siúil sa phluda
im thimpeall, an chuid agaibh a thug do na boinn é, agus an chuid
eile agaibh nár dhein ach fanacht sa chaifé ag ól braon tae agus ag ithe
buns, nó síneadh siar ar an dtráigh fén ngréin leis na ceamaraí reatha
sin, go maraí an diabhal buí sibh le bhur gcuid fámaireachta. Gura
fada ag teacht arís sibh, a fhámairí an aon lae! Ní hé an t-uaigneas a
mharaíonn mé ná aon phioc de. Bíonn a canrán féin ag an muir agus
a siollaireacht ag an ngaoth, an té a bheadh ag éisteacht leosan agus
gan a bheith ag tabhairt toradh air féin. Tá ainm ar gach ball díom
ó Phointe an Ghoba go dtí an Ceann Dubh agus as san ó chloich go
cuas, ó stocán go foithir. Daoine a bhaist mé. Is mó mé ná mé féin
amháin agus ní mé faoi ndeara é. Bíonn laethanta ná deinim faic ach
fanacht anso im staic, sínte siar ag féachaint uaim. Níor mhór don
uain a bheith breá agus chífeá uait Uíbh Ráthach agus an dá chloich,
Sceilg Mhichíl agus an Sceilg Bheag, ceann acu ina starrfhiacail agus
an chúlfhiacail laistiar. Canglaím go ciúin. Eitlím ar sciatháin de
Pharthas Dé. Ní mór breith ar an uain. Líonaim mo bholg de mar a
ghobann an gainéad an t-iasc uaim síos fé bhun Mhám an tSéideáin.
Agus fós ní haon ghobadh é, ach iontas.

Sea, tánn sibh tagtha agus imithe i bhfaid an aon lae. Tiocfaidh a thuilleadh agaibh arís. Picil amáireach. Eagla an tséideáin agus braonacha báistí atá ag cur an teitheadh amach oraibh. Bíonn laethanta ná bíonn faic le feiscint ach ceo anuas go vásta orm agus as san síos go dtí méireanna na gcos. Measa ná ceo an ghaoth agus an bháisteach léi. Lá gaoithe agus báistí bím istigh, gan an ceann féin a chur thar doras amach. Faic ach an tine a lasadh agus éisteacht leis an ngaoth tríd an gceann. Bím ag cuimhneamh ar na daoine. Ní haon fhocal mór dem chuid grá, ach greann. Cad é an mhaith grá gan a bheith ábalta ar é a chur in iúl? Bíonn siad chugam agus uaim, ón dtaobh thall. Siúlann fear nó bean acu isteach agus bíonn dreas cainte againn ar a chéile.

'An bhfuil na prátaí curtha fós agaibh thall?' a fhiafraím.

'Bliain gan gaoth thall í agus tá bláthanna ag teacht fén ngas cheana orthu.'

'Agus gan a gceann curtha aníos os cionn cré fós acu anso le heagla roimh dhoineann. Ar mharaíobhair aon bhreac?'

'Tá ana-airgead ar ghliomaigh i mbliana thall. Seilg mhór déanta orthu agus iad chomh méith le muca.'

Is dócha gur liom féin amháin a bhím ag caint. Caitheann sé an lá. Tá's ag Dia gur mó an chaint a bhíonn ag an ndream thall ná ag fámairí an aon lae. Is gearr, a bhraithim, ná tuigfear aon fhocal amach as mo bhéal ach muintir an tsaoil go léir chomh greamaithe de na saitilítí agus a bheadh blúire loiscthe feola de phláta.

N'fheadair siad cad a dhéanfaidh siad amuigh liom. Mé luite anso ar dhroim na mara agus a gcoinsias á rá leo gur cheart dóibh

ceann d'iontaisí an domhain a ghairm díom. An t-iontas is mó ná
iontaisí an lae gach lá den saol. Níorbh fhearr liomsa rud de ná go
lonnódh daoine arís orm sa tséasúr seachas fámairí éaganta a bheith
ag stánadh orm. Abair go dtógfaí ionad idirchreidmheach nó gan
aon chreideamh go bhféadfadh daoine teacht agus a machnamh a
dhéanamh ar an síoraíocht ann. Steipeanna i dtreo na síoraíochta is
ea na clocha seo, nó sin é a bhíonn mo bholg a insint dom fhéin.

Sea, tánn sibh tagtha agus imithe i bhfaid an aon lae. Tá an lá
inniu go haoibhinn, moladh mór le Dia. Ní haon ualach inniu orm iad
mo chuid ainmneacha, mo chuid seanchais. Éadromaíonn an aimsir
bhreá gach ní. Is geall le stuaic séipéil é Barra Liath go neadaíodh an
seabhac gorm air. Gheibhim boladh cumhra mná ón gCuas Fliuch.
Cloisim leanaí ag súgradh i gClais an Tobair, steipeanna rince ar an
Leaca Dhubhach. Cuireann dhá rón a gceann aníos ar an dTráigh
Bhán, agus ní bhraithim aon uaigneas ná pioc de.

Slán libh a fhámairí an aon lae.

Lá ag an gcruinniú mullaigh

Nuair a léigh mé *Cien Años de Soledad* le Garcia Marquez den chéad uair bhíos faoi dhraíocht láithreach ag an gcéad líne ann, agus táim ó shin:

> Blianta fada ina dhiaidh sin, agus é ag tabhairt aghaidh ar an mbuíon lámhaigh, bhí an Cornal Aureliano Buendía le cuimhneamh ar an tráthnóna i bhfad siar nuair a thug a athair é chun teacht ar leac oighir.

Ní thuigim cad ina thaobh go rithfeadh an líne sin chugam agus mé ag cuimhneamh ar chruinniú mullaigh thús na seachtaine seo i mBaile Átha Cliath. Ceann de na cúiseanna atá leis, ní foláir, ná siméadracht na habairte agus an tslí atá dhá thréimhse ama tugtha le chéile chomh máistriúil sin aige, dhá eachtra a bhfuil an chuma orthu ar an gcéad léamh nach bhfuil baint dá laghad acu le chéile. Ach nuair a chuireann tú an leabhar díot is ea a thuigeann tú a ndlúthbhaint chinniúnach. Tharla a leithéid chéanna ag an gcruinniú mullaigh ar leibhéal eile.

Bhí cinniúint fhadtréimhseach na hEorpa – cén Eoraip? – á beartú de réir chlár docht aontaithe ag ceannairí rialtais an Chómhargaidh ar stáitse séalaithe Chaisleán Bhaile Átha Cliath (Meitheamh 1990). Ag an am céanna socraíodh cinniúint ghearrthréimhseach fhoireann sacair Phoblacht na hÉireann agus na hIodáile comhuain leis an bpríomhdhráma. Le siméadracht nach bhféadfadh ach an Spiorad Naomh nó ealaíontóir a shnoí, tiocfaidh an Iodáil i gcomharbacht ar Éirinn mar thír Uachtaránachta an Chomhphobail i ndiaidh an chluiche sa Róimh ar an Satharn.

Ar feadh an lae Dé Luain seo caite bhí dráma taobh istigh de dhráma ag frithbhualadh i gcroí gach Éireannaigh a d'fhreastail ar an gcruinniú mullaigh. Ba é an príomhdhráma an cruinniú – duine ar dhuine réab na príomhcharachtair isteach sa chearnóg sa Chaisleán, boinn rubair na Mercanna sínte ag cangailt an ghairbhéil, ag déanamh an timpill os comhair cheamaraí na hEorpa ar ardán an phóna fad a chuaigh an tranglam buinneánach slándála a bhí á dtionlacan in éag ar na taobhlínte. Ón aer ar ndóigh a thuirling an príomhaisteoir mná.

Ach ní raibh an drámatúlacht le brath ar na gothaí imeachta agus teachta. Ná níor chóir a bheith ag súil le drámatúlacht uathu. Seó cumarsáide ba ea é. Bhí na rólanna rórighin, faoi mar gur thuig an uile dhuine go raibh gach aon ní socraithe roimh ré ach go gcaithfí gabháil trí na geáitsí. Is geall le hócáid chalctha amharclainne anois an Cruinniú Mullaigh. Bíonn an script scríofa ach seoltar mioncharachtair – feidhmeannaigh – amach go dtí drámaí imeallacha ó am go chéile le leasuithe ar mhaithe leis an gcraos cumarsáide a shásamh. Seoltar na teachtaireachtaí seo ar aghaidh ar na drumaí teileachumarsáide idirnáisiúnta ach ar deireadh thiar caitear filleadh i gcónaí ar an mbunscript. Ní fhaca riamh áfach, faoi mar a chonac ar an Luan, an dráma imeallach mar dhea ag fáil an lámh in uachtar ar an bpríomhimeacht. Go fiú Uachtarán Chomhairle na nAirí féin, ní fhéadfadh sé a ghliondar a cheilt.

Nuair a tháinig sé amach go dtí clós an Chaisleáin thug sé léim san aer a bhain stangadh as tuairisceoirí áisíneachtaí idirnáisiúnta a bhí i láthair. Bhí sé díreach tar éis cúl buacach O'Leary a fheiscint á scóráil. D'fhiafraigh duine de na hionadaithe idirnáisiúnta seo de thuairisceoir sinsearach Éireannach an sampla de 'léim chogaidh' a bhí i steip an Taoisigh. B'fhearr, a dúradh leis go tuisceanach, *jig* Éireannach a thabhairt air.

Ní Éireannaigh amháin a bhí gafa i nguairneán an chluiche in aghaidh na Rómáine. Shlog Dúitseach a raibh droch-chroí aige dhá chapsúl agus lean sé air ag féachaint ag an gcluiche ainneoin ordú crua óna dhochtúir a bhí ina theannta go mbeadh sé fuar marbh gan mhoill agus éirí as. Chaith Gearmánaigh díobh a gcuid iompair chliniciúil – agus thosaíodar ag liúirigh ar son na hÉireann. Bhí suas le trí chéad duine istigh i bpuball ag faire ar an gcluiche ar scáileán mór a bhí feistithe amach don ócáid go speisialta. Ní raibh both eagarthóireachta ná cúinne ina raibh teilifís gan slua bailithe timpeall, leathshúil acu ar an gcluiche agus an leathshúil eile ar an ngnó a bhí idir lámha.

Ar shlí d'aimsigh an cluiche, agus na ciceanna ón spota go háirithe, féith éigin chomónta, an fhéith sin a chruthaíonn comhrac spóirt – nach féidir a script a scríobh roimh ré – a chuireann an fhuil ag rás. Má bhí an Cruinniú Mullaigh mar a bheadh blúire amharclainne calctha, paisean ina steillbheatha ba ea sábháil Phat Bonner. Blianta fada ina dhiaidh sin cuimhneoidh mórán daoine ar an gCruinniú Mullaigh mar gheall ar chluiche na hÉireann, fiú is go mb'fhéidir gur mó a dhearbhóidh imeachtaí an Chruinnithe féin cúrsa a mbeatha.

Go cinniúnach arís, i mo chás féin, tá súil agam a bheith san Iodáil Dé Sathairn ag comhdháil idirnáisiúnta filíochta sna mionteangacha. Pléifidh an chomhdháil cultúir mhionlaigh a bheith ag dul ar lár, an bhaint atá ag féiniúlacht le teanga ... Chaitheas léacht a ullmhú ina thaobh seo agus luaim an tOllamh Joe Lee ag an tosach agus mé ag tarraingt as a leabhar ar stair chomhaimseartha na hÉireann:

> Scholars, and not only in Ireland, are only now beginning, to seriously grapple with the multiple implications of the historical role of language ... it is hardly going too far to say that but for the loss of the language, there would be little discussion about identity in the Republic ... only the husk of identity is left without language.

Chuir an léacht duairceas orm agus mé á scríobh. Anois braithim gur cuma sa riabhach go fóill pé scéal é. Tá an fhuil éirithe ionam agus fonn orm a bheith páirteach i seit duine déag na hÉireann in aghaidh *ballet* clasaiceach na hIodáile. Déanfaidh sé tórramh nótáilte ar aon nós.

Bearna idir dhá aicme

Cara dom, díbeartach eile ó Chorcaigh a bhfuil cónaí i mBaile Átha Cliath air le tamall fada a bhí ag insint an scéil le déanaí dom. Bhíomar i dtigh tábhairne tar éis an chluiche in aghaidh Ros Comáin agus droch-chaighdeán na peile mar a mheasamar curtha dínn againn tar éis cúpla taoscán.

Múinteoir meánscoile é féin, agus ba léir go raibh rud éigin ag dó na geirbe aige ar an slí a bhí sé ag stánadh ina thríú pionta. Ná habair, arsa mise liom féin, go bhfuil pósadh eile fós ar tí titim as a chéile ...

Chríochnaigh sé a thríú pionta agus d'ordaigh ceann eile, agus bheartaigh an scéal a insint dom, ba léir, an uair sin.

Bhí seantigh agus acra ceannaithe aige roinnt blianta ó shin san Iar-Dheisceart. Bhí an áit go léir imithe chun raice nuair a fuair sé é ach de réir mar a bhí roinnt airgid aige chaith sé ar an dtigh é.

An samhradh seo tharla go raibh an seantigh fágtha gan éinne ann ag tosach Lúnasa. A ghaolta féin agus gaolta a mhná is mó a d'fhanadh ann nuair nach mbíodh a theaghlach féin ann. Bhí dabhach séarachais, uisce reatha, seomra folctha, leictreachas agus córas téite uisce curtha isteach ann.

Fós féin bhí an chuid uachtarach den tigh garbh – plástar ag teacht de na fallaí, moirtéal ag titim ó na sclátaí ar an síleáil adhmaid.

Bhí páipéir scrúduithe ceartaithe aige, ar seisean, chun airgead a dhéanamh le díon nua a chur ar an dtigh i gcomhair an gheimhridh. Ní hé is go raibh an braon anuas ná faic ann, ach theastaigh ceann nua agus bhí cuid de na frathacha lofa. Ar aon nós, bhuail sé lena chomharsa béal dorais i mBaile Átha Cliath lá a raibh sos á thógaint aige ó na páipéir. Réitíodar an-mhaith le chéile ach ní raibh aon charadas eatarthu. Bhí a chomharsa fostaithe mar bhainisteoir i gcomhlacht príobháideach. Thug a bhean aire dá mbeirt leanaí féin fad a bhí Eilís agus é féin amuigh ag obair. Bhí ceathrar dá gcuid féin acu. Dúirt sé le mo chara an lá áirithe sin sa ghairdín cúil go dtabharfadh sé aon ní ar imeacht ó Bhaile Átha Cliath ach nach raibh an t-airgead acu. Thairg sé féin an seantigh dó.

Thaispeáin a bhean pictiúir den áit don chomharsa mná agus níor cheil sí aon locht dá laghad uirthi. Fiú amháin an t-éan a tháinig isteach faoin mbundlaoi agus a teanntaíodh istigh agus a choimeád ina ndúiseacht iad leath na hoíche. Fuaireadar amach gur sciathán leathair a bhí ann ina dhiaidh sin.

'Chuadar ann deireadh seachtaine Lúnasa,' arsa mo chara liom. Stad sé agus bhain bolgam as a phionta. 'D'fhilleadar an lá dár gcionn – ar an lá saoire bainc.' Ní fhéadfadh sé an eachtra a thuiscint i gceart fós. Bhíodar tar éis dhá chéad tríocha míle a thiomáint i mótar a bhí pacáilte i gcomhair saoire coicíse agus filleadh an lá ina dhiaidh.

Nuair a nocht a chomharsa ag a dhoras féin an tráthnóna sin bhí sé lán de náire agus é ag síneadh eochracha an tí ar ais chuige! Cad é sa riabhach a bhí tarlaithe? Faic a dúirt an chomharsa, ach nár oibrigh sé amach. D'fhágadar mar sin é.

D'fhiafraíos de conas a bhí a gcaidreamh ó shin, agus d'ordaíos pionta eile dhó. Ní fhéadfadh a gcaidreamh a bheith mar a chéile go brách arís. Bhí teannas ann. Teannas nár thuig sé ach faoi mar a bheadh rún éigin de chuid na gcomharsan sceite acu nár theastaigh uathu go mbeadh fhios ag éinne ina thaobh.

'Ceist cultúir is ea í,' arsa mise, ag iarraidh sólás a thabhairt dó. 'Tá dream i ndeisceart Bhaile Átha Cliath gur aduaine go mór leo codanna de thuath na hÉireann ná York nó Chester.'

Dá mba i gCionn tSáile a bhí an tigh ní bheadh aon fhadhb ann, a dúrtsa. Ach bhí na comharthaí sóirt den *watering-hole* idirnáisiúnta ag Cionn tSáile a d'fhág go bhféadfadh rachmasóirí agus *dilettantes* áirithe ó Bhaile Átha Cliath agus ó Chorcaigh taitneamh a bhaint as. Bhí an t-ádh leis, arsa mise, go raibh an tigh ar deighilt ón gcacamas sin ar fad.

Ach ní shásódh mo chuid plámáis mo chara. ''Bhfuil fhios agat,' ar seisean, 'gur thug mo chomharsa fiche nóiméad ag caint le seanfhear ón dúiche a tháinig go dtí an tigh de shiúl a chos chun fáilte a chur roimhe agus go ndúirt sé liom ina dhiaidh nár thuig sé ach corrfhocal dá ndúirt sé? Cad a déarfá leis sin? 'Bhfuil bearna chomh mór san idir tuin mheánaicmeach dheisceart Bhaile Átha Cliath agus Béarla seandaoine Iarthar an chontae theas?'

Chaitheas aontú leis go raibh. Chaitheas aontú leis go bhfuil na bearnaí chomh holc sin anois i saol na hÉireann.

Parlaimint Chlainne Cathail

Tráth dár tugadh imdheargadh gan áireamh do chomhalta sinsearach geanúil de Chlann Chathail, Brian Fadhbarbith Ó Botúin, agus gur fhulaing sé míchlú ina cháil ó bhean de mhuintir a' Búrc Chlann Róibín, chuir a dtaoiseach Cathal Crón Seabhacshúileach teachtairí ar fud críocha Éireann ina raibh a líon róshíolmhar, á ordú go grod dóibh toscairí a theacht uathu ar aon láthair ag mullach Bhinn Éadair. 'Óir,' ar Cathal Crón, 'is ionann comhalta amháin de Chlann Chathail i gcríocha Fáil a spotadh agus an comhthionól uile a dhubhú. Agus is móide mo smál féin mé a bheith i m'uachtarán agus i m'fhíorthaoiseach go brách na breithe.'

Chaith na tuathánaigh uathu a speala, a rámhainní agus a bpiocóidí – uirlisí a bhí acu chun a bpaistí talún a shaothrú – agus d'fháisc áitritheoirí líonmhara na mbailte agus na gcathracha a gcarbhata síodúla um a muiníl dhearga, sular chuireadar móraistir achrannacha díobh gur rángadar mullach Bhinn Éadair ar an traein mhearluais dá ngairtear DART. Ní raibh fear ná bean dár ráinig nach raibh bata draighin, cleith nó súiste ina seilbh mar go raibh fhios go maith acu nár tháinig Clann Chathail le chéile ag mórthionól riamh ná gur doirteadh fuil, gur briseadh cnámha, gur scoilteadh cloigne agus gur dheineadar adhmhilleadh ar a chéile de bharr mioscaise agus drochrún.

Agus do bhí ina measc Sir Ailbeirt Mac Raghnaill ó Longfort; Arastatal Fearléinn Mac Uilliam ón gCabhán; an lia Ruairí Easlán

Ó hAnluain ón gcontae céanna; Pádraig Bioránach Ó Floinn ó
dhúiche Chlann Róibín; Beartaí Ilbheartach mar a thugtaí air in Átha
Cliath; Micheál na Liúntas Ó Coillteáin; agus Máire Gheocachán
ó Ghaillimh le cliabh diúilicíní le díol ag an gcomhthionól agus
le tabhairt go hómósach do Chathal Crón. Bhí Brian Ó Botúin
féin i láthair leis agus é go mór in ísle brí ach bhí a dheirfiúr Máire
Dhuairc ina theannta chun teaspach a choimeád ann. Ceapadh
Séamus Ó Tonnaigh an Trumpa ina spéicéir don ócáid ós aige a bhí
an tuin chainte ba ghalánta agus ba ardnósaí den slua uile. D'fhan
Séimín Ó Bréanáin, duine eile de mhiontaoisigh Chlainne Cathail,
i gcúinne leis féin agus a shúile ag léim ina cheann mar a bheadh
eascú lúbach.

Ní fhacthas aon drong chomh líonmhar ar aon láthair in
Éirinn riamh roimhe sin agus ní fheicfear go deo arís. Chruinnigh
a chomhairleoirí agus na saoithíní timpeall ar Chathal Crón agus
le comhartha uasal láimhe mar ba dhual dá láimh d'fhíorfhuil
uasal, thug sé an nod do Shéamas an Trumpa an tionól a thabhairt
chun eagair. 'Ciúnas, bígí in bhur dtost go gcloisfimid fáth ár
dteachtna anseo inniu', ar Séamus an Trumpa. Is ansin a sheas
Cathal Crón ar an gcarraig ar mhullach Bhinn Éadair agus mar
seo do labhair: 'A bhráithre ionúine, is maith agus is cóir dúinn ár
síocháin a dhéanamh le chéile agus an tromlot a deineadh ar Bhrian
Fadhbarbith as Áth Luain a iniúchadh. Óir níor íoc an bhean úd de
mhuintir a' Búrc Chlann Róibín na dleachta abhann atá ag muintir
na mBotún leis na cianta cianársa ar an tSionainn ar thrasnú na
habhann sin di ar a haistear siar di féin agus dá gramaisc agus iad ag
iarraidh cíor thuathail a dhéanamh d'fhorlámhas Chlainne Cathail
ar Chríocha Fáil'.

'Ní ceart sin' a bhéic an slua d'aon ghuth, 'agus cá bhfuil a éiric?' Is ansin a d'éirigh Gearóid Ramharbhramach Straoismhear Ó Coileáin as Contae Luimnigh aníos agus d'fhiafraigh, ón uair go raibh smál ar Chlann Chathail go brách, cé a bheadh ina thaoiseach orthu dá éis? Phreab Réamonn Rúnolcach de Burgó ina sheasamh chomh maith agus a lig a thoirt agus a mhóiréis dó é, agus thacaigh lena chomhghleacaí as Luimneach. Thosaigh na Muimhnigh agus na hÁth Cliathaigh ag súisteáil a chéile ós eatarthu is mó a bhí an drochbhraon agus níorbh fhada go raibh an mullach ina pháirc áir ag líon na n-iliomad buillí fíochmhara agus ag stialladh na mbataí draighin ag baint na gcluas agus ag smiotadh inchinn a chéile. Lean Máire Gheocachán uirthi ag iarraidh a cuid diúilicíní a dhíol ach baineadh an cliabh di agus caitheadh le faill i bhfarraige é.

D'éirigh le Séamas an Trumpa stop a chur leis an súisteáil ar deireadh de bharr leadrán a chainte go mba mhó go mba liosta leis an slua é ná a bheith ag gabháil dá chéile. Shocraíodar go mbeadh an Taoiseacht ag an té ab fhearr a bhácálfadh cáca spíosraithe na Nollag agus do chuireadar uile a lámha chuige sin – an méid díobh gur fhan lámha acu. Ar mholadh ó dhuine de shaoithíní Chathail do labhair a bhfíorthaoiseach arís leis an slua ón gcarraig iar-ráite: 'Is eol daoibh,' ar sé, 'go bhfuil mallacht dár leanúint ón am ar roinneadh talamh na hÉireann. Molaimse go gcuirfimis toscaire le sparán óir go dtí an Pápa chun an mallacht sin a chur ar neamhní, go háirithe toisc go bhfuil an Pápa tar éis an iliomad cumhachtaí in Oirthear Eorpa a chur dá mbonnaibh agus Ré Órga nua a thiomsú i gcaidreamh Caitliceach daonna.

Is ansin a thug gach éinne faoi deara go raibh a dhá chluais agus a cheannaithe coirp uile slán fós ag Séimín Sleabhcán Ó Bréanáin, agus d'aontaíodar d'aon ghuth go gcuirfí ar bord eitleáin láithreach é chun na Róimhe chun impí ar an bPápa mallacht roinnt na hÉireann a bhaint díobh chun gurbh fhéidir leo a bhforlámhas a choimeád ar Fhianna Fáil.

Scannán gleoite gan cháim

Tá *December Bride* ar cheann de na scannáin is breátha ina dhéantús agus ina chur le chéile físe dá bhfaca le fada. É bunaithe ar úrscéal le Sam Hanna Bell a cailleadh i mbliana, tá scéal teaghlaigh taobh istigh den phobal Preispitéireach thart ar Loch Cuan i gContae an Dúin ag tús na haoise seo inste go máistriúil, radharc ar radharc, faoi stiúir Thaddeus O'Sullivan. Scannán aoibhinn don tsúil is ea é. Dá réir, don chroí. Ach níos mó ná sin, faoiseamh neamhghnách is ea é léargas a fháil ar chuid de shaol na bPreispitéireach atá lonnaithe sa dúiche sin le ceithre chéad bliain.

Easaontóirí, nó Dí-aontaigh sa chiall cheart, is ea an teaghlach neamhchoitianta a thógtar timpeall ar bheirt deartháireacha – Hamilton agus Frank Eckland – agus Sarah Gomartin. Feirmeoirí láidre is ea na Ecklands, agus tionónta dá gcuid í Sarah. Tugann athair na Ecklands, baintreach fir, cuireadh do Sarah agus dá máthair maireachtaint ina dteannta 'mar go dteastaíonn lorg lámh mhná ón dtigh'.

Bean neamhspleách is ea í, agus í beag beann ar thiarnúlacht, ar údarás fireann, ar cheannas eaglasta. Tá dúil ag an mbeirt dearthaireacha inti agus aici siúd iontusan. Nuair a shaolaítear mac di diúltaíonn sí glan pósadh. 'Ach caithfidh sloinne a bheith air,' a áitíonn an ministéir uirthi. 'Tá sloinne air,' a deir sí. 'Mo shloinne féin – Gomartin.' Tugtar foláireamh di go n-éiríonn croí an phobail dúr, crua nuair a sháraíonn duine a gcuid geasa. Cláraíonn sí an leanbh ina sloinne féin, agus ní fheadair éinne den bheirt deartháireacha cé acu an t-athair. Tá siad beirt chomh mórálach céanna as ar aon nós. Faoin tráth seo tá a máthair féin imithe uaithi ar ais go dtí a tigh féin, mar gheall ar a hiompar. Tá greim ag Sarah ar an mbeirt fhear áfach sa mhéid is gurb é a mac an t-aon oidhre amháin atá acu. Ach ní chuige sin a bhí an leanbh aici – níl an sloinne Eckland air.

Bláthaíonn an teaghlach seo agus ceannaíonn siad talamh a shíneann lena sealúchas féin le hais Loch Cuan. Tá radharcanna thar barr sa chuid seo den scannán leis, 'iad ag baint feamainne' ag tógaint lín as Poll a' Lín, agus á scaipeadh ar fud an mhóinéir; druma Oráisteach á lascadh os cionn na farraige agus druma eile á fhreagairt ó imigéin. Le clapsholas atá siad ag dearbhú údarás na treibhe, agus cúlbhrat den talamh agus den spéir leis an drumadóireacht a chuirfeadh an Afraic i gcuimhne dhuit.

Ach níl aon bhiogóideachas ag baint leis an teaghlach seo. Níl aon spéis acu san Oráisteachas. Bhainfeadh sé siar asat a chloisint ó Hamilton agus é ag filleadh ó thuras ar Bhéal Feirste i dteannta Sarah i gcairt chapaill, *'... the three great curses of Ireland are England, religion and drink.'* Nuair a éiríonn idir é féin agus a dheartháir Frank mar gheall ar Sarah, is geall le radharc glan amach as Liam Ó Flaithearta é. Géilleann Frank d'údarás a dheartháir agus deineann iarracht filleadh ar an bpobal *via* paráid mhí lúil na nOráisteach. Faighimid léargas ar chroí an phobail, ar an ócáid a luíonn faoi screamh na callaireachta biogóidí: fir agus mná óga ag déanamh suas le chéile. Cé go n-éiríonn le Frank siúl chomh fada leis an gcrosaire le bean, ní ligtear dó dul níos sia isteach sa phobal. Faigheann sé batráil agus liúradh míthrócaireach ó bhuíon fear.

Teaghlach ar deighilt is ea na Ecklands agus Sarah. Ar deireadh beartaíonn Sarah géilleadh nuair a impíonn an dara leanbh aici, iníon atá fásta suas ina déagóir uirthi 'sloinne a thabhairt di'. Pósann sí duine de na deartháireacha. Críochnaíonn an scannán álainn seo leis an radharc ar thosaigh sé leis, ach go bhfuil Sarah anois ag seasamh taobh le sceach lúbtha os cionn Loch Cuan, a cúl linn. Tá íobairt déanta aici chun gur féidir leis an dream óg teacht slán.

Tá an scannán gleoite seo gan cháim.

Buirgléir agus an seanduine

Cnagadh faiteach leanúnach ar dhoras na cistine agus sinn ag plé socruithe na Nollag os cionn tae ag an mbord a chuir inár dtost sinn. Bhí sé ag déanamh ar a naoi san oíche agus gan aon tsúil againn le héinne. Chaith sé gur duine éigin a raibh aithne aige ar an dtigh a bhí ann mar go gcnagfadh strainséir ar an doras tosaigh a bhíonn faoi ghlas dúbailte de ghnáth. Slándáil bhruachbhailteach. D'aithníos an seanfhear a bhí sa chlós romham agus ghabh sé a leithscéal mar gheall ar chur isteach orainn an tráth sin d'oíche ... an aimsir a bheith crua, d'fhillfeadh sé nuair a bheadh deireadh déanta agam ag ithe (chaitheas uaim an smut aráin), bhí a dhoras féin faoi ghlas ón taobh istigh níorbh fholáir, agus an bhféadfainn dul thar falla chun an doras cúil a oscailt dó.

Níor ghá dó a bheith leithscéalach a dúrt leis, níorbh aon nath liom é. Bhí sé féin cinnte de go raibh a chuid eochracha tugtha leis aige, ach ní osclóidís an doras dó. Níorbh fholáir nárbh iad na heochracha cearta iad. Dhreapas thar falla, agus sheachnaíos na blúiríocha gloine a bhí dingthe isteach i gcoincréit ar dhíon an gharáiste. Gan puinn dua bhaineas a ghairdín cúil amach agus chonac go raibh fuinneog ar leathadh sa tigh. Aon fhéachaint amháin isteach sa seomra faoi sholas an lampa rothair agus thuigeas. Buirgléireacht. Bhí an áit ina raic – burlaí déanta d'éadaí leapan, éadaí as na cófraí, tarraiceán iompaithe bunoscionn, mionairnéis na seanlánúine caite go dtí na ceithre hairde.

Isteach liom sa seomra agus síos tríd an dtigh go dtí an doras tosaigh. Chuimhníos go bhféadfadh buirgléir a bheith fós istigh. Lasas na soilse agus bheireas ar dheimheas ón ngairdín a bhí caite ar an urlár. Gan aon ghleo. D'fhéachas sna seomraí go léir agus bhíodar sin leis scriosta, mo dhuine bailithe leis. Scaoileas an seanduine isteach ina thigh tar éis dom an slabhra slándála a bhí curtha ag an mbuirgléir ar an doras ón taobh istigh, a bhaint. D'insíos dó cad a bhí tarlaithe. Nuair a thuig sé cad a bhí ráite agam d'éirigh sé an-suaite. Chuireas ina shuí i gcathaoir uilleann é áit a raibh teas sa seomra suí, agus chuas ag triall ar bhuidéal fuisce dó.

Tháinig sé chuige féin tar éis cúpla gloine a chaitheamh siar agus thosaigh sé ag eachtraí dom ar a shaol fad a bhíomar ag feitheamh leis na Gardaí. Bhí sé breis mhaith agus ceithre fichid agus é croite go maith ag an aois. Bhain timpiste dá bhean an tseachtain roimhe sin agus bhí sí in aonad dianchúraim ospidéil. Cuairt ospidéil a thug amach é an oíche sin, agus luaigh a bhean leis go mb'fhéidir go gcaithfeadh sí smaoineamh ar thigh banaltrais. D'fhéach sé timpeall ar raic an tseomra agus bhraith go raibh a shaol ag titim as a chéile.

Bhí iarrachtaí déanta agam le cúpla bliain roimhe sin aithne a chur ar an lánúin, ach bhraitheas nár mhór an fonn a bhí orthu caidreamh a dhéanamh linn. Bhíodar uaibhreach, neamhspleách ba dhóigh leat. Fiú an t-oibrí sóisialta a thugadh cuairt orthu, dúirt sí liom gur thairg sí 'cúnamh baile' dóibh ach nár ghlacadar leis. D'aontaíomar go raibh sé deacair idirghabháil a dhéanamh i saol daoine, go raibh a bpríobháideachas acu. Anois áfach bhí idirghabháil déanta ag an mbuirgléir ina saol, agus bhí cead thar tairseach agam den chéad uair. Thuigeas nach raibh sa neamhspleáchas ach *facade*, mar nach raibh aon chlann ag an seanlánúin, aon ghaolta sa bhruachbhaile ná sa chathair acu go bhféadfaidís a bheith spleách orthu.

Faoi mar a deir an scríbhneoir Francach, André Gorz:

> The suburban estate is a negation of the town, offering each family the semblance of a private, *'semi-rural'* solution to the accommodation crisis.

Bhí an fuisce ag cur mo chomharsa críonna ag seinm, agus tháinig scéal a bheatha ina shruth uaidh – an méid a lig a chuimhne a bhí ag teip a insint dom. D'inis sé dom conas a bhuail sé lena bhean – cailín a thug sé uirthi – ag rince i mBun Dobhráin i rith an Chogaidh agus las a shúile ...

Arís deir André Gorz:

> Alongside [the] destruction of popular culture, extensive urbanisation has torn apart the fabric of social bonds and solidarity ... The collapse of spontaneous networks of self-help, ties between generations, mutual aid among neighbours, has intensified demand not only for private goods and services, but also for social services, for health care, council housing, welfare benefits, policing, etc.

Ag feitheamh leis na Gardaí dúinn agus nuair a d'imíodar arís, bhí aon oíche mhaith amháin chaidrimh agam féin agus mo chomharsa. Ní ligfinn don bpríobháideachas an Nollaig a lot air, agus ar shlí amháin bhíos saghas buíoch den bhuirgléir.

Kruger san Aircív Náisiúnta

Ní raibh sé d'uain agam nuair a thugas mo chéad chuairt ar fhoirgneamh na hAircíve Náisiúnta an comhad dar teideal 'Interception of Telephonic Communications between Blacksod and Belmullet, 1941', a scrúdú ach tá an fhiosracht ag dó na geirbe agam ó shin. Cad a d'fhéadfadh a bheith chomh tábhachtach sin gur ghá cúléisteacht teileafóin a dhéanamh idir an Fód Dubh agus Béal an Mhuirthead? Spiaire Gearmánach ag labhairt Gaeilge? Ní féidir cuairt amháin a thabhairt ar an Aircív gan fonn a bheith ort filleadh. Níl ionam féin ar ndóigh ach duine a bhíonn ag blaistínteacht, agus tá scileanna ar leith ag teastáil chun leas foirfe a bhaint as an rabharta comhad atá tagtha, agus fós ag teacht chun na hAircíve Náisiúnta. Ceann de na buanna sin is ea foighneamh le liostacht.

Saibhreas gan áireamh d'éinne a bhfuil spéis aige in aon ghné de stair nua-aimseartha an stáit seo is ea na comhaid, go háirithe do na staraithe gairmiúla. Ach ní foláir *caveat* láidir a chur leis sin. Ní chreidimse go bhféadfaidh éinne nach bhfuil léamh agus tuiscint aige ar an nGaeilge tairbhe iomlán a bhaint as na comhaid. Ní chuirfidh sé sin na Mainnínigh agus na Fainnínigh ag déanamh dianchúrsa i nGael-Linn, ach léiríonn na comhaid atá feicthe agam féin ó ranna nach samhlófá aon Ghaeilge leo go raibh an teanga mar uirlis oibre ag mórán státseirbhíseach sinsearach ar bhonn laethúil.

Uaireanta b'fhéidir go rabhadar ag baint leas as an nGaeilge mar *lingua franca*. Tá nóta i gcomhad amháin i gcás breith bháis a tugadh ar dhuine áirithe, á rá go bhfuarthas iarratas faoi rún ón mbreitheamh a thug an bhreith nach gcuirfí i bhfeidhm í. I nGaeilge atá an nóta ó státseirbhíseach i Roinn an Taoisigh go dtí comhghleacaí leis.

Tá an focal *mentalité* go mór sa bhfaisean i measc staraithe atá tagtha faoi anáil na staireagrafaíochta nua ón Fhrainc, agus soláthraíonn na comhaid stáit seo anois bunfhoinsí dóibh chun meon an státchórais a fheiscint ag feidhmiú agus é á mhúnlú thar tréimhse daichead bliain. Is de réir a chéile a chífimid chomh heasnamhach agus atá na comhaid, cá mhéad atá coimeádta siar ar mhaithe le 'leas an phobail' faoi mar a cheadaíonn an tAcht um Chartlann Náisiúnta (1986) é. Ní foláir cuimhneamh nach bhfuil sna cáipéisí a fuair aeráil sna nuachtáin go dtí seo – a bhformhór mór – ach na cinn a roghnaigh na haircíveoirí gairmiúla chun blas a thabhairt don phobal ar an méid a bhí tagtha ina seilbh.

Cé gur roghnaigh na haircíveoirí ábhar áirithe faoin nGaeltacht – bunú Roinn na Gaeltachta féin in 1956; Tionscal Feamainne sa Ghaeltacht etc., ní fhaca aon chuid de sin solas an lae go fóill. Ach ón sracfhéachaint a bhíos féin ábalta a thabhairt ar na comhaid, is léir go bhfuil bunús substaintiúil iontu chun stair shóisialta Chonamara, Ghaeltacht an Chláir agus mórán ceantar eile ó bunaíodh an stát, a scríobh. Tá saibhreas ceart ann do Raidió na Gaeltachta. Cérbh é an 'calaitheoir drochbhéasach ag Rinn Ard in aice le Cathair Saidhbhín' gur thug 'coiste eadar-rannach' a gcuid ama á phlé in 1952? Ní foláir nó gur deineadh gearán ina thaobh leis an gcoiste Gaeltachta seo, ach chinn an coiste nach raibh aon eolas acu ina thaobh.

Nuair a d'iarras féin an comhad dar teideal 'Forbairt Dhún Chaoin i gCoitinne', bhíos ag súil le biaiste. Litir a bhí ann ó Kruger chuig Seán Ó Loinsigh, TD, a bhí ina rúnaí parlaiminte rialtais agus ina chathaoirleach ar an gcoiste Gaeltachta. An dáta 7 Lúnasa 1951 uirthi. Scríobh Kruger: (i mBéarla gan dabht):

> I have read with interest in regards to your forthcoming tour. Really I think that you have one great problem on your hands, and that all your hard work will be just placed on the shelves of some Government office afterwards. Just as all the former 'Commissions' reports were. How many such have been formed since 1922? And what are the results? Emmigration [*sic*] has gone up 100% and the fishing is gone beyond redemption.

> The youth of the West are gone and the old are left behind. Just awaiting the postman for that letter from the States. Such is the case here in Dunquin, 3 or 4 families already getting ready for that long voyage to the Greater Ireland beyond the Seas – America.

> Sínithe: Muiris Ó Caomháin (Kruger).

Cuimhní ar shaol sráide

Artaire daonna ba ea sráid m'óige le hais ghéag theas na Laoi, agus laethanta marú na muc sa seamlas leathadh scamall fola amach as píobán isteach san abhainn. Bhraithinn agus mé ag stánadh air ón mbruach gur ag sceitheadh ón gcomharsanacht a bhíodh an fhuil, í dubh san uisce glas. Nuair a bhrúchtadh tuilte, aníos ón abhainn isteach sna lánaí, aníos trí na scoilteanna i gcoincréit na sráideanna, aníos trí na grátaí nó aon éasc eile a d'fhéadfadh an t-uisce a aimsiú, bhraithinn gur le díoltas ba ea é mar gheall ar an bhfuil. Go raibh an abhainn ag tabhairt a cuid féin ar ais don chomharsanacht. Saghas tuilaistriú.

Shamhlaínn na tuilte a bheith uilechumhachtach, iad ag sroichint póirsí nach mbeadh cead thar tairseach agam féin iontu go brách: an tSionagóg; an seamlas féin; stáblaí na gcapall in Joyce's Alley; bácús Hosford's; clós crua-earraí na nGiúdach, na Charnikers; stóras móna Pope's. Chúlaímís ón tuile de réir mar a d'éiríodh sí inár gcoinne, agus nuair a thrádh an t-uisce arís thugaimis na madraí síos chun na habhann ag fiach francach uisce. Bhíodh náire orm féin mar nach raibh aon mhianach fiaigh i mo ghadhar féin agus d'fhágainn ag baile é. Comhartha tiufáltachta ba ea é an *terrier* agat féin a bheith scamhaite chun na bhfrancach. Teip ba ea mise.

Ba é simné an tseamlais an chruach ab airde sa chomharsanacht. É déanta de bhrící dearga, thagadh aiseag deataigh uaidh dhá lá sa tseachtain tráth a bhíodh na muca á róstadh san oigheann.

D'éirigh liom sleamhnú isteach lá sa seamlas agus sceimhlíos nuair a chonac na lasracha ag alpadh na gconablach. An boladh is mó a mhaireann. Agus an pictiúr glé. Tháinig *steeplejack* ar feadh roinnt lá chun na sráide mar bhuail splanc tintrí an simné. Ní raibh aon chaint sa tsráid ach ar an *steeplejack*. D'fhan sé mar lóistéir trasna na sráide uainne i bhfleait Lizzie. Bhí saorchead isteach agamsa i bhfleait Lizzie agus deireadh sí liom go ndeineadh an *steeplejack* a chuid aráin a thóstáil ag an tine le tlú a bhí déanta go speisialta aige dó. Ba é a chúram ná teilgeoir tintrí a fheistiú den simné agus nuair a d'imigh sé leis, bhraitheamar uainn é. Ní raibh fágtha ina dhiaidh mar chuimhne ach tlú speisialta Lizzie go ndeineadh sí arán a thóstáil leis. Bhraitheas féin gur duine nótáilte ba ea an *steeplejack* agus lonnaigh an focal i m'intinn.

Bhraitheas ar chuma éigin gur liom féin an tsráid. Bhínn chomh minic i dtithe na gcomharsan – agus fáilte romham – agus a bhínn ag baile. Thabharfadh na comharsana aire duit. I siopa an ghréasaí thabharfaí tuiscint ar *opera* duit. Caith uait *Séadna!* George Morgan ag gabháil de bhróga agus an t-urlár ualaithe faoi leadhba leathair agus póstaer den *opera* ba dheireanaí ar an bhfalla.

Faoi mar a dúrt, ceantar Giúdach ba ea an chomharsanacht agus bhí clós seanearraí iarainn thíos an tsráid uainn. D'imigh mo ghadhar chun cónaithe leo. Níor mhaitheas dóibh é ar feadh tamaill – ach ba é fírinne an scéil nach bhfaigheadh sé a dhóthain le hithe ag baile. Bhí goimh orm chuige ag féachaint air go teanntásach ag imeacht timpeall sa vein. Chuireas aithne ar choimeádaí na Sionagóige agus ba é an t-aon fhear sa tsráid é nach dtéadh chun na Misean – ní toisc gur Ghiúdach é ach ar phrionsabal.

Ní raibh aon ghairdín ach seanreilig ar chúl an tí. Thóg m'athair a bhí ag obair in Ford's, fál timpeall ar phaiste den reilig le hadhmad tarráilte go dtagadh páirteanna mótair iontu ón monarcha in Dagenham. Sa reilig a bhímis ag súgradh mar leanaí, ag tochailt seanuaigheanna. Saol na gCaogaidí i sráid phobal cathrach amháin.

'Only the lonely'

Ag comhlíonadh mo dhualgas athartha dhom chuireas ceist –
agus an mise tuisceanach mar a mheasas in uachtar – ar an déagóir
sa teach, á fhiafraí:

– Cá bhfuil tú ag dul?

– Amach, a fuaireas mar fhreagra.

– Amach cén áit?

– Sa chathair, is dócha.

– 'Bhfuil tú ag teacht abhaile ar an mbus?

– Is dócha.

– An mbeidh tú déanach?

– Á, ní bheidh.

– Timpeall is cén t-am?

– Á, ní bheidh mé déanach.

– Cén t-am é sin?

– Roimh mheán oíche ... *I s'pose*.

Tar éis an chroscheistiúcháin, d'imigh sé leis amach chun na
cathrach, is dócha. Bhí sé ag seinnt téipe le Roy Orbison. Chuala é
ar na cluasáin a bhain sé amach chun labhairt liom, tar éis dom a rá
leis iad a bhaint amach. Tháinig maoithneachas orm de gheit. Taom

maoithneachais chomh tréan le tonn tuile i ndiaidh mo dhéaga féin agus i ndiaidh Roy Orbison.

Chuimhníos ar an oíche a fuaireas an bus ón gcathair go dtí halla rince an Majorca (fuaimnítear an 'j') i mBun an tSábhairne chun Roy Orbison a fheiscint beo, sna seascaidí déanacha. Má bhí Roy riamh beo.

Is cuimhin liom a bheith ag tnúth sa halla rince le Roy Orbison a bhí tar éis tuirlingt i mBun an tSábhairne ó Mheiriceá. Bhíos ag súil le léargas ar a chuid amhrán, le focail éigin a déarfadh sé linne an oíche sin nach n-inseodh sé d'éinne eile in aon halla rince eile ar domhan. Ba é Roy Orbison a dhéanfadh fear díom. Bhíos tar éis coirdín an bhaile a scoitheadh ar deireadh, agus tabhairt faoin saol faoi scáth Roy Orbison. Bhí cuma dhomhanda ar a ainm. Bhí mo mhianta go léir ag marcaíocht ar Roy. Ní hamhlaidh a bhíos tógtha lena chuid amhrán an-mhór ar fad, ach bhí sé ar fáil, tagtha inár measc; amhránaí ó mheántonn 208 tuirlingthe sa Ma-j-orca i mBun an tSábhairne. Guth 'only the lonely' ina chruth daonna.

Stop an rince agus d'fhan an slua ar na cliatháin nuair a fógraíodh Roy a bheith tagtha ar deireadh. Bhí moill fhada air. Leathchasóg dhubh leathair air go dtína vásta, spéaclaí dubha agus gáire reoite idir a phluca. An seó-bhanna glanta leo. Spotsolas ar 'only the lonely'. Ní dúirt sé faic linn. Níor mhínigh sé cérbh as é, cad a thug go Bun an tSábhairne é. Faic ach tosú ag amhrán. Amhráin as a chéile.

Róbat ag amhrán gan na súile a nochtadh dhúinn, ach spéaclaí gréine air. Amhrán i ndiaidh amhráin, b'fhéidir sé cinn acu. Gan focal a rá linn. Fiú: 'Is mise Roy Orbison agus is breá liom bheith anseo sa Ma-j-orca.' Nó fiú 'Howdy'. Faic le rá ag Roy. Faic le roy ag Rá. Thit mo bhéal le díomá. Ba mhó a leáigh sé as radharc, ná a d'imigh sé, nuair a bhí na hamhráin ráite.

Woodener a thugaimis ar a leithéid, agus *woodener* ab ea Roy. Ní raibh aon anam ann. Ní móide go raibh a fhios aige cá raibh sé. B'fhéidir gur tuigeadh dó go raibh sé ag dul go dtí Ma-j-orca na Spáinne, agus gur tháinig alltacht air féin nuair a thuirling an t-eitleán i mBun an tSábhairne. Nó b'fhéidir gur tuigeadh dó go raibh an aimsir an-fhuar i Ma-j-orca agus ná dúirt a chuid *minders* a mhalairt leis. B'fhéidir nach raibh aon fhocal Spáinnise aige agus gur bheartaigh sé gan é féin a náiriú os comhair an tslua. Cuimhnigh ar an áirithint i Memphis: 'Majorca, Crosshaven' agus dallamullóg curtha ar bhainistíocht Roy. Ní bheidh a fhios againn go deo é.

Is cuimhin liom nár éirigh liom dul sna fearaibh an oíche úd. Ní raibh sé i ndán. Chuir Roy Orbison déistean orm ón oíche sin amach. Lena cheart a thabhairt don fhear bocht, a maraíodh tamall ina dhiaidh sin, rud nua ag an am ba ea amhránaí idirnáisiúnta beo ar stáitse in Éirinn. A chuid amhrán a rá a thug ann é, níorbh é scéal a bheatha a insint é. Go dtí gur chuala é ar na cluasáin ó chianaibh ag mo mhac, bhí an oíche úd dearmadta agam, í dulta faoi shuan i mo chóras. Ach féach gur fhill sí, agus d'fhill na déaga agus na pianta déagóra, agus na mianta dofhulaingthe déagóracha nach mbíonn a fhios againn ag an am cad iad. Bheartaíos go mbeinn i m'athair tuisceanach, cumarsáideach nuair a thiocfadh an t-ógánach abhaile.

D'inseoinn dó conas a bhraitheas féin oíche Roy Orbison sa Ma-j-orca. Gur bhraitheas féin leis 'dóchasach ainnis imo bhuachaill'. Ró-Ríordánach. Nó b'fhéidir gur thuigeas nach mbeadh fonn cainte air faoi mar nach ndéarfainn féin faic le m'athair nuair a d'fhilleas abhaile an oíche úd ón Ma-j-orca agus gur chuimhin liom an gortú ina shúile nuair a ghreadas liom in airde staighre le bailitheacht. Cad a thuigfeadh m'athair i dtaobh Roy Orbison? Conas a d'fhéadfadh sé faic a thuiscint faoin slí a bhraitheas-sa an oíche úd?

D'fhanas i mo shuí ag feitheamh leis an ógánach agus gach aon duine eile sa teach imithe a chodladh. Bhí sé tamall tar éis meán oíche ach gan a bheith ródhéanach nuair a chas an eochair sa doras. Chuireas an chuma sin orm féin a thugann le fios nach mbíonn tú ag feitheamh leis an té atá tagtha isteach. Ní éiríonn leis. Bíonn a fhios láithreach ag an té a thagann isteach go mbíonn tú ag feitheamh agus bíonn sé ar a chosaint.

– Cá rabhais? a d'fhiafraíos de sa halla (botún eile labhairt sa halla, a Íosa Chríost, an mbíonn faic foghlamtha againn?).

– Amuigh.

– Amuigh cén áit?

– Sa chathair.

– Cén chathair?

– Baile Átha Cliath.

– Cad a dheinis?

– Siúl timpeall is mó.

– Cé leis a bhís?

– Cara.

– Ar shuigh tú síos in aon áit?

– Yeah, I s'pose … Bewley's.

– Oíche mhaith.

Níor éirigh liom a insint dó fós conas a bhraitheas an oíche úd a chuas ag éisteacht le Roy Orbison. Ná ní móide go n-éireoidh.

Cín lae Amhlaoibh

Is breá liom filleadh ó thráth go chéile ar dhialanna Amhlaoibh Uí Shúilleabháin a scríobhadh i gCallainn i gContae Chill Chainnigh idir na blianta 1827–35. Ciarraíoch géarchúiseach, tuisceanach a lean a athair – máistir scoile – soir chun slí bheatha a bhaint amach mar mháistir scoile agus mar fhear gnó. Uaireanta is é eagrán an *Irish Texts Society* a dhein an tAthair Micheál Mac Craith a tharraingím chugam féin, ach níos minice agus mé ag blaistínteacht is é eagrán Thomáis de Bhaldraithe a bhíonn faoi mo láimh. Gan trácht ar aon ní eile go fóill, an bhfuil tuairisc Ghaeilge chomhaimseartha i scríbhinn ar bith eile seachas *Cín Lae Amhlaoibh*, ar thógaint Ché Dhún Laoghaire?

Scríobhann Amhlaoibh ar an 9 Márta 1828:

> Chuas féin agus an tOllamh Céitinn agus Seán Ó hAithiarainn go Dún Laoire, sé mhíle ó Bhaile Átha Cliath ar charr scinge ('a spring car' a thugann an tAthair Mac Craith air seo) ar dhá thoistiún an duine. Lá gréine, gaoth aneas; smúid ar bhóithribh. Is iontach áibhéil an dún loinge atá dhá thógáil ann chum díon do loingeas, noch do bheidh sa gcuan in aimsir anfa.

B'fhéidir go gcuimhneofaí ar leac a chur in airde ag comóradh Amhlaoibh ar an gCé ón uair go bhfuil a leithéid chéanna déanta le déanaí i gcuimhne ar Samuel Beckett ... Níl aon teorainn leis an spéis a chuir Amhlaoibh in imeachtaí na dúiche, saol na ndaoine, cultúr an phobail choitianta, an dúlra, cúrsaí polaitíochta in Éirinn agus san iasacht. Faigheann tú an-bhlas óna shaothar ar Éirinn na linne – an bhochtaineacht, an mheánaicme a bheith ag teacht chun cinn, an Eaglais Chaitliceach a bheith ag neartú. Ní gá ach an cur síos atá ag Amhlaoibh ar na béilí a bhíodh aige go tráthrialta, tigh an tsagairt, a léamh lena thuiscint go raibh deighilt mhór idir bord an tsagairt agus botháin na mbochtán. Níor chuaigh a leithéid i ngan fhios ar Amhlaoibh féin, agus ba chás leis i gcónaí pá suarach oibrithe a chaitheadh carraigeacha a smiotadh, cuirim i gcás, agus d'fhéach sé chuige chomh mór agus a bhí ina chumas feabhas a chur ar a gcúrsaí. Scríbhneoir sa traidisiún *humaniste* ba ea é, agus é Gaelach go smior.

Chleacht Amhlaoibh stíl ghlé próis agus is sa chur síos a dheineann sé ar dhaoine dar liom is fearr a thagann an mianach scríbhneora seachas díolaimeora chun solais. An tuairisc seo ar chailín, 12 Iúil 1827:

> Bhí cailín cumhra ag suaitheadh móna. Bhí troigh chaol theann, colpa chomh geal le síoda móna, glún ghléigeal, ceathrú chruinn chailce noch do bhí nochta nach beag go másaibh méithe. Iníon scolóige saibhre í, lá dá raibh sé, ach tháinig tóir an tsaoil ina aghaidh. Briseadh é. Rug antiarna a bharr leis. Rug fear an tsraith teampaill (church rates) an bord, an pota is an sús leis, agus do shaighdeadar uile le fán an tsaoil é féin, a bhean is a chlann chumhra bheag óg. Seo na neithe chuir chum botháin bheag cois tsléibhe é, agus a iníon álainn ag suaitheadh móna.

Thaitin a bhraoinín fuisce le hAmhlaoibh, agus tá cur síos spleodrach aige ar chuideachta óil go minic. Chaith sé fanacht istigh de bharr eachtra óil amháin a bhain de: 25 Samhain 1827...

Ní rabhas amuigh le coicíos is an lá inniu roimhe seo, aon lá, ach san oíche do dhéanainn spaisteoireacht ar Fhaiche an Aonaigh agus cois na gClaíthe síos go hAbha Bheag, mar an ulcabhán, éan na hoíche agus an aeir. Agus is é fáth m'fhanúin istigh sa lá, súilín dubh agus súil eile níos duibhe ná sin fuair mé ó Ollamh Leá Builtéar, oíche Dia Domhnach an t-aonú lá déag den mhí seo láithreach, nó b'fhéidir d'éis meán oíche maidin Dia Luain ...

Ní ligfeadh an náire d'fhear an tsiopa a bhí ag tógáint seacht bpunt sa tseachtain isteach dul i measc na 'cóipe' i rith an lae!

Bhí dúil mhór ag Amhlaoibh i gcuideachta Mharaeidín de Barra agus tá ceann de na blúiríocha próis is deise dá bhfuil scríte aige ag cur síos ar shiúlóid ina teannta ar an 18 Aibreán 1827:

> ... Do shiúlamar tré choillte dubha giúise gnáthghlas, tré
> bhóithríní breátha, anois cam, anois díreach, scoite ó ghnúis
> na gréine, ag éisteacht le feadaíl na fuiseoige sna móinéaraibh
> i leataoibh, le mionfhead an loin, na céirsí, an smólaigh agus
> gach binn-éin eile, ar chomhghuth le Maraeidín mhín bhinn
> bheoghlórach de Barra ...

N'fheadar an le hioróin é nó nach ea ach is é an chéad iontráil eile ag Tomás de Bhaldraithe ná tuairisc ar asal 'Thug scológ darb ainm Maolala, láimh le Callainn, trí fichid punt ar stal-asal ón Spáinn dhá bhliain ó shin, agus gheibheann sé punt ar léim uaidh'.

Is mór an trua é gur i bhfolach sna lámhscríbhinní a fágadh saothar Amhlaoibh le linn na hathbheochana liteartha. Ní raibh aon anáil ag a shaothar ar scríbhneoireacht phróis na Nua-Ghaeilge. Ach is deacair gan aontú le Tomás de Bhaldraithe nuair a deir sé:

> Bréagnaíonn a thuairimí polaitíochta is a shaothar ar son

an phobail an finscéal a bhíonn faiseanta ag Béarlóirí (agus a chreideann roinnt Gaeilgeoirí somheallta) gur ón iasacht a tháinig an spreagadh ar fad chun troid ar son na saoirse is cearta na nGael.

Ní fhéadfadh duine gan gean a bheith aige air.

File a thaithigh campa an uafáis

Ceithre bliana déag is an lá inniu a fuair an file Seán Ó Ríordáin bás in Ospidéal Chúirt an tSáirséalaigh láimh le cathair Chorcaí. Bhí sé tar éis an eitinn scamhóg a bhí air a throid ó 1938 ar aghaidh – fuair sé cairde fada ón mbás. Is í eitinn a bhí ar an Ríordánach ná *'extensive chronic fibrous TB of both upper halves, at least, of both lungs'*.

Chaith sé fanacht ón scoil ar feadh bliana agus é cúig bliana déag mar gheall ar niúmóine, eithne na heitinne cheana féin ní foláir. Ina leabhar *Against the Tide*, deir Nollaig de Brún, Aire Sláinte Chomhrialtais 1948:

... while the wealthy were treated under ideal conditions so long as they could pay, the rest of the population were compelled to wait at least one year before being admitted to a badly-equipped, slum-standard sanatorium ...

Chuig *sanatorium* acusan, Heatherside in aice le Dún ar Aill i dtuaisceart Chorcaí, a tugadh Seán Ó Ríordáin an chéad uair. Ón mbliain 1900 ní raibh aon athrú tagtha ar líon na ndaoine a fuair bás den eitinn in aghaidh na bliana. Níor thosaigh an graf ag ísliú go suntasach go dtí an bhliain 1951, nuair a bhí scéim éachtach *sanatoria* agus cúraim leighis Nollaig de Brún faoi lánseol. Ina theannta sin bhíothas tar éis teacht ar an gcéad druga mór éifeachtach in aghaidh na heitinne, streiptimícin. Faoin am sin áfach, bhí an díobháil bhuan déanta do scamhóga an Ríordánaigh: *'burnt out TB'* mar a thugann lucht leighis air.

Tá tagairtí go minic ina dhialanna ag an Ríordánach do bheith ag fáil instealladh 'strep' mar a thugadh sé air. Ach i gcás eitinn scamhóg deir Louis Weinstein i leabhar le Goodman & Gillman atá ina lámhleabhar reatha fós ag dochtúirí:

In cases in which severe cavitary pulmonary tuberculosis is present concurrent treatment with three drugs – isoniazid, ethambutol and streptomycin – is recommended.

Cuid de thorthaí na ndrugaí seo is ea fiabhras:

euphoria, transient impairment of memory, separation of ideas and reality, loss of self-control and florid psychoses … Peripheral neuritis is the most common reaction. (Weinstein)

Is é atá i 'peripheral neuritis' ná dinglis ar bharr do mhéireanna, ar na liopaí nó in áiteanna eile ar fud do choirp.

Tá sé spéisiúil i bhfianaise an mhéid sin, an sliocht seo a foilsíodh san *Irish Times*, 'Pill Pill a Rún Ó', a léamh:

Tá an piolla ag oibriú. Diaidh ar ndiaidh, braithim mo chorp á chur ar neamhní. Is geall le píosaí páipéir mo dhá láimh. Tá an fórsa so ag gabháil tríom ar fad fé mar ba aibhléis é. Mothaím im liopaí agus im mhéireanna é …Tá an uile rud agus mé féin éadrom.

Idir na blianta 1951–2 ar aghaidh go dtí 1963 a scríobh Seán Ó Ríordáin na dánta sa bhailiúchán *Brosna*. Sin í an tréimhse, leis, is mó go raibh sé ag brath ar dhrugaí leighis chun é a thabhairt slán. Ní hé mo ghnósa a áiteamh gur scríobhadh a leithéid seo nó a leithéid siúd de dhán faoi thionchar drugaí, ach measaim gur cheart an ghné sin dá shaol agus dá shamhlaíocht – síorchoimhlint in aghaidh na breoiteachta, in aghaidh an duibheagáin, le cúnamh drugaí leighis – a chur san áireamh agus a shaothar cruthaitheach á mheas, rud nach bhfuil déanta puinn go bhfios dom.

Ina aiste, 'An Bheatha agus an Saothar', in *Irisleabhar Mhá Nuad* 1990, deir beathaisnéisí an Ríordánaigh, Seán Ó Coileáin agus é ag tagairt do na dialanna:

> Tugann siad éachtaint dúinn ar an nduine i mbun oibre: an t-ullmhúchán, na comharthaí fuadair, an cur agus an cúiteamh ... an cíoradh agus an slámadh nó go mbíonn ina shaothar déanta ...Tugann an t-eolas chomh fada leis an dtairseach sinn ach ní thugann cead isteach dúinn.

B'fhéidir gur cuma sa riabhach leis faoi na *'florid psychoses'*; go bhfuil an saothar ann, atá tábhachtach, agus é marthanach, buan.

Mar sin féin tá íomhá agam i mo cheann den Ríordánach, faoi mar a bheadh duine a tháinig slán ó champa uafáis: an pictiúr sin a bhíonn againn de na príosúnaigh ó Auschwitz tar éis dóibh beagán meáchain a chur suas arís agus culaith éadaigh orthu. Faoi mar a dúirt sé féin, 'Cad is fear nó bean tar éis an tsaoil, ach iarracht a deineadh ar an gcinniúint a throid.'

Uisce a chur ina sheasamh

Is é an leabhar *History of the Dublin Bakers and Others* a foilsíodh in 1948, an tuairisc is cuimsithí atá againn ar cheird an bháicéara siar chomh fada leis na meánaoiseanna. Ceardchumannach gníomhach, John Swift, a scríobh é agus ba é Ceardchumann na mBáicéirí féin a sheas costas a fhoilsithe. Ní hé amháin gur cuntas tábhachtach sóisialta é ar cheird an bháicéara, ach tagann mórán ceardaithe eile faoina bhráid chomh maith. Téann Swift siar go dtí an *'Roll of Members of the Dublin Merchant Guild'* don bhliain 1226 agus ar na daoine atá luaite tá: 'Willelmus Pistor Archiepiscopi (Uilliam, báicéir an Ardeaspaig); Hugh Pistor: Gilbertus Pistor, agus Rudolf an Gabha (Radulfus Faber).'

Ón uair go bhfuil díothú déanta le deich mbliana ar thionscal na báicéireachta agus gur geall le mionrabh pasáilte an t-arán bán ón siopa anois, b'fhéidir nár mhiste pionós amháin a chaitheadh báicéirí a fhulaingt a lua. Sa bhliain 1310, deir Swift agus é ag tarraingt as *The History and Antiquities of the City of Dublin*: *'the bakers of Dublin were drawn on hurdles at horses' tails through the streets, as a punishment for using false weights and other evil practices.'* Bhíodh ar na báicéirí fíneálacha a íoc mar gheall ar dhrochàrán agus dá leanfaidís orthu *'they shall stand in the pillory and swear to leave the city for a year and a day.'* Is é a dúirt máistirbháicéir liom féin le déanaí agus é ag tagairt don earra a bhfuil sé de dhánaíocht ag ollmhargaí 'arán' a thabhairt air, nach bhfuil de scil ag teastáil chun é a dhéanamh ach fios a bheith ag duine conas uisce a chur ina sheasamh agus cnaipí a bhrú.

Is cuimhin liom féin fós an drochmheas a bhíodh ag muintir na tuaithe ar arán baile, arán sóid, agus go gcuirtí duine ag triall ar arán siopa dá dtiocfadh aon chuairteoirí chun an tí – sagart, dochtúir, nó gaolta ón gcathair. Tá pictiúr glé agam de mo mháthair féin ag bácáil aráin in oigheann nó *bastable* mar a thugtaí i mBéarla air, os cionn tine móna. Chaithfeadh an tine a bheith dearg ar fad, agus na lasracha a bheith imithe in éag sula gcrochfaí an t-oigheann – corcán cruinn agus clúdach air – os a cionn. Chuirtí sméaróidí dearga in airde ar an gclúdach chun an bhácáil a dhéanamh i gceart. Ar ais sa chathair dúinn, d'fhaighimís taos ó na báicéirí gairmiúla ar chúl bácús mór, agus iad ag síneadh ar na céimeanna ag caitheamh toitíní le linn sosa. Bhíodh an taos mar mharla againn chun súgartha.

The importance of the Bridge St. Bakers' Society at this time is attested by the fact it was in its premises that in 1862, the United Trades Association of Dublin was formed. This body is important in trade union history in that it represents the early efforts of the Dublin Trade Unions to federate in a recognised body for common purposes.

Báicéir ba ea an chéad uachtarán ar an gCumann seo, agus chuadar chun bualadh le stiúrthóir Guinness's Brewery: '*Mr. Guinness himself acquainted him that 'he was not getting his employees' hats in Dublin, but from abroad.*'

Thart ar an am seo a d'fhoilsigh máistirbháicéir darbh ainm John Jellico leabhrán inar dhein sé cur síos ar mheaisín nua fuinte a chuirfeadh deireadh, a mhaígh sé, leis an sclábhaíocht a bhain le bácáil de láimh. Is é an toradh a bhí ar an seanmhodh a dúirt Jellico ná *'it induced a feverishness, a restlessness, an excited state of mind, which is very apt to lead to excessive indulgence in spiritous liquors.'* Mhol *Irish Times* na tréimhse sin an teicneolaíocht nua: *'Whatever labour is exerted in working these machines is of a wholesome character, opening the chest and developing the muscles of the arms and shoulders.'*

Ní féidir liomsa a cheart a thabhairt do leabhar Swift ach blas a thabhairt ar an saothar – atá as cló ar ndóigh. Léiríonn sé arís eile, dá mba ghá sin, nach aon chleas nua é praghas aráin a ísliú chun daoine a chur as obair agus meaisíní nua a thabhairt isteach. Chuaigh baill an *Bridge St. Bakers's Society* – ceann de dhá chumann báicéirí ag an am – ar stailc i mbácús *Johnston, Mooney and O'Brien* nuair a tugadh oigheann nua-aimseartha isteach, sa bhliain 1904. Roinnt blianta roimhe sin bhí báicéirí Gearmánacha tugtha isteach chun arán Vienna a dhéanamh, agus bhí teicneolaíocht nua i mbácús *Boland's* leis.

Scaoileadh céad báicéir chun siúil, agus thóg oibrithe eile a n-áit i mbácús *Johnston Mooney and O'Brien*. Lean an t-aighneas ar aghaidh, agus faoi mar a deir Swift:

> The firm made a move calculated to counter whatever sympathy the public may have had with the men locked out. They reduced the price of the 2 lb loaf from 3d to 2d., at the same time announcing this decision had been made possible by the advantage which the firm had now taken of the free use of the modern machinery in its bakery. Another firm promptly responded by adopting the new price.

Ba é an toradh a bhí air seo ná trí chéad báicéir as an sé chéad i mBaile Átha Cliath a chur as obair. Chaill na hoibrithe an cath in aghaidh na teicneolaíochta. Ní athraíonn faic.

Fionn Mac Cumhaill

It is no exaggeration, therefore, to claim that to study the Fenian tradition is to touch the heart of Gaelic culture. The overwhelming popularity of the Fenian tales in Gaelic-speaking areas of Ireland and Scotland over the past several centuries attests to the validity of this claim.

Scoláire Meiriceánach Joseph Nagy a scríobh an méid sin ina leabhar síolraitheach, *The Wisdom of the Outlaw* (University of California Press).

Staidéar ar Mhacghníomhartha Fhinn ag baint leas as béarlagair agus buntuiscintí an struchtúrachais. Tá sé ar cheann de na leabhair is spreagúla ar an bhFiannaíocht dar léas féin le fada, agus osclaíonn sé amach an corpas miotaseolaíochta is tábhachtaí dá bhfuil againn ar shlí nach bhfuil déanta ag aon scoláire Éireannach nua-aimseartha. Ar ndóigh, ní fheadar cé mhéad scoláirí atá oilte mar antraipeolaithe, a bhfuil tuiscint acu ar an nGaeilge, agus atá sásta an obair a dhéanamh!

Is é Dáithí Ó hÓgáin an t-aon scoláire eile atá sásta an obair a dhéanamh, ach go háirithe. Chuir sé siúd a leabhar féin amach ar Fhionn – *Fionn Mac Cumhaill, Images of the Gaelic Hero* – Lá Bealtaine 1987. Is faoi a fágadh an cúram léirmheas a dhéanamh ar an leabhar Meiriceánach leis, san iris *Béaloideas*.

Is deacair gan aontú leis nuair a deir sé i dtaobh Nagy: *'One suspects occasionally that the author is philosophising and making equations which are a matter of opinion rather than of proven fact'.*

Ach sin é díreach neart Nagy. Don diabhal leis na fíricí a deir sé leis féin, tá rud níos tábhachtaí, níos spéisiúla le rá agam agus táim chun é a rá. Is féidir é a fheiscint agus a phóca lán de theoiricí ag lorg scéalta chun iad a chrochadh orthu.

Ach cé mhéad scoláirí Éireannacha atá tar éis an iarracht is lú a dhéanamh ar thuiscint a thabhairt dúinn ar na fulachta fiann i dtéarmaí cócaireachta faoi scáth na hantraipeolaíochta *à la* Lévi-Strauss? Tá, go bhfios dom, roinnt altanna breátha foilsithe ag Kim McCone ach sin uile.

B'fhéidir gurb é an ghné is mó de leabhar Nagy a mheall mise ná an focal sin sa teideal *'outlaw'*. In áit *Billy the Kid* nó *Jesse James*, seo againn féin ár bpearsa réamhdhéanta miotaseolaíochta ag síneadh siar go dtí an traidisiún Ceilteach agus Ind-Eorpach, a mhaireann ar an imeall, ar file é, saoi, agus laoch.

Finn the fénnid exists in the wilderness and, while he lives with others in a kind of society (the fian), he does not enjoy a conventional family life or engage in a normal set of social relationships.

Níl aon amhras orm féin ach go bhféadfadh Fionn agus na Fianna ach an trealamh samhlaíochta agus teicniúil a bheith againn, a bheith lán chomh taitneamhach agus mioscaiseach, glic agus cliste le Astérix.

Ceann de na buanna is mó atá ag leabhar Nagy ná go dtugann sé aghaidh ar na gnéithe de phearsa Fhinn a lig do Myles agus Joyce ceap magaidh áiféise a dhéanamh de agus gur deacra feasta a leithéid a dhéanamh de bharr léamh Nagy ar Fhionn.

Faoi mar a dhein MacPherson in Albain, ainneoin a chuid

míchruinnis agus aineolais, 'he transformed the figure of Fionn into a vehicle for conscious literary expression' (Ó hÓgáin), tá a leithéid céanna déanta ag Nagy de bharr a chuid tuisceana, sa tslí is gur gá dúinn féachaint as an nua ar phearsa Fhinn.

Dá mbeadh na hacmhainní amárach agam bhunóinn script scannáin ar an bhFionn Mac Cumhaill atá nochta ag Nagy in *The Wisdom of the Outlaw*. Tá na teicnící nua-aimseartha go léir ar fáil chun an phearsa chasta seo a chur in iúl. Má tá traidisiún réadachas draíochta againn féin, is é seo é.

Níl aon chúis nach bhféadfaí an Fionn atá i gceist ag Nagy a shuíomh i gcathair cuirim i gcás:

> Finn in effect rejects the limitations of conventionally defined adulthood and embraces an existence perhaps possible only in the world of myth: an existence that teeters between adulthood and childhood, between this world and the other world, a way of life that combines the best as well as the worst of all worlds.

B'fhéidir go bhfuilim ag ligean do mo shamhlaíocht imeacht léi ar cosa in airde ach nach tuairisc ar andúileach drugaí ar shlí amháin, atá i gceist ag Nagy? Cá bhfágann sé sin a laochas? A chumas claochlaithe, a lúfaireacht ...?

Pé acu an aontaíonn duine le modheolaíocht Nagy nó nach ndeineann tá a shaothar ar an gceann is tábhachtaí ó d'fhoilsigh Gerard Murphy a thráchtaireacht ar an bhFiannaíocht in *Duanaire Finn* in 1953.

Túir an Áir
9/11/2001

Ní bréag a deirim, bhíos ansan ar theorainn

Ghleann an duibheagáin is áitreabh slua róléanmhair

Mar a gcruinníonn síorologón 'na thoirnigh.

Ba dhorcha dhoimhin é i gceo do mhúch an t-aer ann

Chomh mór 's ná raibh, nuair 'dhíríos rinn mo shúl síos

Aon ní go cruinn le feiscint fén ndoiléireacht.

'Insa domhan caoch seo téanam feasta ag tuirlingt'.

An Choiméide Dhiaga, Ifreann Dán IV, Pádraig de Brún

Lá. Meiriceá. Ár. Manhattan.
Sléacht. Uafás.

Túr. Cúpla. Ifreann.
Sceimhle. Scáileán.

Teilea. Teilg. Teilgean. Gráin.

Scard. Eitleáin. Cogadh.
Ollsmacht.

Meánaoiseanna. Oidhe. Léan.
Apacalaips.

Caiticliosma. Cúpla. Ioslam.
Críost. Dia. Allah.

Meiriceár. Meiriceárláir.
Meiriceáláiráir.

Dearóil. Iarnuaois. Scrios.
Léir. Doiléirscrios.

Deamhain. Díoltas. Scamall.
Aineoil. Gaisce.

Babalóin. -óin. -áin. -stáin.
Uzbeka. Tajiki.

Túr. Cúpla. Ifreann.
Sceimhle. Scáileán.

Teilea. Teilg. Teilgean. Gráin.

Scard. Eitleáin. Cogadh.
Ollsmacht.

Meánaoiseanna. Oidhe. Léan.
Apacalaips.

Caiticliosma. Cúpla. Ioslam.
Críost. Dia. Allah.

Meiriceár. Meiriceárláir.
Meiriceáláiráir.

Dearóil. Iarnuaois. Scrios.
Léir. Doiléirscrios.

Deamhain. Díoltas. Scamall.
Aineoil. Gaisce.

Babalóin. -óin. -áin. -stáin.
Uzbeka. Tajiki.

Paca. Afghana. Iar. Súd.
Diúrac. Bith. Plá. Búbónach.

Dobrón. Laochra. Tine. Cine.
Daonna. Íomhá.

Tinechine. Bean. Fear.
Leanbh. Naíon. Críon.

Tubaist. Aibhéis.
Bochtaineacht. Ocras. Bás.

Lá. Géarghoin. Teach.
Bánaithe. Léirscrios.

Peinteagón. Drad. Cóir. Éag.
Saint. Maoin.

Ollmhaitheas. Stoc. Margadh.
Mant. Clog.

Bratach. Pléasc. Ór. Corp.
Lámh. Béal.

Cluas. Méar. Súil. Liopa.
Beol. Géag.

Glúin. Croí. Ae. Fuil.
Dubhán. Ioscaid.

Colpa. Matán. Uillinn. Alt.
Cnámh.

Easna. Droim. Guala. Leis.
Ceathrúin. Muineál.

Baitheas. Bonn. Cromán.
Plaosc. Cos. Troigh.

Teanga. Scornach. Sciúch.
Gabhal. Broinn. Cneas.

Fuil. Loisc. Inchinn. Cuisle.
Dícheann. Gruaig.

Radharc. Tadhall. Boladh. Ár.
Gal. Galaithe. Sop.

Fabhra. Mala. Ribe. Ionathar.
Goile. Bolg. Putóg.

Smear. Smeach. Smiot. Smid.
Smúid. Smúit.

Smionagar. Smidiríní.
Smionagairidiríní.

Aon. Dó. Domhan. Ann. As.
Aon. Dó.

Domhan. Ann. As. Aon. Dó.
Domhanannas.

Domhan(ion)annas. Ionainn.
Aondomhan.

Meiriceá. Áis. Eoraip. Afraic.
Artach. Ant-.

Meiriceáiseorartafraic.
Artáiseormeirceafraic.

Túr. Ard. Barr. Bia. Bricfeasta.
Bagel.

Bróicéir. Banc. Banna. Fráma.
Spéir.

Foirgneamh. Cruach.
Coincréit. Gloine.

Ríomhaire. Ardaitheoir. Urlár.
Staighre.

Éalaigh. Cumarsáid. Brúigh.
Sáigh.

Ionsáigh. Iontráil. Ionsaigh.
Luas. Sárluas.

Sceidealaigh. Scéimigh.
Sruthaigh. Eisigh. Éisigh.

Sábháil. Slándáil. Diosca.
Bog. Crua. Earra.

Bris. Scrios. Ús. Úsaireacht.
Forlámhas.

Cumarsádach. Díomas. Araib.
Sádach.

Idirlíon. Ríomh. Ríomhaigh.
Trádáil.

Cóir. Fiacha. Dealbh. Ola.
Gaineamh.

Grán. Teic. Reic. Sprioc. Teip.
Córas.

 Costas. Fón. Póca. Folamh.

Léim. Céim. Greim. Lámh.
Beir. Cé?

Céile. Léim. Cé a léim?
Céiléim.

Aonléim. Duibheagán.

Duibhaigéan.

Cé? Smeartha. Smeachtha.

Smiota.

Náisiún. Bearna. Réigiún.

Bearna.

Tír. Bearna. Seantír. Bearna.

Sinsear.

Bearna. Treabh. Bearna.

Teanga.

Bearna. Fál. Bearna. Cosaint.

Bearna. Saor. Bearna. Daor.

Bearna. Tíorán. Bearna. Tráill.

Bearna.

Gunna. Bearna. Scréach.

Bearna.

Lámhach. Bearna. Piléar.

Amhrán.

Bearna. Athscríobh. Síocháin.

Maith. Olc. Dubh. Bán. Bun.

Barr.

Beo. Marbh. Gleo. Géar. Gol.

Gáir.

Géarchéim. Géarchúis.

Géarghá.

Géarghátar. Géarlean. Géar.

An-.

Anachain. Anacair. Anabaí.

Anacal.

Anacracht. Anacróir. Anchás.

Anchaoi.

Anchúis. Anchroí. Andóchas.

Andúil.

Angar. Anáil. An. Áil. Anáil.

Beatha. Bíog. Léas. Dóchas.

Álainn. Lá. Téarnamh. Solas.

Breacadh.

Leathadh. Anáil. Isteach.

Amach.

Folmhaigh. Brí. Lig. Leis. Lig.

Leo. Lig. Dó.

Lig. Lig. Lig. Leis. Tóg. Tóg.

Tóg. Uaim. É.

Tóg. Tóg. Tóg. Uaim. Mé.

Géar. Rá.

Tús. Beatha. Rá. Lá. Paidir.

Arís. Anáil.

Gan. Aon. Fir. Bain. Ach.

Tóg. Gach.

Uaim. Mé. Go. Bhfuil.

Déantar. Toil.

Talamh. Sé. Do. Beatha. Tá.

Lán.

De. Grásta. Tá. Tiarna. Leat.

Múin.

Dom. Conas. Rá. Arís. Gan.

Faic. Rá.

Gan. Aon. Focal. Tost.

Bheith. Ann.

Go. Bhfuil. Mar. Tá. Gan.

Aon. Mé.

Ach. É. Bheith. Ann. É. Ann.

Ionam.

Ionainn. Gach. Neach. Beo.

Dá. Bhfuil.

Beo. Ar. Talamh. Guí. Grá.

Grásta.

Folmhaigh. Brí. Go. Bhfuil.

Mar. Tá. Ionat.

Túr. Ár. Deor. Úr. Úrdheor.

Túrdheor.

Réamhrá an údair le
Ar an bPeann (2006)

Bhí an buille déanach tugtha agam ar mhéarchlár na colúnaíochta in 2003 agus tréimhse chónaitheach á tabhairt agam i bPáras, nuair a d'aimsíos cnuasach de scríbhinní an fhile agus an scríbhneora Jacques Réda, *Les ruines de Paris* (1993; Gallimard). Níor léir dom, go dtí sin, múnla eile de cheann de na príomhchineálacha scríbhneoireachta a chuireas romham a shaothrú sa cholún 'An Peann Coitianta'. B'eo duine gur bhraitheas cóngas agus bá iomlán leis an leagan amach ar an saol agus leis an gcur chuige a bhí aige ina chuid aistí.

Meon an mháinneálaí, cathrach agus tuaithe, a bhuaileann amach de shiúl na gcos, fear mór jazz, agus a chuid léargas á nochtadh trí ghníomh na scríbhneoireachta féin mar a dheineann an dán liriciúil – is é sin gurb é gníomh na scríbhneoireachta féin a nochtann an léargas. Ardfhile é agus bhí sé féin, leis, éirithe tuirseach den dán liriciúil, de réir dealraimh, agus a shúil agus a chluas dírithe aige ar thírdhreach eile. Ní mór don dán liriciúil a léargas a thuilleamh trí gach siolla, mar a dheineann mar shampla, 'Fiabhras' an Ríordánaigh, agus níor léir dom féin ag tráth áirithe conas ab fhéidir próiseas úd an tuillimh a chur faoi lánseol san fhoirm liriciúil. Ba ghá foirmeacha eile a thabhairt chun cinn, síneadh a bhaint as an líne, as cineál an fhriotail féin, an rud a bhriseadh chun é a chur le chéile ar shlí nua.

Scaoileann scríbhinní Réda solas isteach ó spéirdhreach a
ligeann don léitheoir gnéithe na hailtireachta a fheiscint – nó an
detritus saolta, go minic – agus an solas á chur as a riocht glé le
linn dó gabháil tríd, seachas léargas an tsolais amháin. Cuimhním
ar an aird a thugann sé ar na brobhanna suaracha féir ag gobadh
aníos idir leacacha sráide taobh leis an Panthéon in aiste amháin
agus é ag trácht ar dhealbh Rousseau chomh maith le nithe eile.
Chuas féin á lorg lá. D'aimsíos Rousseau gan aon dua. Bhí na
brobhanna ann chomh suarach agus ba mhaith leat iad, ach iad
chomh glé sa phíosa scríbhneoireachta go ndearbhaítear duit gur
fiú bheith ag scríobh. Sin cuid mhór de ghnó na scríbhneoireachta
ar deireadh thiar, an rud atá suarach a dhéanamh glé. Ardaíonn
scríbhneoireacht Réda ó thalamh tú i mbabhtaí, agus gheibheann
tú amach go bhfuil tú gafa i líontán iomlán meoin ar geall le dord
tionlacan ceoil lena chois é.

Spéis dhiamhair agam féin riamh anall i gcumas seo teanga
'chun an bheart a dhéanamh' pé beart é, mo phríomhspreagadh
féin. Dúil chomh maith i dtaobh na meicníochta de theanga,
is é sin, na mionchlocha agus na spallaí seachas na clocha móra
amháin, féachaint cén tógaint ab fhéidir a chur i gcrích. Taobh
na saoirseachta agus na ceardaíochta ionam féin é sin ar brainse
amháin é den intleacht. Múineadh dom féin tráth gur namhaid
ab ea an intleacht don léargas glé, agus chaitheas m'aistear féin a
dhéanamh trí dhriseacha na tuisceana sin. Naomh Pól a chuidigh
liom ina chuid litreacha nuair a chanann sé féin leis an intleacht.
Thuigeas ina dhiaidh sin go ngéaraíonn an intleacht ar an léargas
ach í a chur ag freastal le humhlaíocht air. Tá gaol ag gníomh sin na
humhlaíochta le guí, le hurnaí croí.

Ceann de na múnlaí scríbhneoireachta is mó a bhain preab asamsa riamh, agus mé i mo mhac léinn, ná *Allagar na hInise*. Seaneagrán an tSeabhaic féin lá sa leabharlann, sholáthraigh sé dom fráma tagartha a bhíos a lorg: freastal le hacmhainní teanga ar an lá gléigeal. Dhearbhaigh Seán Ó Criomhthain ina dhiaidh sin dom fráma úd an lae lena *Lá dár Saol*. Sa chaint dúinn ab ea é sin, tráthnóna Domhnaigh i mBaile na nGall nuair a bhí ciall ag daoine eile agus iad imithe ag éisteacht le tráchtaireacht ar chluiche.

Is í an Ghaeilge féin is mó a thug múnlaí liteartha riamh domsa, idir theanga agus litríocht scríofa agus bhéil. Fadó, nuair a léas *The Lonely Voice* le Frank O'Connor, thugas faoi scata gearrscéalta a léamh agus teacht suas leis na heasnaimh a bhraitheas ar mo chuid léitheoireachta féin. Fuaireas amach nár scéalaí mé den chineál ba ghá chun gearrscéalta a dhéanamh mar a mheasas ag an am. Ina theannta sin, pé stuacacht a bhain liom, ba chuimhin liom go ndúirt sé gurbh fhéidir an ghearrscéalaíocht a fhoghlaim agus ba mhian liom go dtiocfadh pé mianach a bhí ionam féin as ball neamh-infhoghlamtha. Ní mór iad na leabhair a bhí sa tigh agus sinn ag fás aníos, tigh seanchais is mó a bhí ann, agus is leabhair Ghaeilge is túisce ar fad a léas féin in aois m'aon bhliain déag – *An Tíogar Daonna, Maidhc Bleachtaire, Jimín,* agus a leithéidí. Dá fheabhas iad tráth chun teanga a shealbhú, níorbh aon chabhair iad mar shamplaí liteartha. Thugas faoi Dickens a léamh ródhéanach, ach chuaigh díom. Aistear fada isteach i dteanga agus i dteangacha mo scéalsa ar shlí an-simplí gan múnlaí liteartha a bhac.

Fuaireas amach, sna déaga dom, gurbh fhéidir buille a thabhairt ar an nGaeilge agus tuilleamh éigin a dhéanamh uirthi. Cara dom, saghas pátrúin óige, ab ea Walter McGrath, nó Uaitéar MacCraith, ó aois mo thrí bliana déag ar aghaidh. Ba chara do mhórán againn é agus spreag sé ár spéis i gcúrsaí staire go háirithe. Le Walter a chonac mo chéad dráma in Amharclann na Mainistreach i mBaile Átha Cliath. De thoradh roinnt oibre a dheineas dó ag aistriú aistí staire ar na Fíníní, tráth a gcomórtha in 1967, a thuilleas mo chéad phinginí riamh ar obair scríbhneoireachta. Cheannaíos foclóir De Bhaldraithe a bhí chomh húr le lá sa Bhealtaine ag an am, leis an airgead. Thug Walter McGrath seanchlóscríobhán mar bhronntanas dom, na heochracha chomh snoite le clairnéid ghléasta i mo shúilese. Luíodar taobh le taobh ar mo dheasc i mo sheomra leapan, taobh leis an raidió a n-éistínn le Radio Luxembourg air. B'ait na páirtithe seomra leapan iad sna Seascaidí déanacha ach níor bhréagnaigh aon cheann acu a chéile.

San ollscoil ba é colún Sathairn Sheáin Uí Ríordáin ar an *Irish Times* an blúire scríbhneoireachta Gaeilge is mó go mbínn ag tnúth leis go seasta. Bhraithfeá poll sa lá nach mbeadh sé ann. Duine beo i sráideanna na cathrach ab ea é féin, file a raibh 'an dá arm aigne' aige, filíocht agus prós. Dhearbhaigh an Ríordánach agus an Riadach ar an gcampas ollscoile, chomh maith leis an teagasc bunaithe i Roinn na Gaeilge go háirithe, gurbh fhéidir an Ghaeltacht a thabhairt chun na cathrach, nó friotal comhaimseartha a bhí bunaithe go dílis ar phobal teanga na Gaeltachta a chur ina bheatha i saol cathrach. Bhí an chathair tugtha chun na Gaeltachta ag cuid againn cheana féin, agus á chur san áireamh gur ó chúlra tuaithe agus ceardaíochta a thánag féin, saghas iomlánú breise ab ea an Ghaeltacht ar an gcúlra sin. Bhíodh an 'Top Ten' ar siúl ar Raidió Éireann sna 1960idí luatha, agus bhíos ag rince an Twist le Chubby Checker ar urlár cistine in Ard na Caithne i gCorca Dhuibhne tráthnóna, nuair a d'oscail bean an tí doras na cúlchistine. Stadas ar an bpointe. Lean an ceol ar an raidió, agus d'iarr sí orm leanúint orm go gcífeadh sí an rince nua. Lasas le náire agus ní dhéanfainn seó díom féin. 'Is dócha ná cífead go deo mar sin é,' a dúirt sí agus dhruid an doras.

Níos deireanaí, agus mé tosaithe ag obair mar thuairisceoir raidió, is cuimhin liom bualadh leis an Ríordánach maidin i gcathair Chorcaí chun agallamh a chur air. Pé acu ar dheineamar taifeadadh air, nó nár dhein, phléamar an cholúnaíocht agus an fhilíocht. 'An dánta nár tháinig cuid de na colúin?' a d'fhiafraíos de. Bhaineas siar as, ach d'fhreagair sé leis an mbeachtaíocht sin ba dhual don té a thugadh tamallacha fada ag scríobh go príobháideach. Is é a thuigeas féin uaidh, nó ab áil liom féin a thuiscint, go gcaithfeá a bheith sásta le colún nó le dán, pé acu ceann a thiocfadh. Phléamar colúnaíocht Bhreandáin Uí Eithir leis, agus dúirt an Ríordánach gurb é an bua a bhí ag Breandán ná go raibh aithne aige 'ar gach éinne'. Ní bheadh a fhios agat ar ndóigh, ar mholadh nó cháineadh an méid sin. Dhírigh sé a fhíoch orm féin ina dhiaidh sin nuair a thugas le tuiscint go místuama nach raibh aon fhilíocht ag an gCadhnach. Thuigeas ina dhiaidh sin go mbuaileann an prós eochair na filíochta an uair is fearr a bhíonn sé, chomh maith céanna leis an dán, mar a dheineann Tomás Ó Criomhthain agus James Joyce.

Siúd is go raibh obair faighte agam mar iriseoir, de thoradh na cainte agus an ghutha, thuigeas go rímhaith nach raibh dintiúirí mo cheirde agam agus dhíríos ar phost mar iriseoir i seomra na nuachta in RTÉ. Arís eile, thánag faoi anáil na gcainteoirí dúchais, den chuid is mó ar fad, a chuaigh le gairm na craoltóireachta sular bunaíodh Raidió na Gaeltachta. Iarmhúinteoirí bunscoile a fuair oiliúint sna Coláistí Ullmhúcháin, agus fo-eagarthóirí le *Scéala*

Éireann agus *Inniu*. I súile chuid acu, bhain mo leithéidse le glúin na *hippies* agus rac 'n ról ach chaitheadar glacadh leis an bhfocal ról murar chuaigh aon duine acu ag racáil ina dhiaidh sin.

Obair cheártan ab ea seomra na nuachta agus cuid de na gaibhne ab oilte sa tír ag an am ag obair inti. Maidir le gné na Gaeilge de, tá an obair sin glactha ar láimh ó shin ag iriseoirí Raidió na Gaeltachta, agus ag TG4 níos deireanaí. Den chéad uair, i dtús na 1970idí, bhí rogha ag cainteoirí dúchais go háirithe, oibriú ina dteanga féin in institiúid a bunaíodh chun freastal ar a bpobal féin. Bhí, ar deireadh thiar, an nasc úd nár snaidhmeadh leis an bpobal aimsir Athbheochana thús an Fichiú hAois á dhéanamh i dtreo dheireadh na haoise céanna. Thuigeas féin ag an am go rabhthas ar thairseach ré nua craoltóireachta agus cé go raibh an rogha ann dul ag obair le Raidió na Gaeltachta d'fhanas féin le seirbhís RTÉ. D'fhoghlaimíos toisí an fhocail a chur in oiriúint don chaint agus don fhráma scannáin ina dhiaidh sin. 'Athscrí' a bhreacfadh Príomh-Fho-Eagarthóir Nuachta an raidió, Liam Budhlaeir, ag bun an leathanaigh ar do bhlúire de scéal, é i mbun ranga i gcónaí, agus d'fhoghlaimeofá conas cóip ghlan, chruinn a sholáthar pé scéal é. Bhíos fós ag leanúint na conaire, is é sin, an focal líofa a chur faoi chulaith an fhocail scríofa mar a rianfadh an táilliúir fadó toisí do ghéag ar éadach. Tá claochlú iomlán déanta ag Raidió na Gaeltachta go háirithe, agus ag TG4 ar shlite eile, ar na tuiscintí sin agus an forlámhas tugtha ar ais don fhocal líofa. Bhí an t-achar craoltóireachta laethúil ar an aer ag seomra na nuachta teoranta, agus bunús na seirbhíse féin, mar a bhí formhór na craoltóireachta fiú an uair sin féin, fréamhaithe go docht san fhocal scríofa. Tá an bhéim anois ar ndóigh, ar an am beo ar an aer.

I dtreo dheireadh na tréimhse sin agam i seomra na nuachta, a thosaíos ar an gcolúnaíocht ar an *Irish Times*. Caoilfhionn Nic Pháidín a d'iarr orm i dtosach báire in 1986 roinnt colún a scríobh di agus í féin ag obair mar eagarthóir Gaeilge páirtaimseartha don *Irish Times*. Dhealraigh scil na colúnaíochta réasúnta simplí, líon áirithe focal ar leathanach áirithe nuachtáin. Nuair a d'iarr Breandán Ó hEithir orm sealaíocht a dhéanamh air, agus é féin ag sroichint deireadh ré a chuid colúnaíochta féin, ghlacas an deis. Tharla gur cailleadh Breandán go hantráthúil in 1990 agus leanas orm ag scríobh don *Irish Times* tar éis bháis dó. Bhíos go mór faoi chomaoin aige.

Colúnaí clóis a thugadh Breandán air féin, agus bhíodh sé amuigh. Níorbh aon fhear clóis mé féin agus tuigeadh dom go mba ghá a bheith ag síorsholáthar ábhair do cholún ar bith. Tar éis an tsaoil, bíonn léitheoirí ag nuachtán agus tá seans éigin go mbainfidh colún líon léitheoirí amach agus iad chomh scaipthe le ciorclaíocht an nuachtáin féin. Is sásamh ar leith é a thuisicnt go bhfuil léitheoirí ag blúire scríbhneoireachta agus go gcuirtear é sin in iúl trí theileacs mar a bhí, trí litir fhánach a fháil, nó ar na meáin leictreonacha go deireanach. Thuigeas féin ó mhuintir an *Irish Times* go raibh suas le 7,000 léitheoir ag colúin Ghaeilge an nuachtáin an uair is fearr a bhíodar. Ní beag sin, agus líon saorálach léitheoirí Gaeilge a chur san áireamh, iad tite go dtí na céadta beaga i gcás na litríochta i gcaitheamh na tréimhse go rabhas féin ag plé le scríbhneoireacht nuachtáin.

Thaitin an teideal a bhí ag Cathal Ó Háinle ar chnuasach aistí dá chuid féin, *Promhadh Pinn*, riamh liom agus tuigeadh dom gur promhadh leanúnach pinn ab ea an cholúnaíocht. Ón uair gur beag spéis a bhí agam i mbiadán an bhaile mhóir a dtugtar ardchathair air, ba ghá dom féin téacsanna liteartha a léamh as an nua nó a athléamh go minic, féachaint cén leas a d'fhéadfainn a bhaint astu mar bhunús colúnaíochta. Má thosaíos amach ag plé le cúrsaí reatha agus polaitíochta, ba ghearr gur chuir na téacsanna liteartha i dtreo eile ar fad mé. Thaitin *Pairlement Chloinne Tomáis* riamh liom ón uair a thug an Ríordánach léacht ar an téacs sin oíche san ollscoil. Tráth a bhí eagarthóirí nuachtán sceimhlithe ag an dlí agus clúmhilleadh, ba mhór an cúnamh aor-gan-ainm na Gaeilge chun seanmhúnlaí a chur i bhfeisteas comhaimseartha. A rá is go n-aithneodh léitheoirí na carachtair a bheadh i gceist ach iad a thagairt do na bunmhúnlaí liteartha ar díobh iad. Ní móide gurbh fhéidir a leithéid a dhéanamh anois. D'imeoidís ó aithint.

Cé nach raibh aon chinsireacht reachtúil i réim sna nuachtáin, mar a bhí in RTÉ faoi Alt 31 den Acht Craolacháin, glacadh cuid mhaith le cleachtas na cinsireachta maidir le cead cainte a thabhairt do mhuintir Shinn Féin agus do réimsí fairsinge den phobal i dTuaisceart Éireann dá réir.

Bhíodh sé sa cheann riamh ag Breandán nach mairfeadh a chuid colúnaíochta, agus go mba ghá 'an saothar mór' a chur amach chun go mbeadh buanchló ar an obair scríbhneoireachta. Tuigeadh dom féin tar éis achair ghairid, go bhféadfadh an colún féin seasamh ar a bhoinn féin. Gur rud eile ar fad, nach raibh ach gaol i bhfad amach aige leis an gcolúnaíocht, ab ea an saothar fuinte liteartha. Ag léamh dialanna an Ríordánaigh, mar shampla, samhradh fada amháin, thuigeas an gor fada a dhein dánta áirithe dá chuid féin, blianta i gcásanna áirithe. Chreideas féin tráth go raibh a leithéid de rud ann agus 'teanga mhothálach', is é sin, teanga a d'iompródh iomlán na ndathanna brí agus scáileanna tuisceana a d'fhreastalódh ar riachtanais mhothálacha i gcás na filíochta. Chaithfí saol teanga a chruthú ar an leathanach bán agus b'fhéidir nach mairfeadh ach siolla den leathanach nó fiú nach mairfeadh aon chuid de faoi chló na filíochta, cuirim i gcás. Is mó atá an claonadh anois ionam a chreidiúint go gcruthaíonn an teanga mhothálach í féin i mbun gníomh na scríbhneoireachta ach scaoileadh léi, pé acu filíocht nó prós a bhíonn i gceist. Ar aon chuma, ní fiú tráithnín dár gcuid fuinnimh a chur amú ar deireadh á mheas go dtiocfadh oiread is siolla slán d'aon rud beo dá gcuirfimis ar phár. Ní fúinne atá.

D'fhás mo chuid spéiseanna féin i gcaitheamh na tréimhse go rabhas ag gabháil de 'An Peann Coitianta'. Bhuaileas féin amach, agus tháinig rudaí a bhí riamh ann aníos ionam chun solais. An t-aistear ba mhó agus ab achrannaí riamh a dheineas ná bualadh amach as mo cheann féin. D'athmhúscail mo dhúil i gcúrsaí iomána ar geall le sruthchúrsa fola de mo chuid iad. Thaistealaíos. Chuas ag seoltóireacht. Shiúlaíos na sléibhte. Léas. Thumas breis i gcúrsaí teanga. Bhraitheas bunghnéithe den teanga úd a chuireas romham a ghabháil ag titim as a chéile faoi dhíon an tí agus faoi dhíon an tsaoil. B'éigean dom athmhachnamh ó bhonn a dhéanamh ar an earra neamhchoitianta sin a dtugaimid litríocht uirthi. D'athraigh cúinsí mo shaoil féin. Tháinig athruithe chun cinn i dteicneolaíocht na scríbhneoireachta agus i dtarchur an fhocail scríofa. An colún ar thosaigh mé amach á ghreanadh ar eochracha clóscríobháin agus á sheachadadh ar bhus 46A isteach i lámh eagarthóra, nó á sheoladh ar an bhfaics ó ionad tionsclaíochta in Iarthar Chorcaí, bhí sé á tharchur anois go leictreonach. Bhí na hathruithe seo feicthe agam roimhe sin i saol na craoltóireachta.

D'athraigh cúrsaí inmheánacha an *Irish Times* féin. An colún a thosaigh amach ar leathanach na n-ealaíon, agus cosa faoi maidir le líon focal agus seasamh sa nuachtán, chúngaigh agus chúlaigh. Ní féidir an colún liteartha go háirithe a shaothrú ar chiumhais leathanaigh nuachta ná ar leathanach na haimsire. Ina theannta sin, bhraitheas go raibh na léitheoirí agam féin ag dul san aois chomh maith le duine. An uair is measa ag an gcolúnaí é ná an cnaipe 'Uirlis' a bhualadh agus líon na bhfocal a thomhas gach re alt. Sin é an uair is ceart éirí as. Tá an colúnaí seachtrach ag brath an-mhór ar ghréasán tacaíochta laistigh den nuachtán, agus ar chomhthéacs na hoibre féin istigh a bheith ag fás ar chuma éigin. Creidim féin go bhfuil an comhthéacs sin imithe ar gcúl go mór, ní hamháin go náisiúnta i nuachtán ar chuma an *Irish Times* ach in irisí liteartha agus tráchtaireachta, agus go bhfuil léas buan na seilbhe an athuair ag na meáin leictreonacha. Is é sin ag an seanchas béil, i bhfocail eile. Tá idir chúiseanna staire agus eile leis sin.

Is féidir gnéithe den cholúnaíocht a ríomh i bhfad siar i stair nualitríocht na Gaeilge, go dtí *Irisleabhar na Gaedhilge,* agus *Fáinne an Lae, An Claidheamh Soluis* agus colúin Ghaeilge a bhíodh go fairsing sa phreas réigiúnda. Roimhe sin féin bhí Dáibhí de Barra agus a thuairisc lámhscríbhinne ar chath na ndeachuithe ar thráigh Rosa Móire. Saghas próta-iriseoireachta faoi ghlas i lámhscríbhinn nárbh fhéidir leis bláthú is ea tuairisc de Barra, é ag brath ar mhúnlaí scéalaíochta a thuigfeadh a chuid éisteoirí agus léitheoirí dá mbeidís ann. Dob fhéidir a áiteamh nár cheangail lucht na hAthbheochana na nascanna dlútha sin ba ghá idir tuiscintí comhaimseartha ar an litríocht agus an litríocht bhéil, ná leis na múnlaí seanbhunaithe pobail, chun go dtiocfadh litríocht úrnua chomhaimseartha a mbeadh léamh agus freastal fairsing uirthi chun cinn. Thuigfí dóibh, leis, agus deabhadh orthu chun earra faoi bhrat náisiúnta a chur ar an margadh tráth a bhí an tír á bodhradh ag Victoria. Má scrúdaítear na patrúin léitheoireachta a bhí ag na nuachtáin agus ag na hirisí Athbheochana, chífear go raibh dlúthcheangal idir litríocht na lámhscríbhinní agus an scéalaíocht agus seanchas béil a cothaíodh i gcaitheamh na gcianta agus na glúnta nua léitheoirí a tháinig chun cinn faoi scáth na hAthbheochana. Bhí na léitheoirí sin teoranta riamh do dhúichí áirithe, Cúige Mumhan go láidir mar shampla agus laistigh de Chúige Mumhan féin, mórdhúiche Chorcaí. Cuir leis sin luachanna cúnga a bhualadh anuas ar an mbunsraith a bhí ann ar an talamh, agus is geall le frithchaitheamh dúbailte atá i gceist. Is é sin, gur tuigeadh gur earra seanchaite ab ea an t-ábhar dúchasach nárbh fhéidir cor nua a chur ann agus go gcaithfeadh an t-ábhar nua teacht as foirmeacha 'nua' na haimsire – an gearrscéal, an t-úrscéal, an dán nua-aimseartha. Cuid mhór den ábhar 'nua-aimseartha', ní raibh ann ach lomaithris ar litríocht a bhí seanchaite í féin. Bhí an t-ábhar dúchasach á mheas, dá bhrí sin, de réir toisí nár oir dó, bréidín á thomhas de réir an tsíoda nua. A rá is go raibh síoda riamh ann á chaitheamh mar chóta faoin mbréidín i ngan fhios.

Is é an t-iontas gur mhair tuiscintí úd na hAthbheochana chomh fada leis na 1970idí ar a dhéanaí. Pé rud a baineadh amach, baineadh amach é. Roinnt gearrscéalta, úrscéalta, agus filíochta, chomh maith le haistriúcháin áirithe ar shaothair idirnáisiúnta liteartha. Ina theannta sin saothraíodh an teanga sna meáin chlóite, agus ar raidió agus ar theilifís ina dhiaidh sin, ar shlite nár deineadh riamh i stair na Gaeilge ach amháin le hais an tinteáin, sna botháin scóir agus sna tithe áirneáin agus scoraíochta. Is amhlaidh atá an roth casta go hiomlán ó shin, agus sinn ar ais ag staid an tseanchais agus na scéalaíochta béil agus físe. Creidim féin go láidir gur chóir tosú as an nua an athuair i gcás na Gaeilge agus í a theagasc ag brath ar shaoráidí físe agus cluaise, agus glacadh léi mar theanga bhéil go huile is go hiomlán geall leis. Measaim gur mó a bhaineann litríocht na Gaeilge, a mhéid atá ann di, le litríocht i gcoitinne idir Bhéarla agus Ghaeilge. Creidim i gcónaí go bhfuil *point de vue* le tairiscint trí mheán na Gaeilge, mura mbeadh ann ach claonadh eile i leith an tsaoil. An saol mion, nach ionann é agus mionsaol, a láimhseáladh go healaíonta riamh sa traidisiún Gaelach. Ní gá ach cuimhneamh ar Chaillech Bérre agus ar an achainí: 'It moíni charthar lib, nidat doíni'. Is tréith an-luachmhar fós í seo, tráth atá luachanna 'domhanda' ag scuabadh na litríochta chun siúil ina raic.

Pé scéal aige sin é, ní chuidíonn an stair inti féin leis an gcolúnaí i mbun ceirde cé gur féidir leas a bhaint as aon ní a thiteann sa líon chun colún a dhéanamh as. Uaireanta ní bhíonn le déanamh ach éisteacht leis an méid atá le rá ag an gcolún féin leat, sa tslí chéanna go dtosaíonn teanga á scríobh féin ag tráth áirithe in aon obair chruthaitheach. Chuireas spéis riamh sa *New Journalism* agus i ngnéithe den scríbhneoireacht a tháinig chun cinn faoi scáth Rolling Stone tráth dá raibh. Ba dhual don té a tháinig aníos trí ghlúnta rac 'n ról a leithéid. Fuaireas an-bhlas ar Richard Brautigan ag an am leis, ach n'fheadar an léitear níos mó é. Tá an tuairim ann, leis, gur fosheánra de chuid na litríochta í an cholúnaíocht, céim laistíos den mhórobair chruthaitheach. Chuirfí a leithéid i leith Bhriain Uí Nualláin mar shampla, a d'fhágfadh nár tháinig an mianach a bhí ann chun foirfeachta. Ní folnumber, i mo thuairimse, cuimhneamh sa chás seo ar an scríbhneoir idir-dhá-theanga agus an saothrú leanúnach is gá a dhéanamh chun nach mbeadh teanga seachas a chéile ar leathscamhóg. Is fiú cuimhneamh ar an Ríordánach go háirithe, maidir leis seo.

I gcaitheamh mo thréimhse féin i mbun colúnaíochta, is ag gluaiseacht i dtreo na cruthaitheachta a bhíos riamh, agus is mór é mo bhuíochas gur fhoighnigh daoine liom. Gheibheann tú tuiscint tar éis tamaill ar an gcineál léitheora atá agat, agus bunaíonn tú caidreamh sa tslí sin. Ba é dualgas an scríbhneora riamh é a chuid léitheoirí a oiliúint chun an obair a léamh. Sa tslí sin, mar shampla, a thuig An tAthair Peadar cé a bhí aige le *Séadna*, a cuireadh i gcló ar leathanaigh an *Cork Examiner* agus an *Irish Independent*, nó a thuill Pádraic Ó Conaire pinginí ar *M'Asal Beag Dubh*, nó faoi deara cuid mhaith den struchtúr atá in *Cré na Cille* a chonaic solas an lae den chéad uair in *Scéala Éireann*. Ar deireadh thiar, sóp is ea *Séadna* ar chuma 'Ros na Rún'. Is i bhfoirm leabhair a léas féin *Caiscín*, cnuasach aistí an Chadhnaigh a foilsíodh den chéad uair mar cholúin san *Irish Times*. Dréachtaí fíorspéisiúla iontu féin iad, dar liom, ach fuaraíonn siad ar an leathanach mar a théachtann bagún rósta ar an bpláta. Scríbhneoir mór mar é, is fiú aon chuid dá shaothar a léamh má chuirtear lenár dtuiscint ar a shaothar iomlán.

Ach is minic a fhágann an scríbhneoir a chuid léitheoirí ina dhiaidh má tá sé féin ag fás. I gcás an Chadhnaigh, níl a fhios agam an ag filleadh ar a chuid léitheoirí a bhí sé tar éis *Cré na Cille*, lena chuid colúnaíochta, nó ag brath roimhe go dtí go dtosódh sé ar na Sraitheanna. Is féidir liom féin rianta dánta, nó an obair shluaisteála is gá don chartadh filíochta, a fheiscint i gcuid de mo cholúin féin ach is mó is spéis phríobháideach a leithéid sin anois ná aon ní eile.

I gcásanna eile, bhí stíleanna tráchtaireachta á n-aclú dom féin agam féachaint cén síneadh ab fhéidir a bhaint astu, ach níl de thábhacht leo sin ar deireadh ach i saothar liteartha críochnúil.

Slat tomhais amháin a bhí agam agus mé ag féachaint trí na colúin seo an athuair ná, ar bhaineas taitneamh as iad a léamh. Murar bhain, chaitheas uaim iad. D'fhág sin gur caitheadh mórán amach ar an gcarn aoiligh. Tón, nó guth éigin a baineadh amach is mó ar fad a luigh i mo chluais. Dheineas athscríobh ar chuid mhaith den ábhar, ag baint laigí as abairtí, á gcoigeartú, á n-iomlánú. Táim leathmhórálach fós as cuid acu. Na colúin a d'oscail amach faoi bhráid an tsaoil, nuair a bhog mo mheon righin féin amach ábhairín, is mó a thaitníonn anois liom. Tá áthas orm go raibh sé de mhisneach agam féin cuid den taifead a dhéanamh ar theacht chun cinn an chríóil i gcaitheamh mo thréimhse féin i mbun colúnaíochta. Leanas cuair na teanga riamh, pé áit a thugadar mé. Ní hí an teanga ársa amháin í ach teanga bhuillí an chroí nach bhféadfainn a bhréagnú ionam féin go deo ainneoin a mbíodh d'olc orm chuici in amanna agus a chuireadh éirí croí orm tar éis an taom a chur díom.